임동석중국사상100

정관정요

貞觀政要

1

吳兢 撰 / 林東錫 譯註

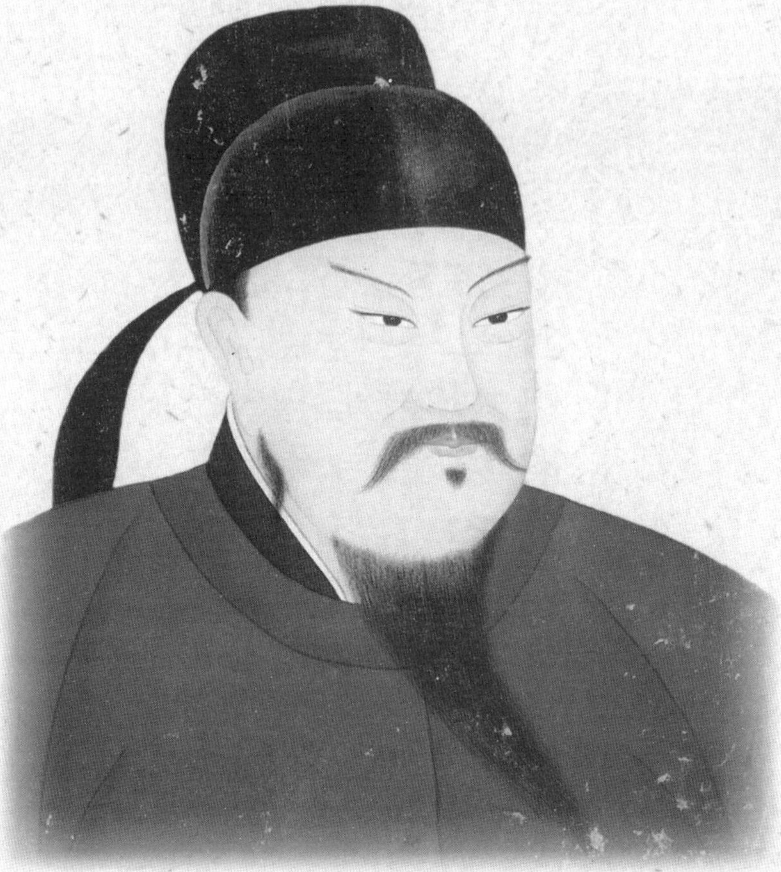

〈당태종〉 이세민 眞像

"상아, 물소 뿔, 진주, 옥. 진괴한 이런 물건들은 사람의 이목을 즐겁게 하지만 쓰임에는 적절하지 않다. 그런가 하면 금석이나 초목, 실, 삼베, 오곡, 육재는 쓰임에는 적절하나 이를 사용하면 닳아지고 취하면 고갈된다. 그렇다면 사람의 이목을 즐겁게 하면서 이를 사용하기에도 적절하며, 써도 닳지 아니하고 취하여도 고갈되지 않고, 똑똑한 자나 불초한 자라도 그를 통해 얻는 바가 각기 그 자신의 재능에 따라주고, 어진 사람이나 지혜로운 사람이나 그를 통해 보는 바가 각기 그 자신의 분수에 따라주되 무엇이든지 구하여 얻지 못할 것이 없는 것은 오직 책뿐이로다!"

《소동파전집》(34) 〈이씨산방장서기〉에서 구당(丘堂) 여원구(呂元九) 선생의 글씨

책 머 리 에

근래(2006-2007) 중국에서는 82부작 《정관장가貞觀長歌》라는 텔레비전 드라마를 제작, 당 태종 이세민의 모습을 최고의 본받을 지도자로 대대적인 방영을 하였다. 그리하여 대당기상大唐氣像을 거울삼아 2007년을 신조어 "당나라 시대를 바라보는 해"(觀唐年)로 부르기도 하였다. 그리고 출판사들은 《대당제국大唐帝國》,《정관정요》,《대당정관大唐貞觀》 등 유행 판본을 만들어 서점의 진열대를 덮고 있으며 《정관지치貞觀之治》(Control by Zheng Guan)라는 DVD 제작물은 천지가 좁다 하며 펴져나가고 있다. 그만큼 지금 중국은 역대 이래 가장 높은 자신감의 시대와 발전의 흥행시대를 맞아 천하를 내려다보고 있는 것이다. 그리고 금년 마침 중국 산서성을 집중적으로 답사할 기회가 있어 태원으로부터 그 근처 여러 곳을 돌아보았다. 그 때 가는 곳마다 모두 당 고조 이연과 태종 이세민의 전설과 역사가 서린 흔적이 너무 뚜렷하여 흥분을 감추지 못한 적이 있다. 그렇다면 이 정관시대는 어떠하였기에 그토록 열광하는 것일까? 그 진수만을 기록한 것이 바로 이 《정관정요》이며 이는 이미 당나라 때 나온 책이다. 그리고 그 내용은 그야말로 후대 제왕은 물론 일반인 누구라도 한번 읽고 나면 감동을 떨쳐버리지 못할 정도로 깊고 아름다운 사례들로 가득 차 있으며 지금도 누구나 그 가치관을 자신의 것으로 만들고 싶어하는 조목들이 전체를 구성하고 있다. 수성이 창업보다 어렵다는 말로 널리 알려진 이 《정관정요》는 이처럼 시대를 뛰어넘어 다시 살아나 있다.

그런가 하면 우리나라에서도 몇 년 전 이 책이 출간되자 이름난 정치인들이 즐겨 읽었다는 보도도 있어 매우 고무적이며 기대를 가졌던 기억도 난다. 그런데 조선시대 이미 우리나라에서는 관리 선발의 과거 시험에 이 책이 필수 과목으로 올라 있었다. 그만큼 중요하여 위정자나 행정가, 기업가라면 반드시 읽어야 할 필독서라 할 수 있다. 그러니 지금 와서 이 책의 아름다운 내용, 감동적인 지도자상, 남을 배려할 줄 알며 자신의 업적을 이세 삼세가 충실하게 이어가는 기업가상, 능력 있는 지휘자 모습을 갈구하는 것은 오히려 때늦은 감이 있다. 이 책에는 과연 그토록 대단한 내용들이 들어 있다. 읽으면 읽을수록 "진정 지도자는 이래야 한다. 우리가 바라는 선도자가 이런 당 태종과 같은 덕망을 가졌다면 얼마나 좋을까? 아니 내가 지도자라면 이 책을 한시도 손에서 떼지 못하고 경經으로 삼으리라. 그리고 지금 위정자들이 그 당 태종의 신하 곧 위징魏徵이나 두건덕竇建德처럼 자신 있게 우리 서민을 위해 바른 말을 해 준다면 얼마나 위안이 될까? 나의 작은 과실을 감싸주고 앞으로 잘 하도록 격려하며 따뜻한 말 한마디로 대해준다면 얼마나 행복할까!"라고 감탄할 것이다.

기성 세대로서 어렵고 힘든 세상을 살아오면서 반드시 자녀에게 해주고 싶은 말이 있고, 또 자신을 돌아보아 이제껏 이룬 업적을 어떻게 유지할 것이며 앞으로 어떻게 인간관계를 설정하여, 나의 정체성, 고유의 가치를 이루어나갈 것인가 하는 생각이 들 것이다. 그 해답이 바로 이 책에 있으며, 그러한 면에 절대적으로 소용이 닿는 책이 바로 이 교재이다.

당 태종은 아버지와 더불어 당을 건국한 창업자創業者이며 동시에 이를 지켜내고 뿌리를 내리도록 이끌어간 수성자守成者이다. 그리고 수성에 성공함으로써 그 거대한 당唐 제국帝國이 역사 속에서 빛을 발할 수 있도록 한 인물이다.

그렇다면 우리는 나라나 사회, 개인과 조직 속에서 어떻게 무리를 이끌어나갈 것인가, 그리하여 창업자로서 어떻게 이세에게 물려줄 것이며 물려받은 후손은 어떻게 수성해 나갈 것인가를 점검해 볼 필요가 있다. 그리고 나는 어느 위치에 속해 있으며 어떻게 처신해야 할 것인가 하는 문제에 고민해야 한다.

책의 내용 속에 후세 교육에 대한 올바른 길이 적혀 있다. 형이상학적인 덕이 형이하학적인 재물을 창출하며 나를 비웠을 때 비로소 같은 뜻을 가진 자가 모여들며, 천하를 내 것으로 보았을 때라야 눈앞의 작은 이익을 버릴 수 있음이 곳곳에 들어 있다. 《정관정요》는 정치서이면서도 수양서요, 교양서이면서 철학서이다.

여기서는 시대를 규정지을 수 있는 잣대가 들어 있으며 이 시대 우리 모습을 다시 바로잡을 수 있는 규칙이 들어 있다. 이러한 잣대와 규칙을 내 것으로 하여 세상을 바라보고 이끌어나간다면, 그야말로 이루어놓은 업적은 더욱 빛날 것이며, 앞으로 덕스러운 처리는 더욱 드러날 것이며, 나의 과거와 우리의 미래는 더욱 희망차고 풍요로워질 것이다. 이처럼 희망과 긍정을 이야기하기 위해서라도 한번 차근차근 책장을 넘기며 음미해볼 아름다운 고전임에 틀림없으리라 자부한다.

茁浦 林東錫이 醉碧軒에서 적음.

일러두기

1. 이 책은 《정관정요貞觀政要》의 여러 판본(四部備要本, 四庫全書本, 四部叢刊本 등)을 대조 비교하여 전체를 완역한 것이다.
2. 국내외의 번역본도 수집하여 참고하였으며 큰 도움을 받았다. 특히 《신역정관정요新譯貞觀政要》(許道勳 注譯, 陳滿銘 校閱. 三民書局 2000 臺灣 臺北)는 구체적인 주석과 번역에 많은 참고 내용을 제공해 주어 결정적인 참고자료로 널리 활용하였다.
3. 한편 《정관정요전역貞觀政要全譯》(葉光大, 李萬壽, 黃滌明, 袁華忠 역주. 貴州人民出版社 1991 貴州)은 〈왕씨근유당본〉을 근거로 한 것으로 분장과 순서가 삼민본三民本과 다르고 누락된 내용도 상당수 있어 이 책은 참고하였으되 기준으로 삼지는 않았다.
4. 모든 문장은 일련번호를 부여하여 연구와 검색에 용이하도록 하였다. 그러나 편장의 구분은 절대적인 것이 아니며 일부 문장은 실제 서로 연결되어 있으나 읽기의 편의를 위하여 중간에서 분장分章한 것도 있다. 따라서 혹 총 10권 40편 258장으로 알려져 있으나 이 책에서는 267장으로 분류하여 실었다.
5. 각주는 가능한 한 동일 문장이나 관련 자료를 모두 찾아 실어, 역주에서 다루지 못한 내용을 연구하고 대조하며 이해하는 데 도움이 되도록 하였다.
6. 부록에는 역대 《정관정요貞觀政要》 관련 서발문序跋文과 원 편찬자 오긍전吳兢傳 등을 실어 연구에 도움이 될 수 있도록 하였다.
7. 이 책을 역주함에 참고한 주요 문헌은 아래와 같다.

● 참고문헌

1. 《貞觀政要》四部備要本(45) 史部 上海 中華書局 印本. 1989. 上海
2. 《貞觀政要》四庫全書(文淵閣本) 史部 雜史類 臺灣商務印書館 影印本
3. 《貞觀政要》四部叢刊 史部 雜史類 北京 影印本
4. 《新譯貞觀政要》(許道勳 注譯, 陳滿銘 校閱) 三民書局. 2000. 臺北
5. 《貞觀政要》(上下) 劉德來(編輯) 時代文藝出版社. 2002. 吉林 長春
6. 《貞觀政要全譯》(葉光大, 李萬壽, 黃滌明, 袁華忠 역주) 貴州人民出版社 1991. 貴州
7. 《貞觀政要》(완역) 정애리시 새물결 1998. 서울
8. 《정관정요에서 배우는 난세를 이기는 지혜》揚帆지음, 김태성옮김. 예담 2002. 서울
9. 《소설 貞觀政要》(1,2,3) 나채훈 미래지식 2005. 서울
10. 《貞觀政要》(5책) 나채훈 한림원 (1993-2003) 서울
11. 《貞觀政要》(세상을 바꾸는 리더십의 고전) 현암사 2003. 서울
12. 《貞觀政要》자유문고 편집부 1986(1998) 서울
13. 《資治通鑑》, 《舊唐書》, 《新唐書》, 《隋書》, 《冊府元龜》 등
14. 기타 十三經, 諸子百家書 등과 二十五史 및 工具書는 기재를 생략함.

《貞觀之治》DVD 표지 그림

해 제

Ⅰ. 시대개황

1. 남북조와 수나라의 통일

《정관정요》를 이해하는 데는 우선 수말당초隋末唐初의 시대 배경을 파악하는 것이 급선무이다.

동진東晉이 멸망(420)하고 나서 170여 년 간 중국은 '남북조'라는 대치 시대를 맞이하게 된다. 남쪽엔 건강(建康, 지금의 남경)을 중심으로 동진의 뒤를 이어 같은 곳을 수도로 한 송(宋, 劉氏, 420-489), 제(齊, 蕭氏, 479-502), 양(梁, 蕭氏, 502-557), 진(陳, 陳氏, 557-589)의 네 나라가 이어진다. 그리고 북쪽은 북위(北魏, 鮮卑族 拓跋氏, 386-534)가 들어섰다가 동위(東魏, 534-550), 서위(西魏, 535-556)로 분할되었으며 다시 동위는 북제(北齊, 高氏, 550-577), 서위는 북주(北周, 宇文氏, 557-578)로 이어진다.

그런데 북주의 무제(武帝, 宇文邕, 561-578 재위)는 농업을 중시하고 산업을 일으켜 일시 부강함을 구가하였으나 뒤를 이은 선제(宣帝, 宇文贇, 579)가 황음무도하게 굴자 외척 양견楊堅이 정권을 탈취하고 국호를 수隋로 고쳤다. 이 수나라는 남조의 마지막 왕조인 진陳나라까지 멸하고 긴 남북조 대치 상황을 마감하고 천하통일을 이루게 된다.(589) 이가 수 문제(隋文帝)이다.

❀ 남북조 시대 흥망표

南朝					北朝				
나라	건국자	기간	도읍	멸망	나라	건국자	기간	도읍	멸망
宋	劉裕	420~479	建康(南京)	齊	北魏	拓跋珪	386~534	平城(山西 大同)→洛陽	東魏·西魏로 분열
齊	蕭道成	479~502	〃	梁	東魏	拓跋元善	534~551	鄴(河南 臨漳)	北齊
梁	蕭衍	502~557	〃	陳	西魏	拓跋元寶炬	534~556	長安(陝西 西安)	北周
陳	陳霸先	557~589	〃	隋	北齊	高洋	551~578	鄴	北周
					北周	宇文覺	556~581	長安	隋

❀ 581년 楊堅이 北周 靜帝를 폐하고 칭제, 589년 남조 陳을 멸하고 중국을 통일함.

2. 수문제의 개황지치

수 문제 양견은 양충楊忠의 아들이었으며 양충은 북주의 개국공신으로써 수국공隨國公에 봉해졌던 인물이다. 양견은 아버지의 작위를 이어받아 북주의 외척이 되어 권력을 장악하였으며 선제가 무도하게 굴자 참다못해 어린 정제(靜帝, 宇文闡, 579-581 재위)를 세웠다가 이를 폐위시키고 자신이 제帝를 칭하며 국호를 자신의 봉호인 수隨로 정하였다. 그러나 '수隨'자가 '고정되지 못한' 의미를 가졌다고 여겨 '辶'을 제하고 '수隋'자를 만들어 이를 나라 이름으로 삼았다. 처음 장안長安에 도읍을 정하였으나 궁궐이 협소하다고 여겨 장안 동남쪽에 새로운 궁궐을 대대적으로 짓고 신 도읍지를 건설, 지명을 대흥大興이라 하였다.

수 문제 양견은 나라를 세운 뒤 중앙과 지방의 행정조직을 개혁하고 병제兵制를 정비하였으며 호적을 정리하고 균전제를 실시, 통일국가의 면모를 일신함과 아울러 장기간 대치국면을 이루었던 전 국토를 통합하고 교통할 수 있도록 하는데 온힘을 기울였다. 그리하여 20여 년 간 사업 끝에 큰 성과를 거두어 자신의 연호인 개황(開皇: 581-600)을 따서 '개황지치開皇之治'라는 칭송을 받기에 이르렀다.

3. 수양제의 폭정

그러나 수문제 양견의 뒤를 이은 양제(煬帝, 605-618 재위) 양광楊廣은 야심을 품고 전국 각지에 양창糧倉을 세우고 대운하를 건설하였으며 장성長城을 수축하는 등 대대적인 공사를 벌임으로써 민생은 도탄에 빠지고 민심은 이반하는 지경을 맞고 말았다. 특히 양제는 중국 역사상 비길 데 없는 폭군으로 널리 알려진 임금으로 아버지를 죽이고 제위를 찬탈한 자로써 기본적으로 결함을 가지고 있는 자였다. 그는 문제 양견의 둘째 아들로 아버지를 협박하여 자신의 형이며 태자였던 양용楊勇을 폐출시키도록 한 다음 스스로 태자에 올라 604년 드디어 중병에 걸린 아버지를 독살하고 스스로 제위에 오른 인물이었다. 게다가 장정들을 혹사하여 낙양洛陽을 건설하였고 운하와 치도馳道, 장성 수축에 국가 재정을 탕진하고 말았다. 그리고 매년 순수와 놀이에 빠져 재위 10여 년 중 수도 서울에 머문 기간은 겨우 1년 정도도 되지 않았다고 한다. 각지를 순행할 때면 수십만의 관료와 비빈이 수행하여야 하였으며 운하를 따라 남쪽을 순유할 때는 배를 끄는 장정만도 8만 여명, 그들이 이르는 곳마다 현지에서 물자를 조달하여야 하였기 때문에 그들이 닿을 고을의 백성과 관리들은 도시를 비우고 도망치기도 하였다.

4. 고구려 원정의 실패

그보다 더 멸망을 재촉한 일은 바로 고구려 원정의 실패였다. 3차에 걸친 이 전쟁에 무려 3백만의 군사를 동원하였으며 심지어 부녀자까지 징발할 정도였다. 전쟁 물자를 조달하고 제조하는데 국고를 탕진하였으며 성격이 급하여 군함을 제조할 때면 군선을 만드는 작업의 목수와 작업인들을 물에서 나오지 못하게 하였다. 그들이 물에 잠긴 채 서서 식사와 작업을 하도록 강요하여 열에 서넛은 허리 아래가 썩어 구더기가 기어나왔다고 할 정도였다. 당연히 원정은 처절한 패전으로 끝났고 전사자가 무려 백 만에 이르러 멸망을 자초하고 말았다.

5. 수나라의 멸망

수나라 말기에 천하에 흉년이 들어 기근이 심하였지만 나라에서는 이들을 위하여 곡식 창고를 열려고 들지 않았다. 참다 못한 백성들은 각지에서 반란을 일으켰고 이들 반란군의 세력이 커지자 드디어 군웅할거의 형세가 벌어지고 말았으며 일부는 나라를 세워 제帝를 칭하기도 하였다.

그들 중 태원유수太原留守였던 이연李淵은 그 아들 이세민李世民의 책동에 따라 결국 반기를 들게 되었고 시대 상황의 유리함을 얻은 채 수도 장안으로 진격하였다. 그리하여 공제(恭帝, 代王 楊侑, 617-618)를 세우고 당시 강도(江都, 지금의 江蘇 揚州)에 순유하여 놀이를 즐기고 있던 양제는 명의상 태상황太上皇으로 받들어 민심의 추이를 지켜 보고 있었다.

당시 각지 군현이 모두 이연에게 기울어 투항하자 이에 이연은 그 힘을 바탕으로 가혹한 세금과 요역을 줄여 백성의 믿음을 사게 되었다. 한편 마침 강도에 있던 양제는 여전히 미혹함에 빠져 헤어날 줄 몰랐다. 강도에 머물던 그들은 드디어 식량도 다하였고 마침 수행하던 이들 태반이 북쪽 관중關中 사람들로써 고향으로 돌아가고 싶은 염원에 괴로워하고 있었다. 이러한 분위기를 틈타 금군장군禁軍將軍의 직책을 가지고 있던 우문화급宇文化及이 정변을 일으켜 양제를 시살하고 말았다. 양제가 죽었다는 소식을 접한 이연은 결국 천하대권의 추대를 뿌리칠 수 없어 공제를 협박, 제위를 물려받아 대명大命을 이루게 된 것이다. 이가 바로 당 고조(618-626 재위)이다. 이로써 천하 통일을 이루었던 수나라는 2대 38년만 (581-618)에 멸망하고 그 지위를 당에게 넘겨주어 천하의 대당大唐으로 성장하도록 발판을 만들어준 역할로 그 임무에 끝을 맺고 만 것이다.

隋世系圖
(581 — 618年)

(一)隋文帝(楊堅) —— (二)煬帝(楊廣) —— 元德太子(楊昭) ┬ 代王(恭帝, 楊侑)
(581—604年)　　　　(605—618年)　　　　　　　　　　│ (617—618年)
　　　　　　　　　　　　　　　　　　　　　　　　　　└ 越王(皇泰帝, 楊侗)
　　　　　　　　　　　　　　　　　　　　　　　　　　　(618—619年)

6. 당의 건국과 재통일

당 고조(618-626 재위) 이연은 관서關西의 귀족으로 대대로 당국공唐國公의 작위를 세습하고 있었다. 617년 그는 아들 이세민의 권유와 책동을 뿌리치지 못한 채 군사를 이끌고 장안으로 순조롭게 진격하여 수도를 장악한 다음 이듬해 공제를 폐위하고 결국 제를 칭하여 국호를 자신의 봉호인 당唐으로 정하고 도읍을 장안으로 하였다. 당군은 고조 9년 재위기간 아들 이세민의 걸출한 지위와 뛰어난 책략에 힘입어 각지에서 군웅할거하던 반수反隋 세력들을 평정해 나가기 시작하였다.

당시 수나라가 망하였음에도 일부는 나라를 세워 버티고 있었다. 바로 초(楚, 李密), 주(周, 劉武周), 양(梁, 梁師都, 蕭銑), 하(夏, 竇建德), 진(秦, 薛擧), 초(楚, 林士弘), 송(宋, 輔公祐), 정(鄭, 王世充), 연(燕, 高開道), 허(許, 宇文化及), 초(楚, 朱粲)과 그 외 심법흥沈法興, 이궤李軌 등이었다. 고조와 이세민은 이들을 회유, 정복하는 방법으로 차례로 멸하여 결국 다시 천하를 통일하게 된다.

◎ 수나라 말기 각지의 군웅할거도.

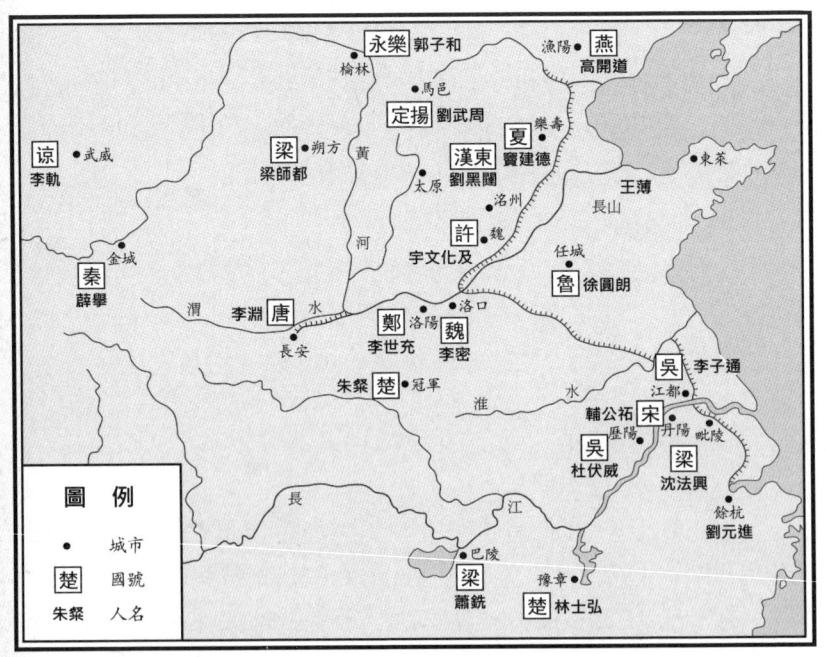

7. 당의 흥기와 당 태종

당 고조를 이은 당 태종(627-649 재위)은 고조 이연의 둘째 아들로 태원(지금의 山西 太原)에서 활약하며 아버지를 도와 당을 건국하는데 지대한 공을 세운 인물로 뒤에 진왕秦王에 봉해졌다. 그는 지략이 뛰어나고 야심도 만만치 않아 결국 아버지 고조 말년에 장안궁 북쪽 현무문玄武門에서 정변을 일으켜 자신의 형이자 태자였던 이건성李建成과 아우 제왕齊王 이원길李元吉을 죽이고(626년 6월) 차기 황제의 자리를 굳혀놓았다. 이를 역사적으로 '현무문지변玄武門之變'이라 한다. 결국 이듬해 고조 이연은 아들에게 제위를 물려주고 자신은 태상황으로 물러나고 말았으며 이세민(태종)은 자신이 꿈꾸던 대제국을 만들고자 천하의 중심으로 뛰어들게 된다.

제위에 오른 그는 즉시 자신의 포부대로 정치와 군사면에 특출한 능력을 발휘하기 시작하였다. 우선 현신 위징魏徵, 방현령房玄齡, 두여회杜如晦 등을 임용하여 역대이래 가장 영명한 시대를 창조하였다. 우선 마음을 비우고 간언을 받아들였으며 수나라가 망한 것을 거울로 삼아 백성을 위무하고 농업과 수공업을 대대로 회복시켰다. 그 뿐만 아니라 문교를 제창하여 중앙에 국자학國子學과 태학太學, 사문학四門學을 세우고, 지방에는 주학州學과 현학縣學을 일으켜 인재를 양성하고 이들이 관직으로 나올 수 있는 과거제도를 정비하여 온갖 인물들이 마음놓고 활약할 수 있는 계기를 만들어 주었다. 그는 재위 23년간 연호를 정관貞觀이라 하였다. 이 시대 민생 안정과 사회번영은 역사이래 가장 뛰어난 시대라 하여 흔히 '정관지치貞觀之治'라 불러오고 있으며 뒤 제왕들의 모범으로 학습대상으로 여기게 되었다.

한편 태종도 "중국이 안정되면 사이는 저절로 복종해 온다"(中國旣安, 四夷自服)는 정책을 앞세워 우선 내정부터 정비하고 개선하며 이민족에 대한 차별정책을 줄여나갔다. 이러한 정책이 어느 정도 효과를 거두게 되자 태종은 사방으로 강역을 확대하기 위하여 정벌, 보호, 회유 등 3가지 정책을 병행, 각지에 도호부 都護府, 도독부都督府를 두어 당 제국의 영향아래 두거나 아예 군현을 설치하여 편입하기도 하였다. 그 와중에 가장 끝까지 이 당나라 영향력을 거부한 나라는 바로 고구려高句麗였다. 이에 태종은 대대적인 군사작전으로 복속을 강요하였지만 결국 유일하게 실패로 끝난 대외 원정의 기록을 남기게 되었다. 이에 대한 기록은 바로 이《정관정요》에 자세하게 실려 있으며 그 전쟁에서 태종의 인간적인 면을 강조함으로써 처절한 패전을 은폐한 면도 보이고 있다.

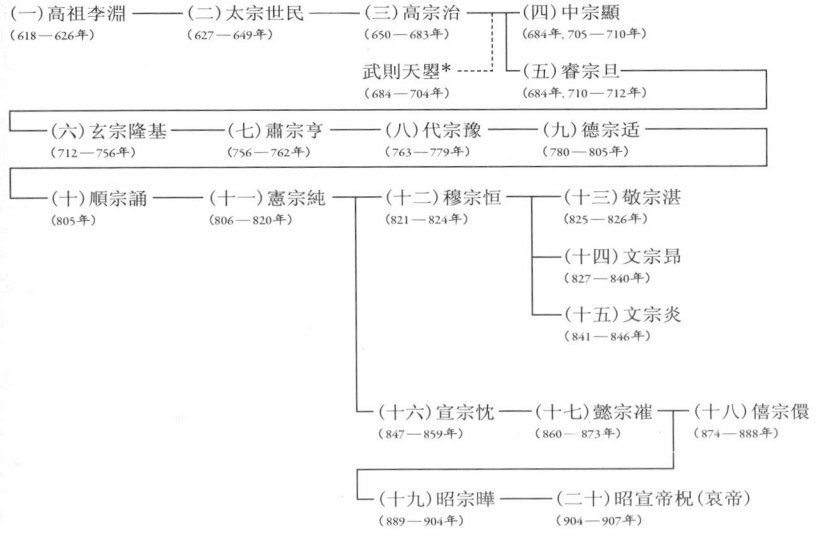

* 684년 中宗(李顯)이 재위 3개월 때 무측천(武則天)이 그를 여릉왕(廬陵王)으로 폐위하고 李旦을 睿宗으로 세운 뒤 자신이 나서서 수렴청정함. 다시 690년 무측천은 스스로 제(帝)를 칭하며 국호를 周라 하였으며 704년 중종이 복위하였으나 4년만에 죽고 예종이 뒤를 이음.

그 뒤 태종이 죽은 뒤 고종(高宗, 李治, 650-683 재위)이 들어섰으나 무측천武則天을 총애하여 황후로 세우자 그는 아들 중종中宗을 폐위하고 자신이 들어서 국호를 주周라 하고 일시 여황제女皇帝로써 천하에 군림하게 되는 역사로 이어진다.
한편 이 당 태종의 시기(627-649, 貞觀) 우리나라는, 신라는 진평왕(眞平王, 白淨: 579-632), 선덕여왕(善德女王, 德曼: 632-647), 진덕여왕(眞德女王, 勝曼: 647-654)의 재위 시기로써, 김유신金庾信, 김춘추金春秋 등의 활약이 있었으며 자장율사가 불교를 중흥시켰고 황룡사와 첨성대를 세웠던 때이다. 그리고 고구려는 영류왕(榮留王, 建武, 建成: 618-642), 보장왕(寶藏王, 寶臧)의 집정 시기로 연개소문淵蓋蘇文이 대제국 당을 상대로 굳건히 맞서 강국의 힘을 여지없이 발휘하던 시기였으며, 백제는 무왕(武王, 璋, 餘璋: 600-541), 의자왕(義慈王, 641-660) 때로써 신라, 고구려와 삼국쟁패에 휩싸여 국운의 갈림길에 고통을 겪던 시기였다.

II. 《정관정요》의 편자 오긍吳兢

《정관정요》를 편찬한 오긍(吳兢, 670-749)은 변주汴州 준의(浚儀, 지금의 河南 開封) 사람으로 당 고종 함형咸亨 원년(670)에 태어났으며, 당나라 무후武后, 중종中宗, 고종高宗, 현종玄宗 4대에 걸쳐 사관史官의 직을 수행했던 인물이다. 그의 가계는 자세히 알려져 있지 않으나 어릴 때부터 경사經史에 밝았으며 정관貞觀의 치적에서 그리 먼 때가 아니었고, 당시 당唐과 주周의 혼란기를 직접 눈으로 보게 되었다. 무측천 때 20여세의 나이로 이미 학문이 알려진 그는 당시 유명 인사였던 위원충魏元忠과 주경칙朱敬則으로부터 기량을 인정받아 무측천 성력聖曆 2년(699)으로부터 장안長安 3년(703) 사이 이 위원충과 주경칙이 차례로 재상의 지위에 오르자 이들은 오긍을 사관으로 적극 추천하여 업무를 수행하게 된다. 그리하여 오긍은 당대 최고 사학자이며 유명한 《사통史通》의 저자인 유지기劉知幾와 함께 《국사國史》를 편찬하면서 정관시대 일들을 정리하고자 뜻을 세우게 된다.

그 뒤 신룡神龍 원년(705) 무측전이 하야하고 중종이 복위하자 그는 우습유右拾遺, 우보궐右補闕 등의 간관諫官의 직책을 수행하면서 《측천실록則天實錄》의 편수 작업에 참여하게 된다. 이 때 그는 이미 《정관정요》의 저술에 착수하기 시작한 것으로 보고 있다. 그리하여 일부 기록에는 오긍이 이미 이 신룡 연간에 책을 완성하여 바친 것으로 알려지기도 하였으나(宋, 《관각서목館閣書目》) 이는 아직 완성 시기는 아니었던 것으로 보고 있다.

다시 개원(開元, 당 현종, 713-740) 초 당 현종이 정관고사貞觀故事에 관심을 갖고 이를 본받으려는 뜻을 가지고 있음을 알게 된 그는 이에 힘입어 상소를 올리고(《신당서》 오긍전) 이 책의 저술에 박차를 가하기 시작하였다.

그리하여 개원 5년(717) 9월 간관의 직위에서 회복되자 다시 궁중의 정치에 관여할 기회를 얻어 개원 8-9년 사이 책의 체재를 정하고 "옛 역사를 자세히 참고하여 그 요체를 묶는"(參詳舊史, 攝其旨要) 원칙을 정하여 이 책을 완성하게 된 것이다. 즉 당시 자신이 볼 수 있었던 관방권책官方卷冊, 실록實錄, 당안(檔案, File), 주소奏疏, 구문舊聞 등을 총망라하여 저술한 것이다. 그리고 "모두 한 질 10권 모두 40편으로 하고 이름을 정관정요라 하였으니 국가를 가진 자라면 옛 자취를 준수하여 훌륭한 것을 따르면 그 오래된 업적이 더욱 빛날 것이요, 그 큰 공적은 더욱 드러나게 될 것임을 기대한다"(凡一帙一十卷合四十編, 名曰貞觀政要, 庶乎有國有家者, 克遵前軌, 擇善而從, 則可久之業益彰矣, 可大之功尤著矣)라 하여 〈정관정요서貞觀政要序〉에서 그 목적과 희망을 스스로 밝히고 있다.

오긍은 뒤에 태주(台州, 지금의 浙江 臨海), 홍주(洪州, 江西 南昌), 요주(饒州, 江西 鄱陽), 기주(蘄州, 湖北 蘄春) 등 네 주의 자사刺史를 역임하였으며 은청광록대부銀靑光祿大夫에 올랐다. 그리고 다시 상주(相州, 河北 臨漳) 장사長史를 거쳐 양원현자襄垣縣子에 봉해졌으며 천보天寶때에 업군태수鄴郡太守를 끝으로 관직을 마치고 서울로 귀환하여 현종의 27째 아들 항왕恒王 이진李瑱의 사부가 되기도 하였다.

만년에 그는 허리가 굽고 걸음을 걸을 수 없이 쇠약해졌으나 그래도 역사 편찬 작업에 미련을 버리지 못하여 이에 참여코자 하였다. 그러나 당시 재상 이림보李林甫의 반대로 뜻을 이루지 못하였으며 천보 8년(749) 집에서 80세의 생을 마감하게 된다. 그는 40여 년에 걸쳐 많은 사서 편찬에 온 힘을 기울여 많은 저작이 있었으나 지금은 모두 사라지고 오직 이《정관정요》만이 전하고 있을 뿐이다.

III. 《정관정요》

'정관貞觀'은 당 태종의 연호로 23년 간(627-649)이며 당 고조를 이어 영명한 군주 태종이 다스린 당대 최고의 황금기였다. 그리고 '정요政要'는 글자 그대로 '정치의 요체'라는 뜻이다. 그러나 역사서에서 '정요'라는 용어를 사용한 것은 이《정관정요》가 최초이며 그 이전에는 주로 '촬요撮要', '요략要略', '사요史要' 등의 용어를 써 왔다. 당나라 초기 유명한 역사학자 이연수李延壽의《태종정전太宗政典》 30권이 있었으나 지금은 전하지 않는다. 이러한 저술 형식은 주로 군신 사이 대화와 문답을 통해 국사를 결정하여 그 대화의 의견, 토론 속에 나타나는 인물의 성격, 정치 성향, 특징, 판단력, 덕과 풍모를 살필 수 있도록 체재를 삼는 것이다. 아울러 이러한 기술 형식을 통해 눈앞에서 보는 듯, 살아있는 정책 결정의 모습을 통해 뒤의 행정가, 정치가들로 하여금 따라 배우고 모범을 삼도록 하는 것이다. 이 정관정요는 책 전체 당태종과 위징, 방현령, 두여회 등 45명 대신들의 언론을 주제별로 10권 40편, 258장(본인은 267장으로 분류하였음), 8만여 자로 구성하고 매 편의 내용은 시대별로 순서를 삼아 그 전후 관계와 정책 결정의 흐름, 그 결과의 상황 등을 쉽게 파악하도록 하고 있다. 편명에서 보듯이 내용의 편폭이 넓고 광범위하며 주제 또한 명확하여 당시 당나라 건국부터 황실의 흐름, 민생의 변화로 인한 민심, 인물의 활동사항 등을 일목요연하게 살필 수 있도록 되어 있다.

한편 전체 내용의 전개로 보아 천하의 영명한 대군주 당 태종도 한 인생의 일생 변화 속에 인간으로써의 고뇌와 늙음, 안일에 빠질 수밖에 없는 상황 등도 여실히 나타나 있다. 즉 그이 재위 23년을 크게 나누어 전기와 후기가 판연히 다름을 볼 수 있다. 그 분기점은 정관 11년(637)이며 전체의 중간쯤에 해당하는 시기이다.

전기는 현무문 정변의 피비린내 나는 골육상잔을 겪은 이듬해 그토록 원하는 제위에 오르자, 그는 존속 살해의 죄명을 만회하고자 겉으로 강한 의지와 탁월한

지도력을 발휘하며 안으로는 덕과 인의를 바탕으로 하여 그야말로 어디에 비길 데 없는 열정을 쏟아내고 있다. 그 결과 천하는 안정되고 국운은 창성하여 중국 역대이래 최고의 황금기를 건설하였다.

그러나 후기에 들어서자 점차 해이해지기 시작하여 처음 가졌던 청정에서 사치와 방종으로, 겸손에서 독선으로, 허기납간虛己納諫에서 점차 불호직언不好直言으로 변해 가는 모습을 역력히 드러내고 있다. 그리하여 말년인 정관 22년(648)에는 이렇게 실토하였다.

"내 스스로 재위에 있은 지 오래되어 그 동안 선하지 못한 면이 많아졌다. 비단과 주옥의 사치로운 물건이 내 앞에 자꾸 쌓이고, 궁실의 화려함을 거부하지 못하는구나. 견마와 사냥매가 멀리서 바쳐져 오고, 사방으로 놀이 가고 싶은 생각을 떨쳐버리지 못하며, 맛난 음식을 싫다하지 않는구나. 이 모두는 나의 큰 과실이다. 이러한 내 모습을 그대들은 따르지 않도록 하라. 돌아보니 백성을 구제하여 큰 성과를 이루었고, 중국 천지에 나라를 세워 그 공이 역시 컸도다. 그리하여 가진 자를 보호하고 없는 자의 것을 빼앗지 않았기에 원망이 적었던 것이다. 그런가 하면 공은 크데 허물을 줄였기에 그 때문에 제업이 패망하지 않은 것이다. 그럼에도 이 정도에 그치고 말았으니 진선진미에 비한다면 진실로 부끄러운 일이로다."(吾居位已來, 不善多矣, 錦繡珠玉不絶於前, 宮室臺樹屢有興作, 犬馬鷹隼無遠不致, 行遊四方, 供頓煩勞, 此皆吾之深過, 勿以爲是而法之. 顧我弘濟蒼生, 其益多; 肇造區夏, 其功大. 益多損少, 故人不怨; 功大過微, 故業不墮; 然比之盡美盡善, 固多愧矣.《資治通鑑》198)

이렇게 보면 태종은 진실한 제왕이며 인간다운 면모도 갖춘 보기 드문 성군이었다 할 수 있다. 이리하여 태종이 죽음(649)으로써 그 찬란한 정관시대는 막을 내리게 된다.

IV. 《정관정요》의 판본

《정관정요》의 당송唐宋 시대 고본은 각기 출입이 있어 단일 확정본이 없었던 것으로 보고 있다. 그 때문에 원대元代 과직戈直은 다시 이를 정리하여 재편집하고 교감과 주석을 더하였으며 아울러 류방柳芳, 구양수歐陽脩, 사마광司馬光 등 22명의 평론을 더하여 가치를 승격시켰다. 이것이 《정관정요》의 1차 정리본이며 이를 〈과직집해본戈直集解本〉(약칭 〈戈本〉)이라 부른다. 이는 원元 지순至順 4년(1333)에 간행되었으며 비교적 완정하다고 알려져 가장 널리 퍼져나갔다. 그러나 일부 자신의 의견을 가미하기도 하였고 편장의 순서를 임의로 바꾸었으며 판각 또한 연문과 탈오가 심하여 원전의 모습을 훼손하였다고 평가를 받기도 한다. 그리하여 나진옥羅振玉은 "과직이 집론할 때 편장을 바꾸었으며 간행 판본도 역시 연문과 탈락이 많다"(戈氏作集論時, 往往移易篇章, 刊刻亦多衍脫)라 하였다. 이를테면 2권 〈납간편納諫篇〉의 부록 〈직간편直諫篇〉은 오긍의 원저가 아니며 뒷사람의 저술인 《위정공간록魏鄭公諫錄》 등의 자료를 부가하여 증보한 것이다.

다음으로 지금 전하고 있는 가장 오래된 판본으로는 명明 홍무洪武 3년(1370) 〈왕씨근유당王氏勤有堂〉에서 판각한 판본으로 〈홍무본〉이라 부르며 이는 〈과직본〉과 불과 40여년 차이를 보이고 있다. 이 판본은 지금 북경도서관 선본실繕本室에 소장되어 있다. 뒤를 이어 명明 성화成化 원년(1465)의 판본으로 이를 〈성화본〉이라 부르며 이는 도리어 〈과본〉을 판각간 것으로 지금도 전하고 있다. 이 두 판본을 비교해보면 〈성화본〉은 〈홍무본〉에 비하여 문장이 훨씬 순통하여 의미 전달로 정확하다.

한편 청대에 이르러 석세신席世臣은 〈과본〉의 일부 글자를 교정하였으나 큰 차이가 없으며 뒤를 이은 양수경楊守敬, 나진옥 등은 이들 판본에 대하여 새로운 정리를 시도하였으나 작업을 마치지 못하여 그 결말을 보여주지 못하고 말았다. 그리고 상해上海 함분루涵芬樓 영인본은 〈과본〉을 근거로 한 〈성화본〉이며 1978년

상해고적출판사上海古籍出版社에서 표점 정리하여 출간한 것이다. 이 책은 일부 착오를 바로잡았으나 역시 완전함에는 미치지 못한 것으로 평가받고 있다. 따라서 앞서 설명한 명대〈성화본〉은〈홍무본〉보다는 문장이 순통하며 상해고적출판사의 표점 정리는〈성화본〉을 근거로 한 것으로 지금 전하는 판본 중에 가장 믿을 만 하다고 볼 수 있다.

그 외 현대 역주본으로 엽광대葉光大의《정관정요역주貞觀政要譯注》(四川人民出版社, 1987)와 왕길상王吉祥의《정관정요주역貞觀政要注譯》(河北人民出版社, 1987) 등이 비교적 상세한 저작이며 이를 근거로 아주 세밀하고 완정하다 할 정도로 낸 주석본으로 허도훈許道勳의《신역정관정요新譯貞觀政要》(三民書局, 臺灣, 2000)가 있다. 그리고 엽대광, 이만수李萬壽, 황척명黃滌明, 원화충袁華忠 역주로 되어 있는 《정관정요전역貞觀政要全譯》(貴州人民出版社, 1991)은〈홍무본〉의〈왕씨근유당〉 본을 근거로 하여 편명과 문장의 순서 및 내용이 본《정관정요》와 사뭇 다르며 시대문예출판사時代文藝出版社에서 펴낸《정관정요貞觀政要》(上下, 吉林 長春, 2002) 는 간단한 주석에 백화 번역을 더하여 평역, 보급용으로 널리 읽히고 있다.

일본에는 원전종성原田種成의《정관정요정본貞觀政要定本》이 있어 정편正篇 250장에 부편附篇 20장, 그리고 보편補篇 15장 등으로 실었으며 부록으로 《정관정요어회색인貞觀政要語匯索引》을 더하여 비교적 널리 알려져 있다.

우리나라에서도 이《정관정요》는 이미 초략본, 번역본, 평역본, 연의본(演義本), 소설본 등이 널리 출간되어《정관정요貞觀政要》(정애리시, 새물결 1998),《정관정요에서 배우는 난세를 이기는 지혜》(揚帆지음, 김태성 옮김. 예담, 2002),《소설 정관정요貞觀政要》(1,2,3. 나채훈 미래지식 2005),《정관정요貞觀政要》(5책) 나채훈 한림원, 1993-2003),《정관정요貞觀政要》(세상을 바꾸는 리더십의 고전. 현암사 2003),《정관정요貞觀政要》(자유문고 편집부, 1986) 등이 나와 있어 일반인들에게도 널리 보급된 편이다.

欽定四庫全書

貞觀政要卷一

唐 吳兢 撰

元 戈直 集論

愚按貞觀者唐太宗表天地之號也易大傳曰天地之道貞觀者也猶言天理主於正以示人也政要者唐史臣吳兢輯貞觀間君臣之嘉言善行良法美政之大要也唐史本紀曰太宗姓李氏諱世民隴西成紀人為涼昭王八世孫高祖次子也母曰太穆皇后竇氏生而不驚方四歲有書生謁高祖曰公貴人也必有貴子其語及見太宗曰龍鳳之姿天日之表其年將二十必能濟世安民書生去乃採其語以定名大志能屈節下士結約豪傑佐高祖

君道第一 凡五章

亂功業日隆隋義寧元年高祖以唐王受隋禪國號唐明年改元武德封世民為秦王九年立為皇太子聽政是年八月即皇帝位明年改元貞觀凡二十三年一代之興大抵任賢能從諫樂善始俊文宗讀此慨然慕之故大書貞觀政號為清明則是書也不無補於治云

貞觀初太宗謂侍臣曰為君之道必須先存百姓若損百姓以奉其身猶割股以啖腹腹飽而身斃若安天下必須先正其身未有身正而影曲上理而

欽定四庫全書

下亂者朕每思傷其身者不在外物皆由嗜欲以成其禍若耽嗜滋味玩悅聲色所欲既多所損亦大既妨政事又擾生人且復出一非理之言萬姓為之解體怨讟既作離叛亦興朕每思此不敢縱逸諫議
○唐制掌諫論得失從贊相之職魏徵詳見任賢篇對曰古者聖哲之主皆亦近取諸身故能遠體諸物昔楚聘詹何時國名莊王問理國之要詹何對以修身之術莊王又問理國何如詹何曰未聞身理而國亂者陛下所明實同古義宗謂侍臣曰君依於國國依於民刻民以奉君猶割肉以充腹腹飽而身斃君富而國亡故人君之患不自外來常由己出夫欲盛則費廣費廣則賦重賦重則民愁民愁則國危國危則君喪矣朕當以此思之故不敢縱欲也章辭異而音同故附見於此

愚按中庸九經修身為先大學八目修身為本古者二帝三王之治未有不先正其身而能正天下國家者堯克明峻德湯必懋昭大德文母盍邦君奭亦克用勸民雍熙時俊乂在官百僚師師百工惟時朔南暨聲教訖於四海時萬邦咸寧時雍時俊乂在官此帝王有表正萬邦身先天下之人君若漢高祖唐太宗蓋亦庶幾未有源不清而流潔者也未有表正而景曲者也流潔者也景者之人君若漢高

《貞觀政要》四部備要本. 明刻本〈戈直集論本〉上海中華書局印本, 成化本(明, 1465)을 근거로 판각한 것

《貞觀政要》四部叢刊本. 北京書同文電子版, 成化本(明, 1465), 上海涵芬樓本을 전산화한 것.

차 례

◈ 책머리에
◈ 일러두기
◈ 해제

貞觀政要 一

1. 군도君道

001(1-1) 자신부터 다스리는 것이 정치의 근본 ················· 48
002(1-2) 명군과 암군 ·· 51
003(1-3) 창업과 수성, 어느 것이 어려운가? ························ 54
004(1-4) 땔나무를 짊어지고 불을 끄러 달려들어 ··············· 56
005(1-5) 무위이치를 생각하소서 ·· 62
006(1-6) 물을 만난 물고기처럼 ·· 67
007(1-7) 즐겁고 편할 때를 조심하라 ······································· 70

2. 정체政體

008(2-1) 활의 재료와 화살 ··· 74
009(2-2) 서로의 과오를 미리 방지하기 위하여 ··················· 76
010(2-3) 예교禮敎로 다스리십시오 ·· 78
011(2-4) 서명만 하는 업무라면 누군들 못하겠느냐 ··········· 80
012(2-5) 임금 혼자 잘나면 위험하다 ······································· 82
013(2-6) 대의大醫는 나라를 치료한다 ······································ 85

014(2-7) 임금은 배, 백성은 물 ·· 87
015(2-8) 작은 과실을 그대로 넘겼다가는 ···························· 89
016(2-9) 아무리 좋은 옥이라 해도 훌륭한 옥공을 만나야 ········· 91
017(2-10) 너무 멀리 사냥을 나오셨습니다 ···························· 96
018(2-11) 청정함을 지켜야 ·· 100
019(2-12) 엄한 임금에 직언하는 신하 ································· 102
020(2-13) 교만은 패망의 지름길 ·· 104
021(2-14) 덕치는 흉년도 이겨낸다 ····································· 106

3. 임현任賢

022(3-1) 방현령房玄齡 ··· 110
023(3-2) 두여회杜如晦 ··· 114
024(3-3) 위징魏徵과 세 가지 거울 ······································ 117
025(3-4) 왕규王珪 ··· 124
026(3-5) 이정李靖 ··· 127
027(3-6) 우세남虞世南 ··· 134
028(3-7) 이적李勣 ··· 138
029(3-8) 마주馬周 ··· 144

4. 구간求諫

030(4-1) 제 모습을 보려면 거울이 있어야 하듯이 ················· 148
031(4-2) 먹줄을 따르면 나무가 곧아지듯 ··························· 150

032(4-3) 어찌 스스로 물러나지 않았는가 ··· 152
033(4-4) 상소문을 벽에 붙여 놓고 ··· 157
034(4-5) 제왕의 희로 표시 ··· 159
035(4-6) 역린을 피하지 말라 ··· 160
036(4-7) 임금의 소매를 자르는 범죄 ··· 162
037(4-8) 틈날 때마다 조용히 앉아 ··· 164
038(4-9) 신하들이 입을 열지 않는 이유 ··· 166
039(4-10) 스스로를 아는 자 ··· 168
040(4-11) 사치의 상승작용 ··· 170

5. 납간納諫 ············· (附) 직간直諫

041(5-1) 이원李瑗의 첩 ·· 174
042(5-2) 다섯 가지 잘못 ·· 177
043(5-3) 걸주 같은 폭군 ·· 182
044(5-4) 아끼는 준마 한 필 ·· 184
045(5-5) 풍병風病이 있어 ··· 186
046(5-6) 사냥용 매 ·· 188
047(5-7) 상서를 비방이라고 느끼시다니 ··· 191
048(5-8) 엽호葉護 칸 ··· 193
049(5-9) 약석藥石으로 삼을 말 ··· 196
050(5-10) 간언을 장려하시오 ··· 197
051(5-11) 간언의 방법 ··· 199

052(5-12) 정혼한 여자를 비빈으로 ································ 201
053(5-13) 장정 징발 ·· 206
054(5-14) 간악한 무리가 덕을 손상하니 ······················ 212
055(5-15) 양신과 충신의 차이 ······································ 215
056(5-16) 천자의 봉선封禪 ·· 218
057(5-17) 제방을 미리 헐어 버리면 ····························· 222
058(5-18) 알아야 할 일과 몰라도 될 일 ······················ 225
059(5-19) 말이란 쉽게 내뱉을 수 없는 것 ··················· 227
060(5-20) 생계만을 위한 관직이라면 ··························· 231
061(5-21) 신하의 충간에 난색을 표하시면 ·················· 233

6. 군신감계 君臣鑒戒

062(6-1) 옛일은 먼 것이 아니니 ································· 240
063(6-2) 감옥이 텅 빈 것은 ·· 242
064(6-3) 망각증이 심하여 이사 갈 때 아내를 잃은 자 ······ 244
065(6-4) 무망재거 毋忘在莒 ·· 246
066(6-5) 임금을 따라 죽지 않는 신하를 두시오 ·········· 249
067(6-6) 이제 덕과 인만 더하시면 됩니다 ·················· 262
068(6-7) 아들 손자 대에 망하는 이유 ························ 264

7. 택관擇官

069(7-1) 관직에 맞는 사람을 써야 ······ 268
070(7-2) 자질구레한 일은 승상에게 ······ 271
071(7-3) 도독과 자사의 역할 ······ 273
072(7-4) 시대가 다른 인재를 빌려 쓴 것이 아닙니다 ······ 274
073(7-5) 이부에서 사람을 뽑을 때 ······ 276
074(7-6) 재능과 덕행을 함께 갖춘 자 ······ 278
075(7-7) 지방 관리의 경험을 살려 ······ 280
076(7-8) 직무에 맞지 않은 관리 ······ 282
077(7-9) 누구나 자신이 잘난 줄 여긴다 ······ 286
078(7-10) 열두 가지 신하의 유형 ······ 288
079(7-11) 낙점을 찍어 놓고 ······ 297

8. 봉건封建

080(8-1) 친척이라고 해서 봉지를 줄 수는 없다 ······ 302
081(8-2) 이백약의 〈봉건론〉 ······ 305
082(8-3) 친인척의 무능력과 세습의 폐단 ······ 325

9. 태자제왕정분太子諸王定分

083(9-1) 집안일과 나라일의 구분 ······ 330
084(9-2) 자식 사랑이 나라를 망칠 수도 ······ 331
085(9-3) 황태자에 대한 잘못된 예우 ······ 334
086(9-4) 나라의 급선무 ······ 338

10. 존경사부尊敬師傅

087(10-1) 선생님에 대한 존경이 사람을 만든다 ················ 342
088(10-2) 성현도 누구나 스승이 있었다 ·························· 344
089(10-3) 여러 왕들을 잘 가르쳐 주시오 ························ 346
090(10-4) 스승의 도를 다하여 왕자를 가르치다 ············ 348
091(10-5) 스승을 하늘같이 모시도록 하라 ···················· 350
092(10-6) 태자가 된 이치李治 ·· 352

11. 계태자제왕戒太子諸王

093(11-1) 태자를 잘 이끌어 주시오 ································ 362
094(11-2) 백성의 고통을 알도록 가르친 태종 ················ 364
095(11-3) 《자고제후왕선악록自古諸侯王善惡錄》 ············ 366
096(11-4) 훌륭하다는 소문이 들리게 해다오 ·················· 372
097(11-5) 창업자는 민간에서, 왕자는 궁중에서 ············ 375
098(11-6) 신하이면서 아들 된 도리 ································ 377
099(11-7) 어린 황자를 도독과 자사로 ···························· 379

12. 규간태자規諫太子

100(12-1) 비뚤어지기 시작하는 태자 이승건 ·················· 384
101(12-2) 사치와 방종이 날로 심해 가는 태자 ·············· 403
102(12-3) 그대 미친 자 아니오? ···································· 405
103(12-4) 상서한 자를 죽이겠다고 나선 태자 ·············· 410

104(12-5) 태자의 횡포 ·· 414
105(12-6) 바쁜 농사철에 궁궐 공사를 독촉하는 태자 ················ 419

13. 인의仁義

106(13-1) 인의로 다스린 자는 복을 받고 ································ 426
107(13-2) 백성이 염치를 알기 시작하오 ································ 428
108(13-3) 진짜 참된 무기는 인의 ··· 429
109(13-4) 밥은 몸을 지탱하는 자산 ······································ 430

14. 충의忠義

110(14-1) 현무문 정변 때의 풍립 ··· 434
111(14-2) 요사렴의 충직함 ··· 437
112(14-3) 죽은 태자의 장례식 ·· 440
113(14-4) 어느 시대인들 충신열사가 없겠는가 ······················· 443
114(14-5) 진숙달의 간언 ·· 446
115(14-6) 청렴한 관리 이홍절 ·· 448
116(14-7) 위징만큼 나의 과실을 잡아 줄 수 있겠소? ··············· 451
117(14-8) 진실로 사직의 신하로다 ······································· 453
118(14-9) 한나라 때의 양진楊震 ··· 455
119(14-10) 신하를 어떻게 대우하는가에 달려 있습니다 ············ 457
120(14-11) 걸의 개가 요임금을 보고 짖는 것은 당연한 일 ········ 460
121(14-12) 진陳나라 때의 충신 아들 ··································· 462

122(14-13) 전 조대 현신의 후손을 찾아내어라 ·· 464
123(14-14) 안시성 공격에 고구려 충신들에게 상을 내리다 ······················· 466

15. 효우 孝友

124(15-1) 방현령의 효성 ·· 470
125(15-2) 우세남과 우세기 형제 ··· 471
126(15-3) 왕자 이원가의 효성 ··· 472
127(15-4) 왕자 이원궤의 효성 ··· 474
128(15-5) 돌궐인 사행창 ··· 476

貞觀政要 을

16. 공평公平

129(16-1)	가까울수록 공평해야	530
130(16-2)	오직 능력과 덕행이 기준일 뿐이다	533
131(16-3)	법은 천하를 위한 것	534
132(16-4)	문서를 위조한 자에 대한 가혹한 처벌	537
133(16-5)	치우치지도 말고 당파도 짓지 말라	539
134(16-6)	공주 결혼 비용	542
135(16-7)	이런 자가 형부시랑이 되어야	545
136(16-8)	원수라도 능력이 있으면 추천하라	547
137(16-9)	납으로 만든 칼	549
138(16-10)	허리가 가는 여자를 좋아하자 후궁들이 거의 굶어 죽어	555
139(16-11)	왕이 직접 써서 내린 조서	574

17. 성신誠信

140(17-1)	윗물이 맑아야 아랫물이 맑다	578
141(17-2)	오직 성신誠信밖에 없습니다	580
142(17-3)	문치와 무치	588
143(17-4)	믿음이 없으면 설 수가 없다	590

18. 검약儉約

144(18-1)	덕의에 손상을 줄 일을 하지 말라	594
145(18-2)	더위를 피할 누각을 지으십시오	596
146(18-3)	궁궐을 높이 짓고 싶은 것은 제왕의 욕망	598
147(18-4)	유총의 왕비 유후	600
148(18-5)	장례를 간소히 하라	602

149(18-6) 일개 포의로 중서령이 되었으니 ·· 607
150(18-7) 대주戴胄의 검소함 ··· 608
151(18-8) 정침도 없이 산 온언박 ··· 609
152(18-9) 정당이 없이 살았던 위징 ·· 610

19. 겸양謙讓

153(19-1) 자랑하지 말고 겸손하라 ·· 612
154(19-2) 있어도 없는 듯이 하라 ·· 614
155(19-3) 겸손을 다한 왕실의 인물들 ·· 616

20. 인측仁惻

156(20-1) 백성을 불쌍히 여겨라 ·· 620
157(20-2) 수재와 가뭄은 나의 부덕 탓 ·· 622
158(20-3) 금기일이라도 곡을 하지 않을 수 없다 ·· 624
159(20-4) 고구려와의 전투에 죽은 병사들에 대한 큰 제사 ··················· 626

21. 신소호愼所好

160(21-1) 물은 담는 그릇에 따라 모양이 다를 뿐 ······································ 630
161(21-2) 신선술이란 거짓된 것 ·· 633
162(21-3) 바르게 덕을 닦으면 그 뿐 ·· 635
163(21-4) 꼭두각시 인형극 ·· 637

22. 신언어愼言語

164(22-1) 황제의 말 한 마디 ········· 640
165(22-2) 반딧불을 채집하여 궁궐을 밝히라 ········· 642
166(22-3) 진짜 잘 하는 말은 어눌하다 ········· 644

23. 두참사杜讒邪

167(23-1) 보이지 않는 것을 경계하라 ········· 650
168(23-2) 아부하며 접근하는 자 ········· 654
169(23-3) 어떠한 자를 친구로 사귈 것인가 ········· 656
170(23-4) 내가 두여회를 의심하지 않은 이유 ········· 659
171(23-5) 남의 사사로운 작은 악행을 들추는 자 ········· 661
172(23-6) 참언을 믿지도 않은 채 ········· 663
173(23-7) 임금의 언행은 반드시 기록합니다 ········· 664

24. 회과悔過

174(24-1) 어릴 때의 잘못을 후회하고 있소 ········· 668
175(24-2) 남의 아름다움을 성취시켜 주시오 ········· 669
176(24-3) 부모의 상보다 더 애통한 것이 있을까? ········· 671
177(24-4) 면전에서 힐난하시면 ········· 673

25. 사종奢縱

178(25-1) 사치와 방종은 패망을 부른다 ········· 676

26. 탐비貪鄙

179(26-1)	탐욕과 비루함	686
180(26-2)	탐욕의 뒤에는 멸망이 따라다닌다	688
181(26-3)	재물은 허물을 키운다	691
182(26-4)	밀기울 몇 섬	693
183(26-5)	엄청난 은이 묻힌 광맥	694
184(26-6)	미끼는 무서운 유혹	696

27. 숭유학崇儒學

185(27-1)	학술에 흥미를 가졌던 태종	700
186(27-2)	국학을 세워 신라 유학생까지 유치하다	702
187(27-3)	태학에 모셔 공자와 함께 배향된 학자들	705
188(27-4)	정치의 요체는 사람을 얻는 데 있다	708
189(27-5)	《오경정의五經正義》의 편찬	710
190(27-6)	옥은 다듬지 않으면 그릇이 될 수 없고	712

28. 문사文史

191(28-1)	한대의 문학 작품	716
192(28-2)	태종의 문장을 문집으로 만들 것을 청하자	718
193(28-3)	임금에 대한 기록은 볼 수 없습니다	720
194(28-4)	나를 우상화하지 말라	722

29. 예악禮樂

195(29-1)	내 이름을 피휘하지 말라	726
196(29-2)	왕족들끼리의 예절	728

197(29-3)　금기에 얽매여 곡을 하지 않는다니 ·· 730
198(29-4)　부모에 대한 효는 종교보다 앞선다 ·· 731
199(29-5)　《씨족지氏族志》를 편찬하는 이유 ·· 732
200(29-6)　공주일지라도 시집가서는 그 집 며느리일 뿐이다 ··················· 737
201(29-7)　지방 관리의 서울 출장에 머물 숙소를 지어 주도록 하라 ········· 739
202(29-8)　고위 관리와 왕족들 사이의 예절 ·· 741
203(29-9)　상복제도를 개선하라 ·· 743
204(29-10)　태종의 생일 ··· 750
205(29-11)　음악이란 사람의 인화人和를 위한 것 ····································· 752
206(29-12)　〈파진악무破陳樂舞〉 ·· 755

30. 무농務農

207(30-1)　농사철을 빼앗지 말라 ·· 758
208(30-2)　벼를 갉아먹는 누리 벌레를 삼킨 태종 ······································ 760
209(30-3)　황태자의 관례冠禮 ·· 762
210(30-4)　백성은 나라의 소유가 아니다 ··· 764

31. 형법刑法

211(31-1)　죽인 다음에는 살릴 수 없다 ··· 768
212(31-2)　노비가 주인을 고발하는 것은 용서할 수 없다 ·························· 770
213(31-3)　장온고張蘊古의 〈대보잠大寶箴〉 ··· 771
214(31-4)　삼심제三審制를 오심제五審制로 ·· 780
215(31-5)　나를 위해 공을 세운 자라 하여 면죄부를 줄 수는 없다 ··········· 782
216(31-6)　형벌을 신중히 하라 ··· 784

217(31-7) 연좌법은 폐기하라 ·· 793
218(31-8) 갑옷 만드는 자와 화살 만드는 자 ······················ 795

32. 사령赦令

219(32-1) 요행을 바라는 사면령은 없다 ···························· 798
220(32-2) 법은 간결할수록 좋다 ······································ 800
221(32-3) 나온 땀은 다시 몸속으로 넣을 수 없다 ············· 801
222(32-4) 내 평소 악한 짓을 하지 않았으니 ····················· 803

33. 공부貢賦

223(33-1) 남의 땅에서 나는 산물을 공물로 바치지 말라 ········ 806
224(33-2) 임읍국林邑國에서 바친 앵무새 ···························· 807
225(33-3) 나라가 안정되면 먼 나라에서 조공을 바친다 ······· 808
226(33-4) 연개소문이 보내온 백금 ··································· 810
227(33-5) 고구려에서 바쳐온 두 미녀 ······························ 813

34. 변흥망辯興亡

228(34-1) 인의와 국운의 길이 ·· 816
229(34-2) 나라의 곡식 창고란 흉년을 대비하기 위한 것 ······ 818
230(34-3) 배은망덕은 나라도 망친다 ································ 820
231(34-4) 승리가 잦을수록 나라는 위험해진다 ·················· 822
232(34-5) 북제北齊와 북주北周 ·· 824

35. 정벌征伐

233(35-1)	돌궐과 편교便橋 사건	828
234(35-2)	반란을 일으킨 것 같지 않습니다	831
235(35-3)	임읍林邑을 정벌합시다	834
236(35-4)	백성에게 이익이 되지 않는 정벌	836
237(35-5)	정벌에도 도의를 지켜야	838
238(35-6)	설연타薛延陀 부락	840
239(35-7)	고구려 원정은 안 됩니다	842
240(35-8)	고구려 원정 다시 논의	844
241(35-9)	고구려 원정에 직접 나선 당태종	846
242(35-10)	고구려 원정과 이도종李道宗	848
243(35-11)	태종의 《제범帝範》	850
244(35-12)	죽으면서 고구려 원정을 반대한 방현령	852
245(35-13)	후궁 서혜徐惠의 상소문	862

36. 안변安邊

| 246(36-1) | 항복해 온 돌궐인의 안치 문제 | 870 |
| 247(36-2) | 고창에 설치한 안서도호부安西都護府 | 880 |

37. 행행行幸

248(37-1)	수 양제가 지은 화려한 궁전들	888
249(37-2)	수나라의 실패를 거울삼아	890
250(37-3)	강도江都에 행차하였다가 죽은 수 양제	893
251(37-4)	낙양의 현인궁顯仁宮	895

38. 전렵畋獵

252(38-1) 사냥에 빠지지 마십시오 ·· 900
253(38-2) 비가 오는데도 사냥에 나선 태종 ································ 903
254(38-3) 간언도 분위기에 맞게 ·· 904
255(38-4) 맹수를 잡는 즐거움을 그쳐 주십시오 ························· 907
256(38-5) 수확 철에 사냥에 나섰다가 ····································· 911

39. 재상災祥

257(39-1) 상서로운 징조를 보고하지 말라 ································ 914
258(39-2) 그 어떤 요괴도 덕을 이기지는 못한다 ······················· 916
259(39-3) 불길한 혜성의 출현 ··· 919
260(39-4) 엄청난 수재 ··· 922

40. 신종愼終

261(40-1) 편안할 때 위험을 생각하라 ····································· 928
262(40-2) 끝까지 초심을 잃지 않기를 ····································· 930
263(40-3) 나의 위대한 세 가지 공적 ······································ 932
264(40-4) 끝을 잘 지키기 위해서는 ······································· 935
265(40-5) 태종의 열 가지 과오 ··· 937
266(40-6) 전쟁에 이기기는 쉬우나 승리를 지키기는 어렵다 ········· 953
267(40-7) 그 아름다움을 끝까지 ·· 955

◉ 부록

1. 上貞觀政要表 ················ 吳兢 ······················ 958
2. 貞觀政要序 ·················· 吳兢 ······················ 959
3. 重刻貞觀政要序 ·············· 宋濂 ······················ 960
4. 吳兢傳 ······················ 《舊唐書》(102) ··········· 962
5. 吳兢傳 ······················ 《新唐書》(132) ··········· 963

〈唐太宗〉(598-649) 북송 때 그림. 臺北故宮博物館 소장

〈당태종상〉《三才圖會》

정관정요

1. 군도 君道

'군도'란 임금으로서 갖추어야 할 지도력, 통치력, 가치관과 도리를 말한다.

〈三輪銅盤〉 1957, 江蘇 武進 출토 戰國시대 銅器

001(1-1)
자신부터 다스리는 것이 정치의 근본

정관貞觀 초에 태종太宗이 시종하는 신하들에게 말하였다.

"임금 된 자의 도리란 모름지기 백성을 먼저 안전하게 해 주는 것이다. 만약 백성에게 손상을 입히면서 임금 자신을 받들게 한다면 이는 마치 자신의 허벅지 살을 베어 배를 채우는 것과 같아 배는 부를지 모르나 그 몸은 죽고 말 것이다.

만약 천하를 안정시키고자 한다면 반드시 먼저 그 자신부터 올곧게 세워야 한다. 자신의 몸이 똑바른데 그림자가 굽게 생기거나 윗사람이 다스려지는데 아래가 혼란한 경우란 없었다. 나는 매번 생각하건대 제 몸을 상하게 하는 것은 외물에 있지 아니하고 모두가 자신의 기욕嗜欲으로 인해 그 화를 자초하는 것이라 여기고 있다. 만약 기욕에 탐닉하여 맛을 들인다거나 성색聲色을 즐기기에 여념이 없다면 그 욕망이 많아지는 만큼 그 손실 또한 커질 것이다. 이처럼 이미 정치에 방해가 되면서 또한 백성을 못살게 구는 것이 되고 만다. 게다가 다시 이치에 맞지 않는 말 한 마디를 내뱉으면 만백성들은 흩어져 해체되고 말 것이며 원망과 비방이 뒤따라 일어날 것이다. 나는 매번 이를 생각하여 감히 방종하게 굴거나 안일하게 처신할 수가 없다."

간의대부諫議大夫 위징魏徵이 대답하였다.

"옛날 성스럽고 명철한 군주는 모두가 이러한 도리를 신변에서 터득하였습니다. 그 때문에 능히 멀리 만물에 그 실천이 옮겨갈 수 있었던 것입니다. 옛날 초왕楚王이 첨하詹何를 초빙하여 치국의 요체를 묻자 첨하는 수신修身을 근본으로 할 것임을 일러 주었습니다. 초왕이 다시 치국이란 어떤 것이냐고 묻자 그는 '자신을 잘 수양하였는데 나라가 어지러워졌다는 말은 들어 보지 못하였습니다'라고 대답했다 합니다. 폐하의 명철하심은 실로 옛 뜻과 같습니다."

　　貞觀初, 太宗謂侍臣曰:「爲君之道, 必須先存百姓, 若損百姓奉其身, 猶割股以啖腹, 腹飽而身斃. 若安天下, 必須先正其身. 未有身正而影曲, 上理而下亂者. 朕每思傷其身者不在外物, 皆由嗜欲以成其禍. 若耽嗜滋味, 玩悅聲色, 所欲旣多, 所損亦大. 旣妨政事, 又擾生人. 且復出一非理之言, 萬姓爲之解體, 怨讟旣作, 離叛亦興. 朕每思此, 不敢縱逸.」
　　諫議大夫魏徵對曰:「古者聖哲之主, 皆亦近取諸身, 故能遠體諸物. 昔楚聘詹何, 問其治國之要. 詹何對以修身之術. 楚王又問治國何如? 詹何曰:『未聞身治而國亂者.』陛下所明, 實同古義.」

【貞觀】唐나라 2대 제왕 太宗 李世民 통치 시기의 연호. 高祖 李淵이 618년 당을 세워 武德(618~626)이라 하였으며 627년 太宗 원년부터 649년까지 23년간 貞觀이란 연호를 사용하였음. 이 당시 당나라가 발전과 안정을 함께 이루어 역사상 흔히 貞觀之治라 함.
【太宗】당나라 2대 황제 이세민. 고조 李淵의 둘째 아들. 아버지를 도와 唐나라 건국에 지대한 공을 세워 秦王에 봉해졌으나 야심을 품고 玄武門의 政變(626)을 일으켜 당시 태자이며 형인 李建成과 아우 제왕 李元吉을 없애 버림. 이에 고조는 얼마 뒤 제위를 세민에게 물려주었음. 이가 태종이며 627년부터 649년 재위, 그 연호를 貞觀이라 함.
【侍臣】곁에 자신을 모시고 있는 신하들. 左右, 輔弼, 股肱, 側臣과 같은 말.
【啖腹】배가 부르도록 먹음. 배를 채움.
【聲色】가무와 여색을 말하며 흔히 嗜慾과 淫亂함에 빠져 정치를 그르침을 뜻하는 말로 쓰임.

【生人】生民. 살아 있는 백성. 일상생활의 생업을 영위하는 백성을 말함. 본《貞觀政要》에서는 太宗 李世民의 이름을 피휘하여 흔히 '世'는 '代'로, '民'은 '人'으로 표기하고 있음.
【解體】몸이 해체되듯 백성의 마음이 離叛되어 흩어짐을 말함.
【讟】비방하고 원망하는 말. 원성.
【諫議大夫】당 高祖 武德 초에 설치하였으며 황제의 행정에 잘잘못을 가려 진언할 수 있도록 4명을 임명하였음.
【魏徵】자는 玄成(580~643). 당나라 초기의 名臣으로 직언으로 太宗을 보필한 것으로 유명함. 北周 靜帝 大象 2년(580) 襄國郡 鉅鹿縣에서 태어나 어릴 때 고아가 되어 수나라 말 떠돌다가 道士라 속이고 李密의 瓦崗軍과 竇建德의 河北義軍에 들어가 공을 세움. 태종이 즉위하여 諫議大夫와 尙書右丞을 겸하였음. 다시 貞觀 3년(629)에 秘書監이 되어 국정에 참여하였으며 7년(633) 侍中이 되어 鄭國公에 봉해졌으며 17년(643) 병으로 長安에서 죽음. 시호는 文貞. 昭陵 곁에 묻혔음. 《舊唐書》에 太宗과의 관계에 대하여 "討論政術, 往復應對, 凡數十萬言"이라 함.
【近取諸身】자신의 신변에서 이를 취함. 아주 가까운 곳에서 원리를 터득하거나 이치를 얻음. 《周易》 繫辭傳(下)에 "古者, 包犧氏之王天下也, 仰則觀象於天, 俯則觀法於地, 觀鳥獸之文, 與地之宜, 近取諸身, 遠取諸物, 於是始作八卦, 以通神明之德, 以類萬物之情"이라 함. '저(諸)'는 '之於, 之乎'의 合音字. '~에서'의 뜻.
【楚】춘추시대 楚나라. 여기서는 春秋五霸의 하나인 楚莊王 시절을 말함.
【詹何】'섬하'로도 읽음. 초나라 詹尹의 후손으로 은거하여 낚시에 뛰어난 솜씨를 보였으며 楚莊王(?~B.C.591)에게 유세하여 치국의 도를 일러 줌. 처음 낚시를 시작한 인물로도 알려짐. 《列子》 說符篇에 "詹何以獨繭絲爲綸, 芒鍼爲鉤, 荊篠爲竿, 剖粒爲餌, 引盈車之魚於百仞之淵·汨流之中; 綸不絶, 鉤不伸, 竿不撓. 楚王聞而異之, 召問其故. 詹何曰:「臣聞先大夫之言, 蒲且子之弋也, 弱弓纖繳, 乘風振之, 連雙鶬於靑雲之際. 用心專, 動手均也. 臣因其事, 放而學釣. 五年始盡其道. 當臣之臨河持竿, 心無雜慮, 唯魚之念; 投綸沈鉤, 手無輕重, 物莫能亂. 魚見臣之鉤餌, 猶沈埃聚沫, 呑之不疑. 所以能以弱制彊, 以輕致重也. 大王治國誠能若此, 則天下可運於一握, 將亦奚事哉?」楚王曰:「善!」"이라 하였으며, 《博物志》(8)에 "詹何以獨繭絲爲綸, 芒針爲鉤, 荊篠爲竿, 割粒爲餌, 引盈車之魚於百仞之淵, 汨流之中, 綸不絶, 鉤不申, 竿不撓"라 함.

002(1-2)
명군과 암군

정관 2년(628), 태종이 위징魏徵에게 물었다.
"무엇을 일러 명군明君이나 암군暗君이라 하는가?"
위징魏徵이 말하였다.
"임금으로서 명明이라고 하는 것은 서로 다른 의견을 겸하여 듣는 것을 말하며, 암暗이라고 하는 것은 한쪽 말만 믿는 것을 말합니다. 《시詩》에 '옛 사람이 말하였지. 꼴꾼, 나무꾼에게도 묻는다고'라 하였습니다. 옛날 당唐, 요堯, 우虞, 순舜의 시대에는 사방 문을 활짝 열고 사방 모든 사람의 밝은 눈을 받아들였으며 사방 총명함을 모두 활용하였습니다. 이 까닭으로 그 성스러움이 비치지 않는 곳이 없어, 그 때문에 공공共工과 곤鯀의 무리들도 임금의 이목을 막을 수 없었고, 공손한 말이나 사악한 말일지라도 임금을 혹하게 할 수 없었던 것입니다. 그러나 진秦 이세二世, 호해胡亥는 자신을 감추고 숨기기에 바빠 자신에게 가까이 오지 않는 자는 버리고 신분이 천한 자는 멀리하면서 조고趙高만을 치우치게 믿었다가 천하가 붕괴되고 이반하고 있다는 사실도 들어 볼 수 없었습니다. 그런가 하면 양梁 무제武帝는 주이朱异의 말만 믿고 있다가 후경侯景이 난을 일으켜 궁궐을 향해 오고 있는데도 이를 알 수가 없었습니다. 또 수隋 양제煬帝는 우세기虞世基의 말만을 믿다가 여러 적들이 성을 공격하고 읍을 표략질하고 있건만 역시 이를 들어 볼 수 없었습니다. 이 까닭으로 임금이 신하의 말을 겸하여 듣고 아랫사람의 말을 받아들인다면 귀한 신분의 신하라 해도 임금의 이목을 들어 막을 수 없고 아래의 사정도 틀림없이 위로 통할 수 있게 될 것입니다."
태종은 그 말을 매우 훌륭하다 여겼다.

貞觀二年, 太宗問魏徵曰:「何謂爲明君暗君?」

徵曰:「君之所以明者, 兼聽也; 其所以暗者, 偏信也.《詩》云: 『先民有言, 詢於芻蕘.』昔唐・虞之世, 闢四門, 明四目, 達四聰. 是以聖無不照, 故共・鯀之徒, 不能塞也; 靖言庸回, 不能惑也. 秦二世則隱藏其身, 捐隔疏賤而偏信趙高, 及天下潰叛, 不得聞也. 梁武帝偏信朱异, 而侯景擧兵向闕, 竟不得知也. 隋煬帝偏信虞世基, 而諸賊攻城剽邑, 亦不得知也. 是故人君兼聽納下, 則貴臣不得壅蔽, 而下情必得上通也.」

太宗甚善其言.

【詩】《詩經》을 말함. 五經의 하나로 고대 시가의 총집. 風, 雅, 頌으로 나뉘어 있으며 고대《魯詩》,《齊詩》,《韓詩》,《毛詩》가 있었으나 지금 전하는 305편은 《毛詩》이며《韓詩外傳》이 전함.

【先民有言】《詩經》大雅 板에 "我雖異事, 及爾同僚. 我卽而謀, 聽我囂囂. 我言維服, 勿以爲笑. 先民有言, 詢于芻蕘"라 함. '芻蕘'는 꼴 베고 나무하는 하찮은 사람. 임금은 이러한 자에게도 그 의견을 묻고 듣는 것을 부끄럽게 여기지 않아야 함을 뜻함.

【唐】陶唐氏. 堯임금.

【虞】有虞氏. 舜임금을 말함.

【共】共工氏. 堯임금의 신하로 토목공사를 맡았으며 뒤에 업적을 이루지 못하고 비리를 저질러 舜에 의해 幽州로 추방을 당함.

【鯀】'鮌'으로도 표기하며, 禹임금의 아버지. 治水에 공을 거두지 못하여 舜에 의해 羽山에서 죽음을 당함. 이상《史記》五帝本紀 참조.

【靖言庸回】공손한 말과 사악한 말.

【秦二世】진시황의 둘째 아들 胡亥(B.C.230~B.C.207). 二世皇帝가 되었으나 趙高의 압력에 못 이겨 자살함.

【趙高】진나라 말기의 환관. 이세 胡亥를 없애고 어린 子嬰을 세워 정권을 농단하였으며 뒤에 자영에 의해 죽음을 당함. '指鹿爲馬'의 고사를 남긴 인물.

【捐隔疏賤】 자신에게 가까이 아첨하지 아니하는 자는 버리고 신분이 천한 자는 소원히 함.
【梁武帝】 남조 梁나라의 개국 군주 蕭衍(464~549). 502~549년 재위.
【朱异】 자는 彦和. 吳郡 錢塘 사람으로 임금의 뜻을 미리 살펴 그에 아부하기에 뛰어났던 인물. 員外常侍, 侍中 등을 역임함.
【侯景】 자는 萬景. 懷朔鎭(지금의 내몽고 包頭) 출신. 원래 東魏의 신하였으나 뒤에 梁나라에 귀순하고자 하자 양 무제가 朱异의 의견을 들어 그를 大將軍에 임명함. 그러나 그가 반란을 일으키자(549) 조야가 모두 주이를 원망하였고 후경이 마침내 建康(지금의 南京) 궁궐을 공격해 오자 무제는 분을 품고 죽음. 이를 侯景의 亂이라 함.
【隋煬帝】 隋나라 2대 황제 楊廣(569~618). 隋 文帝의 둘째 아들로 폭정을 일삼았으며 뒤에 江都(지금이 江蘇 揚州)에 이르렀을 때 李世民이 거병하여 上皇으로 모셨다가 결국 자결토록 함. 605~618년 재위.
【虞世基】 자는 茂世(?~618). 會稽 姚餘 사람으로 隋 煬帝 때 內史侍郎이었으며 양제가 폭정을 일삼아도 이를 간언하지 않아 뒤에 부하 병사들에게 죽음을 당함.

003(1-3)
창업과 수성, 어느 것이 어려운가?

    정관 10년(636), 태종이 시종하는 신하들에게 말하였다.
  "제왕의 업은 초창草創과 수성守成 중에 어느 것이 어려운가?"
  상서좌복야尙書左僕射 방현령房玄齡이 대답하였다.
  "천지가 아직 제자리를 잡지 못한 채 군웅群雄이 다투어 일어나 공격하여 깨뜨려야 항복시킬 수 있으며 전투에 이겨야 이를 극복할 수 있으니 이로써 말한다면 처음 창업이 어렵습니다."
  그러자 위징魏徵이 대답하였다.
  "제왕이 일어날 때는 반드시 쇠란衰亂한 때를 틈타게 되어 있습니다. 저 혼미하고 교활한 자를 엎어 버리면 백성들이 즐겁게 추대해 주며 사해四海가 그의 명령으로 복귀해 오니 이는 하늘과 사람이 모두 그에게 주는 것으로서 어려운 일이라 할 수 없습니다. 그러나 이미 천하를 얻고 나서는 그 뜻이 교만과 안일에 빠져 백성들은 조용히 살고 싶어 하는데도 요역徭役을 끊임없이 요구하고 백성들의 삶은 시들어 피폐해져 있는데도 윗사람의 사치는 쉼이 없게 됩니다. 나라가 쇠퇴하고 잔폐해지는 것은 항상 이로부터 시작됩니다. 이로써 말하건대 수성이 어려운 것입니다."
  태종이 말하였다.
  "방현령은 옛날 나를 따라 천하를 평정하러 돌아다니며 항상 고난을 맛보았다. 그 속에서 만 번 죽을 고비에 겨우 한 번 살아나는 고생이었으니 그가 보기에는 창업이 어렵다고 여겨졌을 것이다. 그러나 위징은 나와 더불어 천하를 안정시키는 일에 항상 교만과 안일의 단서는 모름지기 위망의 길을 걷는 것이라 염려하여 왔으니 그 때문에 수성이 어렵다고 보았을 것이다. 지금 초창의 어려움은 이미 지나갔으니 수성의 어려움에 대하여 의당 그대들과 신중을 기해야 할 것이다."

貞觀十年, 太宗謂侍臣曰:「帝王之業, 草創與守成孰難?」
尙書左僕射房玄齡對曰:「天地草昧, 群雄競起, 攻破乃降, 戰勝乃剋. 由此言之, 草創爲難.」
魏徵對曰:「帝王之起, 必承衰亂, 覆彼昏狡, 百姓樂推, 四海歸命; 天授人與, 乃不爲難. 然旣得之後, 志趣驕逸. 百姓欲靜而徭役不休, 百姓凋殘而侈務不息; 國之衰弊, 恆由此起. 以斯而言, 守成則難.」
太宗曰:「玄齡昔從我定天下, 備嘗艱苦, 出萬死而遇一生, 所以見草創之難也, 魏徵與我安天下, 慮生驕逸之端, 必踐危亡之地, 所以見守成之難也. 今草創之難, 旣已往矣, 守成之難, 當思與公等愼之.」

【十年】《册府元龜》(104)와 《資治通鑑》(195) 및 청말 王先恭의 《魏文貞公年譜》에는 모두 貞觀 12년(638)으로 되어 있음.
【草創】제왕의 창업을 말함.
【守成】이미 이루어 놓은 창업을 지켜 냄.
【尙書左僕射】尙書省에 左右 두 僕射를 두었으며, 中書令과 侍中 등을 합하여 재상이라 불렀음.
【房玄齡】579~648. 자는 喬(혹 이름이 喬이며 자가 玄齡이라고도 함). 濟州 臨淄(지금의 山東 淄博) 출신으로 貞觀 원년(627) 中書令이 되었으며 3년(629) 尙書左僕射가 되어 梁國公에 봉해졌음. 10여 년간 재상직에 있으면서 많은 업적을 쌓았음.
【草昧】천하가 혼란에 빠졌을 때를 말함.
【侈務】사치를 일로 삼음.

004(1-4)
땔나무를 짊어지고 불을 끄러 달려들어

　정관 11년(637), 특진特進 위징魏徵이 상소하였다.
　"제가 보건대 자고로 천명을 받아 문물전장을 이어받고 영웅을 제어하여 남면하여 천하에 임하게 된 자는 누구나 그 두터운 덕을 천지와 짝을 이루고 싶어 하고, 그 높은 광명을 일월과 나란히 하고 싶어 하며, 자신의 후손이 백대를 이어가며 그 복록이 무궁하게 전해지도록 하고 싶어 합니다. 그러나 그 끝마무리를 잘하는 자는 적고 패망이 뒤를 이으니 무슨 까닭이겠습니까? 이를 구하면서도 그 도를 잃기 때문입니다. 은殷나라 망한 것을 거울로 삼기에 먼 옛날이 아니니 가히 이를 설명할 수 있습니다.
　옛 수隋나라가 천하를 통일하여 그 군사는 강하고 예리하였습니다. 30여 년을 두고 만 리를 휘저었으며 그 위세는 이역에 떨쳤으나 하루아침에 그 천하가 일어나 그를 버리자 그 모든 것이 남의 소유가 되고 말았습니다. 저 양제煬帝인들 어찌 천하가 잘 다스려지지 않기를 바라고 사직이 영원히 이어지기를 바라지 않아서 걸桀과 같은 잔학한 행동을 하여 멸망의 길로 들어선 것이겠습니까? 그는 부강함을 믿고 후환을 예측하지 않았던 것입니다. 천하를 몰아 자신의 욕심을 풀어 놓기에 바빴고 천하 만물을 송두리째 탕진하여 자신을 받들기에 골몰하였으며, 나라 안의 어린 딸들을 모두 모아들였고 먼 이방의 기이한 물건을 모두 구해 가지려 한 것입니다. 궁원宮苑은 꾸며야 하고 대사臺榭는 높이 지어야 했으며 요역徭役은 때 없이 있어 왔고 간과干戈는 쉴 날이 없었습니다. 밖으로 엄중함을 과시하고 안으로는 음험한 마음으로 남의 말을 꺼렸습니다. 이로써 아첨하는 사악한 무리들은 반드시 그 복을 받았고, 충성되고 정직한 사람은 그 생명을 이어갈 수 없었습니다. 상하가 서로 뒤집어씌워졌고 임금과 신하는 간격이 벌어졌으며 백성은 생명을 버틸 수 없었으니 나라 안이 붕괴되고 만 것입니다. 이 까닭으로 사해의 그 높은 천자의 지위였건만 필부의 손에 죽음을 당하였으며 그 자손은 멸절되어 천하의 웃음거리가 되고 말았으니 어찌 안타까운 일이 아니겠습니까!

성철聖哲한 지도자는 기회를 타고 물속에 빠진 백성들을 위험 속에서 구제해 냅니다. 팔주八柱가 기울었으나 이를 바로잡고 사유四維가 느슨해졌으나 다시 이를 팽팽하게 당겨 놓았습니다. 먼 곳은 조용해지고 가까운 나라 안이 평안을 얻기에 불과 1년을 넘기지 않았고, 잔혹한 자를 이겨 남 죽이기를 좋아하는 자를 제거하기에 백년을 기다리지 않아도 되었습니다. 지금 그들이 남긴 궁관宮觀과 대사臺榭는 모두 우리가 차지하게 되었으며, 그들이 그토록 자랑했던 진기한 이물異物들은 모두 우리가 거두어들였고, 그들의 각지에서 뽑아 놓았던 미녀들은 지금 폐하의 곁에서 모시고 있습니다. 사해와 구주九州가 모두 폐하의 신첩臣妾이 된 것입니다. 만약 능히 저들의 실패를 거울로 삼고 우리의 소득을 생각한다면 하루하루 신중을 기하여 자랑할 거리가 있어도 자랑하지 말아야 합니다. 녹대鹿臺의 보물을 불질러 버리고 아방궁阿房宮의 그 넓은 건물을 허물어버려 높이 지은 건물이 위망을 가져온다는 것을 겁내시고 낮은 궁궐에 처하는 것이 안전한 것임을 생각하신다면 신령한 교화는 그 속에서 통하여 아무런 작위를 하지 아니하고도 다스려질 것이니 이것이 덕의 최상입니다.

그리고 만약 이루어 놓은 공을 허물지 않으시려면 옛날의 모습을 그대로 두시고 급하지 않은 것은 제거해 버리며 백성의 요역과 세금은 덜어 주고 또 덜어 주시면 됩니다. 띠로 엮은 초라한 집이 계수나무 기둥으로 지은 화려한 집 사이에 그대로 섞여 있도록 하시고, 옥으로 깎은 계단과 흙으로 빚은 계단이 함께 있도록 한다면 그런 일을 사역을 당하는 사람도 즐거워할 것이며 그들의 노동력을 모두 빼앗지 않아도 됩니다. 그대로 살게 두면 편안하지만 일을 벌이면 백성은 노고롭게 여긴다는 것을 늘 염두에 두어 모든 백성이 즐거운 마음으로 아들이 찾아오듯 달려오도록 하시고, 많은 사람들이 이를 우러러 자신의 본성대로 편히 살게 하는 것, 이것이 덕의 그 다음입니다.

그러나 만약 성군께서 염려를 않으신 채 그 끝을 잘 마무리하지 못하시거나 처음 나라를 세울 때 그 힘들었던 일을 잊거나, 천명은 내편이라고 여기거나, 대강 다듬은 서까래의 소박함이 공손과 검소함이란 것을 우습게 보아 조각한 담장의 화려한 궁궐을 뒤쫓아 가려 한다거나, 이미 이루어 놓은 기반을 근거로 더 넓히려 한다거나, 옛것을 증축하여 이를 꾸미려 한다거나, 이러한 유를 볼 때마다 자꾸 더 큰 욕심을 부리면서 그쳐야 하는 족함을 모르고 있어 사람들이 그 덕을 발견할 수 없고 그저 노역만 시킨다는 소문이 퍼지도록 하는 것, 이는 가장 낮은 정치입니다.

이는 비유컨대 땔나무를 짊어지고 불을 끄러 달려드는 것과 같으며 끓은 물을 부으면서 끓기가 그치기를 바라는 것과 같으며, 폭력으로 난을 바꾸는 것으로 혼란과 같은 길을 걷는 것이니 그 후과後果는 측량할 수 없으며 그 후손이 무엇을 보고 본받겠습니까!

무릇 사물이란 가히 볼 만한 것이 없으면 백성들은 원망하게 되고 백성이 원망하면 신이 노하게 되며, 신이 노하면 재해가 생겨나게 됩니다. 재해가 생겨나면 화란禍亂은 틀림없이 일어날 것이요 화란이 생겨났는데도 능히 몸과 이름을 온전히 한 자는 적습니다. 혁명革命의 뒤를 순조롭게 한 군주는 나라의 복록을 7백 년 동안 융성하게 하며 이를 그 후손에게 물려줄 계책으로 함아 만대를 전승시키는 것입니다. 이러한 제업이란 얻기는 어렵고 잃기는 쉬우니 염려하지 않을 수 있겠습니까!"

貞觀十一年，特進魏徵上疏曰：

「臣觀自古受圖膺運，繼體守文，控御英雄，南面臨下，皆欲配厚德於天地，齊高明於日月；本支百世，傳祚無窮．然而克終者鮮，敗亡相繼，其故何哉？所以求之，失其道也．殷鑒不遠，可得而言．

昔在有隋，統一寰宇，甲兵彊銳，三十餘年，風行萬里，威動殊俗，一旦舉而棄之，盡爲他人之有．彼煬帝豈惡天下之治安，不欲社稷之長久，故行桀虐，以就滅亡哉？恃其富強，不虞後患．驅天下以從欲，罄萬物而自奉，採域中之子女，求遠方之奇異．宮苑是飾，臺榭是崇，徭役無時，干戈不戢．外示嚴重，內多險忌．讒邪者必受其福，忠正者莫保其生．上下相蒙，君臣道隔，民不堪命，率土分崩．是以四海之尊，殞於匹夫之手，子孫殄絕，爲天下笑，可不痛哉！

聖哲乘機，拯其危溺．八柱傾而復正，四維弛而更張．遠肅邇安，不踰於期月；勝殘去殺，無待於百年．今宮觀臺榭，盡居之矣；奇珍異物，盡收之矣；姬姜淑媛，盡侍於側矣．四海九州，盡爲臣妾矣．若能鑒彼之所以失，念我之所以得，日慎一日，雖休勿休．焚鹿臺之寶衣，毀阿房之廣殿，懼危亡於峻宇，思安處於卑宮，則神化潛通，無爲而治，德之上也．

若成功不毀，卽仍其舊，除其不急，損之又損．雜茅茨於桂棟，參玉砌以土階，悅以使人，不竭其力．常念居之者逸，作之者勞，億兆悅以子來，群生仰而遂性，德之次也．

若惟聖罔念，不慎厥終，忘締搆之艱難，謂天命之可恃，忽采椽之恭儉，追雕墻之靡麗，因其基以廣之，增其舊而飾之，觸類而長，不知止足，人不見德，而勞役是聞，斯爲下矣．譬之負薪救火，揚湯止沸，以暴易亂，與亂同道，莫可測也，後嗣何觀！

夫事無可觀則人怨, 人怨則神怒, 神怒則災害必生, 災害旣生, 則禍亂必作, 禍亂旣作, 而能以身名全者鮮矣.

順天革命之後, 將隆七百之祚, 貽厥孫謀, 傳之萬葉. 難得易失, 可不念哉!」

【特進】官名. 원래 漢末에 두었던 칭호로 列侯 중에 특이한 공덕을 세운 사람에게 내리는 것. 당나라 때는 文散官 정이품에게 내렸으며 貞觀 10년(636) 6월 太宗이 魏徵에게 처음으로 내렸음.

【上疏】이 글은 위징이 태종에게 올린 〈論時政疏〉임.

【受圖】고대 전설의 河圖洛書를 받음. 황제의 建業이 시작됨을 말함.

【殷鑒】은나라가 하나라 망한 것을 거울삼아 그렇게 되지 않도록 노력해야 함을 말함. 《詩經》 大雅 蕩에 "殷鑒不遠, 在夏后之世"라 함.

【有隋】隋나라도 은나라와 같음. 수나라의 文帝와 煬帝 등 2세 만에 망하였음을 거울삼도록 한 것.

【桀】夏나라의 마지막 임금.

【虞】예측함.

【罄】그릇이 빔. 여기서는 완전히 마침을 뜻함.

【干戈不戢】전쟁이 끊이지 않음.

【率土】나라 안. 四海之內. 《詩經》 小雅 北山에 "普天之下, 莫非王土, 率土之濱, 莫非王臣"이라 함.

【八柱】고대 땅의 여덟 개 기둥이 하늘을 떠받치고 있다고 믿었음. 여기서는 국가를 뜻함.

【四維】인륜에 있어서 가장 중요한 네 가지 벼리. 禮義廉恥를 말함.

【姬姜淑媛】고대의 훌륭한 여인들. 姬는 周나라 성씨. 姜은 齊나라 성씨. 따라서 대국의 훌륭한 여인들을 말함.

【雖休勿休】훌륭한 일을 했다 할지라도 이를 자랑으로 여기지 말아야 함을 뜻함. 《尙書》 呂刑에 "雖畏无畏, 雖休勿休"라 하였고, 孔穎達의 疏에 "雖見畏勿自謂可敬畏, 雖見美勿自謂有德美. 敎之令謙而不自恃也"라 함.

【鹿臺】殷나라 도읍 朝歌에 있던 큰 누각. 周 武王이 밀고 들어오자 紂王이 이곳에서 올라 자결함.

【阿房】阿房宮. 秦始皇 때 咸陽에 세운 화려한 궁궐. 項羽가 들어와 불을 질러 백일 동안 탔다 함.
【峻宇】아주 높고 화려한 건축물.《尙書》夏書 五子之歌를 말함. "甘酒嗜音, 峻宇雕牆, 有一於此, 未或不亡"이라 함.
【茅茨】아주 검소하게 지은 궁궐을 말함.《史記》太史公自序에 "墨者亦尙堯舜道, 言其德行曰:「堂高三尺, 土階三等, 茅茨不翦, 采椽不刮. 食土簋, 啜土刑, 糲粱之食, 藜藿之羹. 夏日葛衣, 冬日鹿裘.」"라 함.
【桂棟】계수나무로 기둥을 세움. 화려한 궁궐을 말함.
【革命】朝代의 易姓을 뜻함.《周易》革卦에 "湯武革命, 順乎天而應乎人"이라 함.
【貽厥孫謀】자손에게 남겨 줄 모책.《尙書》五子之歌에 "明明我祖, 萬邦之君. 有典有則, 貽厥子孫"이라 함.

005(1-5)
무위이치를 생각하소서

이 해(637)에 위징이 또다시 상소하였다.
"제가 듣기로 나무가 잘 자라도록 하려면 반드시 그 뿌리를 튼튼하게 해 주어야 하고, 물이 멀리 흐르도록 하려면 모름지기 그 샘의 근원을 잘 파 주어야 하며, 나라를 안정되게 하고자 한다면 필히 덕의德義를 쌓아야 한다고 하더이다. 근원이 깊지 않으면서 멀리 흐르기를 바라거나, 뿌리가 깊지 않으면서 나무가 잘 자라기를 바라거나, 덕이 두텁지 않은데 나라가 잘 다스려지기를 생각한다면 저처럼 이렇게 어리석음으로도 그것이 불가함을 알건대 하물며 명철한 사람으로서야 어찌 모르겠습니까? 임금이란 신기神器의 중요함과 통치 구역 내에서의 위대하심을 장차 하늘 끝까지만큼 높이 가지시며 영원히 끝없는 아름다움을 보전하시려면 거안사위居安思危하셔서 사치를 경계하여 검소함으로 하시기를 생각하지 않는다거나, 덕을 두텁게 하지 않고 정욕을 이겨내지 못 하신다거나 하시면, 이 역시 뿌리를 잘라 버리면서 그 나무가 무성하기를 바라고, 근원을 막아 버리면서 그 물줄기가 멀리 흘러가기를 바라는 것이 되고 맙니다.
　무릇 온갖 만물의 우두머리로서 하늘의 경명景命을 받을 때에는 어느 누구도 깊이 우려하여 그 도가 드러내지 않는 자가 없지만 일단 공이 이루어지면 덕이 쇠하기 시작하는 법입니다. 처음 시작할 때 잘하고자 하는 자는 실로 많지만 끝까지 이를 지켜내는 자는 거의 적습니다. 어찌 취할 때는 그리 쉽고 지킬 때는 그렇게도 어려운 것일까요? 옛날 처음 천하를 취할 때는 남아돌던 힘이 지금 지킬 때는 부족하니 어찌 그렇겠습니까? 무릇 그때는 근심함이 많아 반드시 온 정성을 다해 아랫사람을 대하지만 이미 뜻을 얻고 나서는 정욕대로 풀어지며 사물을 오만하게 대하게 되기 때문입니다. 정성을 다할 때는 호월胡越도 한 몸이지만 사물에 오만을 부릴 때면 골육骨肉도 길가는 남이 될 뿐입니다. 그때 비록 엄혹한 형벌로 독촉하고 위엄과 노기로 겁을 준다 해도 마침내 구차스럽게 면하면 그 뿐이라 여기며, 인仁은 가슴에 품지도 않은 채 겉모습만 공경을 표할 뿐 마음으로는 복종하지 않게 되는 것입니다. 원망이란 그 정도가 큰 데에 있지 아니하니 오직 백성을 두려워해야 할 것입니다. 물은 배를 띄워 주기도 하지만 배를 엎어 버리기도 하니 의당 깊이 신중을 기해야 할 것이며 달리는 수레를 썩은 새끼줄로 다루고 있는 것과 같으니 어찌 소홀히 하겠습니까?

임금이란 진실로 능히 자신의 욕구가 무엇인지 알았다면 족함을 알아 스스로 경계해야 하고, 어떤 일을 벌일 때라면 그칠 줄을 알아 백성을 편하게 해 주어야 하며, 위험한 높이를 염려한다면 겸손과 충허沖虛를 생각하여 자신이 나서서 백성을 길러 주어야 하며, 가득 차서 넘칠 것을 두려워한다면 강해江海가 온갖 냇물을 받아들임을 생각해야 하며, 즐겁게 놀러 다니고 싶다면 삼구三驅를 생각하여 제한할 것을 떠올려야 하며, 태만함을 걱정한다면 신중한 시작과 경건한 끝마침을 떠올려야 하며, 언로가 막힐까 염려한다면 마음을 비워 아랫사람의 의견을 받아들이겠다고 생각해야 하며, 참소와 사악한 자를 떠올리면 자신의 몸을 바르게 하는 것으로써 악한 자를 내쫓아 버리겠다고 생각해야 하며, 은혜를 베풀 때라면 자신의 즐거움 때문에 주어서는 안 될 상을 주는 것은 아닌지를 생각해야 하며, 벌을 내릴 때라면 자신이 화가 났다고 마구 형벌을 가하지나 않은가를 생각해야 합니다. 이상 열 가지 생각을 가지고 아홉 가지 덕을 넓혀 능한 자를 뽑아 임무를 맡기고, 선한 자를 가려 그의 의견을 따른다면 지혜로운 자는 그 모책을 다 쓸 것이며, 용기 있는 자는 그 힘을 다할 것이며, 어진 사람은 그 혜택을 널리 펼 것이며, 믿음 있는 자는 그 충성을 다할 것입니다. 문관과 무관이 서로 다투어 열심을 다하고 임금과 신하가 아무 일이 없다면 그때는 가히 놀이의 즐거움을 실컷 할 수 있고, 저 적송자赤松子나 왕교王喬 같은 선인들처럼 장수를 누릴 수 있으며, 거문고나 타면서 손을 모으고 단정히 있으면서 아무 말을 하지 않아도 저절로 교화가 이루어진 순舜임금과 같아질 수 있을 것입니다. 그런데 어찌 정신과 생각을 노고롭게 하며, 아랫사람을 대신하여 자신의 총명한 이목耳目을 노역시켜 무위이치無爲而治의 대도에 손상을 줄 필요가 있겠습니까!"

是月, 徵又上疏曰:

「臣聞求木之長者, 必固其根本; 欲流之遠者, 必浚其泉源; 思國之安者, 必積其德義. 源不深而望流之遠, 根不固而求木之長, 德不厚而思國之理, 臣雖下愚, 知其不可, 而況於明哲乎? 人君當神器之重, 居域中之大, 將崇極天之峻, 永保無疆之休, 不念居安思危, 戒奢以儉, 德不處其厚, 情不勝其欲, 斯亦伐根以求木茂, 塞源而欲流長者也.

凡百元首, 承天景命, 莫不殷憂而道著, 功成而德衰. 有善始者實繁, 能克終者蓋寡. 豈取之易而守之難乎? 昔取之而有餘, 今守之而不足, 何也? 夫在殷憂, 必竭誠以待下; 旣得志, 則縱情以傲物. 竭誠則胡越爲一體, 傲物則骨肉爲行路. 雖董之以嚴刑, 震之以威怒, 終苟免而不懷仁, 貌恭而不心服. 怨不在大, 可畏惟人; 載舟覆舟, 所宜深愼; 奔車朽索, 其可忽乎?

君人者, 誠能見可欲則思知足以自戒, 將有作則思知止以安人, 念高危則思謙冲而自牧, 懼滿溢則思江海下百川, 樂盤遊則思三驅以爲度, 憂懈怠則思愼始而敬終, 慮壅蔽則思虛心以納下, 想讒邪則思正身以黜惡, 恩所加則思無因喜以謬賞, 罰所及則思無因怒而濫刑. 總此十思, 弘玆九德, 簡能而任之, 擇善而從之,則智者盡其謀, 勇者竭其力, 仁者播其惠, 信者效其忠. 文武爭馳, 君臣無事, 可以盡豫遊之樂, 可以養松・喬之壽, 鳴琴垂拱, 不言而化. 何必勞神苦思, 代下司職, 役聰明之耳目, 虧無爲之大道哉!」

【是月】貞觀 11년(637) 4월 魏徵이 〈諫太宗十思疏〉를 올림.
【神器】제왕의 통치권을 말함.
【休】아름다운 복록.《左傳》襄公 28년 "以禮承天之休"의 杜預 注에 "休, 福祿也"라 함.
【元首】제왕을 가리킴.
【景命】大命, 天命.
【殷憂】깊이 근심함.
【胡越】북쪽 이민족과 남쪽 이민족. 아주 멀리 떨어져 있음을 말함.
【載舟覆舟】《荀子》王制篇에 "傳曰:「君者, 舟也; 庶人者, 水也. 水則載舟, 水則覆舟.」此之謂也. 故君人者, 欲安, 則莫若平政愛民矣; 欲榮, 則莫若隆禮敬士矣; 欲立功名, 則莫若尚賢使能矣"라 함.《孔子家語》五儀解篇에도 같은 문장이 전재되어 있음.
【沖】淡泊함.
【盤遊】반환하며 사냥이나 놀이에 빠져 있음.
【三驅】사냥을 할 때 세쪽에서만 몰아 한쪽은 짐승이 빠져 도망갈 수 있도록 열어 주는 것.
【十思】앞에 거론한 열 가지 생각.
【九德】《尙書》皐陶謨에 "皐陶曰:「都, 亦行有九德, 亦言其人有德, 乃言曰: 載采采.」禹曰:「何?」皐陶曰:「寬而栗, 柔而立, 愿而恭, 亂而敬, 擾而毅, 直而溫, 簡而廉, 剛而塞, 彊而義, 彰厥有常, 吉哉!」"라 함.
【簡能】능력 있는 자를 가려서 등용함.
【松】赤松子. 고대의 신선.《列仙傳》(上)에 "赤松子者, 神農時雨師也. 服水玉以敎神農. 能入火自燒. 往往至崑崙山上. 常止西王母石室中, 隨風雨上下. 炎帝少女追之, 亦得仙俱去. 至高辛時, 復爲雨師, 今之雨師本是焉. 眇眇赤松, 飄飄少女. 接手翻飛. 冷然雙舉. 縱身長風, 俄翼玄圃. 妙達巽坎, 作範司雨"라 하였고,《수신기》등에도 널리 전재되어 있음.

【喬】王子喬. 王喬. 역시 고대의 신선.《列仙傳》(上)에 "王子喬者, 周靈王太子晉也. 好吹笙, 作鳳凰鳴, 遊伊洛之間. 道士浮丘公, 接以上嵩山. 三十餘年後, 求之於山上, 見柏良曰:「告我家:『七月七日, 待我於緱氏山巔.』」至時, 果乘白鶴, 駐山頭. 望之不得到, 擧手辭時人, 數日而去. 亦立祠於緱氏山下及嵩高首焉. 妙哉王子, 神遊氣爽. 笙歌伊洛, 擬音鳳響. 浮丘感應, 接手俱上. 揮策靑崖, 假翰獨往"이라 함.

【彈琴垂拱】舜임금이 五絃琴을 타면서 〈南風〉의 시를 읊고 옷을 늘어뜨리고 손을 모아 단정히 하면서 無爲而治를 실행함.《孔子家語》辨樂解에 "昔者, 舜彈五弦之琴, 造南風之詩, 其詩曰:『南風之薰兮, 可以解吾民之慍兮; 南風之時兮, 可以阜吾民之財兮.』唯修此化, 故其興也勃焉. 德如泉, 流至于今, 王公大人, 述而弗忘. 殷紂好爲北鄙之聲, 其廢也忽焉, 至于今, 王公大人擧以爲戒"라 함.《禮記》樂記에도 관련 기록이 있음.

【無爲】無爲而治. 임금으로서 아무런 작위를 하지 않아도 천하가 다스려지는 최고의 경지.

006(1-6)
물을 만난 물고기처럼

　태종이 직접 손으로 조서를 써서 이렇게 답을 내렸다.
　"자주 올린 표를 살펴보니 정성이 지극하고 충심이 아름다웠으며, 언어가 지극히 간절하여 이를 펴 보면서 피로를 잊었고 매번 깊은 밤까지 이어졌소.
　그대가 나라를 위해 깊은 정으로써 의롭게 깨우쳐 주지 않았다면 어찌 능히 내가 좋은 의도를 펴며 나의 미치지 못한 점을 바로잡을 수 있었겠소?
　내 듣기로 진晉 무제武帝가 오吳나라를 평정하여 천하를 얻은 뒤에는 사치와 교만에 힘써 다시는 정치에 뜻을 두지 않았다오. 그러자 하증何曾이 조정에서 물러나 자신의 아들 하소何劭에게 '내 매번 임금을 뵐 때마다 그는 나라를 다스릴 원대한 의도는 논하지 아니하고 단지 일상 생활에 대한 이야기만 하는 것을 보고 이는 그 자손에게 물려줄 수 없을 것이라 여겼다. 너는 오히려 그저 화나 면하고 살면 된다'라고 하였으며, 몇몇 자손들에게는 '너희들은 틀림없이 난을 만나 죽게 될 것이다'라고 하였답니다. 그러다가 그 손자 하수何綏에 이르러 과연 동해왕 사마월에게 죽음을 당하고 말았습니다. 이를 두고 옛 역사책에서는 하증이 선견지명이 있다고 여겼으나 나의 뜻은 전혀 그렇지 않소. 하증이 불충한 것이며 그 죄는 크다고 할 것입니다. 무릇 남의 신하가 되어 의당 나서서 충성을 다하고 물러서서는 그 허물을 기워 주어야 하며 임금의 아름다움은 순하게 따르되 임금의 악은 바로잡아 구제하여 함께 치도를 이루어야 하는 것입니다. 그런데 하증은 지극히 높은 대사臺司의 지위에 있었고 명분과 그릇은 숭상을 받고 있었으니 의당 말로 바르게 간언하고 도를 논하여 때맞추어 보좌하여야 했음에도 물러나 뒤에 말을 남기고 조정에 나가서는 말 한 마디 없었으니 그가 아무리 명석하고 지혜롭다 해도 역시 오류를 저지른 것이 아니겠습니까? 위험할 때 부축해 주지 아니한다면 그가 어찌 재상이 될 수 있겠소?

　그대가 진술한 것은 나의 과실에 대한 것이오. 마땅히 이를 책상에 두고 위현韋弦과 같은 사례로 삼겠소. 반드시 저 상유桑楡를 거두어 만년의 나라 통치의 근본으로 삼기를 희망하겠소. 그리하여 '강재량재康哉良哉'라 한 옛날만이 홀로 훌륭한 시절이 있었다고는 말하지 않을 수 있도록 하겠소. 마치 물고기와 물처럼 서로 어울리는 시대임을 지금 이때에 실현해 보이도록 하겠소. 좋은 모책에 답이 늦어졌소. 내 얼굴을 붉히도록 간언을 하여 숨김이 없도록 해 주시오. 나는 장차 가슴을 열고 조용히 그 뜻을 받고자 공경히 그대 덕스러운 소리를 기다리겠소."

　太宗手詔答曰:
「省頻抗表, 誠極忠款, 言窮切至, 披覽忘倦, 每達宵分. 非公體國情深, 啓沃義重, 豈能示以良圖, 匡其不及? 朕聞晉武帝自平吳已後, 務在驕奢, 不復留心治政. 何曾退朝謂其子劭曰: 『吾每見主上不論經國遠圖, 但說平生常語, 此非貽厥子孫者, 爾身猶可以免.』 指諸孫曰: 『此等必遇亂死.』 及孫綏, 果爲淫刑所戮. 前史美之, 以爲明於先見. 朕意不然, 謂曾之不忠, 其罪大矣. 夫爲人臣, 當進思盡忠, 退思補過; 將順其美, 匡救其惡, 所以共爲治也. 曾位極臺司, 名器崇重, 當職辭正諫, 論道佐時. 今乃退有後言, 進無廷諍, 以爲明智, 不亦謬乎? 危而不持, 焉用彼相? 公之所陳也, 朕聞過矣. 當置之几案, 事等韋弦. 必望收

彼桑楡, 期之歲暮, 不使康哉良哉, 獨美於往日, 若魚若水, 遂爽
於當今. 遲復嘉謀, 犯而無隱. 朕將虛襟靜志, 敬佇德音.」

【手詔】임금이 직접 손으로 쓰거나 手決한 詔書. 貞觀 11년(637) 7월에 魏徵이 여러 차례 상소하자 태종이 수조를 내림.
【頻】魏徵이 정관 2년(628) 정월, 4월, 5월, 7월 모두 네 차례 상소함.
【晉武帝】西晉나라를 세운 개국 군주 司馬炎(236~290). 咸寧 6년(280) 孫吳 정권을 멸하고 천하를 통일함. 265~290년 재위함.
【何曾】자는 穎考(199~278). 西晉 초기의 丞相. 太傅를 지냄.
【劭】何劭. 何曾의 아들이며 司徒를 지냈음.
【綏】何綏. 하증의 손자. 尙書를 지냈으며 뒤에 東海王 司馬越에게 가혹하게 피살됨.
【弦韋】西門豹는 성격이 급하여 가죽으로 자신을 동여매고 느리게 행동하고자 하였고 董安于는 성격이 너무 느려 활을 차고 다니며 그처럼 빠르기를 다짐하였다 함.《韓非子》觀行篇에 "西門豹之性急, 故佩韋以自緩; 董安于之性緩, 故佩弦以自急"이라 함.
【桑楡】해가 지는 곳. 그러나 일을 그르쳐 후회함을 말함.《後漢書》馮異傳에 "失之東隅, 收之桑楡"라 함. 해 뜨는 동쪽에서 잃고 해지는 서쪽에서 수습하려 함을 비유함.
【康哉良哉】舜임금이 태평성대를 이루자 신하 皐陶가 "股肱良哉, 庶事康哉!"라 칭송하였음.《尙書》益稷篇 참조. 여기서는 순임금 때처럼 자신도 태평한 시대를 이루겠다는 다짐을 표현한 것.
【若魚若水】물과 고기의 관계처럼 군신 사이가 밀접함을 말함. 蜀의 劉備가 諸葛孔明을 얻자 "孤之有孔明, 猶魚之有水也"라 함.《三國志》蜀志 諸葛亮傳 참조.

007(1-7)
즐겁고 편할 때를 조심하라

정관 15년(641), 태종이 시종하는 신하에게 말하였다.
"천하를 지켜내는 것이 어렵습니까? 쉽습니까?"
시중侍中 위징魏徵이 대답하였다.
"심히 어렵습니다!"
태종이 말하였다.
"어질고 능력 있는 이를 임용하여 쓰고, 간쟁諫諍을 잘 받아들인다면 되는 것인데 어찌 어렵다고 말하오?"
위징이 말하였다.
"고대로부터 제왕들을 보건대 근심과 위험에 처했을 때라면 어진 이를 임용하고 간언을 받아들입니다. 그러나 천하가 편안하고 즐거운 때에 이르면 틀림없이 느슨하고 태만함에 빠져 말을 해야 할 신하들은 오직 두려움을 품도록 하게 되어 날로 변하고 달로 변하여 마침내 위망危亡의 지경에 이르게 되는 것입니다. 성인이 편안할 때 위험을 생각하라 한 것은 바로 이 때문입니다. 편안할 때 능히 두려움을 느껴야 하는 것이니 어찌 어렵지 않겠습니까?"

貞觀十五年, 太宗謂侍臣曰:「守天下難·易?」
侍中魏徵對曰:「甚難!」
太宗曰:「任賢能, 受諫諍卽可, 何謂爲難?」
徵曰:「觀自古帝王, 在於憂危之間, 則任賢受諫. 及至安樂,必懷寬怠, 言事者惟令競懼, 日陵月替, 以至危亡. 聖人所以居安思危, 正爲此也. 安而能懼, 豈不爲難?」

【侍中】唐나라 때의 관직 이름. 門下省의 최고 장관이며 재상의 하나. 황제의 명령을 출납하며 국사를 처리함. 魏徵이 당시 이 관직의 特進이었음.
【日陵月替】점점 쇠락해 짐을 말함.

정관정요

2. 정체政體

'정체政體'란 나라의 통치 체제를 어떻게 갖추며 임금과 신하들의 직책을 어떻게 맡겨야 하는가의 문제를 다룬 것이다.

〈隋文帝〉(楊堅) 冕服像《歷代帝后圖》

008(2-1)
활의 재료와 화살

정관 초, 태종이 소우蕭瑀에게 말하였다.
"나는 어려서부터 활과 화살을 좋아하였으며 스스로 그 오묘한 이치를 모두 알고 있다고 여겼소. 근래 좋은 활 10개를 얻어 이를 궁공弓工에게 보여 주었더니 그는 '모두가 좋은 재목으로 만든 것이 아닙니다'라고 하더이다. 내가 그 까닭을 물었더니 궁공은 '재료로 쓴 나무의 중심이 바르지 않으면 그 겉에 드러난 결도 모두 비뚤게 되지요. 그러한 활은 비록 강하고 질기지만 화살을 보낼 때 직선으로 나가지 않습니다. 이런 것은 좋은 활이 아닙니다'라고 합디다. 나는 비로소 깨달았지요. 나는 활과 화살로 사방을 평정하였고 활과 화살을 많이 사용해 보았습니다. 그럼에도 그 이치를 터득하지 못하였는데 하물며 내가 천하를 다스린 지 일천한데 그 다스림의 이치를 얻은 것도 진실로 활에 대한 만큼에 이르지 못하였으며, 활에 대한 것조차 터득하지 못하고 있는 터에 어찌 정치의 이치를 알겠습니까!"

이로부터 조서를 내려 경관京官으로서 오품五品 이상인 자는 돌아가며 중서성中書省 안에 숙직을 하도록 하여 매번 불러 함께 자리를 내어 주며 대화를 나누어 궁궐 밖의 일을 묻고 백성의 이해와 정교의 득실을 알기에 힘썼다.

貞觀初, 太宗謂蕭瑀曰:「朕少好弓矢, 自謂能盡其妙. 近得良弓十數, 以示弓工, 乃曰:『皆非良材也.』朕問其故. 工曰:『木心不正, 則脈理皆邪, 弓雖剛勁而遣箭不直, 非良弓也.』朕始悟焉. 朕以弧矢定四方, 用弓矢多矣, 而猶不得其理; 況朕有天下之日淺, 得爲理之意, 固未及於弓; 弓猶失之, 而況於理乎!」

　自是詔京官五品以上, 更宿中書內省, 每召見, 皆賜坐與語, 詢訪外事, 務知百姓利害·政敎得失焉.

【貞觀初】貞觀 원년(627) 윤 3월에 해당함.
【蕭瑀】자는 時文. 南朝 梁나라 明帝의 아들로서 武德 9년(626) 太宗이 즉위할 때 尙書左僕射에 임명되었으나 면직 당하고 이듬해 太子少師가 됨. 뒤에 金紫光祿大夫에 올랐으며 宋國公에 봉해짐. 貞觀 21년(647) 74세로 죽었으며 昭陵에 陪葬됨.
【弓工】弓匠. 활을 만들거나 감식에 뛰어난 장인.
【脈理】목재의 무늬와 결.
【弧矢】활과 화살.
【京官】당나라 제도로 五品 이상의 관직을 서울에 머물러 벼슬하도록 하는 것. 陸游의 《老學庵筆記》에 "唐自相輔以下, 蓋謂之京官, 言官於京師也"라 함.
【中書內省】中書省은 궁궐 안에 두었으므로 이렇게 부른 것. 중서성에는 中書令 1인을 두었으며 재상의 하나였음. 원래 신하들은 저녁에는 집으로 돌아가게 되어 있으나 밤에도 차례로 남도록 하여 자문을 구하고자 한 것임.

009(2-2)
서로의 과오를 미리 방지하기 위하여

정관 원년(627), 태종이 황문시랑黃門侍郎 왕규王珪에게 말하였다.
"중서성中書省에서 제출한 조칙은 자못 서로 의견들이 달라 혹 때로는 쌍방이 모두 착오를 일으켜 놓치는 것이 있을 수 있으니 서로 바로잡아 반대 의견을 내어 조정하도록 하라. 원래 중서성과 문하성門下省을 둔 이유는 서로의 과오를 방지하여 미리 결정하기 위한 것이다. 사람의 의견이란 사람마다 혹 다를 수 있으나 시비가 있음은 본래 모두가 국가의 공적인 일을 위해서 그러한 것이다. 그러나 혹 자신의 단점을 감싸거나 자신의 실수에 대한 남의 말을 듣기 꺼려하며 이로써 원한을 품는 경우도 있을 수 있다. 또는 사사로운 개인 간의 갈등을 피하려 하고 서로 얼굴을 붉히는 일을 싫어하여 그것이 바른 일이 아닌 줄 알면서도 이를 시행하는 경우가 있을 수 있다. 그러나 한 관원의 작은 감정을 고쳐 주지 못하다가 순식간에 만인의 큰 폐해를 불러올 수도 있으니 이렇게 되면 이는 실로 망국의 행정이 되고 마는 것이니 그대들은 특별히 이러한 일을 방지하는 데에 뜻을 두어야 할 것이다.
수隋나라 때 내외의 여러 관원이 정치를 그른 줄 알면서도 밀고 나가 결국 화란을 만났으나 사람들은 이 이치에 대하여 깊이 생각하지 못하였다. 당시 누구나 그 화가 자신에게는 미치지 않을 것이라 생각하여 앞에서는 복종하며 뒤에서는 비방하면서도 이것이 재앙이 되리라고는 여기지 않았던 것이다. 뒤에 과연 큰 혼란이 일어나 국가는 망하고 말았으니 비록 그때 몸을 빠져나온 사람이 있다 해도 형륙刑戮을 면하였을 뿐이었고, 누구나 고통 끝에 겨우 죽음을 면한 것일 뿐 당시 여론에 심하게 견책을 받아 퇴출되고 만 것이다. 그대들은 모름지기 사사로운 것은 버리고 공공의 이익을 위해 곧은 도리를 굳게 지켜나가기를 바란다. 그리하여 잡다한 여러 가지 일에 서로 열어 주고 일러 주어 상하가 부화뇌동附和雷同하는 일이 없도록 하라."

貞觀元年, 太宗謂黃門侍郞王珪曰:「中書所出詔敕, 頗有意見不同, 或兼錯失而相正以否. 元置中書·門下, 本擬相防過誤. 人之意見, 每或不同, 有所是非, 本爲公事. 或有護己之短, 忌聞其失, 有是有非, 銜以爲怨. 或有苟避私隙, 相惜顔面, 知非正事, 遂卽施行. 難違一官之小情, 頓爲萬人之大弊, 此實亡國之政, 卿輩特須在意防也. 隋日內外庶官, 政以依違, 而致禍亂, 人多不能深思此理. 當時皆謂禍不及身, 面從背言, 不以爲患. 後至大亂一起, 家國俱喪, 雖有脫身之人, 縱不遭刑戮, 皆辛苦僅免, 甚爲時論所貶黜. 卿等須滅私徇公, 堅守直道, 庶事相啓沃, 勿上下雷同也.」

【黃門侍郞】 門下省의 부장관으로 侍中 다음의 직위였음.
【王珪】 자는 叔玠. 太原 祁縣 사람으로 貞觀 원년(627) 黃門侍郞兼太子右庶子가 되었음. 정관 13년(639) 69세로 죽음.
【中書】 中書省. 唐나라는 三省制度를 두었으며 中書省은 軍國과 政令에 관한 일을 기획하고 門下省에서 토론을 거쳐 尙書省에서 집행하였음.
【敕】 황제의 명령. 중서성에서 기초하고 상서성에서 집행함.
【隋】 隋나라 煬帝 시대.
【依違】 순종과 위반. 결정을 하지 못함을 말함.
【面從背言】 앞에서는 따르면서 돌아서서는 훼방을 놓음을 말함.
【雷同】 附和雷同과 같음. 분위기나 형세에 이끌려 자신의 의견이 다름에도 휩쓸려 찬동함을 말함.

010(2-3)
예교禮敎로 다스리십시오

정관 2년(628), 태종이 황문시랑黃門侍郎 왕규王珪에게 물었다.
"근대 임금과 신하의 다스림은 이전 옛날에 비하여 그만 못한데 어찌 그렇습니까?"
왕규가 대답하였다.
"옛날 제왕의 정치는 모두가 청정淸靜함을 숭상하여 백성의 마음을 자신의 마음으로 삼기에 힘썼습니다. 그러나 근대에는 백성에게 손해를 끼치면서까지 자신의 욕구를 채우고자 합니다. 그리하여 대신을 임용함에 있어서 다시는 경술지사經術之士를 쓰지 않습니다. 한漢나라 때의 재상은 하나의 경經에 정통하지 않은 자가 없어 조정에 만약 처리하기 어려운 문제가 생기면 모두가 경사經史를 인용하여 결정하였습니다. 이로써 백성들은 예교禮敎라는 것을 알게 되었고 정치는 태평을 이루었던 것입니다. 그러나 근대에는 중무경유重武輕儒하거나 혹 거기에 법률을 참작하고 있어 유행儒行이 이윽고 허물어지고 순박하던 풍속이 크게 무너진 것입니다."
태종은 그 말을 깊이 인정하였다. 이로부터 백관 중에 학업이 우수하고 뛰어났으면서 경하며 정치의 본체를 아는 자들의 계품階品이 올라갔고 여러 차례 승진되고 발탁되었다.

貞觀二年, 太宗問黃門侍郎王珪曰:「近代君臣治國, 多劣於前古, 何也?」

對曰:「古之帝王爲政, 皆志尙淸靜, 以百姓心爲心. 近代則唯損百姓以適其欲, 所以任用大臣, 復非經術之士. 漢家宰相, 無不精通一經, 朝廷若有疑事, 皆引經史決定, 由是人識禮敎, 治致太平. 近代重武輕儒, 或參以法律, 儒行旣虧, 淳風大壞.」

太宗深然其言. 自此百官中有學業優長, 兼識政體者, 多進其階品, 累加遷擢焉.

【經術之士】經學과 儒術에 통달한 선비. 儒家를 숭상하여 한 말.
【漢家】한나라를 지칭하는 말.
【重武輕儒】崇武輕文과 같음. 무를 중시하고 유학은 경시함.
【階品】관원의 계급과 등차. 貞觀 때는 文散官은 29등, 武散官은 45등으로 제도화하였음.

011(2-4)
서명만 하는 업무라면 누군들 못하겠느냐

정관 3년(629), 태종이 시종하는 신하에게 말하였다.
"중서성中書省과 문하성門下省은 나라의 중요한 기관으로 재능 있는 자를 뽑아 관원으로 삼고 그들에게 중요한 임무를 맡긴 것이다. 조서나 칙령에 만약 온당하지 못한 것이 있으면 모두가 의견을 고집하여 논의를 벌이기 바란다. 근래 내 뜻을 알아내어 아부하고 순종만 하면서 '예예' 하고 넘어가, 끝내 한 마디도 간쟁을 하는 자가 없으니 어찌 도리에 맞겠는가? 만약 그저 조서와 칙령에 서명만 하거나 문서를 돌리기만 한다면 누군들 그 일을 해내지 못하겠는가? 그리고 무엇 때문에 반드시 인재를 간택하여 일을 맡기고 부탁할 필요가 있겠는가? 지금부터는 조서와 칙령에 온당하지 못하다고 의심이 나는 것이 있으면 모름지기 의견을 고집하되 마구 나를 두려워하거나 알면서도 침묵을 지키는 일을 없도록 하라."

貞觀三年, 太宗謂侍臣曰:「中書·門下, 機要之司, 擇才而居, 委任實重. 詔敕如有不穩便, 皆須執論. 比來惟覺阿旨順情, 唯唯苟過, 遂無一言諫諍者, 豈是道理? 若惟署詔敕·行文書而已, 人誰不堪? 何須簡擇, 以相委付? 自今詔敕疑有不穩便, 須執言, 無得妄有畏懼, 知而寢黙.」

【執論】 의견을 고집하거나 자신의 의견을 굳게 지킴.
【比來】 '近來'와 같은 뜻임.
【阿旨】 황제의 教旨에 아부하여 영합함.
【唯唯】 어떤 말이든 '예, 예'하고 동의만 하는 대답을 뜻함.
【寢默】 '沈默'과 같음.

012(2-5)
임금 혼자 잘나면 위험하다

정관 4년(630), 태종이 소우蕭瑀에게 말하였다.
"수隋 문제文帝는 어떠한 군주였는가?"
소우가 대답하였다.
"그는 극기복례克己復禮하며 정치에 온갖 노고를 다한 자로서, 매번 조회를 시작하면 해가 기울어서야 끝낼 정도였으며, 오품 이상의 관원은 이에 이끌려 함께 앉은 채 정치를 논하였고 숙위宿衛하는 병사들은 찬밥을 날라다 먹어야 할 정도였습니다. 그는 비록 성격은 인명仁明하지 못하였으나 역시 부지런함과 정성을 다한 군주였습니다."
그러자 태종이 말하였다.
"그대는 하나만 알고 둘은 모르고 있었군. 이 사람은 성격이 지나치게 살피며 마음은 밝지 못한 자였소. 무릇 마음이 어두우면 소통되지 못하는 일이 있게 마련이며 지나치게 살피면 많은 사물에 의심을 갖게 되는 법이다. 또 고아나 과부를 속여 천하를 얻게 되면 항상 신하들이 복종하지 않을 마음을 품고 있지나 않은가 해서 두려워하며 온갖 업무를 믿고 맡기려 들지 않게 된다. 매사를 모두 자신이 나서서 결단하니 비록 자신의 몸을 있는 대로 힘을 쏟고 육체를 노고롭게 한다 해도 모든 것이 이치에 맞지는 않을 수 있다. 조정의 신하들은 임금의 이러한 뜻을 알게 된 이상 역시 감히 직언을 하려 들지 않을 것이다. 그리하여 재상 이하는 오직 임금의 뜻을 따르기만 하면 된다고 여길 뿐이다. 내 뜻은 그렇지 않다. 천하는 넓고 사해에 이 많은 사람들, 그리고 온갖 일들의 그 많은 단서는 모름지기 변화에 순통하게 응해야 하는 것이니 이를 그 모든 관직에 맡겨 두고 서로 상의하여 재상은 일을 기획하여 온당하고 편한 쪽으로 방향을 잡아야 가히 상주하여 실행에 옮길 수 있게 된다. 그러니 어찌 하루에 만 가지 변화를 한사람이 홀로 독단하여 헤아릴 수가 있겠는가! 또 하루에 열 가지 일만 판단한다 해도 그중 다섯 가지는 제대로 적중하지 못할 수 있을 것이며, 적중하는 것은 진실로 훌륭하다 해도 그 나머지 적중하지 못한 것은 어떻게 될 것인가? 또 이러한 것이 날이 가고 달로 쌓여 몇 년이 누적되어 결국 어긋나고 오류가 생긴다면 망하지 아니하고 무엇을 기다리겠는가? 어찌 널리 어질고 똑똑한 이를 임용하여 높은 자리에서 깊이 내려다보며 법령이 엄숙하다면 누가 감히 비리를 저지르겠는가?"

그리고 그 기회에 여러 맡은 기관에 명령을 내려 만약 조칙을 반포함에 온당하고 편한 길로 하도록 되어 있지 않는 것이 있으면 반드시 이를 상주하며 임금의 뜻에 맞추어 실행하는 일이 없이 할 것이며, 신하로서의 뜻을 힘써 다할 것을 명하였다.

貞觀四年, 太宗問蕭瑀曰:「隋文帝何如主也?」

對曰:「克己復禮, 勤勞思政, 每一坐朝, 或至日昃, 五品已上, 引坐論事, 宿衛之士, 傳飱而食, 雖性非仁明, 亦是勵精之主.」

太宗曰:「公知其一, 未知其二. 此人性至察而心不明. 夫心暗則照有不通, 至察則多疑於物. 又欺孤兒寡婦以得天下, 恆恐群臣內懷不服, 不肯信任百司. 每事皆自決斷, 雖卽勞身苦形, 未能盡合於理. 朝臣旣知其意, 亦不敢直言. 宰相以下, 惟卽承順而已. 朕意則不然. 以天下之廣, 四海之衆, 千端萬緖, 須合變通, 皆委百司商量, 宰相籌畫, 於事穩便, 方可奏行. 豈得以一日萬機, 獨斷一人之慮也! 且日斷十事, 五條不中, 中者信善, 其如不中者何? 又日繼月, 乃至累年, 乖謬旣多, 不亡何待? 豈如廣任賢良, 高居深視, 法令嚴肅, 誰敢爲非?」

因令諸司, 若詔敕頒下有未穩便者, 必須執奏, 不得順旨便卽施行, 務盡臣下之意.

【隋文帝】楊堅(541~604). 弘農 華陰(지금의 陝西) 사람으로 北周 때 隨國公이 되어 딸을 宣帝(宇文贇)에게 주어 皇后로 삼은 다음 그 소생 靜帝(宇文闡)가 왕위에 오르자 이를 폐위하고 자립하여 남북조를 통일(589), 隋나라를 세워 강력한 중앙집권체제를 갖춤. 한편 국호는 자신의 작호 隨國公으로 하였으나 '隨'자가 고정적인 의미가 없다고 여겨 '辶'를 제거하여 새로운 글자 '隋'를 만들었음. 581~604년 재위. 아들 楊廣(煬帝)의 핍박으로 죽음.
【克己復禮】《論語》顏淵篇에 "顏淵問仁. 子曰:「克己復禮爲仁. 一日克己復禮, 天下歸仁焉. 爲仁由己, 而由人乎哉?」顏淵曰:「請問其目.」子曰:「非禮勿視, 非禮勿聽, 非禮勿言, 非禮勿動.」顏淵曰:「回雖不敏, 請事斯語矣.」"라 함.
【日昃】태양이 서쪽으로 기욺.
【宿衛之士】궁중 수위를 맡은 병사들.
【孤兒寡婦】北周의 마지막 임금 靜帝(宇文闡)와 그 모후. 양견의 딸이 북주 선제의 황후가 되어 정제를 낳았으며 선제의 장례를 치르고 아들 정제가 제위에 올랐으나 곧이어 양견이 정제를 폐위하고 수나라를 세움.
【穩便】일이 온당하며 백성에게는 편리하도록 하여야 함을 뜻함.
【萬機】황제로서 일상 처리해야 할 많은 업무들.

013(2-6)
대의大醫는 나라를 치료한다

정관 5년(631), 태종이 시종하는 신하에게 말하였다.

"나라를 다스리는 것과 병을 치료하는 것은 다를 바가 없다. 병자는 나았다고 느낄 때 더욱 몸을 보호하기에 힘써야 한다. 만약 그때 다시 몸을 그르치는 일이 생기면 틀림없이 죽음에 이르고 만다. 나라를 다스리는 일도 그와 같다. 천하가 조금 안정되었을 때 모름지기 신중을 기해야 한다. 만약 그때 교만과 안일에 빠지면 틀림없이 나라가 망하고 만다. 지금 천하의 안위는 바로 내 몸 하나에 달려 있다. 그러므로 하루하루 신중히 하여 비록 자랑할 것이 있어도 자랑하지 말아야 한다. 그러나 나의 귀와 눈, 팔 다리는 모두 그대 경들에게 의탁하고 있어 뜻으로 보아 그대들은 나와 한 몸이니 의당 힘을 합하고 마음을 하나로 하여 내 하는 일이 타당하지 못한 것이 있다면 가히 극언極言으로 간언을 하여 숨김이 없도록 하라. 만약 임금과 신하가 서로 의심하여 능히 서로 사이의 진실함을 다 갖추지 못한다면 이는 실로 나라의 큰 재해가 되고 말 것이다."

貞觀五年, 太宗謂侍臣曰:「治國與養病無異也. 病人覺愈, 彌須將護, 若有觸犯, 必至殞命. 治國亦然, 天下稍安, 尤須兢愼, 若便驕逸, 必至喪敗. 今天下安危, 繫之於朕, 故日愼一日, 雖休勿休. 然耳目股肱, 寄於卿輩, 旣義均一體, 宜協力同心, 事有不安, 可極言無隱. 儻君臣相疑, 不能備盡肝膈, 實爲國之大害也.」

【彌】 더욱.
【將】 '養'과 같음.
【殞命】 죽음. 사망.
【休】 미덕. 아름다운 업적이나 생애.
【儻】 '倘'과 같음. '만약~'의 뜻.
【股肱】 다리와 팔. 신체의 중요한 부분으로 흔히 황제의 중요한 보필을 뜻함. 《尙書》益稷의 "帝曰: 臣作朕股肱耳目"이라 한 데서 유래됨.
【肝膈】 간장과 횡격막. 아주 밀접한 관계나 진실한 뜻을 비유함.

014(2-7)
임금은 배, 백성은 물

정관 6년(632), 태종이 시종하는 신하에게 말하였다.

"고대의 제왕들을 보건대 흥한 자도 있고 쇠한 자도 있어 마치 아침이 있으면 저녁이 오는 것과 같다. 그런데 이는 모두가 그 귀와 눈이 가려져 그 당시 정치의 득실을 알지 못하고 충직하고 정직한 자도 이를 알려 주지 않아 사악하고 아첨하는 자들만 날로 들어와 그 과실을 알 수 없게 되어 그 때문에 멸망에 이른 것이다. 나는 구중九重 궁궐에 처하여 능히 천하의 일을 다 알 수가 없다. 그 때문에 그대들을 포진시켜 나의 귀와 눈으로 삼고 있는 것이다.

그러니 천하가 무사하고 사해四海가 안정되었다고 주의를 기울이지 않는 경우가 없도록 하라. 《서書》에 '가히 사랑할 자 임금이 아니겠으며 가히 두려워할 자 백성이 아니겠는가?'라 하였다. 천자란 도가 있으면 백성이 추대하여 임금으로 삼는 것이며, 도가 없으면 백성들이 버려 쓸모없게 만드는 것이니 진실로 두려워해야 할 것이다."

위징魏徵이 대답하였다.

"자고로 나라를 잃은 군주는 모두가 편안할 때 위험을 잊고 살며 다스려질 때 혼란을 잊고 산 자들로서 이 때문에 능히 장구하게 이어가지 못한 것입니다. 지금 폐하께서 부유하기로는 천하를 가지셨고 안팎이 맑고 편안함에도 능히 이러한 치도를 염두에 두시니 국가의 역수曆數는 저절로 영험하고 장구할 것입니다. 신이 또 듣건대 옛말에 '임금은 배요, 백성은 물이다. 물은 능히 배를 띄워 주지만 역시 배를 엎기도 한다'라 하였습니다. 폐하께서 가히 두려움을 느끼신다 함은 진실로 성스러운 그 뜻 그대로 입니다."

貞觀六年, 太宗謂侍臣曰:「看古之帝王, 有興有衰, 猶朝之有暮, 皆爲蔽其耳目, 不知時政得失, 忠正者不言, 邪諂者日進, 旣不見過, 所以至於滅亡. 朕旣在九重, 不能盡見天下事, 故布之卿等, 以爲朕之耳目. 莫以天下無事, 四海安寧, 便不存意.《書》云:『可愛非君? 可畏非民?』天子者, 有道則人推而爲主, 無道則人棄而不用, 誠可畏也.」

魏徵對曰:「自古失國之主, 皆爲居安忘危, 處理忘亂, 所以不能長久. 今陛下富有天下, 內外淸晏, 能留心治道, 常臨深履薄, 國家曆數, 自然靈長. 臣又聞古語云:『君, 舟也; 人, 水也. 水能載舟, 亦能覆舟.』陛下以爲可畏, 誠如聖旨.」

【九重】제왕이 처하는 곳. 九重宮闕.《楚辭》九辯에 "君之門以九重"이라 함.
【可愛非君】《尙書》大禹謨에 "可愛非君, 可畏非民"이라 하였고, 孔安國의 傳에 "民以君爲命, 故可愛; 君失道民叛之, 故可畏"라 함.
【晏】平靜, 安逸의 뜻.
【臨深履薄】깊은 못에 임하여 있듯, 얇은 얼음을 밟고 가듯 조심함을 말함.《詩經》小雅 小旻에 "戰戰兢兢, 如臨深淵, 如履薄冰"이라 함.
【曆數】제왕의 相繼. 여기서는 國祚의 의미로 쓰였음.
【靈長】장구하게 이어감.

015(2-8)
작은 과실을 그대로 넘겼다가는

정관 6년(632), 태종이 시종하는 신하에게 말하였다.
"옛사람이 이르기를 '위험한데도 붙들어 주지 아니하고 넘어지는데도 부축해 주지 않는다면 어찌 그러한 자를 재상으로 쓸 수 있겠는가?'라 하였다.

임금과 신하 사이의 의로 보아 어찌 충성을 다하여 바로잡아 주고 구제해 주지 않을 수 있겠는가? 내 일찍이 책을 읽다가 걸桀이 관룡방 關龍逄을 죽이고, 한漢 경제景帝가 조착鼂錯을 죽인 것을 보고 책을 덮고 탄식하지 않은 적이 없었다. 그대들은 단지 능히 바른 말로 직간을 하여 정치와 교화에 보탬이 되도록 하기만 하면 된다. 내 절대로 나의 얼굴을 범하고 내 뜻을 거슬렀다고 해서 마구 주벌을 하거나 책망을 하지는 않을 것이다. 내 근래 조정에 임하여 결단을 내리면서 법률에 어긋난 일을 한 경우가 있었을 때 그대들은 별것 아닌 일이라 여겨 드디어 고집스런 간언을 하지 않았었다. 무릇 큰 일이란 모두가 하찮은 일에서 시작되는 것이니 하찮은 일이라고 거론을 하지 않았다가 큰 일이 닥쳐 장차 구제할 수 없게 된다. 사직의 위험은 이로부터 말미암지 않은 것이 없다. 수隋나라 군주가 잔악하고 포악하여 그 몸이 필부의 손에 죽었을 때 온 땅의 그 많은 백성들로서 불쌍히 여겨 애통해 한 자가 아주 드물었다. 그대들은 나를 위하여 수나라 멸망의 일을 생각해 줄 것이며, 나는 그대들을 위하여 관룡방이나 조착이 죽은 것을 생각할 것이다. 임금과 신하가 모두 안전하게 보호를 받는 것이 어찌 아름다운 일이 아니겠는가!"

貞觀六年, 太宗謂侍臣曰:「古人云:『危而不持, 顚而不扶, 焉用彼相?』君臣之義, 得不盡忠匡救乎? 朕嘗讀書, 見桀殺關龍逄, 漢誅鼂錯, 未嘗不廢書歎息. 公等但能正詞直諫, 裨益政敎, 終不以犯顔忤旨, 妄有誅責. 朕比來臨朝斷決, 亦有乖於律令者, 公等以爲小事, 遂不執言. 凡大事皆起於小事, 小事不論, 大事又將不可救, 社稷傾危, 莫不由此. 隋主殘暴, 身死匹夫之手, 率土蒼生, 罕聞嗟痛. 公等爲朕思隋氏滅亡之事, 朕爲公等思龍逄・鼂錯之誅, 君臣保全, 豈不美哉!」

【古人】 공자를 가리킴. 《論語》 季氏篇에 "孔子曰:「求! 周任有言曰:『陳力就列, 不能者止.』危而不持, 顚而不扶, 則將焉用彼相矣? 且爾言過矣, 虎兕出於柙, 龜玉毁於櫝中, 是誰之過與?」"라 함.

【關龍逄】 夏나라 말기의 현인. 여러 차례 桀의 잘못을 간언하다가 결국 죽음을 당함. '逄'자와 '逢'자가 비슷하여 역대 여러 전적의 판본은 관룡봉(關龍逢)으로 표기하기도 함.

【鼂錯】 B.C.200~B.C.154. '晁錯'으로도 표기하며 西漢 景帝 때 인물. 御史大夫 등을 지냈으며 諸侯의 세력을 약화시켜야 한다고 강력 주장함. 이 일로 뒤에 吳楚七國의 난이 일어나 袁盎(爰盎) 등의 건의에 의하여 長安 東市에서 조착을 참수하여 난을 진압함.

【隋主】 隋 煬帝를 지칭함.

【率土蒼生】 온 나라 안의 모든 백성.

016(2-9)
아무리 좋은 옥이라 해도 훌륭한 옥공을 만나야

정관 7년(633), 태종이 비서감秘書監 위징魏徵과 조용히 옛날 정치의 득실에 대하여 토론을 하면서 이렇게 말하였다.
"지금은 대란大亂이 막 끝난 직후라 급하게 교화를 이루기는 불가능하오."
그러자 위징이 말하였다.
"그렇지 않습니다. 무릇 사람이란 위험한 곤란에 처했을 때라면 죽을까봐 걱정을 하며, 죽을까봐 걱정을 할 때면 교화가 이루어지며, 교화가 이루어지면 쉽게 가르칠 수 있습니다. 그렇다면 혼란 뒤에는 쉽게 가르칠 수 있음은 마치 배고픈 사람에게 쉽게 먹일 수 있는 것과 같습니다."
태종이 말하였다.
"훌륭한 임금은 백 년이 지난 연후에야 잔혹한 자를 눌러 마구 살인을 저지르는 일을 없게 할 수가 있습니다. 대란 직후에 교화를 이루고자 함이 어찌 급하게 서둘러 될 일이겠습니까?"
위징이 말하였다.
"이는 보통 사람의 경우에 근거한 것이지 성철聖哲한 지도자라면 그렇지 않습니다. 만약 성철한 자가 교화를 시행한다면 상하가 한마음이 되고 백성의 반응이 마치 메아리와 같아 서두르지 않아도 빠르게 그 효과가 번져 갑니다. 1년이 지나면 가히 다스려질 것이니 진실로 어려운 것이 아닙니다. 3년이 지나야 성공한다면 이는 오히려 늦다고 할 수 있습니다."

태종은 그렇다고 여겼다. 그러자 봉덕이封德彝 등이 이렇게 대답하였다.

"하은주夏殷周 삼대 이후로 사람에게 점차 교활하고 속임수가 늘어났습니다. 그 때문에 진秦나라는 법률에 맡겼고, 한漢나라는 패도霸道를 혼합하여 쓴 것이니 이는 모두가 교화를 이루고자 하나 이루지 못하였기 때문이지 어찌 능히 교화를 이룰 수 있는데도 그렇게 하지 않고자 한 것이겠습니까? 만약 위징의 말을 믿는다면 아마 국가를 패란을 길로 몰고 가는 것이 아닐까 합니다."

위징이 말하였다.

"오제五帝 삼왕三王은 백성을 바꾸지 아니하고 교화시켰습니다. 제帝의 도를 실행하면 제의 도가 이루어지는 것이요, 왕王의 도를 실행하면 왕의 도가 실행되는 것이니 이는 당시에 어떻게 다스렸는가에 따라 그렇게 교화되었을 뿐입니다. 옛날 전적을 상고해 보면 가히 알 수 있습니다. 옛날 황제黃帝와 치우蚩尤가 70번 넘게 전쟁을 하여 그 혼란이 심하였습니다. 이윽고 그 잔혹한 자를 이기고 나서 곧바로 태평을 이루었습니다. 한편 구려九黎가 덕을 혼란시키자 전욱顓頊이 그를 정벌하였습니다. 이윽고 그를 이기고 나서도 그 교화를 잃지 않았습니다. 또 걸桀이 잔혹하게 혼란을 일으키자 탕湯이 이를 방축하여 버렸습니다. 그 탕 임금 때도 곧바로 태평을 이루었습니다. 또 주紂가 무도하게 굴자 무왕武王이 이를 토벌하였는데 성왕成王에 이르러 역시 태평을 이루었습니다. 만약 백성들이 점차 교활하고 거짓을 꾸미기만 하고 순박한 것을 아예 버렸다면 지금은 응당 모두가 귀신처럼 악한 자들이 되었을 텐데 어찌 가히 다시 교화를 회복할 수 있겠습니까?"

봉덕이 등은 이에 이의를 제기하지는 못하였지만 그러나 모두가 여전히 불가하다고 여겼다.

태종은 매번 힘을 다해 실행하면서 게을리 하지 않아 수 년 만에 해내가 평강해졌으며 돌궐突厥도 파멸되었다. 이에 태종이 신하들에게 이렇게 말하였다.

"정관 초에 사람들은 누구나 이론을 제기하면서 지금 당장 제도帝道나 왕도王道를 실행한다는 것은 불가하다고 말하였다. 오직 위징만은 나에게 권하였다. 내 이윽고 그의 말을 따랐더니 불과 몇 년 만에 드디어 화하華夏의 안녕을 이룩하였고 멀리 있는 이민족도 항복하여 왔다. 돌궐은 자고 이래로 항상 우리 중국의 질긴 적이었는데 지금 그 추장酋長이 칼을 차고 우리를 위해 궁궐을 숙위宿衛하고 있고 그 부락은 모두가 중국을 따라 의관을 갖추고 있다. 나로 하여금 이러한 경지에 이르도록 한 것은 모두가 위징의 힘이었다."

그리고 위징을 돌아보며 이렇게 말하였다.

"옥이 비록 아름다운 재질을 가지고 있지만 원래는 돌 속에 들어 있는 것으로 훌륭한 공인이 쪼아 주고 갈아 주는 공정을 만나지 못하면 기와조각이나 자갈과 다를 바 없소. 만약 훌륭한 옥공을 만난다면 만대의 보물이 되는 것이오. 내 비록 훌륭한 재질을 가지고 있다 해도 그대에 의해 갈고 닦아 지었고, 그대가 인의仁義로써 나를 죄어 주고 도덕으로써 나를 넓혀 주어 나로 하여금 공과 업적에 이르도록 한 것이오. 그러니 그대는 역시 훌륭한 옥공이라 할 수 있겠소."

貞觀七年, 太宗與秘書監魏徵從容論自古理政得失, 因曰: 「當今大亂之後, 造次不可致化.」
徵曰:「不然, 凡人在危困, 則憂死亡, 憂死亡, 則思化, 思化, 則易敎. 然則亂後易敎, 猶飢人易食也.」
太宗曰:「善人爲邦百年, 然後勝殘去殺. 大亂之後, 將求致化, 寧可造次而望乎?」
徵曰:「此據常人, 不在聖哲. 若聖哲施化, 上下同心, 人應如響, 不疾而速. 朞月而可理, 信不爲難, 三年成功, 猶謂其晚.」
太宗以爲然.
封德彛等對曰:「三代以後, 人漸澆訛, 故秦任法律, 漢雜霸道, 皆欲化而不能, 豈能化而不欲? 若信魏徵所說, 恐敗亂國家.」
徵曰:「五帝三王, 不易人而化. 行帝道則帝, 行王道則王, 在於當時所理, 化之而已, 考之載籍, 可得而知. 昔黃帝與蚩尤七十餘戰, 其亂甚矣, 旣勝殘之後, 便致太平. 九黎亂德, 顓頊征之, 旣克之後, 不失其化. 桀爲亂虐, 而湯放之, 在湯之代, 卽致太平. 紂爲無道, 武王伐之, 成王之代, 亦致太平. 若言人漸澆訛, 不及純樸, 至今應悉爲鬼魅, 寧可復得而敎化耶?」

德彝等無以難之, 然咸以爲不可.

太宗每力行不倦, 數年間, 海內康寧, 突厥破滅, 因謂群臣曰:「貞觀初, 人皆異論, 云當今必不可行帝道・王道, 惟魏徵勸我. 旣從其言, 不過數載, 遂得華夏安寧, 遠戎賓服. 突厥自古以來, 常爲中國勍敵, 今酋長並帶刀宿衛, 部落皆襲衣冠. 使我遂至於此, 皆魏徵之力.」

顧謂徵曰:「玉雖有美質, 在於石間, 不値良工琢磨, 與瓦礫不別. 若遇良工, 卽爲萬代之寶. 朕雖無美質, 爲公所切磋, 勞公約朕以仁義, 弘朕以道德, 使朕功業至此, 公亦足爲良工爾.」

【七年】이 변론은 당 태종 즉위 초인 武德 9년(626) 겨울로 封德彝는 이듬해인 정관 원년(627) 6월에 죽어 시기상으로 맞지 않음.
【造次】아주 짧은 순간을 뜻하는 雙聲連綿語.《論語》里仁篇에 "君子無終食之間違仁, 造次必於是, 顚沛必於是"라 함.
【勝殘去殺】잔혹한 자와 싸워 이기고 사형 제도를 없앰.《論語》子路篇에 "子曰:「『善人爲邦百年, 亦可以勝殘去殺矣.』誠哉是言也!」"라 함.
【封德彝】이름은 倫. 隋나라에 벼슬하였으나 당에 귀순하여 武德 9년 당 태종 즉위 초에 尙書右僕射가 되었으나 이듬해 죽음.
【三代】夏, 殷, 周.
【秦任法律】秦나라의 통치는 오직 법률에만 맡겼음을 말함.
【漢雜霸道】한나라의 통치는 왕도와 패도를 혼합하였음을 말함.《漢書》元帝紀에 "漢家自有制度, 本以霸王道雜之"라 함.

【五帝】《史記》五帝本紀에 의하면 黃帝, 顓頊, 帝嚳, 唐堯, 虞舜을 들고 있음.
【三王】夏, 殷, 周 삼대의 개국 군주. 즉 夏禹, 商湯, 周武王과 文王.
【黃帝】전설상 중국의 시조. 軒轅氏. 부락 연맹의 수령으로 有熊氏라고도 함.
【蚩尤】전설상 고대 東夷族 九黎의 수령. 黃帝와 涿鹿에서 싸워 패함.
【九黎】고대 東夷族의 부락 이름.
【顓頊】고대 高陽氏. 黃帝의 손자.
【湯】이름은 履. 商(殷)나라를 세운 개국 군주.
【紂】殷나라의 말왕. 폭군으로 널리 알려짐. 周 武王에게 망함.
【武王】周나라 무왕. 文王의 아들이며 后稷(姬棄)의 후손. 姬發.
【成王】姬誦. 武王의 아들이며 어린 나이에 왕위에 올라 周公의 보필을 받음.
【突厥】당나라 때 북방을 차지하고 있던 민족. 투르크족. 지금의 알타이산 근처에 유목생활을 하였으며 수령의 성씨는 阿史那. 정관 4년(630) 당 태종이 東突厥을 원정하였음.
【華夏】황하 중류에 문명을 자랑하던 중원 민족의 원류를 말함.
【切磋】잘 다듬고 가공함. 切磋琢磨의 줄인 말.

017(2-10)
너무 멀리 사냥을 나오셨습니다

정관 8년(634), 태종이 시종하는 신하에게 말하였다.

"수隋나라 때 백성이 비록 재물을 가지고 있다 해도 어찌 자신의 소유로 보존할 수 있었겠소? 내가 천하를 가진 이래로 마음을 다하여 백성을 무양撫養하고 세금과 노역을 없이 하여 사람마다 이렇게 자신의 생업을 이어갈 수 있게 되었고 자신의 재물을 지키고 있으니 이는 내가 그들에게 상을 내린 것이나 마찬가지입니다. 지난날 내가 재물을 거두고 불러 노역을 시키기를 끝없이 했다면 비록 지금 많은 재물로 그들에게 상을 내린다 해도 이는 역시 상을 받지 못한 것과 다를 바 없겠지요."

위징魏徵이 대답하였다.

"요순堯舜이 임금 자리에 있을 때 백성들은 역시 '밭 갈아 먹으면 되고 우물 파서 마시면 되지'라고 하였고, 함포고복含哺鼓腹하며 '임금의 나에게 무슨 힘이 되리오'라고 밭두둑 사이에서 노래하였습니다. 지금 폐하께서 이와 같이 길러 주시니 우리 백성도 가히 매일 이를 모른 채 행복하게 살아간다고 할 수 있습니다."

그리고 다시 이렇게 말씀을 올렸다.

"진晉 문공文公이 사냥을 나가 짐승을 쫓아 탕碭이란 곳에 이르러 그만 큰못에 빠져 나오는 길을 잃고 말았습니다. 그때 고기 잡는 어부가 있어 문공이 '나는 너의 임금이다. 장차 어느 길로 나갈 수 있는가? 내 장차 너에게 후한 상을 내리리라'라 하였습니다. 그러자 어부는

'저는 먼저 드릴 말씀이 있습니다'라는 것이었습니다. 문공이 '이 못에서 나가면 받으리라'라 하였지요. 이에 그 못에서 빠져나오자 문공이 '지금 그대는 나를 가르쳐 주고자 하는데 무엇인가? 내 받으리라'라 하였지요. 어부는 '홍곡鴻鵠이 하해河海를 자신의 보호로 여기면서 그곳이 싫다고 작은 못으로 옮겨가면 사냥 화살의 우려가 있습니다. 원타黿鼉가 깊은 못의 보호를 받다가 싫증이 나서 얕은 곳으로 나오면 틀림없이 낚시에 걸릴 위험이 있습니다. 마찬가지로 지금 임금께서 이 탕 땅까지 사냥을 나오셨다가 이곳에 이르렀으니 어찌 그리 멀리 나오셨습니까?' 라고 하였습니다. 문공이 '훌륭하오!'라고 칭찬하면서 따르던 신하에게 그 어부의 이름을 적도록 하였지요. 그러자 어부는 '이름을 적어서 무엇에 쓰려 하십니까? 임금은 하늘을 존경하고 땅을 섬기며 사직을 공경하고 사방을 보위합니다. 그리하여 만민을 사랑하여 부역과 세금을 낮추어 주시고 조세를 경감해 주시면 저 역시 그 혜택을 입는 것입니다. 그러나 임금께서 하늘을 높이 받들지 아니하고 땅을 섬기지 아니하며 사직을 공경하지 아니하고, 사해를 공고히 하지 아니하여 다른 나라 제후들에게 예를 잃고 안으로 민심을 거역하여 한번 나라가 흩어져 망하고 만다면 이 어부가 비록 후한 상을 받은들 이를 보존할 수가 없는 것입니다'라고 하면서 끝내 사양하고 받지 않았다고 합니다."

태종이 말하였다.

"그대의 말이 옳습니다."

貞觀八年, 太宗謂侍臣曰:「隋時百姓縱有財物, 豈得保此? 自朕有天下已來, 存心撫養, 無有所科差, 人人皆得營生, 守其資財, 卽朕所賜. 向使朕科喚不已, 雖數資賞賜, 亦不如不得.」

魏徵對曰:「堯舜在上, 百姓亦云『耕田而食, 鑿井而飮』, 含哺鼓腹, 而云『帝何力』於其間矣. 今陛下如此含養, 百姓可謂日用而不知.」

又奏稱:「晉文公出田, 逐獸於碭, 入大澤, 迷不知所出. 其中有漁者, 文公謂曰:『我, 若君也, 道將安出? 我且厚賜若.』漁者曰:『臣願有獻.』文公曰:『出澤而受之.』於是送出澤. 文公曰:『今子之所欲教寡人者, 何也? 願受之.』漁者曰:『鴻鵠保河海, 厭而徙之小澤, 則有矰丸之憂; 黿鼉保深淵, 厭而出之淺渚, 必有鉤射之憂. 今君出獸碭, 入至此, 何行之太遠也?』文公曰:『善哉!』謂從者記漁者名. 漁者曰:『君何以名? 君尊天事地, 敬社稷, 保四國, 慈愛萬民, 薄賦斂, 輕租稅, 臣亦與焉. 君不尊天, 不事地, 不敬社稷, 不固四海, 外失禮於諸侯, 內逆民心, 一國流亡, 漁者雖有厚賜, 不得保也.』遂辭不受.」

太宗曰:「卿言是也.」

【科差】 정부가 백성으로부터 노역과 세금의 의무를 부과함.
【科喚】 재물의 징발과 노역에 관한 명령.
【含哺鼓腹】 고대 태평성대를 말함. 《十八史略》(1)에 "治天下五十年, 不知天下治歟, 不治歟? 億兆願戴己歟, 不願戴己歟? 問左右不知, 問外朝不知, 問在野不知. 乃微服游於康衢, 聞童謠, 曰:『立我烝民, 莫匪爾極. 不識不知, 順帝之則.』有老人, 含哺鼓腹, 擊壤而歌曰:『日出而作, 日入而息. 鑿井而飲, 畊田而食, 帝力何有於我哉!』"라 함.
【晉文公】 春秋五霸의 하나로 晉나라 文公. 이름은 重耳. 국내 내란으로 19년간 망명생활 끝에 돌아와 왕이 되어 패자가 되었음. B.C.636~B.C.628년까지 9년간 재위함. 《新序》(2)에 "晉文公出田逐獸, 碭入大澤, 迷不知所出. 其中有漁者, 文公謂曰:「我, 若君也, 道安從出? 我且厚賜若.」漁者曰:「臣願有獻.」公曰:「出澤而受之.」於是遂出澤. 公令曰:「子之所欲以教寡人者, 何等也? 願受之.」漁者曰:「鴻鵠保河海之中, 厭而欲移徙之小澤, 則必有丸繒之憂; 黿鼉保深淵, 厭而出之淺渚, 則必有羅網鉤射之憂. 今君逐獸, 碭入至此, 何行之太遠也?」文公曰:「善哉!」謂從者記漁者名. 漁者曰:「君何以名爲? 君尊天事地, 敬社稷, 固四國, 慈愛萬民, 薄賦斂, 輕租稅者, 臣亦與焉. 君不敬社稷, 不固四國, 外失禮於諸侯,

內逆民心, 一國流亡, 漁者雖得厚賜, 不能保也.」遂辭不受. 曰:「君亟歸國, 臣亦反吾漁所.」"라 함.

【碭】古地名. 지금의 河南 永城縣 근처.
【矰】화살 끝에 실을 매어 사냥하는 방법.
【黿鼉】모두 파충류의 일종으로 黿은 속칭 癩頭黿, 鼉는 揚子鰐이라고도 함.
【社稷】토지신과 곡식신. 국가를 상징함.

018(2-11)
청정함을 지켜야

정관 9년(635), 태종이 시종하는 신하에게 말하였다.

"지난날 막 수나라 서울을 평정하였을 때 궁중에는 미녀와 진기한 물건이 뜰에 가득 차지 않은 곳이 없었다. 양제煬帝는 그것으로 부족하다 여겨 끝없이 그렇게 징발하였던 것이며, 서쪽을 정벌하고 동쪽을 토벌하면서 군사들을 죽도록 다그쳤으니 백성들이 견디지 못하게 되었고 결국 나라가 망하고 만 것이다. 이는 모두 내가 직접 눈으로 본 것이다. 그러므로 나는 이른 새벽부터 밤늦도록 온 정성을 다하여 오직 청정淸靜함을 잃지 않아, 천하를 무사하게 하고자 한다. 그리하여 드디어 요역徭役을 일으키지 않아 해마다 풍년을 이루어 백성들이 편하고 즐거운 생활을 하도록 하였다. 무릇 나라를 다스림은 마치 나무를 심는 것과 같아 근본이 흔들리지 않으면 가지와 잎은 무성하게 마련이다. 그대들도 능히 청정함을 지켜낸다면 백성들이 어찌 안락하지 못할 수가 있겠는가?"

貞觀九年, 太宗謂侍臣曰:「往昔初平京師, 宮中美女珍玩, 無院不滿. 煬帝意猶不足, 徵求無已, 兼東西征討, 窮兵黷武, 百姓不堪, 遂致亡滅. 此皆朕所目見. 故夙夜孜孜, 惟欲淸靜, 使天下無事, 遂得徭役不興, 年穀豐稔, 百姓安樂. 夫治國猶如栽樹, 本根不搖, 則枝葉茂榮. 君能淸靜, 百姓何得不安樂乎?」

【京師】서울을 지칭하는 말. 隋나라는 長安을 大興府라 하여 수도로 삼았었음. 지금의 西安을 가리킴. 흔히 京兆라고도 함. 이세민이 이곳을 공격하여 목격한 수나라의 사치를 말함.
【窮兵黷武】병력을 끝까지 사용하며 싸움을 즐기기를 그치지 않음.
【東西征討】동쪽으로는 고구려, 서쪽으로는 돌궐을 정벌함.
【夙夜孜孜】아침 일찍부터 밤늦도록 열심을 다함.
【稔】곡물이 잘 익음.

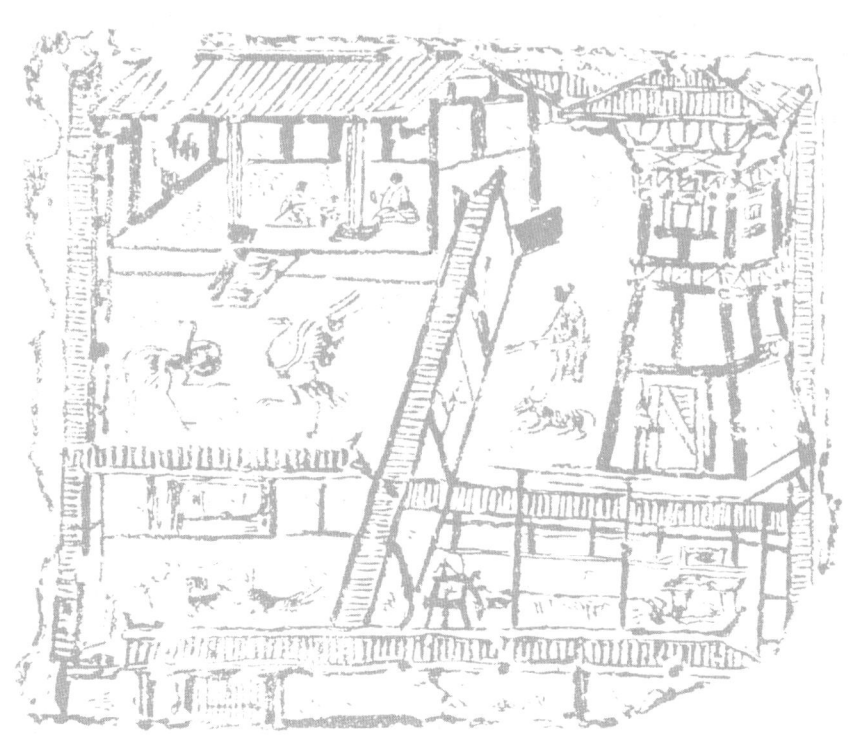

019(2-12)
엄한 임금에 직언하는 신하

정관 16년(642), 태종이 시종하는 신하에게 말하였다.
"간혹 위에 있는 군주는 혼암하지만 아래 있는 신하들이 잘 다스리는 경우가 있고, 또는 신하들이 아래에서 혼란을 일으키지만 임금이 위에서 잘 다스리는 경우가 있다. 이 두 가지 경우를 만났을 때 어느 경우가 더 심각한가?"

특진特進 위징魏徵이 대답하였다.
"임금이 마음으로 다스리면 아랫사람의 그릇됨을 비춰볼 수 있습니다. 그때 하나를 주벌하여 백 사람을 권면하면 누가 감히 그 위력을 겁내어 힘을 다 쏟지 않을 수 있겠습니까? 그러나 위에 있는 군주가 혼암하고 포악하여 충간을 듣지 않는다면 비록 백리해百里奚나 오자서伍子胥 같은 충신이 우虞나라 오吳나라를 보좌하고 있다 해도 그 재앙을 구제할 수 없을 것이며 패망도 그 뒤를 따를 것입니다."

태종이 말하였다.
"틀림없이 이와 같을 것이지만 그렇다면 북제北齊의 문선제文宣帝는 혼암하고 포악하였지만 양준언楊遵彦이 정도로 바로잡아 치적을 이룬 것에 대해서는 어떻게 설명할 수 있을까?"

위징이 말하였다.
"양준언은 포악한 군주를 미봉彌縫으로 대한 것으로써 백성을 구제하기에 힘써 겨우 난을 면한 것뿐입니다. 이 역시 심히 위험하고 고통스러운 일이지요. 임금이 엄하고 명철한 것과 신하가 법을 두려워하면서도 직언으로 정간하는 것은 모두가 믿음을 얻었을 때 나타낼 수 있는 것일 뿐 같은 선상에 놓고 논할 수 있는 것은 아닙니다."

貞觀十六年, 太宗謂侍臣曰:「或君亂於上, 臣治於下; 或臣亂於下, 君治於上. 二者苟逢, 何者爲甚?」

特進魏徵對曰:「君心治, 則照見下非. 誅一勸百, 誰敢不畏威盡力? 若昏暴於上, 忠諫不從, 雖百里奚・伍子胥之在虞・吳, 不救其禍, 敗亡亦繼.」

太宗曰:「必如此, 齊文宣昏暴, 楊遵彦以正道扶之得治, 何也?」

徵曰:「遵彦彌縫暴主, 救治蒼生, 纔得免亂, 亦甚危苦. 與人主嚴明, 臣下畏法, 直言正諫, 皆見信用, 不可同年而語也.」

【百里奚】 五羔大夫(五羖大夫)로 널리 알려진 人物. 虞나라 출신으로 虞나라가 晉나라에게 망하자, 流離 끝에 秦나라 繆公에게 검은 양 다섯 마리 값에 팔려 갔음. 秦나라 繆公을 도와 그를 霸者로 만들었음. 《千字文》의 『假道滅虢』의 故事를 남겼음.
【伍子胥】 ?~B.C.484. 楚나라 출신으로 闔閭와 吳王 夫差를 도와 공을 세웠으나 죽음을 당함. 《史記》 伍子胥列傳 참조.
【齊文宣】 北齊의 文宣帝 高洋(529~559). 자신의 공을 과신하며 술로 즐기면서 포악한 짓을 하였음. 550~559년 재위.
【楊遵彦】 楊愔. 北齊 때 尙書令을 지내면서 조정을 총괄하여 다스렸음. 당시 "昏主於上, 政淸於下"라 칭찬하였음.
【彌縫】 임시로 얽어매어 겨우 수습함. 근본 대책을 세우지 못함을 말함.

020(2-13)
교만은 패망의 지름길

정관 19년(645), 태종이 시종하는 신하에게 말하였다.

"내 예로부터의 제왕들을 보건대 교만과 긍지 때문에 실패한 자를 모두 다 헤아릴 수 없을 정도이다. 아주 옛날의 일을 들 것도 없이 가까운 예로 진晉 무제武帝가 오吳나라를 평정하였고, 수隋 문제文帝가 진陳나라를 정벌한 뒤에 마음이 더욱 교만하고 사치스러워졌으며 자신이 능력 있다고 스스로 긍지를 가져 신하들이 더 이상 감히 말을 할 수 없게 되어 정치 도리는 이로부터 해이하고 문란해지게 되었다. 내가 돌궐突厥을 평정하고, 고구려를 깨뜨린 이후, 철륵鐵勒을 겸병하였으며, 사막沙漠을 석권하여 주현州縣을 설치하여 이적夷狄이 멀리서 복종하여 성망聲望과 교화敎化가 더욱 널리 퍼지게 되었다. 그런데 지금 나는 내가 교만과 긍지를 품고 있지나 않을까 두려워하고 있다. 이에 항상 스스로 억제하고 나를 꺾어 해가 높이 떠서야 아침을 먹을 정도이며 밤에는 잠을 못 이루어 앉아서 새벽을 기다리고 있다. 매번 생각하되 신하들 중에 바른 말로 직간을 해 주어 이를 정치와 교화에 베풀 수 있었으면 하고 눈을 비비며 좋은 스승이나 친구가 있어 주기를 기다리고 있다. 이와 같이 된다면 거의 시기로 보아 평강을 이루며 도리로 보아 태평을 이룰 수 있으리라."

貞觀十九年, 太宗謂侍臣曰:「朕觀古來帝王, 驕矜而取敗者, 不可勝數. 不能遠述古昔, 至如晉武平吳·隋文伐陳已後, 心逾驕奢, 自矜諸己, 臣下不復敢言, 政道因玆弛紊. 朕自平定突厥·破高麗已後, 兼幷鐵勒, 席卷沙漠以爲州縣, 夷狄遠服, 聲敎益廣. 朕恐懷驕矜, 恆自抑折, 日旰而食, 坐以待晨. 每思臣下有讜言直諫, 可以施於政敎者, 當拭目以師友待之. 如此, 庶幾於時康道泰爾.」

【晉武平吳】晉 武帝 司馬炎이 280년 孫吳 정권으로 무너뜨리고 전국을 통일하여 西晉을 세움.
【隋文伐陳】隋 文帝 楊堅이 남조 陳나라를 평정하고(589년) 천하를 통일함.
【平定突厥】唐 太宗 李世民이 貞觀 4년(630)에 東突厥을 평정함.
【破高麗】貞觀 18년(644)에 고구려 정벌에 나서서 이듬해 태종이 親征하여 遼東城에 이르렀으나 이기지 못하고 군대를 되돌린 사건. 당시 고구려는 寶藏王 3년이었음.
【鐵勒】敕勒이라고도 하며 匈奴의 후예로 투라(圖拉) 하(河) 북쪽으로부터 서쪽으로 裡海까지의 넓은 지역에 분포하였으며, 貞觀 20년(646)에 鐵勒 각 부의 추장들이 투항해 오자 燕然都護府를 설치하여 다스림.
【旰】하루 중 늦은 시간. 저녁때.
【讜言】정직한 말.

021(2-14)
덕치는 흉년도 이겨낸다

태종이 즉위하여 처음 들어섰을 때(626년) 서리와 가뭄의 재해가 들어 곡식 값이 비싸졌고 게다가 돌궐突厥까지 침범하여 주현州縣이 소란스러웠다. 태종은 백성을 우려하는 데에만 뜻을 두고 정치를 날카롭고 정밀하여 하였으며 절약과 검소함을 숭상하여 크게 그 은덕을 펴 나갔다. 이때에 서울로부터 하동河東, 하남河南, 농우隴右 지역에 기근이 특히 심하여 비단 한 필로 겨우 쌀 한 말을 살 수 있었다. 백성들은 비록 동서로 먹을 것을 찾아 헤매었지만 누구하나 탄식을 하거나 원망하는 자 없이 자력으로 편안함을 찾지 않는 자가 없었다.

정관 3년(629)에 이르자 관중關中에 풍년이 들어 떠돌던 사람들이 모두 고향으로 돌아왔으며 도망하거나 흩어진 자는 하나도 없었으니 인심을 얻은 것이 이와 같았다. 거기에 간언을 들어 물 흐르듯 처리하고 유학을 아름답게 여겨 우대하며, 힘써 훌륭한 선비를 구하여 그들에게 관직을 맡겨 힘쓰도록 하며, 옛 폐단을 개혁하고 제도를 부흥시켜 복구하여 매번 일이 생길 때마다 그 유형에 맞게 잘 처리하였다.

애초 식은왕息隱王 이건성과 해릉왕海陵王 이원길의 무리들이 함께 모의하여 태종의 측근 수백 수천 명을 모함하였다. 그 뒤 현무문 정변으로 일이 마무리되고 나자 태종은 그 두 사람 편이었던 사람들을 다시 끌어다가 자신의 좌우 측근으로 삼았다. 이처럼 마음과 통치술이 활연하여 어떤 의심이나 간격도 없이 일을 처리하자 당시 사람들은 나라의 대사를 능히 결단할 수 있어 제왕으로서의 체모를 갖추었다고 여겼다. 태종은 관리로서 탐욕한 짓을 하는 자와 법을 어겨 뇌물을 받는 자를 아주 미워하여 절대로 사면해 주지 않았다. 서울 출신의 유외流外 자 중에 뇌물 사건에 걸려든 자는 모두 사람을 보내어 잡아오도록 하였으며 이들을 무거운 법으로 다스렸다. 이로부터 관리들은 스스로 청렴하고 근신하게 되었다. 왕공王公과 비주妃主의 집안을 잘 통제하여 대성大姓이라고 호협을 부리거나 교활한 짓을 하던 무리들은 모두가 두려워 그 자취를 감추었으며 힘없는 백성을 감히 괴롭히는 일이 사라지게 되었다. 장사꾼들은 들길을 나서도 도적을 만나는 일이 없게 되었으며 감옥은 항상 텅 비게 되었다. 말과 소들은 들에 퍼져 있었고 바깥 대문은 잠그지 않고도 살 수 있었다. 그리고 다시 자주 풍년이 들어 쌀 한 말을 3, 4전이면 살 수 있었고 여행객들은 서울에서 영남嶺南 밖까지 가면서도, 또는 산동山東으로부터 창해滄海에 이르기까지 누구나 자신의 양식을 가지고 다닐 필요가 없었다. 가는 곳마다 길에서 공급받을 수 있었기 때문이었다. 심지어 산동의 어느 촌락에서는 지나가는 여행객에게 반드시 후한 공급과 대우를 하기도 하였으며 혹 때에 따라 예물을 주기도 하였다. 이러한 예는 옛날에도 없었던 풍경이었다.

太宗自卽位之始, 霜旱爲災, 米穀踊貴, 突厥侵擾, 州縣騷然. 帝志在憂人, 銳精爲政, 崇尙節儉, 大布恩德. 是時, 自京師及河東·河南·隴右, 饑饉尤甚, 一匹絹纔得一斗米. 百姓雖東西逐食, 未嘗嗟怨, 莫不自安.

至貞觀三年, 關中豐熟, 咸自歸鄕, 竟無一人逃散. 其得人心如此. 加以從諫如流, 雅好儒術, 孜孜求士, 務在擇官, 改革舊弊, 興復制度, 每因一事, 觸類爲善.

初, 息隱·海陵之黨, 同謀害太宗者數百千人. 事寧, 復引居左右近侍. 心術豁然, 不有疑阻, 時論以爲能決斷大事, 得帝王之體. 深惡官吏貪濁, 有枉法受財者, 必無赦免. 在京流外有犯贓者, 皆遣執奏, 隨其所犯, 置以重法. 由是官吏多自淸謹. 制馭王公·妃主之家, 大姓豪猾之伍, 皆畏威屛跡, 無敢侵欺細民. 商旅野次, 無復盜賊, 囹圄常空, 馬牛布野, 外戶不閉. 又頻致豐稔, 米斗三四錢, 行旅自京師至於嶺表, 自山東至滄海, 皆不齎糧, 取給於路. 入山東村落, 行客經過者, 必厚加供待, 或發時有贈遺. 此皆古昔未有也.

【突厥】 武德 9년(626) 8월 당 태종이 막 즉위했을 때 돌궐이 대군을 이끌고 長安 渭水의 便橋까지 들어와 소요를 일으켰음.
【河東】 河南道. 洛陽, 陝州, 鄭州, 靑州 등 29州.
【隴右】 隴右道. 秦州, 蘭州, 甘州, 肅州 등 16주.
【關中】 關內道. 同州, 華州, 涇州, 岐州 등 22주.
【息隱】 태자였던 李建成을 말함. 당 고조 李淵의 장자로 玄武門 政變 때 피살되었으며 당 태종 즉위 후 그를 '息王'으로 봉하고 시호를 '隱'이라 함.
【海陵】 李元吉을 말함. 고조의 넷째 아들로 현무문 정변 때 이건성과 함께 피살되어 뒤에 '海陵王'에 봉하고 시호를 '랄(剌)'이라 함.
【流外】 外官으로 보내어 9품의 지위에 들지 못하도록 함.
【大姓】 명문 귀족의 집안.
【山東】 太行山 동쪽 지역.

3. 임현(任賢)

'임현(任賢)'이란 어질고 도덕적으로 훌륭하며 정서적으로 안정된 사람을 뽑아 그에게 임무를 맡겨야 한다는 뜻이다. '현(賢)'은 일반적으로 '어질다'로 풀이하지만 실제 내용으로 보면 '똑똑하고 민첩하며 상하의 뜻을 제대로 알아차려 행정에 반영할 수 있는 능력'을 말한다.

〈黑釉三彩馬〉唐, 明器. 1971 河南 洛陽 출토

022(3-1)
방현령房玄齡

　　방현령房玄齡은 제주齊州 임치臨淄 사람이다. 처음에는 수隋나라에 벼슬을 하여 습성위隰城尉가 되었으나 일에 연루되어 제명除名 당하여 상군上郡으로 옮겼다. 태종이 위북渭北을 공략할 때 방현령이 지팡이를 짚고 군문軍門에 찾아오자 태종이 한 번 보고 친구처럼 대하면서 위북도행군기실참군渭北道行軍記室參軍에 임명하였다. 방현령은 자신을 지기知己로 대우해 주자 드디어 마음과 힘을 남김없이 다 쏟았다. 이때 도적들을 평정할 때마다 무리들은 다투어 금은보화를 찾아 챙기기를 다투었으나 방현령만은 홀로 먼저 인물을 찾아내어 이들을 막부로 보내었고 모신謀臣이나 맹장猛將이 있으면 이들과 몰래 사정을 털어놓고 결교를 맺어 각기 죽을힘을 다하도록 하였다. 그는 예속하여 진왕부秦王府의 기실記室이 되었고 아울러 섬동도대행대고공랑중陝東道大行臺考功郎中의 직책을 겸하였다. 방현령이 진왕부에 10여 년 있는 동안 항상 기실의 사무를 관장하였다. 당시 은태자隱太子 이건성李建成과 소랄왕巢剌王 이원길李元吉은 방현령과 두여회杜如晦가 태종의 예우를 받는 것을 보고 아주 증오하여 이들을 고조高祖 이연李淵에게 참소하여 이로부터 방현령은 두여회와 함께 배척을 당하고 말았다. 은태자가 장차 변고를 일으키려

방현령(房玄齡) 자 高年

하자 태종은 방현령과 두여회를 불러 도사道士의 복장을 입혀 몰래 그들의 막부로 들여보내 모의를 살펴보도록 하였다. 현무문 정변으로 그 일이 끝나 태종이 태자가 되자 그를 춘궁春宮으로 들게 하여 태자좌서자 太子左庶子로 발탁하였다.

정관 원년(627), 중서령中書令에 올랐다.

3년(629) 상서좌복야尙書左僕射가 되어 국사 편찬의 감수 업무를 맡았으며 양국공梁國公에 봉해져 실봉實封이 1천 3백 호였다. 이미 모든 관료들을 총괄하는 업무를 맡게 되자 그는 경건함과 공경을 다하여 이른 새벽부터 밤늦도록 마음과 힘을 다하였으며 어떤 한 가지 사물에도 실수가 없고자 하였다. 남의 훌륭한 점을 들으면 마치 자신이 그렇게 한 듯이 즐거워하였다.

관리의 업무에 밝게 통달하였으며 문학으로 이를 아름답게 꾸며 법령을 심의하고 제정하였는데 뜻은 관대하고 공평함에 두었다. 사람에게 완전하기를 요구하여 그런 자를 들어 쓰려 하지 않았으며 자신의 장점으로써 사물에 맞추려 하지도 않았고, 그 능력에 따라 그에 맞게 일을 시켰으며 멀고 천한 자라 하여 간격을 두는 일도 없었다. 이리하여 논자論者들은 그를 훌륭한 재상이라 칭송하였다.

13년(639), 태자소사太子少師를 더하여 직책을 맡았으며 그는 이렇게 스스로 재상의 일을 15년 하면서 자주 표를 올려 그 자리에서 물러나겠다고 하였지만 태종은 그를 우대하여 조서를 내려 허락하지 않았다.

16년(642), 사공司空에 올라 여전히 조정의 일을 총괄하였으며 역시 옛날 하던 국사 편찬을 감수하였다.

방현령이 다시 나이가 들었다는 이유를 들어 물러나기를 청하였다. 그러자 태종은 사신을 보내어 이렇게 말하였다.

"나라에서 오랫동안 그대를 재상으로 삼아 일을 맡겼는데 하루아침에 훌쩍 훌륭한 재상이 없다면 마치 두 손을 잃은 것과 같게 되오. 그대가 만약 근력이 아직 쇠하지 않았다면 이런 사양은 하지 않기를 바라오. 스스로 쇠하고 사그러들었다고 느끼시면 그때 다시 일러 주시오."

이리하여 방현령은 결국 물러나겠다는 청을 더 이상하지 못하였다.

태종은 또한 일찍이 왕업을 이룰 때 그 어려움 속에서 천명을 도운 보필이라 떠올려 이에 〈위봉부威鳳賦〉를 지어 자신의 뜻을 밝히며 이 글을 방현령에게 하사하였으니 임금으로부터 칭송을 받기가 이와 같았다.

房玄齡, 齊州臨淄人也. 初仕隋, 爲隰城尉, 坐事除名, 徙上郡. 太宗徇地渭北, 玄齡杖策謁於軍門, 太宗一見, 便如舊識, 署渭北道行軍記室參軍. 玄齡旣遇知己, 遂罄竭心力. 是時, 賊寇每平, 衆人競求金寶, 玄齡獨先收人物, 致之幕府, 及有謀臣猛將, 與之潛相申結, 各致死力. 累授秦王府記室, 兼陝東道大行臺考功郎中. 玄齡在秦府十餘年, 恆典管記. 隱太子·巢剌王以玄齡及杜如晦爲太宗所親禮, 甚惡之, 譖之於高祖, 由是與如晦並遭驅斥. 及隱太子將有變也, 太宗召玄齡·如晦, 令衣道士服, 潛引入閣謀議. 及事平, 太宗入春宮, 擢拜太子左庶子.

貞觀元年, 遷中書令.

三年, 拜尙書左僕射, 監脩國史, 封梁國公, 實封一千三百戶. 旣總任百司, 虔恭夙夜, 盡心竭力, 不欲一物失所. 聞人有善, 若已有之. 明達吏事, 飾以文學, 審定法令, 意在寬平. 不以求備取人, 不以己長格物, 隨能收敍, 無隔疏賤. 論者稱爲良相焉.

十三年, 加太子少師. 玄齡自以一居端揆十有五年, 頻抗表辭位, 優詔不許.

十六年, 進拜司空, 仍總朝政, 依舊監脩國史.

玄齡復以年老請致仕, 太宗遣使謂曰:「國家久相任使, 一朝忽無良相, 如失兩手. 公若筋力不衰, 無煩此讓. 自知衰謝, 當更奏聞.」

玄齡遂止. 太宗又嘗追思王業之艱難, 佐命之匡弼, 乃作〈威鳳賦〉以自喩, 因賜玄齡, 其見稱類如此.

【濟州臨淄】지금의 山東 淄博市 臨淄鎭. 고대 齊나라의 도읍지.
【隰城】지금의 山西 汾陽縣에 있는 지명.
【尉】縣尉. 縣令의 보좌관.
【上郡】군 이름. 隋나라 大業 연간에 鄜城郡을 上郡으로 개칭함.
【徇地】토지를 공격하여 취함.
【渭北道】渭水의 북쪽 지역을 나누어 군사적으로 관할하도록 한 것으로 唐十道와는 관련이 없음.
【罄】모두 다 씀. '그릇이 비다'의 뜻.
【秦王】李世民을 말함. 唐 高祖 李淵이 武德 원년(618) 6월 이세민을 秦王에 봉하였음.
【陝東道大行臺】무덕 원년 12월에 고조가 진왕 이세민에게 秦王太尉와 陝東道大行臺尙書令의 직함을 얹어 주었음.
【隱太子】태자였던 李建成을 말함. 당 고조 李淵의 장자로 玄武門 政變 때 피살되었으며 당 태종 즉위 후 그를 '息王'으로 봉하고 시호를 '隱'이라 함.
【巢剌王】齊王 李元吉. 고조의 넷째 아들로 현무문 정변 때 이건성과 함께 피살되어 뒤에 '海陵王'에 봉하고 뒤에 다시 巢王으로 추봉하고 시호를 '剌'이라 함.
【高祖】唐 高祖 李淵(566~635). 隋나라 때 唐國公이었으며 아들 이세민과 太原에서 기병하여 唐나라를 세움. 618~626년 재위하였으며 연호는 武德으로 하였음. 뒤에 제위를 아들 이세민에게 넘겨 주고 太上皇으로 있었음.
【事平】일이 평온해짐. 武德 9년(626) 玄武門의 政變이 있은 뒤를 말함.
【春宮】東宮의 다른 이름. 태자궁을 말함. 궁궐의 동쪽에 있어 봄을 상징하여 春宮이라고도 부른 것.
【監脩國史】당나라 때는 재상이 국사 편찬을 감수하도록 하였음.
【不以求備取人】남에게 모든 것을 다 갖추기를 요구하지 않음. 훌륭한 장점만을 높이 사서 사람을 등용함을 뜻함. 《論語》 微子篇에 "周公謂魯公曰:「君子不施其親, 不使大臣怨乎不以. 故舊無大故, 則不棄也. 無求備於一人!」"이라 함.
【端揆】재상을 말함.
【玄齡】당 태종이 〈威鳳賦〉를 지어 長孫無忌에게 내려 준 적은 있으나 여기에서처럼 房玄齡에게 내려 준 것은 찾을 수 없음. 《新唐書》와 《舊唐書》에 모두 "太宗追思王業艱難, 佐命之力; 作威鳳賦以賜無忌"라 하였고 《資治通鑑》에도 같으나 이곳에서만 房玄齡에게 내려 준 것으로 되어 있음.

023(3-2)
두여회 杜如晦

두여회杜如晦는 경조京兆 만년萬年 사람이다. 무덕武德 초에 진왕부秦王府의 병조참군兵曹參軍이었다가 얼마 뒤 섬주총관부장사陝州總管府長史로 승진하였다. 당시 부府에 영웅들이 많았는데 그들 중에 많은 이들이 고조 이연에게 발탁되어 인재들을 빼앗기게 되자 태종太宗 이세민은 이를 걱정하고 있었다.

그러자 기실記室 방현령房玄齡이 이렇게 말하였다.

"우리 왕부王府의 관료로서 빠져나간 자가 비록 많다고 하나 모두가 아까워할 대상이 아닙니다. 두여회는 총명하고 학식이 높아 왕의 보좌의 재능을 가지고 있습니다. 만약 대왕께서 그저 번왕藩王의 직책을 단정하게 팔짱만 끼고 지키려 한다면 그런 자는 쓸모가 없겠지만 반드시 사방을 경영하고자 하신다면 이런 사람이 아니면 불가능할 것입니다."

태종은 이로부터 두여회를 더욱 예로써 중시하며 자신의 심복으로 삼아 드디어 진왕부의 부속으로 삼고 모책을 짤 때면 항상 참여시켰다. 당시 나라에 군사 업무가 많았는데 두여회는 물 흐르듯 분석하고 결단하여 같은 시기의 무리들에게 깊은 감복을 받았다. 계속하여 그는 천책부天策府의 종사중랑從事中郎을 거쳐 문학관文學館

두여회(杜如晦) 자 克明

학사學士를 겸하게 되었다. 은태자隱太子를 현무문에서 퇴패시킬 때 두여회의 공이 가장 높아 그는 다시 태자우서자太子右庶子가 되었으며 이윽고 병부상서兵部尚書로 승진하여 채국공蔡國公의 봉을 받아 실봉實封이 천 3백 호가 되었다.

정관 2년(628), 본 관직이 검교시중檢校侍中이 되었으며 3년(629)에는 상서우복야尚書右僕射로서 이부선사吏部選事를 겸하여 방현령과 함께 국사를 장악하게 되었다. 대각臺閣의 기본 규모와 전장문물典章文物은 모두가 이 두 사람에 의해 제정되었으며 당시의 명예를 크게 얻어 '방두房杜'라 불렸을 정도였다.

杜如晦, 京兆萬年人也. 武德初, 爲秦王府兵曹參軍, 俄遷陝州總管府長史. 時府中多英俊, 被外遷者衆, 太宗患之.

記室房玄齡曰:「府僚去者雖多, 蓋不足惜. 杜如晦聰明識達, 王佐才也. 若大王守藩端拱, 無所用之; 必欲經營四方, 非此人莫可.」

太宗自此彌加禮重, 寄以心腹, 遂奏爲府屬, 常參謀帷幄. 時軍國多事, 剖斷如流, 深爲時輩所服. 累除天策府從事中郞, 兼文學館學士, 隱太子之敗, 如晦與玄齡功第一, 遷拜太子右庶子. 俄遷兵部尚書, 進對蔡國公, 實對一千三百戶.

貞觀二年, 以本官檢校侍中. 三年, 拜尚書右僕射, 兼知吏部選事, 仍與房玄齡共掌朝政. 至於臺閣規模, 典章文物, 皆二人所定, 甚獲當時之譽, 時稱『房・杜』焉.

【杜如晦】 585~630. 자는 克明. 隋末 滏陽尉의 낮은 벼슬이었으나 唐兵이 關中으로 들어오자 李世民에게 도움으로 주어 陝東道大行臺司勳郎中이 되었으며 太宗이 즉위하자 尙書右僕射에 오름. 정책 결정에 과감하여 흔히 "房謀杜斷"이라 하였음.
【京兆萬年】 만년은 지명(행정구역)으로 지금의 서안 동쪽 지역. 다른 기록에는 "京兆杜陵人"이라 함.

【秦王府】 唐 高祖 李淵이 李世民을 秦王으로 봉하여 그의 幕府를 말함.
【兵曹參軍】 王府의 군사 행정 업무를 관장하는 직책.
【長史】 總管府의 副長官.
【端拱】 단정하게 앉아 손을 모은 채 작위 없이 현상만 유지함을 말함.
【帷幄】 군대의 지휘소. 모책을 짜는 곳.
【天策府】 天策上將軍. 武德 4년(621) 겨울 唐 高祖 李淵이 秦王 李世民의 공이 크다고 여겨 붙여 준 칭호이며 그 부서를 설치하고 속관을 두었음.
【從事中郞】 天策府의 속관.
【文學館】 武德 4년 진왕 이세민을 위해 杜如晦, 房玄齡, 孔穎達, 虞世南 등 18명을 주어 이를 '十八學士'라 하였음.
【隱太子】 高祖 李淵의 장자 李建成을 말함. 태종 이세민의 형이며 이세민이 제위를 탈취하고자 玄武門에서 政變을 일으켜 죽임. 태종은 즉위 후 그를 '息王'으로 봉하고 시호를 '隱'이라 함.
【吏部】 尙書省 6부의 하나. 관리의 선발, 승진, 고과 등의 업무를 다룸.
【臺閣】 尙書省의 다른 명칭.

024(3-3)
위징魏徵과 세 가지 거울

　위징魏徵은 거록鉅鹿 사람으로 가까운 상주相州의 내황內黃으로 집안을 옮겨 살았다. 무덕武德 말에 태자세마太子洗馬가 되었을 때 태종太宗 이세민李世民과 은태자隱太子 이건성李建成이 몰래 서로 권력다툼을 하고 있음을 보고 매번 이건성에게 서둘러 모책을 세울 것을 권하였다.
　태종이 이윽고 은태자를 주살하고 나자 위징을 불러 이렇게 질책하였다.
　"너는 우리 형제간을 이간시켰으니 어찌 그럴 수 있느냐?"
　모든 사람들이 이를 보고 그가 위험에 빠져 두려워할 것이라 여겼는데 위징은 강개히 태연자약한 모습으로 조용히 이렇게 대답하는 것이었다.
　"황태자皇太子께서 내 말을 들었다면 오늘 같은 화는 틀림없이 없었을 것이오."
　태종은 이를 위해 얼굴 모습을 가다듬고 위징을 후히 예우하며 그를 발탁하여 간의대부諫議大夫로 삼았다. 그리고 자주 안방까지 끌어들여 정치의 득실을 토의하였다. 위징은 나라를 다스릴 재능을 가지고 있었으며 성격 또한 강직하여 그 어떤 경우에도 굴복하거나 흔들림이 없었다. 태종은 매번 그와 이야기를 나눌 때면 즐겁게 여기지 않은 적이 없었고 위징 역시 자신을 알아주는 군주를 만난 것을 즐겁게 여기며

위징(魏徵) 자 玄成

자신의 있는 힘을 다 쏟았다.

태종은 또한 위징을 위로하여 이렇게 말하였다.

"그대는 차례로 2백여 사안이나 간언을 하였는데 모두가 나의 뜻과 아주 같으니 그대의 충성과 나라 사랑이 아니라면 어찌 이와 같이 될 수가 있었겠소?"

3년(629), 계속 승진하여 비서감秘書監에 올라 조정의 정치에 참여하게 되었고 깊은 모책과 원대한 계획으로 더욱 나라에 이익을 가져오게 되었다.

태종은 일찍이 이렇게 말한 적이 있었다.

"그대의 죄는 제 환공의 허리띠 고리를 쏘았던 관중보다 무겁지만 내가 그대를 임용한 것은 환공이 관중을 임용한 것보다 더하오. 근대 임금과 신하로서 서로 어울림이 어찌 내가 그대에게 대하는 것만큼인 경우가 있었겠소?"

6년(632), 태종이 구성궁九成宮에 행차하여 가까운 신하들과 잔치를 벌였다. 그때 장손무기長孫無忌가 이렇게 말하였다.

"왕규王珪와 위징魏徵은 지난날 은태자 식왕息王을 섬겼습니다. 제가 보기에 서로 원수 사이인데 오늘 이렇게 같은 자리에서 잔치를 벌일 줄은 생각지도 못하였습니다."

그러자 태종이 말하였다.

"위징은 사실 과거 나의 원수였소. 그러나 진심으로 나를 섬기니 족히 가상히 여길 만하오. 내가 그를 능히 발탁하여 등용한 것은 옛날 사례에 비하여 어찌 손색이 있겠소? 위징은 매번 나의 얼굴을 범하면서 간절히 간언을 해 주어 나로 하여금 그 어떤 잘못도 저지르지 않도록 허락하지 않으니 내 이 때문에 그를 중히 여기는 것이라오."

이에 위징은 재배하며 이렇게 말하였다.

"폐하께서 저로 하여금 말을 하도록 유도하셨기에 저도 감히 말씀을 올릴 수 있었던 것입니다. 만약 폐하께서 저의 말을 들어주지 않았다면 저 역시 어찌 감히 용의 비늘을 범하거나 폐하께서 꺼리는 일에 덤빌 수 있었겠습니까?"

태종은 크게 즐거워하며 각기 50만 전씩 하사하였다.

7년(633), 왕규를 대신하여 시중侍中이 되었으며 계속 승진하여 정국공鄭國公에 봉해졌다. 얼마 뒤 위징은 병을 구실로 사직하여 산관散官으로 삼아 줄 것을 청하였다.

이에 태종이 말하였다.

"내가 그대를 원수들 속에서 발탁하여 나라의 가장 중요한 직책을 맡긴 것은 그대는 나의 어떤 잘못에도 간언을 하지 않은 경우가 없었음을 보았기 때문이었소. 그대는 금이 광맥에 들어 있을 때는 아직 귀한 것이 되지 못한다는 것을 알고 있지 않소? 그러나 훌륭한 공인이 이를 풀무질을 하고 단련하여 그릇을 만들면 바로 사람이 귀하게 여기는 것이 되지요. 나는 바로 그 광맥 속의 금에 비유할 수 있었고, 그대는 바로 훌륭한 공인이었소. 그대가 비록 병이 들었다 하나 아직 노쇠하지는 않았소. 그런데 어찌 곧바로 이렇게 사직할 수 있겠소?"

위징은 할 수 없이 사직의 뜻을 거두어들였다. 그러나 뒤에 다시 사직을 고집하여 시중에서 풀려났으나 특진特進을 주어 여전히 문하성門下省의 일을 관여하게 되었다.

12년(638), 태종이 황손皇孫이 탄생하자 공경들을 불러 잔치를 벌이면서 태종은 아주 즐거움이 극에 달하자 시종하는 신하들에게 이렇게 말하였다.

"정관 이전에 나를 따라 천하를 평정하며 그 어려움을 헤치고 나온 자로서는 방현령房玄齡의 공을 따를 자가 없다. 그리로 정관 이후에 진심으로 나를 대하며 충성된 말과 옳은 간언을 바쳐 나라를 안정시키고 백성을 이롭게 하여, 오늘과 같은 공과 업적을 이루어 천하게 칭찬을 받는 자로서는 오직 위징 한 사람이로다. 옛날 명신名臣들 중에 누가 이에 더할 수 있겠는가?"

이에 자신이 차고 있던 패도佩刀를 풀어 두 사람에게 하사하였다.

뒤에 서인庶人으로 폐위된 이승건李承乾이 태자로서 춘궁春宮에 있을 때 그는 덕업을 닦지 않고 있었다. 그리하여 위왕魏王 이태李泰에 대한 총애가 날로 높아가자 내외의 많은 관료들이 이에 대해 의심을 하며 입방아를 찧었다.

태종이 이를 듣고 싫어하여 시종하는 신하들에게 이렇게 말하였다.

"지금 조정의 신하들은 위징만큼 충성된 건의를 하고 있지 못하니 내 위징을 황태자의 스승으로 보내어 천하의 엉뚱한 기대를 가진 자들을 꺾어 없애리라."

17년(643), 드디어 위징이 태자태사太子太師가 되었고 문하성의 일은 그대로 관여하게 되었다. 위징이 자신에게 병이 있다고 진술하자 태종은 이렇게 말하였다.

"태자는 종묘와 사직의 근본이니 반드시 스승이 있어야 하오. 그 때문에 중정中正자를 뽑아 태자의 보필로 삼는 것이오. 그대가 병을 앓고 있음을 알고 있으나 누워서라도 태자를 보호해 주시오."

위징이 그 직무에 나갔으나 얼마 뒤 병이 도지고 말았다. 위징이 사는 집에 정당正堂이 없었다. 태종은 당시 작은 궁전을 짓고자 준비를 하고 있었는데 그 공사를 중지하고 재목들을 위징의 정당을 지어 주도록 하여 닷새 만에 그 일을 마치게 되었다. 그리고 태종은 중사中使를 보내어 그에게 베 이불과 흰 깔개를 하사하여 자신이 숭상함을 표시하였다. 그로부터 며칠 뒤 위징은 세상을 뜨고 말았다. 태종은 친히 상례에 임하여 통곡을 하면서 그에게 사공司空의 벼슬을 추증하고 시호를 문정文貞이라 하였다. 게다가 태종은 직접 비문을 짓고 다시 돌에 글씨까지 썼으며, 특별히 그 집안에는 실봉實封 9백 호의 식읍을 하사하였다.

태종은 뒤에 시종하는 신하들에게 이렇게 말하였다.

"무릇 구리로 거울을 만드니 가히 의관을 바르게 할 수 있고, 옛것을 거울로 삼으니 흥망을 알 수 있으며, 사람을 거울로 삼으니 가히 득실을 밝힐 수 있었다. 나는 항상 이 세 가지 거울을 가지고 있어 나의 허물을 막을 수 있었다. 그런데 지금 위징이 세상을 떠나고 없으니 드디어 하나의 거울을 잃고 말았다!"

그리고는 한참을 울었다. 이에 이렇게 조서를 내렸다.

"지난날 위징만이 매번 나의 허물을 밝혀 주었다. 그가 세상을 떠났으니 비록 내 과실이 있어도 드러내 줄 사람이 없구나. 내 어찌 홀로 옛날에만 잘못을 저질렀고 지금은 모든 것이 옳기만 하겠는가? 이는 역시 많은 관료들이 구차스럽게 내 뜻에 순응하면서 용린龍鱗을 범하기 어려워하기 때문이리라! 그 때문에 나는 나를 비우고 밖의 의견을 구하며 나의 미혹함을 밝혀 주는 대로 안으로 살필 것이다. 간언을 하고도 비록 쓸모가 없다 해도 나는 달게 받아들일 것이다. 그러나 쓸 만한데도 말을 하지 않는다면 이는 누구의 책임이겠는가? 지금부터 이후로는 각기 모두가 성의를 다하라. 만약 내게 잘잘못이 있으면 숨김없이 직언을 해 주기 바란다."

魏徵, 鉅鹿人也, 近徙家相州之內黃. 武德末, 爲太子洗馬. 見太宗與隱太子陰相傾奪, 每勸建成早爲之謀.

太宗旣誅隱太子, 召徵責之曰: 「汝離間我兄弟, 何也?」

衆皆爲之危懼. 徵慷慨自若, 從容對曰: 「皇太子若從臣言, 必無今日禍.」

太宗爲之斂容, 厚加禮異, 擢拜諫議大夫. 數引之臥內, 訪以政術得失. 徵雅有經國之才, 性又抗直, 無所屈撓. 太宗每與之言, 未嘗不悅. 徵亦喜逢知己之主, 竭其力用.

又勞之曰: 「卿所諫前後二百餘事, 皆稱朕意, 非卿忠誠奉國, 何能若是?」

三年, 累遷秘書監, 參預朝政, 深謀遠算, 多所弘益.

太宗嘗謂曰: 「卿罪重於中鉤, 我任卿逾於管仲, 近代君臣相得, 寧有似我於卿自乎?」

六年, 太宗幸九成宮, 宴近臣. 長孫無忌曰: 「王珪·魏徵, 往事息隱, 臣見之若讎, 不謂今者又同此宴.」

太宗曰: 「魏徵往者實我所讎, 但其盡心所事, 有足嘉者. 朕能擢而用之, 何慚古烈? 徵每犯顔切諫, 不許我爲非, 我所以重之也.」

徵再拜曰: 「陛下導臣使言, 臣所以敢言. 若陛下不受臣言, 臣亦何敢犯龍鱗, 觸忌諱也?」

太宗大悅, 各賜錢十五萬.

七年, 代王珪爲侍中, 累封鄭國公. 尋以疾乞辭所職, 請爲散官.

太宗曰:「朕拔卿於讎虜之中, 任卿以樞要之職, 見卿之非, 未嘗不諫. 公獨不見金之在鑛, 何足貴哉? 良冶鍛而爲器, 便爲人所寶. 朕方自比於金, 以卿爲良工. 卿雖有疾, 未爲衰老. 豈得便爾耶?」

徵乃止. 後復固辭, 聽解侍中, 授以特進, 仍知門下省事.

十二年, 太宗以誕皇孫, 詔宴公卿, 帝極歡, 謂侍臣曰:「貞觀以前, 從我平定天下, 周旋艱險, 玄齡之功無所與讓. 貞觀之後, 盡心於我, 獻納忠讜, 安國利人, 成我今日功業, 爲天下所稱者, 惟魏徵而已. 古之名臣, 何以加也?」

於是親解佩刀以賜二人.

庶人承乾在春宮, 不修德業. 魏王泰寵愛日隆, 內外庶寮, 咸有疑議.

太宗聞而惡之, 謂侍臣曰:「當今朝臣, 忠謇無如魏徵, 我遣傅皇太子, 用絕天下之望.」

十七年, 遂授太子太師, 知門下事如故. 徵自陳有疾, 太宗謂曰:「太子, 宗社之本, 須有師傅, 故選中正, 以爲輔弼. 知公疹病, 可臥護之.」

徵乃就職. 尋遇疾. 徵宅內先無正堂, 太宗時欲營小殿, 乃輟其材爲造, 五日而就. 遣中使賜以布被素褥, 遂其所尚. 後數日, 薨. 太宗親臨慟哭, 贈司空, 諡曰文貞. 太宗親爲製碑文, 復自書於石. 特賜其家食實封九百戶.

太宗後嘗謂侍臣曰:「夫以銅爲鏡, 可以正衣冠; 以古爲鏡, 可以知興替; 以人爲鏡, 可以明得失. 朕常保此三鏡, 以防己過.

今魏徵徂逝, 遂亡一鏡矣!」

因泣下久之. 乃詔曰:「昔惟魏徵, 每顯予過. 自其逝也, 雖過莫彰. 朕豈獨有非於往時, 而皆是於玆日? 故亦庶僚苟順, 難觸龍鱗者歟! 所以虛己外求, 披迷內省. 言而不用, 朕所甘心. 用而不言, 誰之責也? 自斯已後, 各悉乃誠. 若有是非, 直言無隱.」

【相州】 지금의 河北 成安, 廣平, 魏縣과 河南의 安陽, 湯陰, 林縣 등을 관할하던 주. 內黃은 그의 속현.
【隱太子】 태자였던 李建成을 말함. 당 고조 李淵의 장자로 玄武門 政變 때 피살되었으며 당 태종 즉위 후 그를 '息王'으로 봉하고 시호를 '隱'이라 함.
【太宗】 이세민. 秦王에 봉해졌으며 당시 태자 이건성을 없애고 제위에 오를 꿈을 꾸고 있었음. 결국 현무문의 정변을 일으켜 이건성과 李元吉을 제거하고 제위에 올라 태종이 됨.
【管仲】 管夷吾. 管子. 원래 公子 糾를 따랐으며 왕권 다툼에 小白(桓公)의 허리띠 고리를 쏘았었음. 《史記》 齊太公世家 및 管晏列傳 참조.
【九成宮】 원래 隋나라 때 仁壽宮을 정관 5년(631)에 중수하고 이름을 '구성궁'이라 고쳤음.
【長孫無忌】 ?~659. 唐 太宗 李世民의 황후 長孫氏의 오빠. 玄武門의 政變을 획책, 주도하였으며 그 사건을 성취하여 태종의 총애를 입음.
【犯龍鱗】 逆鱗과 같음. 황제를 비평함을 뜻함. 《史記》 老莊申韓列傳에 "夫龍之爲蟲也, 可擾狎而騎也. 然其喉下有逆鱗徑尺, 人有嬰之, 則必殺人. 人主亦有逆鱗, 說之者能無嬰人主之逆鱗, 則幾矣"라 함.
【承乾】 李承乾. 당 태종의 맏이로 태자에 봉해졌으나 정관 17년(643) 4월 죄에 얽혀 서인으로 폐위됨.
【魏王泰】 李泰. 태종의 넷째 아들. 長孫皇后 소생의 둘째로 承乾의 아우. 정관 10년(636)에 魏王에 봉해짐.
【中使】 궁중을 드나들며 심부름하는 환관.

025(3-4)
왕규王珪

　왕규王珪는 태원太原 기현祁縣 사람이다. 무덕武德 연간에 은태자隱太子의 중윤中允으로서 태자 이건성李建成 성으로부터 큰 예우를 받았었다. 뒤에 태자의 음모 사건에 연루되어 휴주嶲州로 유배되었다. 이건성이 죽음을 당한 뒤에 태종이 즉위하자 그를 불러 간의대부諫議大夫로 삼았다. 그는 매번 성의와 충절을 다하였으며 많은 의견을 올리기도 하였다.
　왕규가 한번은 봉사封事를 간절하게 올리자 태종은 이렇게 말하였다.
　"그대가 말한 바는 모두가 나의 실책을 지적한 것으로, 자고로 임금으로서 사직을 영원히 안정되게 하고 싶지 않은 자는 없을 것이다. 그러나 그렇게 하지 못하는 것은 다만 자신의 과실을 듣지 않기 때문이며, 혹 이를 듣더라도 능히 고치지 못하기 때문에 그렇게 되는 것이다. 지금 나의 실책에 대하여 그대가 능히 직언으로 일러 주었고 나 또한 이를 듣고 능히 고친다면 어찌 사직의 불안을 염려할 필요가 있겠는가?"
　태종이 일찍이 또 왕규에게 이렇게 말한 적이 있다.
　"그대가 만약 항상 간관諫官의 자리에 있어 준다면 나에게는 영원히 과실이 없을 텐데."
　그리고 그를 더욱 후하게 대우해 주었다.
　정관 원년(627), 그는 황문시랑黃門侍郞으로 올라 정치에 참여하게 되었으며 태자우서자太子右庶子를 겸하게 되었다.
　2년(628), 시중侍中에 올랐다.
　당시 방현령房玄齡, 위징魏徵, 이정李靖, 온언박溫彦博, 대주戴冑가 왕규와 더불어 함께 국정을 처리하고 있었는데 일찍이 왕을 모셔 잔치를 할 때 태종이 왕규에게 물었다.

"그대는 남을 알아보는데 정통하며 게다가 담론에도 뛰어나니 방현령 등을 모두 품평해 보시오. 아울러 그대 스스로는 이들 여러 뛰어난 자들과 비교하여 어떻다고 여기는가?"

왕규는 이렇게 대답하였다.

"부지런히 나라를 받들고 일이란 계획하여 실천하지 않으면 안 되는 것이라 알고 있는 면에서는 저는 방현령만 못합니다. 매번 간쟁할 거리를 찾아 임금으로 하여금 요순堯舜에 미치게 해드리지 못함을 부끄럽게 여기는 면에서는 저는 위징만 못합니다. 재능에 문무까지 겸비하여 나가면 장수가 되고 들어와서는 재상이 될 수 있는 면에서는 저는 이정만 못합니다. 말씀을 올릴 때 상세히 하고 출납을 정확히 타당하게 하는 면에서는 저는 온언박만 못합니다. 그리고 번거로운 일이나 뒤얽힌 문제를 처리하여 많은 업무를 모두 거론하여 처리하는 면에서는 저는 대주만 못합니다. 다만 혼탁한 것을 맑아지도록 휘젓고 악을 싫어하고 선을 좋아하는 면에서는 앞에 든 몇 사람에 비하여 제가 하루 정도 앞선다고 할 수 있겠지요."

태종은 그의 말이 아주 그렇다고 여겼으며 많은 공公들도 역시 각기 자신이 품고 있던 포부를 확실하게 거론해 주었다고 여겼다.

王珪, 太原祁縣人也. 武德中, 爲隱太子中允, 甚爲建成所禮. 後以連其陰謀事, 流於嶲州. 建成誅後, 太宗卽位, 召拜諫議大夫. 每推誠盡節, 多所獻納.

珪嘗上封事切諫, 太宗謂曰:「卿所論皆中朕之失, 自古人君莫不欲社稷永安, 然而不得者, 只爲不聞己過, 或聞而不能改故也. 今朕有所失, 卿能直言, 朕復聞過能改, 何慮社稷之不安乎?」

太宗又嘗謂珪曰:「卿若常居諫官, 朕必永無過失.」

顧待益厚.

貞觀元年, 遷黃門侍郞, 參預政事, 兼太子右庶子.

二年, 進拜侍中.

時房玄齡·魏徵·李靖·溫彦博·戴胄與珪同知國政, 嘗因侍宴, 太宗謂珪曰:「卿識鑒精通, 尤善談論, 自玄齡等, 咸宜品藻. 又可自量孰與諸子賢?」

對曰:「孜孜奉國, 知無不爲, 臣不如玄齡. 每以諫諍爲心, 恥君不及堯舜, 臣不如魏徵. 才兼文武, 出將入相, 臣不如李靖. 敷奏詳明, 出納惟允, 臣不如溫彦博. 處繁理劇, 衆務必擧, 臣不如戴胄. 至如激濁揚淸, 嫉惡好善, 臣於數子, 亦有一日之長.」

太宗深然其言, 群公亦各以爲盡己所懷, 謂之確論.

【祁縣】지금의 山西省 중부에 설치하였던 현.
【中允】동궁의 속관. 태자를 도와 문서를 정리하는 일을 맡음.
【雟州】당나라 때 지금의 四川의 越西, 美姑, 金沙江, 錦屛山, 鹽井河 등을 다스리던 주 이름으로 치소는 越雟(지금의 西昌).
【封事】글을 올려 일을 상주할 때 누설을 막기 위하여 봉투를 봉함.
【李靖】571~649. 당 태종과 병법을 토론하여《李衛公問對》를 남긴 인물. 당시 兵部尙書를 거쳐 尙書右僕射에 있었음.
【溫彦博】573~637. 당나라 명신. 당시 中書令이었음.
【戴胄】자는 玄胤. 相州 출신. 당나라 명신. 당시 戶部尙書로 있었음.

026(3-5)
이정李靖

이정李靖은 경조京兆 삼원三原 사람이다. 대업大業 말에 마읍군馬邑郡의 군승郡丞이었으며 마치 그때 고조高祖 이연李淵이 태원유수太原留守로 있었는데 이정은 고조가 사방을 경략할 뜻이 있음을 감지하고 이에 스스로 자신의 몸에 차꼬를 채워 수 양제가 있는 강도江都로 가서 이연의 변고를 알렸다. 그리고 장안長安으로 돌아오는 길에 길이 막혀 통하지 못하자 장안까지 오지 못하고 그 자리에 머물게 되었다.

고조가 서울 장안을 함락하자 이정을 잡아 장차 목을 칠 참이었다. 그러자 이정은 크게 소리를 질렀다.

"그대가 의병을 일으킨 것은 포악한 혼란을 제거하기 위함이라면서 큰 일을 성취하고자 하지는 아니하고 어찌 사사로운 원한으로 장사의 목을 베려 하는가?"

태종太宗 이세민 역시 그를 구제해 주기를 청하여 고조는 드디어 그를 풀어 주었다.

무덕武德 연간에 그는 소선蕭銑과 보공석보公祐을 평정한 공로로 양주대도독부장사揚州大都督府長史에 오르게 되었다. 태종 이세민이 제위를 잇자 그를 불러 형부상서刑部尚書를 삼았다.

정관 2년(628), 본관검교本官檢校로서 중서령中書令이 되었다.

이정(李靖) 자 藥師

3년(629), 병부상서兵部尚書를 거쳐 대주도행군총관代州道行軍總管이 되어 돌궐突厥의 정양성定襄城으로 진격하여 이들을 깨뜨렸다. 돌궐의 여러 부락들이 모두 적북磧北으로 달아나자 북쪽으로 가서 수隋나라 때의 제왕齊王 양간楊諫의 아들 양도정楊道政과 양제煬帝의 소후蕭后를 사로잡아 장안으로 호송하였으며, 그때 돌리突利칸은 찾아와 항복하였고 힐리頡利칸은 겨우 몸을 피하여 숨고 말았다.

이에 태종은 이렇게 말하였다.

"옛날 이릉李陵이 보졸步卒 5천 명으로 나섰다가 흉노에게 항복하는 치욕을 면치 못하였는데도 오히려 그의 이름이 역사에 올라 있소. 그런데 그대는 3천 명의 경기輕騎로 적의 앞마당까지 깊이 들어가 정양성을 함락시켜 그 위세를 북적北狄에 떨쳤으니 실로 고금에 없던 일이오. 족히 왕년 위수渭水의 사건을 갚아 주었구려."

이에 그의 공을 높이 사서 대국공代國公에 봉하였다.

그 뒤 힐리칸이 크게 두려워하여 4년(630)에는 철산鐵山까지 물러나 자신을 보호하고 있으면서 사신을 당나라 조정에 보내어 사죄하며 속국으로서 당나라를 모실 것을 청하였다. 이리하여 이정을 정양도행군총관定襄道行軍總管으로 삼아 힐리칸을 맞아오도록 하였다. 그런데 힐리칸은 비록 겉으로는 항복을 청하였지만 마음속에는 두 가지 마음을 먹고 의심하고 있던 터였다. 태종은 홍려경鴻臚卿 당검唐儉과 호부상서戶部尚書를 대리하고 있던 장군 안수인安修仁을 파견하여 이들을 위로하고 깨우치도록 하였다.

이때 이정이 부장副將 장공근張公謹에게 이렇게 말하였다.

"조칙을 받은 사신이 저곳에 도착하면 적들은 틀림없이 경계를 느슨하게 할 것이다. 이에 정예의 기마부대를 선발하여 20일치의 식량을 싣고 백도白道로부터 군사를 이끌고 습격하라."

그러자 장공근이 말하였다.

"이미 그들의 항복을 허락해 놓고 조칙을 받은 사신이 저곳에 가 있으니 습격하는 것은 마땅하지 않습니다."

이정이 말하였다.

"이는 병법의 기회이다. 때를 놓칠 수 없다."

드디어 군사를 독려하여 빠르게 전진하여 음산陰山에 이르러 돌궐의 척후병을 만났다. 그들은 군영 장막을 천여 곳에 설치하고 있었는데 이들을 모두 포로로 잡아 군대를 따라 끌고 나갔다. 힐리칸은 당나라 사신을 만나 아주 즐겁게 여기면서 당나라 관병이 닥쳐오리라고는 생각도 하지 못하고 있었다. 이정의 정예 선봉부대가 안개를 틈타 전진을 계속하여 그들의 아장牙帳으로부터 7리 되는 곳에 이르렀을 때 힐리칸은 비로소 눈치를 채었으나 미처 병사를 진열시켜 전열을 가다듬지 못하여 그대로 한 필 말을 타고 도망쳐 버렸고 적의 무리들도 이로 인해 무너져 흩어지고 말았다. 이정의 부대는 적 만여 급을 참수하고 그의 처인 수나라 의성공주義成公主까지 죽이고 남녀 10여 만을 포로로 잡아 강역을 음산으로부터 대사막에 이르기까지 넓혔으며, 드디어 돌궐국을 멸망시켜 버렸다. 얼마 뒤 힐리칸을 다른 부락에서 잡자 나머지 부락들도 모두 항복하였다.

태종은 크게 기뻐하며 시종하는 신하들을 돌아보고 이렇게 말하였다.
"내 듣기로 임금이 근심하는 일이 있으면 신하는 이를 제대로 처리하지 못하였다고 치욕으로 느끼며, 임금이 치욕을 당하면 신하는 죽는다고 하였소. 지난날 나라를 처음 창건할 때 돌궐은 너무나 뻣뻣하여 태상황께서는 우리 백성들을 먼저 생각하여 할 수 없이 힐리칸에게 신하가 되겠다고 칭하고 말았소. 나는 이제껏 이 일을 두고 마음이 애통하고 머리가 아프지 않은 적이 없었소. 그리하여 흉노匈奴, 돌궐를 멸하고 말겠다고 벼르며 앉으면 자리가 편안치 않았고, 밥을 먹어도 단맛을 느끼지 못할 정도였소. 그런데 지금 잠시 일 병력만으로 가는 곳마다 승리하지 않은 곳이 없어 선우單于가 머리를 조아리니 치욕은 깨끗이 씻은 셈이오!"

신하들은 모두가 만세를 외쳤다. 얼마 뒤 이정에게 광록대부光祿大夫와 상서우복야尙書右僕射의 관직을 내리고 실봉實封 5백 호를 주었다. 그리고 다시 서해도행군대총관西海道行軍大總管으로 삼아 토욕혼吐谷渾을 정벌토록 하여 그 나라를 크게 깨뜨려 다시 위국공衛國公으로 고쳐 봉하였다.

이정이 죽자 태종은 그에게 한漢나라 때 위청衛靑과 곽거병霍去病의 묘를 조성할 때의 옛 사례에 맞추어 봉분을 세울 것을 허락하였으며, 아울러 그 곁에 돌궐의 연연산燕然山과 토욕혼의 적석산磧石山의 모습을 상징하여 두 산을 만들어 그의 뛰어난 공적을 표창하도록 하였다.

李靖, 京兆三原人也. 大業末, 爲馬邑郡丞. 會高祖爲太原留守, 靖觀察高祖, 知有四方之志. 因自鎖上變, 詣江都. 至長安, 道塞不通而止.

高祖克京城, 執靖, 將斬之, 靖大呼曰:「公起義兵除暴亂, 不欲就大事, 而以私怨斬壯士乎?」

太宗亦加救靖, 高祖遂捨之. 武德中, 以平蕭銑·輔公祏功, 歷遷揚州大都督府長史. 太宗嗣位, 召拜刑部尙書.

貞觀二年, 以本官檢校中書令.

三年, 轉兵部尙書, 爲代州道行軍總管, 進擊突厥定襄城, 破之. 突厥諸部落俱走磧北, 北擒隋齊王暕之子楊道政, 及煬帝蕭后, 送於長安. 突利可汗來降, 頡利可汗僅以身遁.

太宗謂曰:「昔李陵提步卒五千, 不免身降匈奴, 尙得名書竹帛. 卿以三千輕騎, 深入虜庭, 剋復定襄, 威振北狄, 實古今未有, 足報往年渭水之役矣.」

以功進封代國公.

此後, 頡利可汗大懼, 四年, 退保鐵山, 遣使入朝謝罪, 請奉國內附. 又以靖爲定襄道行軍總管, 往迎頡利. 頡利雖外請降, 而心懷疑貳. 詔遣鴻臚卿唐儉·攝戶部尙書將軍安修仁慰諭之.

靖謂副將張公謹曰:「詔使到彼, 虜必自寬, 乃選精騎齎二十日糧, 引兵自白道襲之.」

公謹曰:「旣許其降, 詔使在彼, 未宜討擊.」

靖曰:「此兵機也, 時不可失.」

遂督軍疾進. 行至陰山, 遇其斥候千餘帳, 皆俘以隨軍. 頡利見使者甚悅, 不虞官兵至也. 靖前鋒乘霧而行, 去其牙帳七里, 頡利始覺, 列兵未及成陣, 單馬輕走, 虜衆因而潰散. 斬萬餘級, 殺其妻隋義成公主, 俘男女十餘萬, 斥土界自陰山至於大漠, 遂滅其國. 尋獲頡利可汗於別部落, 餘衆悉降.

太宗大悅, 顧謂侍臣曰:「朕聞主憂臣辱, 主辱臣死. 往者國家草創, 突厥強梁, 太上皇以百姓之故, 稱臣於頡利, 朕未嘗不痛心疾首, 志滅匈奴, 坐不安席, 食不甘味. 今者暫動偏師, 無往不捷, 單于稽顙, 恥其雪乎!」

群臣皆稱萬歲. 尋拜靖光祿大夫·尚書右僕射, 賜實封五百戶. 又爲西海道行軍大總管, 征吐谷渾, 大破其國. 改封衛國公.

及靖身亡, 有詔許墳塋制度依漢衛·霍故事, 築闕象突厥內燕然山·吐谷渾內磧石二山, 以旌殊績.

【李靖】 571~649. 당 태종의 명신. 兵部尙書를 거쳐 尙書右僕射에 있었으며, 군사학에 뛰어나 태종과 병법을 토론하여 《李衛公問對》를 남겼음.

【三原】 현 이름. 지금의 陝西 三原縣 동북.

【大業】 隋나라 煬帝(楊廣)의 연호. 605~617년까지 13년간.

【馬邑郡】 隋나라 때 설치한 군. 지금의 山西 寧武縣과 恆山 以北 黑陀山, 洪濤山, 왼쪽으로 雲縣 동쪽 지역.

【丞】 지방 군수의 다음 직위.

【留守】 관직 이름. 수나라 때 太原에 이를 설치하여 지방의 군사 업무를 관장하도록 하였음.

【自鎖上變】 자신이 李淵의 변란을 막지 못한 것을 자책하여 차꼬(목에 씌우는 죄인의 형구)를 쓰고 수 양제에게 이 변고를 알리러 강도로 갔음을 말함.

【江都】 지금의 揚州. 隋 煬帝가 이곳에 이르렀을 때 長安에 정변이 일어났음.

【公】 唐國公 李淵을 가리킴.

【蕭銑】 583~621. 남조 梁나라 宣帝의 증손으로 수나라 말기 군사를 일으켜 江南을 점거하고 帝를 칭함. 이에 李靖이 親王 李孝恭을 도와 평정함.

【輔公祐】 수나라 말 일찍이 杜伏威를 따라 기병하여 무덕 6년(623) 강남을 점거하고 稱帝하였다가 이듬해 李靖와 李孝恭에 의해 평정되었으며 당에 항복함.

【大都督】 당나라의 제도. 10주의 군사 업무를 총괄하는 직책.

【代州】 지금의 山西 代縣, 繁峙縣, 五台縣, 平原縣을 관할하던 주.

【定襄城】 지금의 내몽고 淸水河縣. 李靖이 돌궐의 정양성을 평정한 것은 정관 4년(630)이었음.

【磧北】 磧口(내몽고 二連浩特 서남).

【齊王暕】 隋 煬帝의 아들 楊暕.

【楊道政】 수 양제의 손자. 楊正道로도 표기함. 武德 3년(620) 돌궐이 이를 맞아 隋王으로 삼은 적이 있음.

【蕭后】 隋 양제의 황후. 武德 2년(619) 먼저 竇建德의 군대가 평정되자 돌궐이 이를 맞이해 갔음.

【突利可汗】 돌궐 수령. 始畢칸의 아들. 이름은 什鉢苾. '可汗'은 '칸'으로 돌궐, 柔然, 回紇, 蒙古 및 북방 이민족의 수령을 뜻하는 칭호. 힐리칸의 배척을 받아 정관 2년(628)에 항복할 당에게 전하였으며 이듬해 12월 입조하자 태종이 우위장군에 봉하였음.

【頡利可汗】 성씨는 阿史那. 이름은 咄苾. 역시 돌궐 수령의 하나. 돌리칸에게 반대하여 당나라와 대립할 것을 주장하였다가 정관 4년(630) 李靖의 토벌에 포로가 되어 長安으로 끌려 와 右衛大將軍에 봉해졌으며 이로써 동돌궐은 망하고 말았음.

【李陵】 ?~B.C.74. 자는 少卿. 李廣의 손자. 한 무제 때 명장으로 흉노 토벌에 나섰다가 항복하여 그곳에서 병사함.

【虜庭】 돌궐왕의 왕정.

【渭水之役】 武德 9년(626) 8월 당 태종이 즉위한 얼마 뒤 힐리칸이 군대를 이끌고 위수까지 이르러 당 태종과 渭橋에서 강화를 맺고 돌아간 사건.

【鐵山】 지금의 내몽고 陰山 북쪽.

【鴻臚卿】 관직 이름. 빈객의 접대를 맡아 의전을 관장하는 업무를 맡음.

【唐儉】 인명. 자는 茂約. 幷州 사람으로 당초의 대신.

【安修仁】인명. 구체적인 사적은 알 수 없음.
【張公謹】자는 弘愼. 魏州 사람으로 정관 초에 代州都督이 되어 頡利칸을 깨뜨리는 데 공을 세워 鄒國公에 봉해짐.
【白道】지명. 지금의 내몽고 呼和浩特 서북.
【陰山】지금의 내몽고에 있는 산. 산맥.
【牙帳】돌궐 칸이 거처하는 대본영.
【義成公主】수 문제 종실의 딸로 啓民칸에게 시집갔으며 무덕 3년(620) 힐리칸이 다시 의성공주를 아내로 삼음.
【太上皇】당 태종이 즉위하자 고조 이연이 태상황이 됨.
【偏師】주력부대가 아닌 군사.
【鮮于】흉노의 수령을 일컫는 칭호. 여기서는 돌궐의 수령을 말함.
【西海道】青海 주위의 지역의 행정구역.
【吐谷渾】원래 鮮卑族의 일파로 뒤에 青海 일대에 옮겨 살았으며 정관 8년(634) 12월 李靖이 출정으로 나서서 1년 만에 평정함.
【靖身亡】이정의 죽음. 이정은 정관 23년(649) 4월에 생을 마쳤음.
【衛霍】衛青과 霍去病. 漢 武帝 때 西域을 개척하고 匈奴를 격파한 명장들.
【燕然山】지금의 몽고 杭愛山.
【磺石】積石山. 지금의 青海 동남쪽.

027(3-6)
우세남虞世南

우세남虞世南은 회계會稽 여요餘姚 사람이다. 정관 초에 태종이 끌어들여 상객上客으로 삼았으며, 이어 문학관文學館을 개설하면서 그에게 문학관의 다사多士, 學士란 칭호를 붙여 줄 때 모두가 우세남을 문학의 종宗으로 추대하였다. 기실記室이 되어 방현령房玄齡과 함께 문서 사무를 관장하게 되었다. 일찍이 태종이 그에게 《열녀전列女傳》을 베껴 병풍으로 만들도록 하였다. 그런데 당시 원본이 없어 우세남은 자신이 암송하던 것을 베꼈는데 한 글자도 빠뜨림이 없었다.

정관 7년(633), 승진을 거쳐 비서감秘書監에 올랐으며 이때 태종은 매번 나라의 중요한 일을 처리하는 틈을 이용하여 우세남을 불러들여 담론을 하며 경학과 사학에 대하여 함께 살펴보곤 하였다. 우세남은 용모가 아주 나약하여 그 몸이 옷 무게를 이겨낼 수 없을 정도였으나 뜻과 성격은 강직하여 매번 옛 제왕들의 정치 득실을 논할 때면 반드시 규간과 풍유를 펴서 많은 도움을 주곤 하였다. 고조高祖 이연이 죽어 태종이 상을 치르면서 지나치게 애통해 하여 용모가 초췌하게 되었고 게다가 나라의 많은 일들조차 오랫동안 처리하지 못하고 있었다. 문무백관들이 어떻게 할 바를 찾지 못하고 있을 때 우세남은 그때마다 들어가

우세남(虞世南) 자 伯施

간언을 하여 태종은 심히 훌륭히 여겨 그의 의견을 받아들이곤 하였으며 이로써 그를 더욱 친히 여기고 예로써 대우하게 되었다.

태종은 일찍이 시종하는 신하들에게 이렇게 말한 적이 있었다.

"내 한가한 날이면 매번 우세남과 고금의 일을 서로 의논하였는데 내가 하는 말이 어느 경우 훌륭하면 우세남은 즐거워하지 않은 적이 없었고, 혹 내가 하는 말이 어쩌다 실수가 있어도 유감을 나타내지 않은 적이 없었다. 그의 간절한 정성이 이와 같아 내가 그의 의견을 가상히 여긴 것이다. 여러 신하들이 모두 우세남과 같다면 어찌 천하가 다스려지지 않을까 걱정하겠는가?"

태종은 우세남에게 오절五絶이 있다고 칭찬하였다. 첫째 덕행德行이요, 둘째 충직忠直이며 셋째 박학博學이요, 넷째 사조詞藻이며 다섯째 서한書翰이었다. 그가 죽자 태종은 마침 다른 곳에 행차 중이었는데 그곳에서 아주 심히 심히 애통해 하며 통곡하였다. 그리고 그의 장례 비용을 관비官費로 하도록 하고 게다가 동원東園의 비기秘器를 하사하였으며, 예부상서禮部尙書의 벼슬을 추증하고 시호를 문의文懿라 하였다.

태종은 직접 손으로 조서를 써서 위왕魏王 이태李泰에게 이렇게 말하였다.

"우세남은 나에게 있어서 한 몸과 같다. 내가 빠뜨리거나 놓친 것이 있으면 이를 주워 보필해 주면서 하루라도 잊은 날이 없었으니 당대의 명신이며 인륜의 표준이었다. 내가 조금이라도 잘하는 일이 있으면 반드시 순응하여 이를 이루어 주었고 나에게 작은 실수라도 있으면 반드시 얼굴을 붉히면서 이를 간언해 주었다. 지금 그가 가고 없으니 석거石渠와 동관東觀에는 더 이상 사람이 없게 되었다. 이 애통함을 어찌 말로 다할 수 있으랴!"

그리고 얼마 지나지 않아 태종은 시 한 편을 지어 옛날 치란의 도를 떠올리다가 이윽고 이렇게 한탄하였다.

"종자기鍾子期가 죽자 백아伯牙는 다시는 거문고를 타지 않았다. 내 이런 글 한 편을 지어 장차 누구에게 보여 준단 말인가?"

그리고 기거起居 저수량褚遂良으로 하여금 그 글을 우세남의 영구靈柩 앞에서 읽은 다음 태워 버리도록 하였으니 그 애통해 함이 이와 같았던 것이다. 다시 방현房玄齡과 장손무기長孫無忌, 두여회杜如晦, 이정李靖 등 24명의 초상을 그려 능연각凌煙閣에 걸도록 하였다.

虞世南, 會稽餘姚人也. 貞觀初, 太宗引爲上客, 因開文館, 館中號爲多士, 咸推世南爲文學之宗. 授以記室, 與房玄齡對掌文翰. 嘗命寫《列女傳》以裝屛風, 於時無本, 世南暗書之, 一無遺失.

貞觀七年, 累遷秘書監, 太宗每機務之隙, 引之談論, 共觀經史. 世南雖容貌懦弱, 如不勝衣, 而志性抗烈, 每論及古先帝王爲政得失, 必存規諷, 多所補益. 及高祖晏駕, 太宗執喪過禮, 哀容毁頓, 久替萬機, 文武百寮, 計無所出. 世南每入進諫, 太宗甚嘉納之, 益所親禮.

嘗謂侍臣曰:「朕因暇日, 每與虞世南商榷古今. 朕有一言之善, 世南未嘗不悅; 有一言之失, 未嘗不悵恨. 其懇誠若此, 朕用嘉焉. 群臣皆若世南, 天下何憂不治?」

太宗嘗稱世南有五絶: 一曰德行, 二曰忠直, 三曰博學, 四曰詞藻, 五曰書翰. 及卒, 太宗擧哀於別次, 哭之甚慟. 喪事官給, 仍賜以東園秘器, 贈禮部尙書, 諡曰文懿.

太宗手敕魏王泰曰:「虞世南於我, 猶一體也. 拾遺補闕, 無日暫忘, 實當代名臣, 人倫準的. 吾有小善, 必將順而成之; 吾有小失, 必犯顔而諫之. 今其云亡, 石渠·東觀之中, 無復人矣, 痛惜豈可言耶!」

未幾, 太宗爲詩一篇, 追思往古理亂之道, 旣而嘆曰:「鍾子期死, 伯牙不復鼓琴. 朕之此篇, 將何所示?」

因令起居褚遂良詣其靈帳讀訖焚之, 其悲悼也若此. 又令與房玄齡·長孫無忌·杜如晦·李靖等二十四人, 圖形於凌煙閣.

【虞世南】558~638. 자는 伯施. 會稽 餘姚 사람으로 秘書監을 지냈으며 永興縣子에 봉해짐. 서예에 뛰어나 歐陽詢, 褚遂良, 薛稷과 더불어 '唐初四大書藝家'로 불림.
【姚餘】지명. 지금의 浙江 杭州 부근.
【貞觀初】武德 연간에 있었던 일을 잘못 기록한 것임. 秦王 李世民이 竇建德을 평정한 뒤 虞世南을 얻어 秦王府의 參軍으로 삼고 房玄齡과 함께 문서를 정리하도록 하였으며, 무덕 4년(621) 겨울에 文學館을 열어 소위 '十八學士'를 얻은 것을 말함.
【文學】文學館. 당 태종이 학사들의 모책을 얻고자 만든 관서.
【列女傳】西漢 劉向이 편찬한 전기문. 역대 여인들의 잘잘못을 모아 교훈을 삼고자 쓴 책. 7篇 7卷에 《續列女傳》 1권으로 이루어져 있음.
【晏駕】임금의 죽음을 표현하는 말. 唐 高祖 李淵은 貞觀 9년(635) 5월에 죽었음.
【東園秘器】漢나라 때 東園이 陵墓의 기물을 주관하고 관리하였음. 여기서는 나라의 장례 기구와 진행을 말함.
【石渠】西漢 때 궁중의 藏書閣 이름. 宣帝 때 이곳에 많은 학자를 불러 五經에 대한 토론을 벌였음.
【東觀】동한 때의 궁중의 藏書閣. 안제 때 이곳에 학자를 소집하여 五經에 대한 토론을 벌였음.
【鍾子期】춘추 시대 楚나라 사람으로 음악에 조예가 깊었던 인물. 伯牙가 거문고를 타면 악상을 알아 맞추어 '知音', '伯牙絶絃' 등의 고사를 남겼음. 《列子》, 《說苑》, 《呂氏春秋》 등에 그 일화가 널리 실려 있음.
【起居】起居郎. 임금과 모후, 황실의 일상생활을 일일이 기록하는 업무를 맡음.
【褚遂良】596~658. 자는 登善. 錢塘(지금의 杭州) 사람. 당나라 초기 명신 褚亮의 아들로 학문과 글씨에 뛰어났으며 貞觀 10년(636)에 秘書郎에서 起居郎으로 승진였으나, 高宗 때 武則天이 皇后로 오르는 것을 반대하였다가 폄직되자 울분을 품고 죽음.
【凌煙閣】궁궐 서쪽 三淸殿 옆에 세웠던 누각으로 褚遂良이 현판을 썼으며, 貞觀 17년(643) 2월 이곳에 功臣 長孫無忌, 杜如晦, 魏徵 등 24명의 초상을 閻立本으로 하여금 그리도록 하여 걸었음.

028(3-7)
이적李勣

이적李勣은 조주曹州 이호離狐 사람이다. 본래의 성은 서徐씨였으며 처음 이밀李密에게 벼슬하여 좌무후대장군左武候大將軍이 되었다. 이밀이 뒤에 왕세충王世充에게 깨어지자 이밀은 그 무리를 이끌고 당나라로 돌아와 당에게 귀속해 버렸으나 이적은 이밀이 점거하고 있었던 10개 군을 그대로 근거지로 삼고 있었다.

무덕武德 2년, 이적은 장사長史 곽효각郭孝恪에게 이렇게 말하였다. "위공魏公 이밀이 당나라로 귀속해 버렸으나 지금 이곳의 민중과 토지는 그래도 위공의 소유인 셈이다. 내가 만약 표를 올려 이 땅을 당나라에 바친다면 이는 내가 모시던 주인의 패배를 이용하여 나의 공으로 삼아 내가 부귀를 맞이하는 것이 되니, 이는 내가 치욕으로 느끼는 바이다. 지금 의당 이 주현州縣의 군사와 백성의 호구를 모두 기록하여 이를 위공에게 보고하여 위공 자신이 당나라에 바치도록 한다면 이는 위공의 공이 될 것이니 이 역시 옳은 일이 아니겠는가?"

이에 사신을 이밀에게 보내어 보고하도록 하였다. 사신이 당나라에 이르자 고조高祖 이연은 자신에게 올리는 표表가 없이 오직 이밀에게만 보고한다는 말을 듣고 아주 괴이히 여겼다. 사신이 이적의 뜻을 고조에게

이적(李勣) 자 懋功

알리자 고조는 그제야 크게 기뻐하며 이렇게 말하였다.

"서적徐勣은 과거 모시던 주인의 덕을 감사히 여겨 공을 그에게 미루었으니 진실로 순수한 신하로다."

그리고 여주총관黎州總管의 자리를 주고 이씨李氏 성을 하사하였으며 아울러 그의 호적을 종정宗正에 올려 기록하도록 하였다. 그리고 그 아버지 서개李蓋, 徐蓋를 제음왕濟陰王에 봉하였으나 왕王의 작호를 고사固辭하여 결국 서국공舒國公에 봉하고 산기상시散騎常侍의 직위를 주었다. 얼마 뒤 이적에게 우무후대장군右武候大將軍으로 직위를 얹어 주었다. 그런데 이밀이 다시 당나라에 반기를 들다가 주살을 당하자 이적은 상례를 치르면서 상복을 입고 군신의 예로써 그의 장례를 치르겠다고 청하였다.

고조는 드디어 그에게 돌아가 장례를 치르도록 보내 주었다. 이에 크게 위의威儀를 갖추어 삼군三軍이 흰옷을 입고 여양산黎陽山에 이밀을 묻었다. 이렇게 예를 다한 다음 옷을 벗고 해산하자 조야가 모두 의로운 일이라 여겼다. 얼마 뒤 두건덕竇建德의 공격을 받아 여양黎陽이 함락되자 이적은 그에게 항복하고 말았다가 다시 홀로 기회를 틈타 빠져나와 서울 장안으로 돌아왔다. 그리고 태종太宗 이세민을 따라 왕세충王世充과 두건덕의 평정에 나서서 이들을 토벌하였다.

정관 원년(627), 병주도독幷州都督이 되어 법령을 시행하고 금지된 일을 철저히 지켜 그 이름에 걸맞은 직책을 수행하였으며 돌궐은 그를 심히 두려워하며 꺼리게 되었다.

태종이 시종하는 신하들에게 이렇게 말하였다.

"수隋 양제煬帝는 현량賢良한 자를 정밀하게 뽑으면 변경이 저절로 진무되는 줄은 깨닫지 못하고, 오직 멀리 장성長城만 쌓고 장사將士들만 광범위하게 주둔시키면 되는 줄 알았으니 그의 돌궐에 대한 방비는 그 사정과 인식이 잘못된 것이었는데 한결같이 이렇게 하였었다. 그런데 나는 지금 이적에게 병주를 맡겨 두었더니 드디어 돌궐이 그 위세를 두려워하여 멀리 숨어 버렸고 변방의 방비가 안정되었으니 어찌 수천 리 장성을 쌓는 것이 이보다 나을 수 있겠는가?"

그 뒤 병주를 고쳐 대도독부大都督府를 두고 이적을 그곳의 장사長史로 삼아 여러 차례 승진을 거쳐 영국공英國公에 봉하게 되었다. 그가 병주에 있었던 기간은 모두 16년이었다. 그 뒤 그를 불러 병부상서兵部尙書로 삼고 정사를 겸하도록 하였다. 이적이 당시 갑작스러운 병에 걸렸는데 험방驗方의 수염을 태워 그 재를 복용하면 치료할 수 있다는 말에 태종은 스스로 자신의 수염을 잘라 그 약을 조제하도록 하였다. 이에 이적은 머리를 조아리며 피를 흘리며 울면서 고마움을 아뢰었다.

그러자 태종이 말하였다.

"나는 사직을 위하여 그렇게 한 것일 뿐이니 번거롭게 깊은 감사를 표시할 필요가 없소."

17년(643), 고종高宗 이치李治가 춘궁春宮에 거하며 태자가 되자 이적은 태자첨사太子詹事로 자리를 바꾸게 되었으며 특진特進을 더하여 여전히 정사에 참여하게 되었다.

태종은 또한 일찍이 잔치에서 이적을 돌아보며 이렇게 말한 적이 있었다.

"내 나의 어린 태자를 맡기고자 하면서 생각해 보았더니 그대를 뛰어넘을 자가 없었소. 공께서는 지난날 이밀을 버리지 않았으니 지금 어찌 나를 버리겠소!"

이적은 눈물을 씻으며 고맙다는 말을 하였고 이에 손가락을 깨물어 피를 흘리며 맹세를 보였다. 그 연회에서 잠시 후 이적이 깊이 취하자 태종은 자신의 옷으로 그를 덮어 주었으니 태종이 이적을 믿고 맡김이 이와 같았다. 이적은 매번 군사를 움직일 때마다 병법을 계산하고 책략을 세웠으며 적과 맞닥뜨리면 그 변화에 응하여 그 행동과 일이 기회에 맞아떨어지곤 하였다.

정관 이래 돌궐과 힐리頡利 및 설연타薛延陀, 고구려高句麗 등을 정벌하고 공격하여 모두 크게 깨뜨렸다.

태종은 일찍이 이렇게 말하였다.

"이정李靖과 이적 두 사람에 대하여 옛날의 한신韓信, 백기白起, 위청衛靑, 곽거병霍去病인들 어찌 능히 이들에게 미치랴!"

李勣, 曹州離狐人也. 本姓徐, 初仕李密, 爲左武候大將軍. 密後爲王世充所破, 擁衆歸國, 勣猶據密舊境十郡之地.

武德二年, 謂長史郭孝恪曰:「魏公旣歸大唐, 今此人衆土地, 魏公所有也. 吾若上表獻之, 則是利主之敗, 自爲己功, 以邀富貴, 是吾所恥. 今宜具錄州縣及軍人戶口, 總啓魏公, 聽公自獻, 此則魏公之功也, 不亦可乎?」

乃遣使啓密. 使人初至, 高祖聞無表, 惟有啓與密, 甚怪之. 使者以勣意聞奏, 高祖方大喜曰:「徐勣感德推功, 實純臣也.」

拜黎州總管, 賜姓李氏, 附屬籍於宗正. 封其父蓋爲濟陰王, 固辭王爵, 乃封舒國公, 授散騎常侍. 尋加勣右武候大將軍. 及李密反伏誅, 勣發喪行服, 備君臣之禮, 表請收葬. 高祖遂歸其屍. 於是大具威儀, 三軍縞素, 葬於黎陽山. 禮成, 釋服而散, 朝野義之. 尋爲竇建德所攻, 陷於建德, 又自拔歸京師. 從太宗征王世充・竇建德, 平之.

貞觀元年, 拜幷州都督, 令行禁止, 號爲稱職, 突厥甚加畏憚.

太宗謂侍臣曰:「隋煬帝不解精選賢良, 鎭撫邊境, 惟遠築長城, 廣屯將士, 以備突厥, 而情識之惑, 一至於此. 朕今委任李勣於幷州, 遂得突厥畏威遠遁, 塞垣安靜, 豈不勝數千里長城耶?」

其後幷州改置大都督府, 又以勣爲長史, 累封英國公. 在幷州凡十六年. 召拜兵部尚書, 兼知政事. 勣時遇暴疾, 驗方云鬚灰可以療之. 太宗自剪鬚爲其和藥. 勣頓首見血, 泣以陳謝.

太宗曰:「吾爲社稷計耳, 不煩深謝.」

十七年, 高宗居春宮, 轉太子詹事, 加特進, 仍知政事.

太宗又嘗宴, 顧勣曰:「朕將屬以孤幼, 思之無越卿者. 公往不遺於李密, 今豈負於朕哉!」

勣雪涕致辭, 因嚙指流血. 俄沉醉, 御服覆之, 其見委信如此. 勣每行軍, 用師籌算, 臨敵應變, 動合事機. 自貞觀以來, 討擊突厥·頡利及薛延陀·高麗等, 並大破之.

太宗嘗曰:「李靖·李勣二人, 古之韓·白, 衛·霍豈能及也!」

【李勣】594~669. 본래 이름은 徐世勣. 자는 懋功. 隋末 翟讓을 따라 봉기, 瓦崗軍에 참가하여 東海郡公에 봉해졌음. 와강군이 와해되자 唐에 귀의하여 여러 차례 공을 세워 李氏 성을 하사받음. 貞觀 3년(629) 李靖과 함께 동돌궐을 깨뜨리고 英國公에 봉해졌으며 高宗 때 司空에 오름.
【曹州離狐】지명. 지금의 山東 東明 동남쪽.
【李密】532~618. 자는 玄邃, 혹은 法主. 上柱國 蒲山公 李寬의 아들로 隋나라 大業 9년 楊玄德의 봉기군에 참가하였다가 포로가 되었으며, 뒤에 다시 도망하여 대업 12년 瓦崗軍에게 투신하여 뒤에 봉기군의 수령이 되어 魏公으로 불렸으나 다시 唐에 불만을 품고 맞섰다가 피살됨.
【左武候大將軍】당시 좌무후대장군은 單雄信이었음. 따라서 右武候大將軍이어야 함.
【王世充】?~621. 원래 隋나라 때 지방장관이었으며 煬帝가 죽자 洛陽에서 越王 楊侗을 帝로 추대하고 李密의 瓦崗軍을 격패하였으며, 이듬해 4월 스스로 황제를 칭하며 국호를 '鄭'이라 하였음. 그러나 武德 4년(621) 秦王 李世民에게 와해되었음.
【十郡之地】李密의 瓦崗軍이 차지하고 있던 지역. 동쪽으로 바다로부터 남쪽은 長江, 서쪽은 汝州, 북쪽은 魏郡까지 10여 군에 이르렀음.
【郭孝恪】許州 사람으로 당시 와강군의 長史였음. 당나라에 들어와 上柱國이 되어 龜玆國을 정벌할 때 流矢에 맞아 죽음.
【黎州】黎陽. 隋나라 때 黎陽縣을 汲郡에 소속시켰으며 武德 초에 다시 黎州로 복원하였음.
【宗正】관직 이름. 황실 친족 사무 기관의 장관.
【服】상복. 衰絰을 입음을 말함.
【縞素】백색의 옷. 역시 상복을 입음을 뜻함.
【黎陽山】지금의 河南.

【竇建德】 573~621. 수나라 말기 河北에서 기병하였던 농민 출신의 수령으로 武德 2년(619) 10월 두건덕이 黎陽을 함락하자 李勣이 이에 항복함. 다음해 정월 이적은 다시 唐에 투항하여 長安에 이르렀음. 한편 두건덕은 대업 13년 십만 병력을 거느리고 樂壽(지금의 河北 獻縣)에서 長樂王을 칭하였다가 이듬해 '夏王'을 칭하고 연호를 '五鳳', 국호를 '夏'로 하였다가 뒤에 포로가 되어 長安에서 참수됨.

【都督】 武德 7년(624) 總管을 都督으로 개칭함.

【長城】 隋 煬帝가 일찍이 장정 백여 만 명을 징발하여 서쪽 楡林으로부터 동쪽 紫河까지의 장성으로 수축함.

【驗方】 의원이나 도사, 방사 등이 내리는 치료의 처방.

【高宗】 太子 李治를 가리킴. 貞觀 17년(643) 원래 태자였던 李承乾이 폐위 당하고 조서를 내려 晉王 李治를 태자로 세웠으며 이가 당 3대 제왕 고종이 됨. 650~683년 재위.

【太子詹事】 동궁의 속관.

【薛延陀】 鐵勒의 別部 이름. 원래 延陀部였으나 薛部와 혼합되어 薛延陀로 부르게 되었음. 정관 후기 때 당 태종이 여러 차례 李勣으로 하여금 토벌하도록 하였음.

【韓白】 韓信(?~B.C.196)과 白起(?~B.C.257). 한신은 漢初 劉邦을 도운 명장이며, 白起는 전국 말 秦나라의 명장으로 천하 통일의 주역이었음.

【衛霍】 衛靑과 霍去病. 모두 漢나라 때의 명장으로 西域과 塞北 개척과 정벌에 큰 공을 세웠던 인물들.

029(3-8)
마주馬周

　마주馬周는 박주博州 치평茌平 사람이다. 정관 5년(631), 서울에 이르러 중랑장中郎將 상하常何의 집에 식객으로 있을 때 마침 태종太宗이 백관들에게 정치의 득실을 글로 올리도록 하는 영이 내렸다. 이에 마주는 주인 상하를 위하여 의당 고쳐야 할 일 20항목을 진술하여 상주하였는데 그 일이 모두 태종의 뜻에 합치하는 것들이었다.
　태종은 그 능력을 괴이히 여겨 상하에게 물었다. 그러자 상하는 이렇게 대답하였다.
　"이는 제가 발의한 것이 아니라 저의 집 식객 마주라는 자가 저를 위해 대신 내 준 의견입니다."
　태종은 그날 즉시 마주를 불렀다. 그가 아직 이르지 않자 네 번이나 사신을 보내어 재촉할 정도였다. 이에 마주가 알현하자 더불어 이야기를 나누어 본 태종은 아주 만족해 하였다. 그리하여 문하성門下省에 당직을 하도록 하며 감찰어사監察御史의 직함을 내리고 이어서 중사사인中書舍人에 임명하였다. 마주는 기지와 언변이 뛰어나 자주 의견을 올렸으며 일의 발단에 대하여 깊은 식견이 있어 행동하는 것마다 적중하지 않는 것이 없었다.
　태종은 일찍이 이렇게 말한 적이 있다.
　"나는 마주에 대하여 잠시도 보이지 않으면 문득 그리워진다."
　18년(644) 중서령中書令을 거쳐 태자좌서자太子左庶子를 겸하였다. 마주가 이윽고 양궁兩宮의 일을 겸하게 되자 처리하는 일은 공평하고 윤당하여 당시 큰 자랑거리로 신임을 얻게 되었고 다시 본래 관직 이부상서吏部尚書의 일을 총괄하게 되었다.

태종은 일찍이 시종하는 신하들에게 이렇게 말한 적이 있다.

"마주는 일을 만나면 신속하게 처리하나 그 성격은 아주 신중하기 그지없다. 인물의 도량을 논함에 이르러서는 직언으로 표현하여 내 그를 임용하여 부린 뒤로 거의 내 뜻과 맞았다. 그 충성을 다 쏟았고 게다가 나에게 그토록 가까이 하였으니 실로 이 사람에게 의지하여 함께 이 시대의 이 평강한 정치를 베푼 것이다."

馬周, 博州茌平人也. 貞觀五年, 至京師, 舍於中郎將常何之家. 時太宗令百官上書言得失, 周爲何陳便宜二十餘事, 令奏之, 事皆合旨.

太宗怪其能, 問何, 何對曰:「此非臣所發意, 乃臣家客馬周也.」

太宗卽日召之. 未至間, 凡四度遣使催促. 乃謁見, 與語甚悅. 令直門下省, 授監察御史, 累除中書舍人. 周有機辯, 能敷奏, 深識事端, 故動無不中.

太宗嘗曰:「我於馬周, 暫時不見, 則便思之.」

十八年, 曆遷中書令, 兼太子左庶子. 周旣職兼兩宮, 處事平允, 甚獲當時之譽. 又以本官攝吏部尙書.

太宗嘗謂侍臣曰:「馬周見事敏速, 性甚愼至. 至於論量人物, 直道而言, 朕比任使之, 多稱朕意. 旣寫忠誠, 親附於朕, 實藉此人, 共康時政也.」

【馬周】 601~648. 자는 賓王. 어릴 때 가난에 고통을 당하다가 長安으로 와서 中郎將 常何의 식객이 됨. 貞觀 5년(631) 常何를 대신하여 太宗에게 상서를 올렸다가 발탁되어 中書令에 오름.

【博州茌平】 지금의 山東 博山에 속하는 지명.

【貞觀五年】《舊唐書》太宗本紀(上)와《資治通鑑》(193) 등에 의하면 貞觀 3년 (629)의 일로 되어 있음.

【中郞長】 비교적 낮은 武職.
【常何】 인명. 다른 기록에는 이 이름이 보이지 않음.
【監察御使】 관료의 업무를 감찰하고 郡縣을 돌면서 刑獄을 살피며 朝儀 등을 바르게 규정하는 업무를 맡은 관직.
【中書舍人】 中書省의 舍人으로 황제에 바칠 문서를 정리하며 조칙 따위를 초안하는 임무를 맡은 관직.
【機辯】 기지와 언변에 뛰어남을 말함.
【兩宮】 본궁과 태자궁. 帝宮과 東宮.
【寫】 '瀉'와 같음. 진력을 다함.

4. 구간求諫

'구간求諫'이란 신하로 하여금 간언을 할 수 있는 분위기를 임금이 직접 만들고 요구해야 한다는 뜻이다.

〈隋煬帝龍舟出行圖〉 清代 그림

030(4-1)
제 모습을 보려면 거울이 있어야 하듯이

태종은 모습이 위용이 있고 엄숙하여 관료들이 다가와 알현할 때면 모두가 그 앞에서 어떻게 행동해야 할지 떨 정도였다. 태종은 이를 알고 매번 보고를 드리는 자를 만날 때면 반드시 안색을 바꾸어 편하게 간쟁을 할 수 있도록 하여 정교의 득실을 알고자 하였다.

정관 초, 태종은 공경들에게 이렇게 말하였다.

"사람이 자신의 모습을 보고자 하면 반드시 밝은 거울이 있어야 하듯이 군주가 자신의 과실을 알고자 하면 모름지기 충성스러운 신하의 힘을 빌릴 수밖에 없다. 임금이 자신이 똑똑하다고 여기고 신하가 바르게 고쳐 주지 않는다면 위험과 패망에 이르지 않기를 바란다고 해도 가히 그렇게 되겠는가? 그러므로 군주가 그 나라를 잃으면 신하 역시 제 홀로 자신의 집안을 온전히 할 수 없다. 수隋 양제煬帝가 포학暴虐하였음에도 신하들이 입을 닫고 있어 끝내 그 허물을 들을 수 없어 마침내 멸망에 이른 것이며 우세기虞世基 등도 이윽고 죽음을 당하고 만 것이다. 그대들은 내가 백성에게 불리한 일을 하는 것을 볼 때마다 반드시 극언으로 규간規諫해 주어야 한다."

太宗威容儼肅, 百僚進見者, 皆失其擧措. 太宗知其若此, 每見人奏事, 必假顏色, 冀聞諫諍, 知政教得失.

貞觀初, 嘗謂公卿曰:「人欲自照, 必須明鏡; 主欲知過, 必藉忠臣. 主若自賢, 臣不匡正, 欲不危敗, 豈可得乎? 故君失其國,臣亦不能獨全其家. 至於隋煬帝暴虐, 臣下鉗口, 卒令不聞其過, 遂至滅亡, 虞世基等, 尋亦誅死. 前事不遠, 公等每看事有不利於人, 必須極言規諫.」

【擧措】行動擧止. 움직임.
【顔色】밝고 즐거워하는 표정.
【貞觀初】다른 사서에 의하면 貞觀 元年(627)으로 되어 있음.
【鉗口】拑口, 箝口와 같음. 입을 닫은 채 전혀 말을 하지 않음.
【虞世基】자는 茂世. 會稽 姚餘 사람으로 隋 煬帝 때 內史侍郞이었으며 양제가 폭정을 일삼아도 이를 간언하지 않아 뒤에 부하 병사들에게 죽음을 당함.

031(4-2)
먹줄을 따르면 나무가 곧아지듯

정관 원년(627), 태종이 시종하는 신하에게 말하였다.

"바른 임금이 사악한 신하를 임용하면 정치를 이룰 수 없다. 마찬가지로 바른 신하가 사악한 군주를 모셔도 역시 정치를 이룰 수 없다. 임금과 신하의 만남이란 오직 마치 물고기가 물을 만난 것처럼 되어야만 해내가 편안할 것이다. 나는 비록 명석하지는 못하나 다행히 여러 공들의 잦은 지도와 구제를 받고 있으며 직언과 강경한 논의에 힘입어 천하의 태평을 이루기를 바라고 있다."

이에 간의대부諫議大夫 왕규王珪가 대답하였다.

"제가 듣기로 나무가 먹줄을 따르면 곧게 되고 임금이 간언을 따르면 성스러워진다고 하더이다. 이 까닭으로 옛날 성스러운 임금에게는 반드시 일곱 명의 간쟁하는 신하가 있었으며 그들은 간언이 채택되지 않으면 죽음으로써 이어 갔습니다. 폐하께서는 성스러운 염려를 열어 추요芻蕘의 하찮은 말도 채납하시니 어리석은 저로서는 꺼릴 것이 없는 조정에 처하여 진실로 미친 이나 귀머거리처럼 모든 것을 남김없이 다 간언을 하고 있습니다."

태종은 훌륭함을 칭찬하면서 조서를 내려 이로부터 재상이 안에 들어와 국가의 대사를 계획할 때는 반드시 간관諫官이 함께 따라 들어와 정치에 참여하고 의견을 낼 수 있도록 조치하였다. 그리고 문제를 진언하는 자가 있으면 반드시 자신을 비우고 이들의 의견을 받아들였다.

貞觀元年, 太宗謂侍臣曰:「正主任邪臣, 不能致理; 正臣事邪主, 亦不能致理. 惟君臣相遇, 有同魚水, 則海內可安. 朕雖不明, 幸諸公數相匡救, 冀憑直言鯁議, 致天下於平.」

諫議大夫王珪對曰:「臣聞木從繩則正, 后從諫則聖. 是故古者聖主必有爭臣七人, 言而不用, 則相繼以死. 陛下開聖慮, 納芻蕘, 愚臣處不諱之朝, 實願罄其狂瞽.」

太宗稱善, 詔令自是宰相入內平章國計, 必使諫官隨入, 預聞政事. 有所開說, 必虛己納之.

【致理】治理. 唐高宗 李治의 이름을 휘하여 治를 致로 적음.
【鯁議】강경하게 의견을 내세움. 鯁은 '생선뼈처럼 굳세다'는 뜻.
【木從繩則正】《尙書》說命(上)에 武丁이 "惟木從繩則正, 后從諫則聖"이라 함.
【爭臣】諍臣과 같음. 거리낌 없이 간언하는 신하.《孝經》에 "昔者天子有爭臣七人, 雖無道, 不失其天下"라 함.
【芻蕘】꼴 베고 나무하는 하찮은 사람. 임금은 이러한 자에게도 그 의견을 묻고 듣는 것을 부끄럽게 여기지 않아야 함.《詩經》大雅 板에 "先民有言, 詢于芻蕘"라 함.
【狂瞽】광간하고 장님처럼 아무것도 모른다는 뜻으로 자신의 의견을 낮추어 말한 것.
【平章國計】함께 나라의 계책을 토의 함. '平章'은 '토론하여 결정하다'의 뜻.

032(4-3)
어찌 스스로 물러나지 않았는가

정관 2년(628), 태종이 시종하는 신하에게 말하였다.
"현명한 군주는 자신의 단점을 생각하여 더욱 훌륭하게 되고, 혼암한 군주는 자신의 단점을 감싸기에 영원히 어리석게 된다. 수隋나라 양제煬帝는 스스로 뽐내고 자랑하면서 자신의 단점은 감싸고 간언은 거부하였으니 신하 역시 진실로 그의 뜻을 거역하기 힘들었다. 그러니 우세기虞世基가 감히 직언을 못하였던 것은 혹 그 죄가 깊다고 말할 수 없을 수도 있다. 옛날 기자箕子는 미친 체하여 스스로를 보전하였고 공자 역시 그를 인仁이라 칭하였다. 그렇다면 양제가 피살될 때 우세기는 함께 죽었어야 하는 것이 아닌가?"
두여회杜如晦가 대답하였다.
"천자에게 쟁신諍臣이 있으면 비록 무도해도 천하를 잃지는 않습니다. 중니仲尼는 '곧도다, 사어史魚여! 나라에 도가 있어도 화살처럼 반듯하고 나라에 도가 없어도 화살처럼 반듯하였다'라고 하였습니다. 그러나 우세기가 어찌 양제가 무도하여 간언을 받아들이지 않는다고 해서 입을 막고 있어서야 되겠습니까? 안전만 훔쳐 자리를 중히 여겼고 게다가 직위를 내놓고 물러서기를 청하지도 않았으니 그렇다면 기자가 미친 체하고 물러난 것과는 일의 이치로 보아 같지 않습니다. 옛날 진晉 혜제惠帝의 가후賈后가 민회태자愍懷太子를 폐위시키려 할 때 사공司空 장화張華는 끝까지 이를 다투지 않고 뜻을 굽혀 구차스럽게 면하고자 하였습니다. 뒤에 조왕趙王 사마륜司馬倫이 군사를 일으켜 가후를 폐출시키고 사신을 장화에게 보내어 따지자 장화는 '태자를 폐위하고자 하던 날 내가 말하지 않은 것은 아니오. 당시 내 의견이 채납되지 않았을 뿐이오'라고 하였습니다. 그러자 사신이 '그대는 삼공三公의 지위에 있으면서 태자가 죄도 없이 폐위를 당하는데 간언을 들어주지 않았다면 어찌 스스로 물러날 생각은 하지 않았소?'라고 하여 장화가 아무런 대답을 하지 못하자 드디어 그의 목을 자르고 삼족을 멸해 버렸습니다. 옛 사람이 이르되 '위험할 때 부축해 주지 못하고 엎어질 때 일으켜 주지 못한다면 어찌 그런 자를 재상으로 삼을 수 있으랴?'라 하였습니다. 그 때문에 '군자는 큰 절개에 임해서는 그 뜻을 빼앗을 수 없다'라 한 것입니다. 장화는 이처럼 곧은 것을 위해 맞서기는 하였으나 절의를 성취하지 못하였으니 겸손히 말해도 몸을 보전한 자는 아니라고 할 수 있으며 왕의 신하로서의 절개는 이미 추락된 것입니다. 우세기는 재상으로서 황제를 보좌하는 자리에 있으면서 끝내 한마디 간언도 하지 않았으니 역시 죽는 것이 마땅합니다."

태종이 말하였다.

"그대의 말이 맞소. 임금으로서는 모름지기 충량한 보필을 두어야 그 몸도 안전하고 나라도 편안한 것입니다. 양제는 어찌 그 아래에 충성된 신하를 두지 않아서가 아니라 자신의 잘못을 들어 볼 수가 없어 그 때문에 악이 쌓이고 재앙이 가득 차서 멸망이 그에게 미친 것이 아니겠소? 만약 임금이 부당한 일을 하는데 신하가 이를 고쳐 주지 않은 채 그저 구차스럽게 아부하고 순종하며 모든 일을 찬미만 한다면 임금은 혼암하고 신하는 아첨쟁이가 되고 마는 것이니 그 위험과 멸망은 멀지 않게 되지요. 나는 지금 군신과 상하가 각기 그 지공至公을 다하고 서로 갈고 닦아 치도治道를 이루기에 뜻을 두고 있소. 그대들은 각기 충성과 바른 말을 다하기에 힘써 나의 악행을 고쳐 바로잡아 주시오. 나는 직언이 내 뜻을 거슬린다고 여겨 문득 책하거나 화를 내는 일은 끝까지 없을 것이오."

貞觀二年, 太宗謂侍臣曰:「明主思短而益善, 暗主護短而永愚. 隋煬帝好自矜誇, 護短拒諫, 誠亦實難犯忤. 虞世基不敢直言, 或恐未爲深罪. 昔箕子伴狂自全, 孔子亦稱其仁. 及煬帝被殺, 世基合同死否?」

杜如晦對曰:「天子有諍臣, 雖無道不失其天下. 仲尼稱:『直哉史魚! 邦有道如矢, 邦無道如矢.』世基豈得以煬帝無道, 不納諫諍, 遂杜口無言? 偷安重位, 又不能解職請退, 則與箕子伴狂而去, 事理不同. 昔晉惠帝賈后, 將廢愍懷太子, 司空張華竟不能苦爭, 阿意苟免. 及趙王倫擧兵廢后, 遣使收華, 華曰:『將廢太子日, 非是無言, 當時不被納用.』其使曰:『公爲三公, 太子無罪被廢, 言旣不從, 何不引身而退?』華無辭而答, 遂斬之, 夷其三族. 古人有云:『危而不持, 顚而不扶, 則將焉用彼相?』故『君子臨大節而不可奪也.』張華旣抗直不能成節, 遜言不足全身, 王臣之節固已墜矣. 虞世基位居宰輔, 在得言之地, 竟無一言諫諍, 誠亦合死.」

太宗曰:「公言是也. 人君必須忠良輔弼, 乃得身安國寧. 煬帝豈不以下無忠臣, 身不聞過, 惡積禍盈, 滅亡斯及? 若人主所行不當, 臣下又無匡諫, 苟在阿順, 事皆稱美, 則君爲暗主, 臣爲諛臣, 君暗臣諛, 危亡不遠. 朕今志在君臣上下, 各盡至公, 共相切磋, 以成治道. 公等各宜務盡忠讜, 匡救朕惡, 終不以直言忤意, 輒相責怒.」

【箕子】殷나라 말기 紂王의 숙부. 紂에게 직간을 하였으나 들어주지 않자 거짓 미친 체하였음. 孔子는 은나라 때 箕子, 微子, 比干을 '三仁'이라 하였음.《論語》微子篇 "微子去之, 箕子爲之奴, 比干諫而死. 孔子曰:「殷有三仁焉.」"이라 함.

【仲尼】《論語》衛靈公篇에 "子曰:「直哉史魚! 邦有道, 如矢; 邦無道, 如矢. 君子哉蘧伯玉! 邦有道, 則仕; 邦無道, 則可卷而懷之.」"라 함.

【史魚】史鰌(史鰍). 衛나라 大夫. 이름은 鰌(鰍)이며, 字는 子魚. 蘧伯玉을 추천하지 못하고 彌子瑕를 퇴진시키지 못하자 죽음에 이르러 그 아들로 하여금 正堂에서 治喪하지 못하도록 하였다. 衛靈公이 問喪을 왔을 때 그 아들이 "臣下의 道理를 다하지 못하여 正堂에서 治喪하지 못하게 하였다"라고 하는 말을 듣고, 蘧伯玉을 들어 쓰고 彌子瑕는 퇴진시켰다 함. 이를 흔히 '尸諫'이라 하며,《韓詩外傳》(七)·《新序》(雜事)·《韓非子》說難·《孔子家語》困誓·《說苑》(雜言)·《史記》韓非子列傳·《文選》注·《後漢書》注·《藝文類聚》·《太平御覽》·《冊府元龜》등에 아주 널리 전재되어 있음.《論語》衛靈公篇에 "子曰:「直哉史魚! 邦有道, 如矢; 邦無道, 如矢. 君子哉蘧伯玉! 邦有道, 則仕; 邦無道, 則可卷而懷之.」"라 하였음.《孔子家語》困誓篇에 "衛蘧伯玉賢而靈公不用, 彌子瑕不肖反任之, 史魚驟諫而不從. 史魚病將卒, 命其子曰:「吾在衛朝, 不能進蘧伯玉退彌子瑕, 是吾爲臣不能正君也. 生而不能正君, 則死無以成禮. 我死, 汝置屍牖下, 於我畢矣.」其子從之, 靈公弔焉, 怪而問焉, 其子以其父言告公, 公愕然失容曰:「是寡人之過也.」於是命之殯於客位, 進蘧伯玉而用之, 退彌子瑕而遠之. 孔子聞之:「古之列諫之者, 死則已矣, 未有若史魚死而屍諫, 忠感其君者也, 不可謂直乎?」"라 하였으며,《韓詩外傳》(7)과《新序》(1)에도 같은 문장이 실려 있음.

【晉惠帝】西晉나라 제 2대 군주 司馬衷(259~306). 290년~306년 재위. 백치였으며 그 후비 賈后(賈南風)가 정권을 휘둘러 결국 태자를 폐위시켰음.

【愍懷太子】혜제의 태자 司馬遹. 晉 惠帝 후궁 謝氏 소생으로 賈后에게 죽음을 당한 뒤 시호가 愍懷였음.

【張華】자는 茂先(232~300). 詩, 書, 文章 등에 고루 능하였던 晉나라 때의 문호이며 학자. 司空을 지냈으며 趙王 司馬倫에게 해를 입음. 후인이 집일한《張茂先集》이 있으며 저서로는 유명한《博物志》가 전함.《晉書》(36)에 전이 있음.

【趙王倫】趙王 司馬倫. 西晉 八王 중의 하나이며 司馬懿의 9째 아들. 宣帝 桓夫人 소생으로 趙王에 봉해짐. 자는 子彛. 宿衛禁兵을 이끌고 賈后를 죽여버림.

【三族】여러 설이 있으나 父族, 母族, 妻族을 말함.
【古人】周任을 가리킴.《論語》季氏篇에 "孔子曰:「求! 周任有言曰:『陳力就列, 不能者止.』危而不持, 顚而不扶, 則將焉用彼相矣? 且爾言過矣, 虎兕出於柙, 龜玉毀於櫝中, 是誰之過與?」"라 함.
【君子臨大節】《論語》泰伯篇에 "曾子曰:「可以託六尺之孤, 可以寄百里之命, 臨大節而不可奪也. 君子人與? 君子人也.」"라 함.
【讜】곧은 말. 정직한 말.

033(4-4)
상소문을 벽에 붙여 놓고

정관 3년(629), 태종이 사공司空 배적裵寂에게 말하였다.

"근래 상서와 주사奏事의 조목과 숫자가 심히 많아 나는 이를 모두 벽에 붙여 놓고 드나들며 이를 살펴보고 있소. 이렇게 열심을 다하여 게으름이 없이 하는 것은 신하들의 사정을 모두 살피고자 함이라오. 매번 정치를 생각할 때마다 혹 밤 깊은 삼경三更이 되어서야 잠자리에 들고 있소. 역시 공들께서도 마음을 쏟아 게으름이 없도록 하여 짐의 뜻에 부응해 주시기를 바라오."

貞觀三年, 太宗謂司空裵寂曰:「比有上書奏事, 條數甚多, 朕總黏之屋壁, 出入觀省. 所以孜孜不倦者, 欲盡臣下之情. 每一思政理, 或三更方寢. 亦望公輩用心不倦, 以副朕懷也.」

【裵寂】570~632. 자는 玄眞. 蒲州 桑泉(지금의 山東 臨猗) 사람으로 隋末 晉陽宮의 副監으로서 그곳에 저장되어 있던 식량과 무기를 꺼내어 李淵을 도운 공으로 尙書僕射가 되었으며《唐律》5백 조를 제정하였음. 司空이 되었으나 태종 3년(629) 면직되어 귀향. 뒤에 태종이 후회하고 다시 불렀으나 이미 죽은 뒤였음.
【三年】《冊府元龜》(58)와 《資治通鑑》(192)에는 武德 9년(626) 12월로 되어 있으며 이 해에 裵寂을 司空으로 삼았으나 貞觀 3년(629) 정월에 죄에 걸려 파직되었음.

【裴寂】자는 玄眞, 蒲州 桑泉(지금의 山西 臨猗 동남쪽) 사람으로 隋나라 말기 때 晉陽宮의 副監으로서 李淵의 거병을 모책, 晉陽起兵을 성사시켰음. 당나라 초기에 宰相을 거쳐 뒤에 司空이 되었으나 원래 태자였던 李建成을 지지하다가 李世民(太宗)의 미움을 받아 면직되어 낙향, 다시 靜州로 유배되어 죽음.
【比】근래.
【三更】한밤중.
【副】符合됨. 應副, 副應함과 같은 뜻임.

034(4-5)
제왕의 희로 표시

정관 5년(631), 태종이 방현령房玄齡 등에게 말하였다.
 "자고로 제왕들은 흔히 자신의 뜻에 맞추어 즐거움과 노함을 표시하여 즐거우면 공이 없는 이에게도 마구 상을 내리고 노하면 죄 없는 이들조차 마구 죽이곤 하였소. 이 까닭으로 천하가 혼란에 빠져 나라를 망치게 된 것은 이로 말미암지 않은 경우가 없었소. 나는 지금 이른 아침부터 밤늦도록 이러한 면에 마음을 쏟지 않은 경우가 없이 항상 공들에게 뜻을 다하여 지극한 간언을 해 주기를 바라고 있소. 공들께서도 모름지기 남의 간언을 받아들여야 하오. 어찌 남의 말이 자신의 뜻과 다르다고 해서 자신의 단점을 감싸기 위해 이를 받아들이지 않을 수 있겠소? 만약 능히 남의 간언을 받아들이지 못한다면 어찌 능히 남에게 간언을 할 수 있겠소?"

 貞觀五年, 太宗謂房玄齡等曰:「自古帝王多任情喜怒, 喜則濫賞無功, 怒則濫殺無罪. 是以天下喪亂, 莫不由此. 朕今夙夜未嘗不以此爲心, 恆欲公等盡情極諫. 公等亦須受人諫語, 豈得以人言不同己意, 便卽護短不納? 若不能受諫, 安能諫人?」

 【夙夜】'夙興夜寐'의 줄인 말. 이른 새벽부터 밤늦도록 열심을 다함을 말함. 《詩經》 小雅 小宛에 "夙興夜寐, 無忝爾所生"이라 함.
 【諫語】하부 기관에서 대신들에게 올리는 건의를 뜻함.

035(4-6)
역린을 피하지 말라

　정관 6년(632), 태종은 어사대부御史大夫 위정韋挺, 중서시랑中書侍郎 두정륜杜正倫, 비서소감秘書少監 우세남虞世南, 저작랑著作郎 요사렴姚思廉 등이 올린 상소문이 자신의 뜻과 맞아 그들을 불러 이렇게 말하였다.
　"내 두루 고대 신하들의 충성을 다한 일들을 살펴보건대 만약 명석한 군주를 만나면 쉽게 정성을 다해 간언을 할 수 있지만, 그러나 관룡방關龍逢이나 비간比干 같은 이는 처자까지도 죽음을 당하고 말았다. 임금이 된다는 것은 쉬운 일이 아니며 신하가 된다는 것도 지극히 어려운 일이다. 내 다시 듣기로 용龍은 가히 다루어 순치馴致시킬 수는 있으나 그 용의 목에는 역린逆鱗이 있어 이를 건드리면 사람을 물어 죽인다고 하였다. 임금도 이와 같다. 경들은 그럼에도 드디어 그런 역린을 범하는 것을 피하지 아니하고 각자 상서를 올려 주었다. 항상 능히 이와 같이 한다면 내 어찌 사직이 기울어 무너질 것을 염려하겠는가! 매번 경들의 이러한 뜻을 생각하여 잠시도 고마움을 잊을 수 없어 그 때문에 오라 하여 잔치를 베풀어 함께 즐기고자 하는 것이다."
　그리고는 각기 지위에 따라 차등을 두어 비단을 하사하였다.

　貞觀六年, 太宗以御史大夫韋挺·中書侍郎杜正倫·秘書少監虞世南·著作郎姚思廉等上封事稱旨, 召而謂曰:「朕歷觀自古人臣立忠之事, 若値明主, 便宜盡誠規諫, 至如龍逢·比干, 不免孥戮. 爲君不易, 爲臣極難. 朕又聞龍可擾而馴, 然喉下有逆鱗, 觸之則殺人, 人主亦然. 卿等遂不避犯觸, 各進封事. 常能如此, 朕豈慮社稷之傾敗! 每思卿等此意, 不能暫忘, 故詔卿等設宴爲樂.」

乃賜絹有差.

【御史大夫】 御史臺의 최고 책임자. 주로 형법과 전장을 관장하며 백관의 범죄를 다스림.
【韋挺】 당초의 명신. 원래 태자 李建成의 東宮 屬官. 玄武門 政變으로 嶲州로 좌천되었다가 王珪의 추천으로 태종 李世民을 모셨으며 遼東 遠征에 군량 조달의 책임을 맡음.
【中書侍郎】 중서성의 부장관. 中書令 다음의 직급.
【杜正倫】 정관 초에 魏徵의 추천으로 兵部員外郎이 되었다가 給事中과 知起居注의 임무를 맡았으며 정관 4년(630) 中書侍郎에 오름.
【著作郎】 비서성의 속관.
【姚思廉】 이름은 簡. 원래 隋나라 때 代王 楊侑의 侍讀이었으며 唐 高祖 李淵이 칭제하며 그에게 秦王府(李世民)의 文學士로 임명함. 貞觀 초에 著作郎, 弘文館 學士가 되었으며 학문과 역사에 뛰어났음.《梁書》와《陳書》를 편찬하기도 하였음.
【龍逢】 關龍逢. 夏나라 말기의 현인. 여러 차례 桀의 잘못을 간언하다가 결국 죽음을 당함. 판본에 따라서는 관룡방(關龍逄)으로 표기하기도 함.
【比干】 殷나라 紂의 숙부로 여러 차례 간언을 하다가 배가 갈리는 참상을 입고 죽음을 당함.《史記》殷本紀 참조.
【孥戮】 처자까지도 모두 육시를 당함. '孥'는 처와 아들을 함께 가리키는 말.《尙書》甘誓 "予則孥戮汝"의 傳에 "孥, 子也; 非但止汝身, 辱及汝子"라 하였고, 顔師古의《匡謬正俗》(2)에는 "孥戮, 或以爲奴, 或加刑戮, 無有所赦耳"라 함.
【擾】 馴服함.
【逆鱗】 용의 목 아래 비늘이 거꾸로 나 있는 곳. 황제를 비평함을 뜻함.《史記》老莊申韓列傳에 "夫龍之爲蟲也, 可擾狎而騎也. 然其喉下有逆鱗徑尺, 人有嬰之, 則必殺人. 人主亦有逆鱗, 說之者能無嬰人主之逆鱗, 則幾矣"라 함.

036(4-7)
임금의 소매를 자르는 범죄

　태상경太常卿 위정韋挺이 일찍이 소를 올려 정치의 득실得失을 진술한 적이 있었다. 이에 태종이 편지를 써서 하사하였다.
　"그대가 올린 의견을 받아 보니 지극히 온당한 말이었으며 사리辭理 또한 볼만하여 심히 위로를 삼을 수 있었소. 옛날 제齊나라 국내에 난難이 일어났을 때 이오夷吾 관중은 환공桓公의 허리띠 고리를 쏘았던 죄과가 있었고, 포성蒲城의 사건에 발제勃鞮는 문공文公의 소매를 자르는 범죄를 저질렀지만 소백小白 환공은 이를 허물로 삼지 않았고, 중이重耳 문공은 옛날 친구로서 대접하였으니 이는 어찌 개가 주인이 아니면 짖을 수밖에 없으며 그 뜻이 두 임금을 섬기지 않겠다는 사실을 인정한 것이 아니겠소? 그대의 깊은 정성이 바로 그 편지에 드러났었소. 만약 능히 이러한 절개를 온전히 하여 지켜내기만 한다면 길이 그 아름다운 이름을 보전할 것이지만 만약 태만히 한다면 애석한 일이 아니리오! 시종終始여일하게 힘써 장래 모범을 보여야 할 것이오. 뒷사람들로 하여금 지금을 보도록 하는 것은 역시 지금 사람이 옛날을 보는 것과 같으니 역시 아름다운 일이 아니겠소! 나는 근래 내 허물을 듣지 못하였고 나의 결점을 보지 못하였는데 충간忠懇을 다하여 자주 들어와 좋은 말을 해 주는 데에 힘입어 나의 뜻을 살찌게 할 수 있었으니 한결같이 칭찬할 만하다 이르리라!"

太常卿韋挺嘗上疏陳得失, 太宗賜書曰:「得所上意見, 極是讜言, 辭理可觀, 甚以爲慰. 昔齊境之難, 夷吾有射鉤之罪; 蒲城之役, 勃鞮爲斬袂之仇, 而小白不以爲疑, 重耳待之若舊, 豈非各吠非主, 志在無二? 卿之深誠, 見於斯矣. 若能克全此節, 則永保令名; 如其怠之, 可不惜也! 勉勵終始, 垂範將來, 當使後之視今, 亦猶今之視古, 不亦美乎! 朕比不聞其過, 未睹其闕, 賴竭忠懇, 數進嘉言, 用沃朕懷, 一何可道!」

【太常卿】태상시(太常寺)의 장관. 禮樂과 郊祭 및 社稷의 일을 관장함.
【齊】춘추시대 齊나라. 姜太公(呂尙, 子牙)이 봉을 받았으며 지금의 山東 淄博市 臨淄鎭이 도읍지였음. '齊境之難'은 B.C.685년 齊 襄公이 피살되고 제나라에 난이 일어나 小白과 糾가 각각 鮑叔과 管仲을 데리고 魯와 莒로 피난한 사건을 말함.
【夷吾】管夷吾. 管仲. 管子. 원래 公子 糾를 따랐으며 왕권 다툼에 小白(桓公)의 허리띠 고리를 쏘았었음.《史記》齊太公世家 및 管晏列傳 참조.
【蒲城】춘추시대 진나라 땅. 지금의 山西 隰縣 서북. '蒲城之役'은 B.C.655년 진나라에 난이 일어나 당시 蒲城에 있던 公子 重耳를 寺人 披(勃鞮)를 보내어 공격한 사건. 당시 포성 사람들이 대항하려 하자 중이가 아버지의 명령이라 하며 담을 뛰어 도망하였음.《左傳》僖公 5년 참조.
【勃鞮】인명. 晉나라 寺人. 이름은 披.《史記》晉世家를 참조할 것. 진나라 내란이 일어나 公子 重耳(뒤에 文公이 됨)가 蒲로 도망하자 晉 獻公이 발제를 보내어 중이를 죽여 없애도록 하였음. 그러나 그때 다만 중이의 옷소매만 자르고 말았으며 뒤에 중이가 귀국하여 왕위에 오르자 전혀 그때 일을 개의치 아니하고 발제를 옛 친구로 대하였음.
【小白】齊 桓公. 춘추오패의 하나. 내란이 일어나 莒로 도망할 때 포숙이 따랐으며 오는 길에 관자의 활이 허리띠 고리에 맞아 죽은 척하고 먼저 돌아와 왕이 됨. B.C.685~B.C.643년까지 43년간 재위.
【重耳】晉나라 公子. 뒤에 晉 文公이 됨. 역시 춘추오패의 하나. B.C.636~B.C.628년까지 9년간 재위.
【各吠非主】개는 각기 자신의 주인이 아닌 자를 보면 짖게 되어 있음.

037(4-8)
틈날 때마다 조용히 앉아

정관 8년(634), 태종이 시종하는 신하에게 말하였다.

"내 매번 틈이 날 때마다 조용히 앉아 스스로 내 자신을 살펴보고 있다. 항상 위로 천심에 맞지 않은 일은 없는가, 아래로 백성에게 원망을 하는 일은 없는가 하고 두려워하면서, 오직 정직한 사람이 바로잡아 간언을 해 주어 나의 이목이 밖으로 소통되고 아래로 원망이 막힘이 없기를 바라고 있다.

또 근래 찾아와 일에 대한 의견을 올리는 자는 흔히 두려움을 느낀 나머지 그 언어가 차례를 잃어 조리가 없는 듯이 보이기도 한다. 평소 의견을 올릴 때도 오히려 그 실정이 이와 같거늘 하물며 간쟁을 하면서 반드시 역린逆鱗을 범하여야 할 때임에랴! 따라서 매번 간언을 하는 자는 비록 내 마음에 합치되지 않을 지라도 나 역시 거슬리게 느끼지 않고자 한다. 만약 내가 즉시 반응하여 호통을 치거나 질책을 하여 남에게 깊은 공포와 전율을 느끼게 한다면 그 자가 어찌 무슨 말을 더 하고자 하겠는가!"

貞觀八年 太宗謂侍臣曰:「朕每間居靜坐, 則自內省, 恆恐上不稱天心, 下爲百姓所怨. 但思正人匡諫, 欲令耳目外通, 下無怨滯. 又比見人來奏事者, 多有怖懾, 言語致失次第. 尋常奏事, 情猶如此, 況欲諫諍, 必當畏犯逆鱗! 所以每有諫者, 縱不合朕心, 朕亦不以爲忤. 若卽嗔責, 深恐人懷戰懼, 豈肯更言!」

【正人】 정직한 사람.
【怖慴】 두려워함. 두려움.
【嗔責】 몹시 화를 내어 호통을 치며 꾸짖음.

038(4-9)
신하들이 입을 열지 않는 이유

정관 15년(641), 태종이 위징魏徵에게 물었다.
"근래 조정의 신하들이 제대로 입을 열지 않으니 어찌 된 일인가?"
위징이 대답하였다.
"폐하께서 마음을 비우시고 의견을 들어주시면 의당 입을 여는 자가 있을 것입니다. 그러나 옛 사람이 '믿음을 얻지 못하고 간언을 하면 자신을 비방하는 것이라 여기게 되며, 믿음을 얻었으나 간언하지 않으면 이를 일러 시록尸祿이라 한다'라 하였습니다. 다만 사람의 재능과 도량은 각기 다른 것으로서 나약한 사람은 충직함을 가슴에 품고 있으나 능히 말을 꺼내지 못하고, 관계가 소원한 사람은 믿음을 얻지 못할까 여겨 말을 하지 못하는 것이며, 봉록을 생각하는 자는 자신에게 불리함이 있을까 여겨 감히 말을 꺼내지 않는 것입니다. 그 때문에 서로 입을 다물고 침묵한 채 눈치만 보면서 세월을 보내고 있는 것입니다."
태종이 말하였다.
"진실로 그대의 말과 같다. 내 생각하기로 신하가 되어 임금에게 들어와 간언을 한다는 것은 문득 사망의 두려움까지 느낄 수 있을 것이다. 이는 정확鼎鑊에 끌려가 팽형을 당하는 것이나 혹 흰 칼날을 무릅쓰고 마주해야 하는 것과 어찌 다른 것이겠는가? 그러므로 충정忠貞한 신하란 결코 온 정성을 다하지 않고자 하는 것이 아니라 정성을 다한다는 것은 지극히 어려운 것이기 때문이다. 그 때문에 우禹임금은 좋은 말을 들으면 절을 하였으니 어찌 이를 위한 것이 아니겠는가! 나는 이제 가슴을 열고 간쟁을 받아들일 것이니 그대들은 두려움을 느끼지 말고 극언을 마음 놓고 하라."

貞觀十五年, 太宗問魏徵曰:「比來朝臣都不論事, 何也?」

徵對曰:「陛下虛心採納, 誠宜有言者. 然古人云:『未信而諫, 則以爲之謗己; 信而不諫, 則謂之尸祿.』但人之才器, 各有不同, 懦弱之人, 懷忠直而不能言; 疏遠之人, 恐不信而不得言; 懷祿之人, 慮不便身而不敢言. 所以相與緘黙, 俛仰過日.」

太宗曰:「誠如卿言. 朕每思之, 人臣欲進諫, 輒懼死亡之禍, 與夫赴鼎鑊·冒白刃, 亦何異哉? 故忠貞之臣, 非不欲竭誠, 竭誠者, 乃是極難. 所以禹拜昌言, 豈不爲此也! 朕今開懷抱, 納諫諍, 卿等無勞怖懼, 遂不極言.」

【謗己】 자신을 비방함. 《論語》 子張篇에 "子夏曰:「君子信而後勞其民; 未信, 則以爲厲己也. 信而後諫; 未信, 則以爲謗己也..」"라 함.

【尸祿】 아무 하는 일 없이 녹을 먹음. 《禮記》 表記에 "子曰: 事君遠而諫, 則諂也; 近而不諫, 則尸利也"라 함.

【俛仰】 그때마다 대응함. 원래 '굽어보고 우러러보다'의 뜻. 여기서는 눈치만 보거나 그럭저럭 시간을 보냄을 말함.

【鼎鑊】 큰 솥. '죄인을 삶아 죽이다'의 뜻임. 烹殺하는 형구.

【禹拜昌言】 우임금이 정직한 말을 들으면 그에게 절을 하였음을 말함. 《尙書》 皐陶謨에 "禹拜昌言曰:「兪, 班師振旅.」 帝乃誕敷文德, 舞干羽于兩階, 七旬有苗格"이라 함.

039(4-10)
스스로를 아는 자

정관 16년(642), 태종이 방현령房玄齡 등에게 말하였다.

"스스로를 아는 자는 명석한 것인데 이는 진실로 어려운 일이다. 이를테면 글을 잘 짓는 선비나 기예에 뛰어난 무리라면 모두가 자신이 가장 훌륭하여 남이 자신을 따를 수 없다고 여긴다. 그러나 만약 유명한 장인匠人이나 이름난 문장가가 그들의 작품을 따져 들고 잘못된 것을 지적해 낸다면 허술한 표현이나 졸렬한 흔적이 이에 드러나고 말 것이다. 이로써 말하건대 임금은 모름지기 고쳐 주고 간언하는 신하가 있어 그 허물과 과실을 들춰내 주어야 한다. 임금으로서 하루에 만 가지 상황에 대처하면서 한 사람으로써 듣고 판단하고 있으니 비록 그때마다 거듭 근심하고 고통을 알아주려 한다 한들 어찌 능히 모든 것을 다 잘할 수 있겠는가?

항상 위징魏徵이 일마다 바로잡도록 간언을 하여 나의 실책을 거의 찾아내어 주고 있음을 생각하니 이는 마치 밝은 거울에 비춰 보면 아름답고 추한 모습이 반드시 드러나는 것과 같다."

그리하여 술잔을 들어 방현령 등과 몇 사람에게 권하면서 힘쓸 것을 다짐하였다.

貞觀十六年, 太宗謂房玄齡等曰:「自知者明, 信爲難矣. 如屬文之士, 伎巧之徒, 皆自謂己長, 他人不及. 若名工文匠, 商略詆訶, 蕪詞拙跡, 於是乃見. 由是言之, 人君須得匡諫之臣, 擧其愆過,一日萬機, 一人聽斷, 雖復憂勞, 安能盡善? 常念魏徵隨事諫正, 多中朕失, 如明鏡鑒形, 美惡必見.」
　因擧觴賜玄齡等數人勖之.

【屬文】 문장 등을 찬술함.
【商略詆詞】 토론하기도 하고 잘못을 지적하여 힐난하기도 함. 품평을 뜻함.
【觴】 술잔.
【勖】 勉勵함.

040(4-11)
사치의 상승작용

정관 17년(643), 태종이 일찍이 간의대부諫議大夫 저수량褚遂良에게 이렇게 물었다.

"옛날 순舜임금이 칠기漆器를 만들고 우禹임금이 제기를 조각해 아름답게 만들자 당시 순과 우에게 간언한 자가 10여 명이 넘었다던데 이처럼 사소한 식기 정도 꾸민다고 어찌 괴롭게 간언을 한 것입니까?"

저수량이 대답하였다.

"조각하여 꾸미는 것은 농사짓는 이들에게 해가 되며 실로 아름답게 장식하는 것은 길쌈하는 여인들에게 상처를 줍니다. 윗사람이 처음 사치를 부리기 시작하면 위망危亡이 점차 다가오는 것이지요. 칠기를 제작할 때 이를 그치지 않으면 반드시 금으로 할 것이며, 금으로 그릇을 만들기를 그치지 않으면 틀림없이 옥으로 그릇을 만들려 할 것입니다. 그 때문에 쟁신諍臣들은 반드시 그 점점 깊어 감을 간언하는 것이며 이미 가득 찬 다음에는 다시 간언할 수가 없는 것입니다."

저수량(褚遂良) 자 登善

태종이 말하였다.

"그대의 말이 옳습니다. 내가 하는 일에 만약 부당한 것이 있거나 점차 나쁜 길로 들어섬이 있거나, 또는 이미 그렇게 끝난 일이 있으면 모두 의당 나서서 간언해 주시오. 근래 전사前史를 보건대 혹 어떤 사람이 간언해 오면 '이미 일이 그렇게 진행 중'이라고 답을 하거나 혹은 '이미 내 그렇게 허락하였다'라고 말하면서 끝내 이를 중지하거나 고치지 못하고 있더이다. 이렇게 되면 위망의 재앙은 가히 손을 뒤집는 시간 정도로 기다려야 할 것입니다."

貞觀十七年, 太宗嘗問諫議大夫褚遂良曰:「昔舜造漆器, 禹雕其俎, 當時諫舜禹者十有餘人. 食器之間, 何須苦諫?」

遂良對曰:「雕琢害農事, 纂組傷女工. 首創奢淫, 危亡之漸. 漆器不已, 必金爲之. 金器不已, 必玉爲之. 所以諍臣必諫其漸, 及其滿盈, 無所復諫.」

太宗曰:「卿言是矣, 朕所爲事, 若有不當, 或在其漸, 或已將終, 皆宜進諫. 比見前史, 或有人臣諫事, 遂答云『業已爲之』, 或道『業已許之』, 竟不爲停改. 此則危亡之禍, 可反手而待也.」

【舜造漆器】순임금이 나무를 베어 그릇을 만든 다음 이에 옻칠을 하자 이를 사치롭다 여겨 열 중에 세 나라가 복종을 하지 않았다 함.《說苑》修文篇에 "秦穆公閑, 問由余曰:「古者, 明王聖帝, 得國失國, 當何以也?」由余曰:「臣聞之, 當以儉得之, 以奢失之.」穆公曰:「願聞奢儉之節.」由余曰:「臣聞堯有天下, 飯於土簋, 啜於土鉶; 其地南至交趾, 北至幽都, 東西至日所出入, 莫不賓服. 堯釋天下, 舜受之, 作爲食器, 斬木而裁之, 銷銅鐵, 修其刃, 猶漆黑之, 以爲器. 諸侯侈國之不服者十有三. 舜釋天下, 而禹受之, 作爲祭器, 漆其外而朱畫其內, 繒帛爲茵褥, 觴勺有彩, 爲飾彌侈, 而國之不服者三十有二, 夏后氏以沒, 殷周受之, 作爲大器, 而建九傲, 食器彫琢, 觴勺刻鏤, 四壁四帷, 茵席彫文, 此彌侈矣, 而國之不服者五十有二. 君好文章, 而服者彌侈, 故曰儉其道也.」"라 함

【俎】제물을 차려 놓는 상.
【纂組】오색 실로 묶음.
【女工】女功과 같음. 여인들의 방직, 자수, 바느질 등의 일을 말함.
【金】쇠붙이. 여기서는 구리를 뜻함.

정관정요

5. 납간納諫

'납간納諫'이란 앞장 '구간求諫'과 표리를 이루고 있다. 신하가 간언을 하였을 때 이를 용납하여 받아들이지 아니한다면 아무리 좋은 의견을 가진 신하라도 간언을 하거나 건의를 하려 들지 않게 될 것이다.

〈隋煬帝夜遊圖〉

041(5-1)
이원李瑗의 첩

정관 초, 태종이 황문시랑黃門侍郎 왕규王珪와 연회에서 이야기를 나누고 있었는데 그때 한 미인美人이 곁에서 시중을 들고 있었다. 그 여인은 본래 여강왕廬江王 이원李瑗의 첩이었는데 이원이 처형당하자 몰적沒籍을 당하여 궁중으로 들어오게 된 것이었다.

태종이 왕규에게 그 여인을 가리키며 이렇게 말하였다.

"여강왕은 부도덕한 자로서 저 여인의 남편을 죽여 없애고 자신의 첩으로 들인 것이다. 포악하기 그토록 심하였으니 어찌 패망하지 않을 수 있었겠는가!"

그러자 왕규가 자리를 피하며 이렇게 말하였다.

"폐하께서는 여강왕이 저 여인을 차지한 것을 두고 옳았다고 여기십니까? 아니면 잘못된 일이라고 여기십니까?"

태종이 말하였다.

"어찌 남편을 죽이면서 그 아내를 빼앗을 수 있겠는가? 그런데 그대는 나에게 옳으냐 그르냐를 묻고 있으니 어찌 된 것인가?"

왕규가 대답하였다.

"제가 《관자管子》를 통해 듣건대 제齊 환공桓公이 곽국郭國에 이르러 그곳 부로父老에게 '곽나라는 어찌하여 망하였는가?'라고 물었더니 '착한 이를 착하다 하고 악한 이를 악하다 하였기에 망한 것입니다'라고 하였습니다. 환공이 '그대의 말대로라면 이는 어진 임금인데 어찌 망함에 이르렀는가?'라고 되묻자 그는 '그렇지 않습니다. 곽나라 임금은

착한 이를 착하다고만 하였지 그를 들어 쓰지는 못하였고, 악한 이를 악하다고만 하였지 그를 내쫓지 못하였습니다. 그래서 망한 것입니다' 라고 하였답니다. 지금 이 부인을 그대로 아직도 좌우에 두고 있으니 제가 생각하건대 폐하의 마음속에는 그렇게 한 일을 옳다고 여기고 있기 때문이라는 것입니다. 폐하께서 만약 여강왕의 짓이 그른 것이라 여기신다면 이는 바로 악을 알면서도 퇴출시키지 못한 곽군과 같은 것입니다."

태종은 크게 기뻐하며 지극한 선이라 칭찬하고, 급히 그 미인을 그 친족에게 되돌려 보내도록 명령을 내렸다.

貞觀初, 太宗與黃門侍郎王珪宴語, 時有美人侍側, 本廬江王瑗之姬也, 瑗敗, 籍沒入宮.

太宗指示珪曰:「廬江不道, 賊殺其夫而納其室. 暴虐之甚, 何有不亡者乎!」

珪避席曰:「陛下以廬江取之爲是邪? 爲非邪?」

太宗曰:「安有殺人而取其妻! 卿乃問朕是非, 何也?」

珪對曰:「臣聞於《管子》曰: 齊桓公之郭國, 問其父老曰:『郭何故亡?』父老曰:『以其善善而惡惡也.』桓公曰:『若子之言, 乃賢君也, 何至於亡?』父老曰:『不然, 郭君善善而不能用, 惡惡而不能去, 所以亡也.』今此婦人尚在左右, 臣竊以爲聖心爲是之也, 陛下若以爲非, 所謂知惡而不去也.」

太宗大悅, 稱爲至善, 遽令以美人還其親族.

【貞觀初】정관 2년(628)에 해당함.
【宴語】연회상에서 오가는 말들.
【美人】궁중 여인의 직급 명칭. 아홉 명을 두었으며 正四品에 해당함.

【瑗】李瑗. 唐 高祖 李淵의 오촌 당숙의 아들. 武德 연간에 廬江王에 봉해졌으며 幽州大都督에 임명됨. 太子 李建成을 지지하였다가 玄武門 정변 뒤에 무리를 모아 모반을 꾀하다가 처형당함.
【籍沒】재산과 호적을 몰수당함. '沒籍'과 같음.
【管子】춘추시대 齊桓公을 도와 패업을 이룬 管仲의 이름에 의탁하여 지은 책이름. 본장에 기록된 고사는 금본《管子》에는 실려 있지 않음.
【郭國】郭은 나라 이름. 흔히 '虢'을 '郭'으로도 표기하나 확증은 없음.

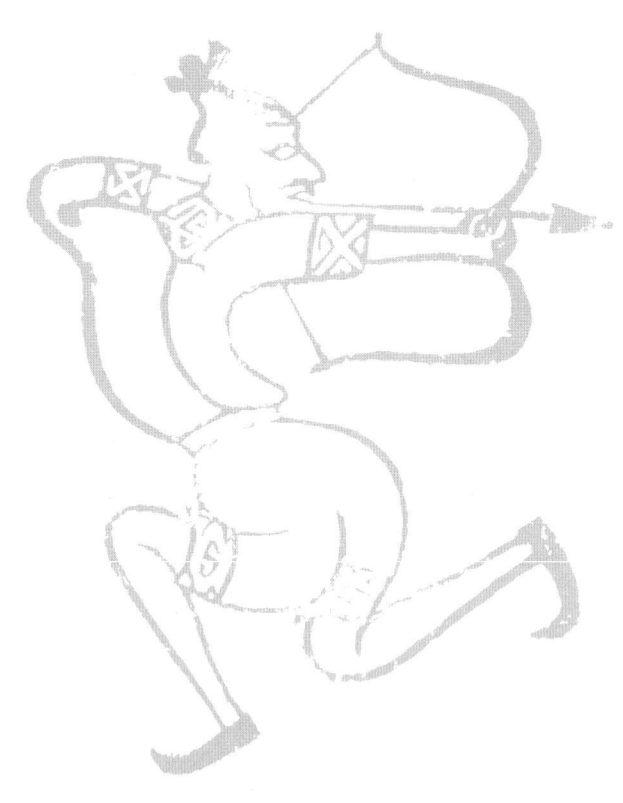

042(5-2)
다섯 가지 잘못

정관 4년(630), 조서를 내려 장졸들을 징발하여 낙양洛陽의 건원전乾元殿을 수리하여 태종 자신의 순수巡狩에 대비하도록 하였다. 이에 급사중給事中 장현소張玄素가 글을 올려 간언하였다.

"폐하께서는 지혜가 만물에 두루 펴져 사해를 움켜쥐고 있습니다. 그리고 내리시는 법령은 어디엔들 반응이 없겠으며 하고 싶은 뜻은 무슨 일인들 따라 주지 않겠습니까? 미천한 제가 몰래 생각하건대 진시황秦始皇은 임금이 되어 주실周室이 남긴 여업餘業과 육국六國이 남긴 재물로써 장차 자신이 만대의 후손에게 물려줄 것이라 하였지만 결국 그 아들에 이르러 망하고 말았으니 이는 자신의 기욕嗜慾을 마음대로 드러내어 하늘과 사람의 뜻을 거역했기 때문입니다. 이로써 천하는 힘으로 이겨낼 수 없는 것이며 신이란 자신이 친히 여겨 믿는다고 되는 것이 아님을 알 수 있습니다. 오직 검약을 널리 펴고 부역과 세금을 줄여 주며 끝마무리를 시작할 때의 신중함처럼 해야만 영원히 견고할 수 있는 것입니다.

바야흐로 지금 폐하께서는 백왕百王의 끝을 이어받았고 조폐凋弊한 나머지를 접속하였으니 틀림없이 이를 예제禮制로 조절하셔서 폐하의 몸으로 직접 앞장을 서야 할 것입니다. 동도東都 낙양은 아직 폐하께서 행차할 기약을 정한 것도 아닌데 곧 이렇게 영을 내려 수리를 하라고 하십니다. 지금 제왕諸王들이 막 번지藩地로 나가느라 그곳들에도 건물을 짓느라 바쁩니다. 그런데 이렇게 공사가 잦고 많으니 백성들이 기대하던 희망에 피폐함만 안겨 주는 것이 아니겠습니까? 이것이 불가不可함의 첫 번째 이유입니다.

또 폐하께서 처음 동도 낙양을 평정하실 때 고층의 누각과 넓은 그 궁궐을 모두 철거토록 명하시자 천하는 모두가 흡족해 하면서 한마음으로 즐겁게 우러러보았습니다. 그것은 어찌 폐하께서 처음에 그 사치스러움과 낭비를 싫어하여 그렇게 하신 것이었는데 지금은 도리어 그 화려함을 답습하려 하는 것이 아니겠습니까? 그러니 이것이 불가함의 두 번째 이유입니다.

매번 폐하의 지시에 따라 건물을 지어 놓았으나 아직 행차하지 않은 곳이 있습니다. 이는 급하지도 않은 일을 하여 재물과 노력을 허비한 것입니다. 나라에는 2년 치의 재화도 쌓아 놓지 못했는데 어찌 두 도읍을 한꺼번에 이렇게 아름답게 꾸미려 하십니까? 노역勞役이 도를 넘으면 원망의 여론이 들끓게 됩니다. 이것이 불가함의 세 번째 이유입니다.

백성들은 난리의 끝을 이어받은 터라 재물과 힘은 바닥나 있는데 폐하의 은혜를 힘입어 겨우 거칠게나마 생존해 가고 있는 정도로 기한은 아직도 절박하며 생계는 아직 안정을 얻지 못하고 있습니다. 그동안 3~5년간 아직 회복을 하지 못한 상태입니다. 그런데 아직 행차도 아니 할 도읍을 짓고 있으니 어찌 이렇게 피로에 지친 백성의 힘을 빼앗는 것입니까? 이것이 불가함의 네 번째 이유입니다.

옛날 한漢 고조高祖 유방이 장차 낙양을 도읍으로 정하고자 하다가 누경婁敬의 말 한 마디에 그날 즉시 서쪽 장안을 향해 수레를 돌렸습니다. 이것이 어찌 낙양은 전국의 중앙에 있어 조공과 부역이 균일함을 몰라서 그랬겠습니까? 단지 그 낙양의 지세가 관내關內만 못하였기 때문이었습니다. 엎드려 살피건대 폐하께서는 조폐한 백성을 교화하시고 천박한 풍속을 혁신하기에도 기간이 아직 일천하여 아직 순박함과 화목함을 이루지 못하고 있습니다. 이렇게 무슨 일을 먼저 서둘러야 마땅한지를 알면서 어찌 동쪽 낙양에 행차하려 하십니까? 이것이 불가함의 다섯 번째 이유입니다.

제가 일찍이 보았더니 수隋나라가 처음 이 건원전을 지을 때 그 기둥과 대들보는 굉장히 큰 재목으로 큰 나무는 가까운 도道에서는 나지 않는 것이었습니다. 거의가 예장豫章에서 벌채하여 날라 왔습니다. 2천 명이 기둥 하나를 끌고 왔습니다. 그 아래에 굴대를 놓았는데 모두가 철로 만든 것으로 중간에 만약 나무 굴대를 사용하면 움직일 때마다 마찰의 불꽃이 일었습니다. 기둥 하나에 사람 수를 대략 계산해도 수십만 명이 필요하였으니 거기에 드는 나머지 비용만도 또한 이에 곱절은 넘습니다. 제가 듣기로 아방궁阿房宮이 완성되자 진秦나라 백성이 흩어졌고, 장화대章華臺를 짓고 나자 초楚나라 민중이 떠나갔으며 이 건원전이 완공되자 수나라가 해체되었다 합니다. 그런데 폐하께서 지금 이때에 여기에 힘을 쏟는다면 수나라 때와 비교하여 어떻겠습니까? 조락하고 잔폐한 시대를 이어받은 뒤라 노역으로 몸에 상처를 입은 백성들인데 여기에 억만 금의 돈을 쓰시며 백왕들이 실패했던 일을 답습하시는 것이니, 이로써 말씀드린다면 아마 양제煬帝보다 심하기가 훨씬 더할 것입니다. 폐하께서 깊이 생각해 보시기를 바라며 유여由余의 비웃음이 없도록 하시면 천하가 심히 다행으로 여길 것입니다."

　貞觀四年, 詔發卒修洛陽之乾元殿, 以備巡狩. 給事中張玄素上書諫曰:

　「陛下智周萬物, 囊括四海. 令之所行, 何往不應? 志之所欲, 何事不從? 微臣竊思秦始皇之爲君也, 藉周室之餘, 因六國之盛, 將貽之萬葉, 及其子而亡, 諒由逞嗜奔慾, 逆天害人者也. 是知天下不可以力勝, 神祇不可以親恃. 惟當弘儉約, 薄賦斂, 愼終如始, 可以永固.

　方今承百王之末, 屬凋弊之餘, 必欲節之以禮制, 陛下宜以身爲先. 東都未有幸期, 卽令補葺; 諸王今並出藩, 又須營構. 興發數多, 豈疲人之所望? 其不可一也.

陛下初平東都之始, 層樓廣殿, 皆令撤毀, 天下翕然, 同心欣仰. 豈有初則惡其侈靡, 今乃襲其雕麗? 其不可二也.

每承音旨, 未卽巡幸, 此乃事不急之務, 成虛費之勞. 國無兼年之積, 何用兩都之好? 勞役過度, 怨讟將起, 其不可三也.

百姓承亂離之後, 財力凋盡, 天恩含育, 粗見存立, 飢寒猶切, 生計未安, 三五年間, 恐未能復舊. 奈何營未幸之都, 而奪疲人之力? 其不可四也.

昔漢高祖將都洛陽, 婁敬一言, 卽日西駕. 豈不知地惟土中, 貢賦所均? 但以形勝不如關內也. 伏惟陛下化凋弊之人, 革澆漓之俗, 爲日尙淺, 未甚淳和, 斟酌事宜, 詎可東幸? 其不可五也.

臣嘗見隋室初造此殿, 楹棟宏壯, 大木非近道所有, 多自豫章採來. 二千人拽一柱, 其下施轂, 皆以生鐵爲之, 中間若用木輪, 動卽火出. 略計一柱, 已用數十萬, 切則餘費又過倍於此. 臣聞阿房成, 秦人散; 章華就, 楚衆離; 乾元畢工, 隋人解體. 且以陛下今時功力, 何如隋日? 承凋殘之後, 役瘡痍之人, 費億萬之功, 襲百王之弊, 以此言之, 恐甚於煬帝遠矣. 深願陛下思之, 無爲由余所笑, 則天下幸甚矣.」

【乾元傳】洛陽宮. 隋나라 때 지은 궁궐.
【巡狩】임금이 제후의 나라를 순행하는 것. 《孟子》梁惠王(下)에 "晏子對曰:「善哉, 問也! 天子適諸侯曰巡狩, 巡狩者, 巡所守也; 諸侯朝於天子曰述職, 述職者, 述所職也. 無非事者. 春省耕而補不足, 秋省斂而助不給.」"이라 하였고, 《晏子春秋》內篇 問下에 "晏子再拜曰:「善哉! 君之問也. 嬰聞之: 天子之諸侯爲巡狩; 諸侯之天子爲述職. 故春省耕而補不足者謂之游, 秋省實而助不給者謂之豫. 夏諺曰:『吾君不游, 我曷以休! 吾君不豫, 我曷以助! 一游一豫, 爲諸侯度.』」"이라 함.
【給事中】당나라 때 관직 이름. 門下省에 속하였으며 행정의 안건을 논의하도록 자료를 준비하는 임무를 맡음.

【秦始皇】 嬴政(B.C.259~B.C.210). 秦나라 莊襄王의 아들이며 呂不韋의 生子. B.C.221년 六國을 병탄하고 秦 帝國을 일으켰으며 중앙집권의 郡縣制를 실시. 그러나 焚書坑儒와 三大 土木工事(阿房宮 수축, 萬里長城, 驪陵 조성) 등 잔혹한 정책을 펴다가 二世에게 넘겨준 다음 나라가 망함.
【張玄素】 蒲州 사람으로 隋나라 때 景城縣 戶曹 벼슬을 하였으며 貞觀 초에 侍御史로 발탁되었다가 給事中에 임명됨.
【六國】 戰國 시대 山東 六國을 말함. 七雄 중에 秦나라에 대항하여 合從을 폈으나 결국 진나라에게 모두 합병되고 말았음. 燕, 齊, 韓, 魏, 趙, 楚를 가리킴.
【神祇】 天神地祇. 모든 신령.
【東都】 洛陽을 지칭함. 東京이라고도 함. 西京(西都) 長安과 함께 兩京제도를 두었음.
【葺】 수리하고 고침.
【婁敬】 劉敬. 한나라 초기 齊나라 사람으로 漢 高祖 5년(B.C.202) 낮은 직급의 戍卒로서 감히 고조 劉邦을 뵙고 關中 長安을 도읍으로 정할 것을 건의하여 고조가 가상히 여겨 劉氏 성을 하사함. 《新序》 善謀篇 및 《史記》 劉敬叔孫通列傳, 《漢書》 등을 참조할 것.
【關內】 지금의 西安 지역 일대. 函谷關(혹은 潼關이라고도 함) 서쪽 關中.
【豫章】 지금의 江西省을 말함.
【章華】 章華臺. 춘추시대 楚나라 靈王이 세운 離宮. 뒤에 초나라 내란 때 公子 比가 왕이 되자 장화대 수축에 고통을 당하였던 초나라 백성이 영왕을 배반하고 공자 비에게 귀부함. 《史記》 楚世家 참조.
【由余】 춘추시대 西戎 사람으로 秦나라에 사신으로 왔다가 秦 穆公이 사치를 부리는 것을 보고 비웃으며 바른말을 함. 뒤에 진나라에 귀의하여 서융을 멸망시키고 목공을 패자로 만들었음. 《史記》 秦本紀 참조.

043(5-3)
걸주 같은 폭군

태종이 장현소張玄素에게 물었다.

"그대는 나를 수나라 양제煬帝만도 못하다 여겼는데 그렇다면 걸주桀紂와 비교하면 어떻소?"

장현소가 대답하였다.

"만약 이 궁전을 끝까지 짓겠다고 하시는 것이 바로 함께 그러한 난에 귀착한다고 말한 것입니다."

태종이 감탄하며 말하였다.

"내 제대로 생각지 못하였다가 드디어 이 지경에 이르렀군요."

그리고 방현령房玄齡을 돌아보며 이렇게 말하였다.

"지금 장현소가 표를 올린 것을 보면 낙양洛陽의 궁궐은 마땅히 짓지 말아야 하는 것이군요. 뒤에 반드시 내 그곳에 갈 일이 있으면 노숙을 하더라도 다시 어찌 고통이라 느끼겠소? 그곳에서 일하는 모든 민중들의 노역을 마땅히 즉시 정지시켜 주시오. 그러나 낮은 자가 존엄한 자에게 간섭을 하는 것은 예로부터 쉽지 않은 일인데 충직하지 않았다면 어찌 이렇게 할 수 있겠소? 게다가 많은 사람들이 '예예'라고 하는 것은 하나의 선비가 악악諤諤대느니만 못하다 하였으니 비단 2백 필은 하사할 만하오."

위징魏徵이 감탄하여 말하였다.

"장공은 하늘을 되돌리는 힘을 가지고 있으니 가히 어진 사람의 말은 그 이로움이 넓다고 할 수 있군요!"

太宗謂玄素曰:「卿以我不如煬帝, 何如桀紂?」

對曰:「若此殿卒興, 所謂同歸於亂.」

太宗嘆曰:「我不思量, 遂至於此.」

顧謂房玄齡曰:「今玄素上表, 洛陽實亦未宜修造, 後必事理須行, 露坐亦復何苦? 所有作役, 宜即停之. 然以卑干尊, 古來不易, 非其忠直, 安能如此? 且衆人之唯唯, 不如一士之諤諤. 可賜絹二百匹.」

魏徵嘆曰:「張公遂有回天之力, 可謂仁人之言, 其利博哉!」

【此殿】洛陽에 짓고 있던 乾元殿을 말함.
【露坐】露宿과 같음.
【唯唯】어떤 말이든 '예, 예'하고 동의하는 대답을 뜻함.
【諤諤】직언으로 그릇된 말을 지적함을 뜻함. 이상은 《韓詩外傳》(7)과 《新序》(1), 《史記》趙世家 등에 "千羊之皮, 不若一狐之腋; 衆人諾諾, 不若一士之諤諤. 昔者, 商紂默默而亡, 武王諤諤而昌"이라 하였고, 혹 "百羊之皮, 不如一狐之腋., 衆人之唯唯, 不如周舍之諤諤. 昔紂昏昏而亡, 武王諤諤而昌"이라 한 말을 원용한 것.
【回天】아주 지극히 어려운 일을 할 수 있는 능력을 말함.

044(5-4)
아끼는 준마 한 필

태종에게 한 필 준마駿馬가 있어 특별히 아껴 항상 궁중에서 이를 돌보아 기르도록 하였는데 그만 그 말이 병도 없이 갑자기 죽고 말았다. 태종은 말 기르는 궁중의 그 사람에게 노하여 장차 죽이려 하였다.

그러자 장손황후長孫皇后가 이렇게 간하였다.

"옛날 제齊 경공景公이 말이 죽은 일로 사람을 죽이려 하자 안자晏子가 그 죄를 따져 주겠다고 청하여 '너는 말을 기르면서 죽였으니 너의 죄가 하나요, 임금으로 하여금 그따위 말로 인하여 사람을 죽이게 하여 백성이 들으면 반드시 우리 임금을 원망하도록 하였으니 너의 죄가 두 번째요, 제후가 이를 듣고 틀림없이 우리나라를 가볍게 볼 것이니 너의 죄가 세 번째이다'라 하여 경공이 그를 풀어 주었다 합니다. 폐하께서는 일찍이 책을 읽으며 이 고사를 보았을 터인데 지금 잊으셨습니까?"

태종은 이를 깨닫고 풀어 주었다.

그리고 방현령房玄齡에게 이렇게 말하였다.

"황후는 많은 일에 나를 깨우쳐 주니 지극히 나라에 이익이 되는 인물이군요."

太宗有一駿馬, 特愛之, 恆於宮中養飼, 無病而暴死. 太宗怒養馬宮人, 將殺之.

皇后諫曰:「昔齊景公以馬死殺人, 晏子請數其罪云:『爾養馬而死, 爾罪一也. 使公以馬殺人, 百姓聞之, 必怨吾君, 爾罪二也. 諸侯聞之, 必輕吾國, 爾罪三也.』公乃釋罪. 陛下嘗讀書見此事, 其忘之邪?」

太宗意乃解.

又謂房玄齡曰:「皇后庶事相啓沃, 極有利益爾.」

【皇后】 長孫皇后를 가리킴. 어려서 책읽기를 좋아하고 예의가 발랐으며 13살에 李世民의 처가 되었으나 貞觀 10년(636) 36세의 젊은 나이에 죽자 태공이 "是內失一良佐"라 슬퍼하였음.

【齊景公】 춘추 말기 제나라 군주. 이름은 杵臼. B.C.547~B.C.490년까지 58년간 재위하였으며 晏子가 보필함.

【晏子】 晏嬰. 자는 平仲. 제나라 재상으로 靈公, 莊公 景公을 재치와 덕으로 모셨으며 그의 일화를 모은 《晏子春秋》 8권이 있음. 《史記》 管晏列傳 참조. 한편 이상의 고사는 《晏子春秋》 內篇 諫上에 "景公使圉人養所愛馬, 暴病死. 公怒, 令人操刀, 解養馬者. 是時晏子侍前, 左右執刀而進. 晏子止之, 而問于公, 曰:「古時堯舜支解人, 從何軀始?」公懼然, 曰:「從寡人始.」遂不支解. 公曰:「以屬獄.」晏子曰:「此不知其罪而死, 臣請爲君數之, 使自知其罪, 然後屬之獄.」公曰:「可!」晏子數之曰:「爾罪有三: 公使汝養馬而殺之, 當死罪一也; 又殺公之所最善馬, 當死罪二也; 使公以一馬之故而殺人, 百姓聞之, 必怨吾君, 諸侯聞之, 必輕吾國, 汝一殺公馬, 使公怨積于百姓, 兵弱于鄰國, 當死罪三也. 今以屬獄!」公喟然歎曰:「夫子釋之! 夫子釋之! 勿傷吾仁也!」"라 하였으며, 《說苑》 正諫篇에도 실려 있음.

【數】 꾸짖음. 조목을 들어 책임을 따짐.

045(5-5)
풍병風病이 있어

정관 7년(633), 태종이 장차 구성궁九成宮으로 행차하려 할 때 산기상시散騎常侍 요사렴姚思廉이 나서서 이렇게 간언하였다.

"폐하께서는 높이 궁궐에 거하시면서 많은 백성을 구제하고 계시니 응당 백성들의 욕구를 따르기에 응하셔야지 백성들이 임금의 욕구에 따르도록 해서는 안 됩니다. 그렇다면 이궁離宮으로 행차하여 놀이를 나가시려 하시는데 이는 진시황秦始皇이나 한漢 무제武帝가 했던 일이지 요순堯舜이나 우탕禹湯 같은 성왕들이 했던 일은 아닙니다."

이 말은 심히 간절하고 지극하였다.

태종은 그에게 이렇게 말하였다.

"짐은 풍기風氣의 질환이 있어 날씨가 더우면 더욱 견딜 수 없다오. 내 본성이 놀이를 좋아하는 것도 아니라오. 심히 그대의 뜻을 가상히 생각하오."

그리고 그에게 비단 50단段을 하사하였다.

貞觀七年, 太宗將幸九成宮, 散騎常侍姚思廉進諫曰:「陛下高居紫極, 寧濟蒼生, 應須以欲從人, 不可以人從欲. 然則離宮遊幸, 此秦皇·漢武之事, 故非堯舜·禹湯之所爲也.」

言甚切至.

太宗諭之曰:「朕有氣疾, 熱便頓劇, 故非情好遊幸, 甚嘉卿意.」

因賜帛五十段.

【紫極】 황제의 지위나 황궁을 가리킴. 고대 紫微星을 황제가 거처하는 것으로 비유하여 황궁을 '紫禁宮'이라 하였으며, 紫極은 이 자미궁의 가장 높은 끝을 상징함.
【寧濟蒼生】 일반 많은 백성을 편안히 하고 구제함.
【氣疾】 氣病. 風氣로 인한 질환.

046(5-6)
사냥용 매

정관 3년(629), 이대량李大亮이 양주도독凉州都督이었는데 한번은 대사臺使가 그의 경내를 살피러 나왔다가 그곳에 유명한 매가 나는 것을 보고 이대량에게 이를 임금에게 바칠 것을 은근히 일러 주었다.

그러자 이대량은 몰래 이렇게 표를 올렸다.

"폐하께서는 사냥을 끊은 지가 오래됨에도 사신이 매를 바치도록 하였습니다. 이것이 만약 폐하의 뜻이라면 심히 옛날 결심하신 본뜻에 어긋나는 것이며 만약 사신이 자의로 그렇게 한 것이라면 이는 사신을 잘못 보내신 것입니다."

태종은 이렇게 편지를 내려 보냈다.

"경은 자질이 문무를 겸하고 있으며 뜻이 곧고 확실하여 그 때문에 번방의 목자의 임무를 맡겨 이처럼 중한 일을 부탁한 것입니다. 근래 그 주진州鎭에서 그대의 업적이 멀리까지 들려오고 있어 이와 같은 충근忠勤을 생각하니 어찌 꿈엔들 그대를 잊겠소이까? 사신이 매를 바치도록 하였음에도 그에게 굽혀 따르지 않고 옛 일을 끌어 논하면서 그 먼 곳에서 직언을 올려 주셨소. 특히 가슴에 든 말을 열어 보이며 아주 간절하여 이를 읽고 감탄을 금지 못하고 있소이다. 이와 같은 신하가 있으니 내 어찌 다시 걱정을 하리오! 의당 이러한 성심을 지켜 시종여일하시기 바라오. 《시詩》에 '그대의 지위를 성실히 수행하라. 이러한 정직함을 좋게 여겨라. 신이 이를 듣고 그대에게 큰 복을 내리리라'라고 하였소. 옛사람이 칭하기를 '한 마디의 중함은 천금과 같다'라 하였으니 그대의 말은 아주 귀하다 할 것입니다. 지금 그대에게 금호병金壺缾과 금완金碗 각 하나씩 하사하노니 비록 천일千鎰의 값진 것은 아니지만 이는 내가 스스로 사용하던 물건이라오. 그대는 뜻을 세움이 반듯하고 올곧으며 정절을 다하고 지공至公으로 하니, 그대는 직위와 관직에 처하면서 매번 그 맡은 바에 부응하여 바야흐로 큰 임무를 맡기면서 다시 한 번 중요한 부탁을 드리고자 하오. 그대는 공사의 한가한 틈을 내어 마땅히 전적을 훑어보시오. 겸하여 이에 순열荀悅의 《한기漢紀》 한 부를 보냅니다. 이 책은 간요簡要하게 기록되었으나 그 논의論議는 깊고 넓어 아주 중요한 정치의 요체를 담고 있으며 임금과 신하의 의에 대하여 모두 밝히고 있소. 지금 그대에게 하사하노니 마땅히 힘써 찾고 읽어 보기 바라오."

貞觀三年, 李大亮爲涼州都督, 嘗有臺使至州境, 見有名鷹, 諷大亮獻之.

大亮密表曰:「陛下久絶畋獵, 而使者求鷹. 若是陛下之意, 深乖昔旨; 如其自擅, 便是使非其人.」

太宗下書曰:「以卿兼資文武, 志懷貞確, 故委藩牧, 當茲重寄. 比在州鎭, 聲績遠彰, 念此忠勤, 豈忘寤寐? 使遣獻鷹, 遂不曲順, 論今引古, 遠獻直言. 披露腹心, 非常懇到, 覽用嘉歎, 不能已已. 有臣若此, 朕復何憂! 宜守此誠, 終始若一.《詩》云:『靖共爾位, 好是正直. 神之聽之, 介爾景福.』古人稱:『一言之重, 侔於千金.』卿之所言, 深足貴矣. 今賜卿金壺缾·金碗各一枚, 雖無千鎰之重, 是朕自用之物. 卿立志方直, 竭節至公, 處職當官, 每副所委, 方大任使, 以申重寄. 公事之閒, 宜觀典籍. 兼賜卿荀悅《漢紀》一部, 此書敍致簡要, 論議深博, 極爲政之體, 盡君臣之義, 今以賜卿, 宜加尋閱.」

【李大亮】 雍州 涇陽(陝西) 사람으로 문무에 뛰어난 재질을 보였으며 貞觀 초에 太府君이 되어 涼州都督으로 부임, 덕치를 베푼 것으로 이름이 났으며 정관 18년(644)에 죽어 昭陵에 陪葬됨.
【涼州】 지금의 甘肅 永昌 동쪽, 天祝 서쪽 일대의 군으로 河西四郡의 하나. 좋은 사냥용 매가 생산되는 곳임.
【臺使】 중앙관서에서 파견한 사신.
【貞確】 곧고 굳셈.
【藩牧】 藩邦 수비를 맡은 장관. 행정관의 우두머리.
【詩】《詩經》小雅 小明의 구절.
【鎰】 고대 무게의 단위. 흔히 24냥을 1일로 계산함.
【荀悅】 148~209. 자는 仲豫. 東漢 말의 政論家. 사학자. 헌제가 한서가 너무 번잡하여 읽기 어렵다 하자 이에《左傳》의 體例에 따라《漢書》를 재편집하여 《漢紀》30권을 바침.

047(5-7)
상서를 비방이라고 느끼시다니

    정관 8년(634), 섬현陝縣의 현승縣丞 황보덕참皇甫德參이 상서를 올려 태종의 뜻을 거스르자 태종은 이를 두고 자신을 헐뜯고 비방하는 것이라 여겼다.
    이에 시중侍中 위징魏徵이 나서서 말하였다.
    "옛날 가의賈誼가 한漢 문제文帝에게 '통곡할 일이 하나요, 길게 탄식할 일이 여섯 가지로다'라고 상서를 올렸습니다. 예로부터 상서란 거의가 격렬하고 절박하기 마련입니다. 만약 격렬하고 절박하지 않다면 임금의 마음을 일으켜 세울 수가 없기 때문입니다. 그 격렬하고 절박한 말이 헐뜯고 비방하는 것처럼 보이신다면 이는 폐하께서 그 사실 여부를 상세히 살피셔야 합니다."
    태종이 말하였다.
    "그대가 아니라면 이러한 도리를 능히 말해 줄 자가 없었을 것이오."
    그리고 황보덕참에게 비단 20단段을 하사하도록 명하였다.

    貞觀八年, 陝縣丞皇甫德參上書忤旨, 太宗以爲訕謗.
    侍中魏徵進言曰:「昔賈誼當漢文帝上書云云『可爲痛哭者一, 可爲長歎息者六.』自古上書, 率多激切. 若不激切, 則不能起人主之心. 激切卽似訕謗, 惟陛下詳其可否.」
    太宗曰:「非公無能道此者.」
    令賜德參帛二十段.

【陝縣】지금의 河南省.
【皇甫德參】中牟縣丞을 지냈으며 洛陽宮 수축과 租稅 및 궁중 복장에 대하여 상소를 올렸다가 당 태종에게 미움을 샀음.
【訕謗】헐뜯고 비방함.
【賈誼】B.C.220~B.C.168. 西漢 때의 政論家이며 문학가. 많은 賦作品과《新書》등의 저술을 남김. 그의〈陳政事疏〉에 "可爲痛哭者一, 可爲流涕者二, 可爲長太息者六"이라 함.《史記》屈原賈誼列傳 참조.
【漢文帝】서한의 3대 황제 劉恒(B.C.202~B.C.157). B.C.179~B.C.157년까지 재위함. 세금과 부역을 면제하고 경감하여 文景之治를 이루었음.
【激切】격렬하고 급절함.

048(5-8)
엽호葉護 칸

정관 15년(641), 서역西域으로 사신을 파견하여 엽호葉護 칸을 세워 주도록 하였는데 그 사신들이 아직 돌아오기도 전에, 다시 서역 여러 나라를 돌면서 말을 사오도록 많은 돈과 비단을 실어 보냈다.
그러자 위징魏徵이 이렇게 간언하였다.
"지금 서역에 칸을 세워 준다는 명분으로 사신을 출발시켜 놓고 그 칸이 아직 서지도 않았는데 즉시 여러 나라에 말을 사오도록 보내시니 저들은 우리나라의 뜻이 말을 구입하는 데에 있지 오로지 칸을 세워 주기 위한 것은 아니라고 여길 것입니다. 그렇게 되면 칸을 세워 준들 그들이 고맙게 여기지 않을 것이며 만약 칸을 세워 주지 못한다면 도리어 원망을 하게 될 것입니다. 여러 번속들이 이를 들으면 중국을 중시하지 않게 됩니다. 단지 저들 나라를 안정시키기만 하면 여러 나라의 말들은 구하지 않아도 저절로 얻게 될 것입니다.
옛날 한漢 문제文帝에게 어떤 사람이 천리마千里馬를 바치자 문제는 '나는 길행吉行 때에는 하루에 30 리를 걸으며 흉행兇行 때에는 50 리를 걷는다. 난여鸞輿가 앞에 있고 속거屬車가 뒤에 있는데 나 홀로 천리마를 타고 어디를 갈 수 있다는 것인가?'라고 하면서 그자에게 온 길만큼의 노자까지 주어 되돌려 보냈다 합니다. 그리고 광무제光武帝에게 어떤 사람이 천리마와 보검을 바치자 그 말은 북을 싣고 다니는 수레로 쓰고 그 칼은 기사騎士에게 주었다 합니다. 지금 폐하께서 베푸시는 행정은 모두가 삼왕三王보다 훨씬 뛰어나고자 하시면서 어찌 욕심에 이르러서는 효문제孝文帝나 광무제보다 아래에 처하시려 하십니까?

또 위魏 문제文帝가 서역으로부터 큰 구슬을 구입하려 하자 소칙蘇則이 '만약 폐하의 은혜가 사해四海에 미친다면 구하지 않아도 저절로 올 것인데 이를 구하여 얻는다면 이는 귀한 것이 될 수 없습니다'라 하였답니다. 폐하께서 비록 능히 한 문제의 높은 행동은 사모사지 못할지언정 소칙의 바른말은 두렵게 여기지 않을 수 있겠습니까?"

태종은 급히 그들의 출발을 정지시키도록 명하였다.

貞觀十五年, 遣使詣西域立葉護可汗, 未還, 又令人多賣金帛, 歷諸國市馬.

魏徵諫曰:「今發使以立可汗爲名, 可汗未定立, 卽詣諸國市馬, 彼必以爲意在市馬, 不爲專立可汗. 可汗得立, 則不甚懷恩; 不得立, 則生深怨. 諸蕃聞之, 且不重中國. 但使彼國安寧, 則諸國之馬, 不求自至. 昔漢文帝有獻千里馬者, 曰:『吾吉行日三十, 兇行日五十, 鸞輿在前, 屬車在後, 吾獨乘千里馬, 將安之乎?』乃償其道里所費而返之. 又光武有獻千里馬及寶劍者, 以馬駕鼓車, 劍以賜騎士. 今陛下凡所施爲, 皆邈過三王之上, 奈何至此欲爲孝文·光武之下乎? 又魏文帝求市西域大珠, 蘇則曰:『若陛下惠及四海, 則不求自至, 求而得之, 不足貴也.』陛下縱不能慕漢文之高行, 可不畏蘇則之正言耶?」

太宗遽令止之.

【西域】 玉門關(甘肅 敦煌) 서쪽 지역.
【葉護可汗】 西突厥의 수령. 貞觀 15년(641) 7월 당 태종이 左領將軍 張大師에게 명하여 부절을 가지고 서돌궐에 이르러 그를 칸(可汗)으로 세워 주도록 하였음.
【市馬】 말을 구입하여 돌아옴.
【吉行】 여러 곳을 순행하며 제사를 올림.

【凶行】 군대를 출동함을 뜻함.
【鸞輿】 鸞의 형상을 한 깃발을 꽂음. 황제 의장용의 깃발로 황제가 출동할 때 앞서서 나감.
【屬車】 황제가 행차할 때 수종하는 수레. 81승이 따름.
【光武】 光武帝. 東漢의 건국자 劉秀(6~57). 漢 高祖 劉邦의 9세손으로 자는 文叔. 南陽 蔡陽(지금의 湖北 棗陽) 사람으로 王莽 말년에 천하가 동탕하자 형 劉縯과 함께 기병하여 建武 원년(25)에 정식으로 稱帝, 洛陽에 도읍하여 東漢을 세움.
【鼓車】 황제 출행 시의 의장용 악대 수레.
【三王】 하, 은, 주 삼대의 개국 군주들. 禹, 湯, 文武를 지칭함.
【魏文帝】 曹丕(186~226). 曹操의 둘째 아들로 조조가 죽자 漢나라를 이어받아 帝를 稱하고 국호를 魏나라라 함. 文學에 관심이 있어 《典論》을 지었으며 詩賦 백여 편을 남기기도 하였음.
【蘇則】 자는 文師. 魏나라 때의 대신. 酒泉太守와 金城太守 등을 지냈으며 侍中 벼슬을 지냄. 魏 文帝를 그를 꺼려하여 東平相으로 폄직시키기도 하였음.

049(5-9)
약석藥石으로 삼을 말

정관 17년(643), 태자우서자 고계보高季輔가 정치의 득실을 진술하여 올리자 태종이 특별히 그에게 종유鍾乳 약석 한 제劑를 하사하면서 이렇게 말하였다.

"경卿께서 약석藥石의 말을 올려 주셨으니 서로 약석으로 갚은 것이라오."

貞觀十七年, 太子右庶子高季輔上疏陳得失, 特賜鍾乳一劑, 謂曰:「卿進藥石之言, 故以藥石相報.」

【高季輔】高馮. 德州(山東) 사람으로 監察御史, 中書舍人 등의 직위를 거쳤으며 貞觀 17년(643)에 太子右庶子의 직책을 맡았음.
【鍾乳】鐘乳石. 석회암 동굴에 거꾸로 생기는 고드름과 같은 형태의 돌. 혹 通氣健胃의 약재로도 활용함.
【劑】약의 계량 단위.

050(5-10)
간언을 장려하시오

정관 18년(644), 태종이 장손무기長孫無忌 등에게 말하였다.

"무릇 남의 신하로서 제왕을 대함에는 흔히 순종하면서 거역하지 않으려고 달콤한 말과 얼굴 표정을 꾸며 짓기에 바쁘지요. 내 지금 질문을 할 테니 그대들은 숨김이 없어야 하며 차례에 따라 의당 짐의 과실을 말해 주어야 하오."

장손무기와 당검唐儉 등은 모두 이렇게 말하였다.

"폐하께서 성스럽게 교화를 펴셔서 이러한 태평시대를 이룩해 주셨습니다. 저희들이 살펴보건대 그 과실을 발견할 수 없사옵니다."

그러자 황문시랑黃門侍郞 유계劉洎가 대답하였다.

"폐하께서 혼란을 바로잡아 나라를 창업하심에 실로 그 공은 만고에 높습니다. 진실로 장손무기 등의 말과 같습니다. 그러나 근래 어떤 자가 상서를 올려 사리에 맞지 않는 말이 있으면 혹 대면하여 추궁하고 힐문하셔서 그 경우 부끄러움을 품고 물러서지 않는 자가 없습니다. 이는 진언하는 자를 장려하는 것이 아닌 것이라 걱정됩니다."

태종이 말하였다.

"그대 말이 맞소. 그대의 말대로 내 마땅히 고치도록 하겠소."

장손무기(長孫無忌) 자 輔機

貞觀十八年, 太宗謂長孫無忌等曰:「夫人臣之對帝王, 多順從而不逆, 甘言以取容. 朕今發問, 不得有隱, 宜以次言朕過失.」

長孫無忌·唐儉等皆曰:「陛下聖化, 道致太平, 以臣觀之, 不見其失.」

黃門侍郎劉洎對曰:「陛下撥亂創業, 實功高萬古, 誠如無忌等言. 然頃有人上書, 辭理不稱者, 或對面窮詰, 無不慚退. 恐非獎進言者.」

太宗曰:「此言是也, 當爲卿改之.」

【逆】 위배됨. 저촉됨.
【取容】 사랑을 받음. 기쁨을 받도록 대함.
【唐儉】 인명. 당나라 초기의 대신. 그러나 《資治通鑑》에는 이 이름이 보이지 않음.
【劉洎】 貞觀 연간의 명신. 자는 思道. 荊州 江陵 출신. 정관 15년(641) 治書侍御史가 되었으며 되에 尚書右丞, 侍中에 오름. 魏徵이 죽은 뒤 太宗이 劉洎와 岑文本, 馬周 등으로 하여금 위징과 같이 '朝夕進諫'의 유풍을 잇도록 하였음. 뒤에 태조의 遼東 遠征 때 太子監國의 업무를 보조하도록 하였으나 죄를 짓고 죽음을 당함.
【窮詰】 끝까지 힐문함. 끝까지 책임을 추궁함.

051(5-11)
간언의 방법

태종이 일찍이 원서감苑西監 목유穆裕에게 노하여 조당朝堂에서 그의 목을 베도록 명한 적이 있었다. 당시 고종高宗이 황태자였는데 급히 나서서 임금의 얼굴에 불쾌한 표정이 나타날 정도로 심하게 간언하여 그제야 태종의 뜻이 풀어지게 되었다.

이에 사도司徒 장손무기長孫無忌가 말하였다.

"자고로 태자의 간언은 혹 틈을 보아 조용히 말씀드리는 것입니다. 지금 폐하께서 하늘처럼 높은 지위에 노하셨는데 태자가 용안을 범하면서 간언을 하였으니 이는 진실로 고금에 없던 일입니다."

태종이 말하였다.

"무릇 사람이 오랫동안 함께 살게 되면 자연히 서로 물들어 익숙하게 되는 것이지요. 내가 천하를 다스리고부터 마음을 비워 정직하게 하였으니 바로 위징魏徵은 아침저녁으로 간언을 해 주었던 것이오. 그 위징이 죽고 나서는 유계劉洎, 잠문본岑文本, 마주馬周, 그리고 저수량褚遂良 등이 이를 이어왔소. 태자는 어릴 때부터 내 무릎에 있어 매번 내가 남의 간언을 즐겁게 들어주는 모습을 보고 자랐소. 그 때문에 물이 들어 그러한 성품을 이루게 된 것이며 그로 인해 오늘과 같은 간언을 할 수 있었던 것이라오."

太宗嘗怒苑西監穆裕, 命於朝堂斬之, 時高宗爲皇太子, 遽犯顔進諫, 太宗意乃解. 司徒長孫無忌曰:「自古太子之諫, 或乘間從容而言. 今陛下發天威之怒, 太子申犯顔之諫, 斯誠古今未有.」

太宗曰:「夫人久相與處, 自然染習, 自朕御天下, 虛心正直, 卽有魏徵朝夕進諫. 自徵云亡, 劉洎·岑文本·馬周·褚遂良等繼之. 太子幼在朕膝前, 每見朕心說諫者, 因染以成性, 故有今日之諫.」

【苑西監】서울의 苑을 관장하는 업무를 맡은 직책. 從六品 이하이며 苑의 건물과 園池 및 動植物 등을 관리함.
【穆裕】인명.
【高宗】皇太子 李治를 가리킴. 뒤에 唐나라 3대 황제가 되어 650~683년까지 재위함.
【司徒】三公의 하나로 문물제도와 교육 등을 담당함.
【岑文本】595~645. 자는 景仁. 登州 棘陽(지금의 河南 新野縣) 출신으로 당나라 초기의 名臣. 여러 차례 '過奢從儉, 常加含養'의 건의를 올렸으며 당 태종이 요동을 원정하면서 맡은 軍務에 너무 과로하여 죽음. 昭陵에 陪葬됨.
【說】'悅'과 같음.

(附) 直諫

052(5-12)
정혼한 여자를 비빈으로

정관 2년(628), 수隋나라 때 통사사인通事舍人이었던 정인기鄭仁基의 딸이 나이 열 대여섯에 용모가 뛰어나 당시 누구도 그를 따를 수 없었다. 문덕황후文德皇后가 이를 찾아 궁중의 빈비嬪妃로 삼을 것을 청하자 태종은 그를 불러 충화充華로 책봉하였다. 조서가 이미 나가고 책봉을 맡은 사신이 아직 출발하지 않았을 때였다.

위징魏徵이 그 여자가 이미 육씨陸氏 집안과 혼인을 허락해 놓은 상태라는 말을 듣고 급히 들어가 이렇게 진언하였다.

"폐하는 백성의 부모가 되어 백성을 위무하고 사랑하며 마땅히 그들의 근심은 함께 근심하고 그들의 즐거움을 함께 즐거워해야 합니다. 자고로 도가 있는 임금이라면 백성의 마음으로 자신의 마음을 삼았습니다. 그 때문에 임금이 높은 대사臺榭에 처하면 백성들은 자신의 집에서라도 편안함을 얻고자 하며, 임금이 고량진미를 맛보면 자신들은 그저 기한이라도 없으면 된다고 여겼지요. 그리고 임금이 비빈을 돌아보며 즐거워할 때 백성은 자신들은 시집가고 장가들어 가정을 이루어 사는 즐거움 정도는 누리고자 하는 것입니다. 이것이 임금으로서의 떳떳한 도리입니다. 지금 정씨의 딸은 이미 오래 전에 다른 사람에게 시집가기로 허락하였다는데 폐하께서 이를 취하면서 의심도 하지 않고, 어디 물어보지도 않았다니 이런 말이 사해에 퍼져 나가면 어찌 이것이 백성의 부모로서 할 도리이겠습니까? 제가 전해 듣기로 비록 아직 혹 그것이 사실인지는 알 수 없으나 임금의 성덕聖德을 훼손하는 것이 아닐까하여 사정을 감히 숨기고 있을 수 없었습니다. 임금의 행동은 반드시 기록되는 것이니 원컨대 정신을 유의하여 고려해 주실 것을 바랍니다."

태종이 이를 듣고 크게 놀라 직접 조서를 작성하여 답을 보내면서 심히 자신을 책망하고 책봉의 사신을 중지시켜 그 딸이 원래의 남편에게 되돌아가도록 하였다.

그런데 좌복야左僕射 방현령房玄齡과 중서령中書令 온언박溫彦博, 예부상서禮部尚書 왕규王珪, 어사대부御史大夫 위정韋挺 등이 이렇게 말하는 것이었다.

"그 딸이 육씨에게 시집가기로 하였다는 것은 뚜렷한 증거가 없으며 지금 궁궐로 들어오기로 한 예도 이미 치렀으니 중지할 수 없습니다."

그런데 육씨 집안에서도 이렇게 항의하는 표를 올렸다.

"저의 부친께서 살아 계실 때에 정씨 집안과 왕래가 있었는데 그때 당시 물건을 주고받으면서 애초부터 혼인으로 친척이 될 것을 교섭한 적은 없었습니다."

그리고 아울러 이렇게 말하는 것이었다.

"바깥사람들이 이를 알지 못하고 마구 그런 말을 퍼뜨리고 다닌 것입니다."

대신들이 이를 근거로 계속하여 궁궐로 들일 일을 권하자 태종은 이에 자못 의심이 들어 위징에게 물었다.

"여러 신하들이 혹자는 내 뜻대로 하라고 하고 육씨 집안에서는 또 어찌 이렇게 지나치게 그 사실을 설명하고 있는 것이오?"

위징이 말하였다.

"제가 생각하기로는 그 뜻을 가히 알 수 있을 것 같습니다. 장차 폐하로서 태상황太上皇과 같도록 하고자 함입니다."

태종이 물었다.

"무슨 뜻이오?"

위징이 말하였다.

"태상황께서 처음 서울을 평정할 때 신처검辛處儉의 아내를 얻어 점차 총애하게 되었습니다. 신처검은 당시 태자사인爲太子舍人의 벼슬을 하고 있었는데 태상황은 이를 불쾌하게 여겨 드디어 그를 동궁東宮에서 축출하여 만년현萬年縣으로 보내 버렸지요. 신처검은 매번 두려워하며 자신의 머리를 제대로 보전하지 못할까 걱정을 하였습니다. 육상陸爽은 폐하께서 비록 용인은 하고 있으나 뒤에 몰래 견책을 받을 것을 두려워하여 반복해서 자신이 스스로 나서서 혼인 관계가 전혀 없다고 진술하고 있는 것입니다. 뜻은 여기에 있는 것이니 전혀 괴이히 여기지 마시옵소서."

태종이 웃으며 말하였다.

"바깥사람들의 의견이 혹 의당 그럴 수도 있겠군요. 그러니 내가 말한 바를 사람들에게 꼭 믿게 할 수도 없고."

이에 이렇게 칙령을 내렸다.

"지금 듣자하니 정시의 딸은 먼저 이미 다른 사람의 빙례를 받은 것이라 한다. 전에 책봉의 문서를 내리던 날은 이 일에 대하여 상세히 살피지 못하였었다. 이는 내가 잘못한 것이며 일을 맡은 유사有司의 과실도 있었다. 충화의 책봉은 중지시킴이 마땅하다."

당시 이 일을 두고 칭송하고 찬탄하지 않는 이가 없었다!

貞觀二年, 隋通事舍人鄭仁基女年十六七, 容色絶姝, 當時莫及. 文德皇后訪求得之, 請備嬪御. 太宗乃聘爲充華. 詔書已出, 策使未發.

魏徵聞其已許嫁陸氏, 方遽進而言曰:「陛下爲人父母, 撫愛百姓, 當憂其所憂, 樂其所樂. 自古有道之主, 以百姓之心爲心, 故君處臺榭, 則欲民有棟宇之安; 食膏粱, 則欲民無飢寒之患; 顧嬪御, 則欲民有室家之歡. 此人主之常道也. 今鄭氏之女, 久已許人, 陛下取之不疑, 無所顧問, 播之四海, 豈爲民父母之道乎? 臣傳聞雖或未的, 然恐虧損聖德, 情不敢隱. 君擧必書, 所願特留神慮.」

太宗聞之大驚, 手詔答之, 深自克責, 遂停策使, 乃令女還舊夫. 左僕射房玄齡·中書令溫彦博·禮部尚書王珪·御史大夫韋挺等云:「女適陸氏, 無顯然之狀, 大禮旣行, 不可中止.」
　又陸氏抗表云:「某父康在日, 與鄭家往還, 時相贈遺資財, 初無婚姻交涉親戚.」
　並云:「外人不知, 妄有此說.」
　大臣又勸進. 太宗於是頗以爲疑, 問徵曰:「群臣或順旨, 陸氏何爲過爾分疏?」
　徵曰:「以臣度之, 其意可識, 將以陛下同於太上皇.」
　太宗曰:「何也?」
　徵曰:「太上皇初平京城, 得辛處儉婦, 稍蒙寵遇. 處儉時爲太子舍人, 太上皇聞之不悅, 遂令出東宮爲萬年縣, 每懷戰懼, 常恐不全首領. 陸爽以爲陛下今雖容之, 恐後陰加譴謫, 所以反覆自陳, 意在於此, 不足爲怪.」
　太宗笑曰:「外人意見, 或當如此. 然朕之所言, 未能使人必信.」
　乃出敕曰:「今聞鄭氏之女, 先已受人禮聘, 前出文書之日, 事不詳審, 此乃朕之不是, 亦爲有司之過. 授充華者宜停.」
　時莫不稱歎!

【二年】《資治通鑑》에 貞觀 8년(634)으로 되어 있음. 房玄齡이 3년에 尙書左僕射가 되었고, 溫彥博은 4년에 中書令이 되었으며, 王珪가 8년에 禮部尙書가 되었음.
【通事舍人】中書省에 속해 있었으며 외부와의 소통, 주소의 전달 등을 관장함. 唐初에 '中書舍人'으로 개칭하였음.
【文德皇后】長孫氏. 당 고조의 황후로 高宗 때 文德順聖皇后로 추존함.
【充華】궁녀의 직명. 皇帝 九嬪 중의 하나로 正二品.
【未的】아직 的確하지 않음. 불확실함.
【君擧必書】《禮記》에 "動則左史書之, 言則右史書之"라 하여 임금의 일거수일투족은 물론 어떠한 말도 左史와 右史가 모두 기록함을 뜻함.
【康】陸氏 아버지 이름.

【太上皇】高祖 李淵을 가리킴. 武德 9년(626) 李世民이 玄武門의 政變을 일으키자 李淵은 제위를 이세민에게 물려주고 자신은 太上皇의 지위에 있었음.
【辛處儉】인명.
【太子舍人】동궁에 소속되었으며 태자의 일상생활 중 문서의 전달을 담당하였음.
【萬年縣】지금의 西安市 동쪽 지역의 현 이름.
【爽】陸爽. 陸氏의 이름.

053(5-13)
장정 징발

정관 3년(629), 조서를 내려 관중關中에 2년의 조세를 면제하고, 관동關東에는 1년의 부역을 면제하기로 하였다. 그런데 얼마 뒤 다시 칙령을 내려 이미 부역을 한 자와 이미 조세를 납부한 자는 계속하여 나머지를 납입하되 이듬해 이를 총 합산하여 기준을 삼아 깎아 준다는 것이었다.

그러자 급사중給事中 위징魏徵이 글을 올렸다.

"엎드려 살피건대 8월 9일 조서에 나라 안 전체에 1년의 부역을 면제하였습니다. 그러나 남녀노소가 할 것 없이 서로 즐거워하며 혹 노래도 부르고 춤도 추었습니다. 그런데 다시 칙령이 발표되어 장정으로서 이미 노역에 배치된 자는 그 만기를 채우면 줄여 주고 세금을 바친 자는 계속해서 그 납부를 완료하면 이듬해에 기준을 세워 깎아 준다고 하였습니다. 그러자 길 가던 사람들이 실망에 가득 찼습니다. 이는 진실로 백성에게 평등하게 하고 그 자녀들의 부역을 고르게 하는 것이기는 합니다. 그러나 하층 백성은 시작은 그렇게 하기가 어렵습니다. 그들은 궁중의 일용이 부족하여 나라에서 지난번 한 말을 후회하고 그 혜택을 자주 바꾸고 있다고 여기지요. 제가 몰래 들건대 하늘은 어진 자에게 보태어 주고 백성은 미더운 이를 도와준다고 하더이다. 지금 폐하께서 비로소 대보大寶를 잡으시자 억조창생이 그 덕을 쳐다보고 있습니다. 처음으로 큰 법령을 내리셨는데 곧바로 말을 바꾼 셈이 됩니다. 온 세상의 의심을 사시며 사해의 큰 믿음을 잃으신 것입니다. 이렇게 되면 비록 국가가 거꾸로 매달린 것과 같은 급한 일이 있다

해도 백성으로부터 도움을 받을 수가 없습니다. 하물며 태산과 같은 안전한 믿음을 얻어 놓고 문득 이런 일을 하시다니요! 폐하를 위해 이런 계책을 내놓은 자가 있습니다. 즉 재리財利에는 작은 이익이 있을지 모르나 덕의德義에는 큰 손상을 입고 있다고요. 저는 진실로 지혜와 성실이 얕고 짧으나 몰래 폐하를 위해 안타깝게 생각합니다. 엎드려 저의 말을 잠깐 살펴보시고 이익을 자세히 선택하시기를 바랍니다. 감히 죄를 내려 주신다면 저는 달게 받겠습니다."

태종이 간점사簡點使를 파견할 때 우복야右僕射 봉덕이封德彛 등은 모두가 중남中男으로 18세 이상인 자는 이를 점검하고 가려서 군대에 입대시키기를 주장하였다. 칙령이 서너 번 마련되는 동안 위징은 글을 올려 불가하다고 고집하였다.

봉덕이가 다시 이렇게 주청하였다.

"지금 간점사를 만났더니 '차남들 중에 건장한 자들이 있습디다'라고 하였습니다."

그러자 태종이 노하여 이렇게 칙령을 내렸다.

"중남 이상으로 아직 18세에 이르지 못했더라도 신체가 장대한 자는 역시 징집하라."

위징은 다시 이에 따르지 아니하고 칙령에 서명하기를 거부하였다.

태종은 위징과 왕규王珪를 불러 얼굴을 붉히며 대하였다.

"중남이 만약 신체가 작다면 군에 징집하지 않으면 된다. 그러나 만약 건장한 체구를 가지고 있다면 역시 징집할 수 있다. 그것이 그대들에게 무슨 혐의라도 된다는 말인가? 지나치게 이처럼 고집을 부리니 나는 그대들의 뜻을 이해할 수가 없다!"

이에 위징이 정색을 하며 말하였다.

"제가 듣기로 물을 모두 퍼내어 고기를 잡는 것은 고기를 잡을 수 없는 것은 아니지만 내년에는 잡을 고기가 없게 됩니다. 또 수풀을 모두 태워 사냥을 하게 되면 짐승을 잡을 수 없는 것은 아니지만 이듬해에는 잡을 사냥감이 없게 됩니다. 만약 차남 이상을 모두 징집하게 되면 조세와 부역, 그 외의 여러 가지 잡역은 장차 누구를 불러 충당하겠습니까? 또 근래 몇 년 동안 나라를 지키는 병사들은 공격 전투를 해낼 수 없는 이들입니다. 어찌 사람 수가 적기 때문이겠습니까? 단지 예우를 그만큼 해 주지 못하기 때문에 드디어 병사들로 하여금 투지가 없도록 한 때문입니다. 만약 많은 사람을 징집하여 이들을 잡역에 충당한다면 그 수가 비록 많다고 해도 끝내 쓸모가 없게 됩니다. 그러나 만약 장대하고 건장한 자들을 가려 뽑아 예로써 이들을 대우해 주면 한 사람이 백 명을 상대할 용기를 갖게 될 것이니 어찌 꼭 사람이 많아야 한다는 것입니까? 폐하께서는 매번 내가 임금이 되고 나서 성신誠信으로써 백성을 대하며, 관리과 백성에게 일을 시키되 교만하거나 거짓으로 하는 마음을 가져본 적이 없다고 하셨습니다. 그런데 등극하신 이래로 큰일 세 건은 모두가 믿음을 얻지 못한 것이었으니 어찌 다시 백성에게 믿음을 얻을 수 있겠습니까?"

태종이 놀라 물었다.

"믿음을 사지 못하였다는 것이 어떤 일들이오?"

위징이 말하였다.

"폐하께서 처음 즉위하셨을 때 조서를 내려 '밀린 조세와 채무 및 아직 갚지 않은 관물官物은 모두 면제해 준다'라고 하셨습니다. 그리하여 즉시 맡은 부서에 명령을 내려 그 일의 사례를 열거하도록 하였습니다. 그러면서 폐하가 봉을 받았던 진왕부秦王府에게는 그곳의 물건은 관물이 아니라 하였습니다. 폐하는 진왕秦王에서 천자天子로 오르셨습니다. 그런데 그때의 물건이 관물이 아니라면 그 나머지 물건은 누구의 소유였다는 것입니까? 또 관중에 2년 치의 조세를 면제해 주고 관외關外는 1년을 면제해 주자 백성들은 은덕을 입었다고 즐거워하지 않은 자가 없었습니다. 그런데 그 칙령을 바꾸어 '금년에는 백정白丁이 거의 부역을 이미 끝냈으니 만약 지금부터 면제한다면 이는 백성으로 하여금 나라의 은혜를 거짓으로 입게 되는 것이 된다. 그리고 만약 이미 감해 주겠다는 대상은 모두 이미 납부하였으니 아직 납부하지 아니한 자는 모두 나머지를 납부 완료하도록 하라. 모든 면제는 내년부터 시작한다'라고 하셨습니다. 그리고 그 칙령을 선포한 뒤에는 다시 징수하여 백성들은 마음속으로 괴이하게 여기지 않은 이가 없었습니다. 이미 징수하여 세금을 거두어 놓고 입대할 군인들도 모두 징집해 놓고 내년부터 시작한다니 이것이 어찌 믿음을 얻을 수 있는 조치였겠습니까? 그리고 폐하께서 함께 천하를 다스리겠다고 부탁을 맡긴 자들은 자사刺史, 현령縣令들인데 이들로 하여금 매년 세금을 징수하도록 모든 것을 위임하고 있습니다. 간점사들도 그들이 농간을 부리는 것이 아닌가 의심이 듭니다. 폐하께서 신하들이 진실한 믿음으로 대해 주기를 바라고 있으니 이 역시 어려운 일이 아니겠습니까?"

태종이 말하였다.

"내 그대가 고집을 부리며 그치지 않는 것을 보고 그대가 이 일에 대하여 아무것도 몰라 그런 것이라 의심하였소. 그런데 지금 국가가 믿음을 얻지 못한다고 하는 말로써 내가 백성의 정황을 알지 못하고 있음을 알게 되었소. 내 평소 생각이 모자라 그 과실 또한 이렇게 깊어졌구려. 하는 일이 왕왕 이렇게 착오를 저지르니 어찌 나라를 다스릴 수 있겠소?"

이에 중남의 징집을 중지하고 위징에게 금 항아리 하나를 하사하였으며, 왕규에게는 비단 50필을 내려 주었다.

貞觀三年, 詔關中免二年租稅, 關東給復一年. 尋有敕: 已役已納, 並遣輸納, 明年總爲準折.

給事中魏徵上書曰:「伏見八月九日詔書, 率土皆給復一年. 老幼相歡, 或歌且舞. 又聞有敕, 丁已配役, 卽令役滿折造, 餘物亦遣輸了, 待明年總爲準折. 道路之人, 咸失所望. 此誠平分百姓, 均同七子. 但下民難與圖始, 日用不足, 皆以國家追悔前言, 二三其德. 臣竊聞之, 天之所輔者仁, 人之所助者信. 今陛下初膺大寶, 億兆觀德. 始發大號, 便有二言. 生八表之疑心, 失四時之大信. 縱國家有倒懸之急, 猶必不可. 況以泰山之安, 而輒行此事! 爲陛下爲此計者, 於財利小益, 於德義大損. 臣誠智識淺短, 竊爲陛下惜之. 伏願少覽臣言, 詳擇利益. 冒昧之罪, 臣所甘心.」

簡點使, 右僕射封德彝等, 並欲中男十八已上, 簡點入軍. 敕三四出, 徵執奏以爲不可.

德彝重奏:「今見簡點者云:『次男內大有壯者.』」

太宗怒, 乃出敕:「中男已上, 雖未十八, 身形壯大, 亦取.」

徵又不從, 不肯署敕. 太宗召徵及王珪, 作色而待之, 曰:「中男若實小, 自不點入軍. 若實大, 亦可簡取. 於君何嫌? 過作如此固執, 朕不解公意!」

徵正色曰:「臣聞竭澤取魚, 非不得魚, 明年無魚; 焚林而畋, 非不獲獸, 明年無獸. 若次男已上, 盡點入軍, 租賦雜徭, 將何取給? 且比年國家衛士, 不堪攻戰. 豈爲其少? 但爲禮遇失所, 遂使人無鬭心. 若多點取人, 還充雜使, 其數雖衆, 終是無用. 若精簡壯健, 遇之以禮, 人百其勇, 何必在多? 陛下每云, 我之爲君, 以誠信待物, 欲使官人百姓, 並無矯僞之心. 自登極已來, 大事三數件, 皆是不信, 復何以取信於人?」

太宗愕然曰:「所云不信, 是何等也?」

徵曰:「陛下初卽位, 詔書曰:『逋租宿債, 欠負官物, 並悉原免.』卽令所司, 列爲事條. 秦府國司, 亦非官物, 陛下自秦王爲天子, 國司不爲官物, 其餘物復何所有? 又關中免二年租調, 關外給復一年, 百姓蒙恩, 無不歡悅. 更有敕旨:『今年白丁多已役訖, 若從此放免, 並是虛荷國恩, 若已折已輸, 令總納取了, 所免者皆以來年爲始.』散還之後, 方更徵收, 百姓之心, 不能無怪. 已徵得物, 便點入軍, 來年爲始, 何以取信? 又共理所寄, 在於刺史・縣令, 常年貌稅, 並悉委之. 至於簡點, 卽疑其詐僞. 望下誠信,不亦難乎?」

太宗曰:「我見君固執不已, 疑君蔽此事. 今論國家不信, 乃人情不通. 我不尋思, 過亦深矣. 行事往往如此錯失, 若爲致理?」

乃停中男, 賜金甕一口, 賜珪絹五十匹.

【三年】 다른 기록에는 모두 武德 9년(626) 8월로 되어 있으며 魏徵의 상서에 '初膺大寶', '始發大號' 등으로 보아 唐 太宗 李世民의 즉위를 뜻함.
【關東】 函谷關, 혹은 潼關의 동쪽 지역.
【給復】 부역을 면제해 줌. '復'은 부역이나 조세를 면제함을 말함.
【八月九日】 武德 9년(626) 이 날이 당태종이 즉위한 날로 이날 조서를 내려 關內와 蒲州, 芮州, 虞州, 泰州, 陝州, 鼎州의 2년치 조세와 천하에 1년치 조세를 면제하기로 선포하였음.
【折造】 조세를 깎아 줌.
【七子】 다른 기록에는 '已子'라 하여 그 자녀들의 부역을 그치게 해 줌을 말함.
【二三其德】 변화가 무상하니 자신의 생각을 여러 번 바꿀 수밖에 없음을 뜻함. 《詩經》 衛風 氓에 "士也罔極, 二三其德"이라 함.
【八表】 천하 사방.
【倒懸】 매우 힘들고 어려움을 뜻함. 거꾸로 매달려 있음을 뜻함.
【簡點使】 군사나 장정을 징발하는 임무를 띤 사신.
【中男】 당시 16세부터 20세에 해당하는 사내를 말함.
【白丁】 군적에 올라 있지 않은 사람으로 임시로 징집한 남자.
【刺史】 州의 최고 행정 책임자. 武德 초에 郡을 州로 개칭하고 太守를 刺史로 명칭을 바꿈.
【貌稅】 집안의 형편을 보아 세금을 부과하는 것.

054(5-14)
간악한 무리가 덕을 손상하니

　정관 5년(631), 치서시어사治書侍御史 권만기權萬紀와 시어사侍御史 이인발李仁發은 함께 남의 사사로운 비밀을 잘 밝혀 참훼하는 데에 뛰어나 자주 임금의 부름을 받는 은혜를 입자 드디어 임의로 남을 탄핵하게 되었으며, 마구 남을 속여 윗사람으로 하여금 진노하게 하고 아래 신하들은 편안할 수가 없었다. 내외가 모두 그 불가함을 알았지만 누구 하나 나서서 쟁론하지를 못하였다.
　이에 급사중給事中 위징魏徵이 정색을 하고 상주하였다.
　"권만기와 이인발은 모두 소인들로서 대체大體는 모른 채 참훼하는 것이 옳은 일인 줄 여기며, 남의 사사로운 비밀을 들춰내는 것을 곧은 줄로 알고 있으니 모두가 죄를 짓고 있는 것입니다. 폐하께서 그들의 단점을 엄호하고 있으며 그들이 일러바치는 것을 모두 받아 주고 있습니다. 이에 그 간사한 계교를 부리며 아래에 붙고 위를 속여 무례한 짓을 마구 하면서도 그들이 강직하다는 이름을 얻고 있는 것입니다. 그리하여 방현령房玄齡을 모함하고 장량張亮을 배척하여 물러나도록 하였으니 엄숙하고 매서운 것이 아니라 한갓 폐하의 성명聖明을 깎아 먹고 있는 것입니다. 길에 지나는 사람들은 모두 그를 두고 이러쿵저러쿵하고 있습니다. 제가 엎드려 폐하의 마음을 헤아리건대 반드시 그들이 폐하를 위해 모책과 사려가 깊고 장구하니 가히 동량棟梁의 임무를 맡길 만하다거나 장차 그들이 두려워할 것이 없을 테니 그들로 하여금 신하들을 경계하도록 하는 좋은 예가 될 것이라 여기셔서는 절대 안 될 것입니다.

이는 굽고 사악한 자를 믿고 친압하는 것으로서 역시 작은 것으로써 큰 것을 도모해서는 안 되는 이치와 같습니다. 신하들이 평소 거짓을 꾸미거나 일을 그르친 적이 없었으니 공연히 신하들로 하여금 마음만 이반되도록 하는 것입니다.

방현령과 장량의 무리들조차도 오히려 가히 그 굽고 곧은 것에 대하여 스스로 밝혀볼 수가 없었는데 하물며 그 나머지 임금과 멀고 천한 신분인 사람들이야 누가 능히 그 속임수에서 벗어날 수 있었겠습니까? 엎드려 원하건대 폐하께서는 다시 한 번 유의하시고 또 한 번 생각해 주시기를 바랍니다. 이 두 사람을 부리신 이래로 한 가지라도 넓혀지고 이익이 된 것이 있었다면 저는 달게 부월斧鉞을 받아 불충한 죄를 인정하겠습니다. 폐하께서 비록 아직 능히 선善을 들어 덕을 숭상하지는 못할지언정 어찌 간악한 무리를 내세워 스스로의 덕을 손상시키려 하십니까?"

태종은 흔연히 이 의견을 받아들이고 위징에게 비단 5백 필을 하사하였다. 그리고 권만기의 간악한 실상이 점차 드러나기 시작하였고 이인발 역시 해직되어 퇴출되었다. 권만기가 연주사마連州司馬로 폄직되자 조정에서는 모두가 서로 이 일을 경하할 정도였다.

貞觀五年, 治書侍御史權萬紀·侍御史李仁發, 俱以告訐譖毁, 數蒙引見, 遂任心彈射, 肆其欺罔, 令在上震怒, 臣下無以自安. 內外知其不可, 而莫能論諍.

給事中魏徵正色而奏之曰:「權萬紀·李仁發並是小人, 不識大體, 以譖毁爲是, 告訐爲直, 凡所彈射, 皆非有罪. 陛下掩其所短, 收其一切. 乃騁其姦計, 附下罔上, 多行無禮, 以取強直之名. 誣房玄齡, 斥退張亮, 無所肅厲, 徒損聖明. 道路之人, 皆興謗議. 臣伏度聖心, 必不以爲謀慮深長, 可委以棟梁之任, 將以其無所避忌, 欲以警厲群臣. 若信狎回邪, 猶不可以小謀大, 群臣素無矯僞, 空使臣下離心. 以玄齡·亮之徒, 猶不可得伸其枉直, 其餘疏賤, 孰能免其欺罔? 伏願陛下留意再思. 自驅使二人以來, 有一弘益, 臣卽甘心斧鉞, 受不忠之罪. 陛下縱未能擧善以崇德, 豈可進姦而自損乎?」

太宗欣然納之. 賜徵絹五百匹. 其萬紀又姦狀漸露, 仁發亦解黜, 萬紀貶連州司馬, 朝廷咸相慶賀焉.

【治書侍御史】御史臺의 부장관. 나라의 헌법과 典章 등을 관장하며 貞觀 말에 '御史中丞'으로 개칭함.
【權萬紀】인명. 京兆 萬年縣 출신. 治書侍御史가 되었으며 뒤에 吳王長史를 거쳐 齊王(祐)長史가 되었으나 직간을 하다가 李祐에게 피살됨.
【告訐】남의 단점이나 사사로움을 들추어 공격함. 《論語》陽貨篇에 "子貢曰:「君子亦有惡乎?」子曰:「有惡: 惡稱人之惡者, 惡居下流而訕上者, 惡勇而無禮者, 惡果敢而窒者.」曰:「賜也亦有惡乎?」「惡徼以爲知者, 惡不孫以爲勇者, 惡訐以爲直者.」"라 하였고, 朱子 集註에 "訐, 謂攻發人之陰私"라 함.
【騁】방종하게 마구 행동함.
【誣房玄齡】정관 3년(629) 방현령이 재상으로서 관리들을 考覈하자 권만기 등이 공평하지 못하다고 무고함.
【張亮】당시 대신으로 鄭州 滎陽 출신. 房玄齡의 천거로 秦王府의 車騎將軍이 되었으나 뒤에 죄를 짓고 誅殺됨.
【連州】지금의 廣東에 있는 주 이름.
【司馬】州郡의 행정 보좌관.

055(5-15)
양신과 충신의 차이

정관 6년(632), 어떤 사람이 상서우승尙書右丞 위징魏徵이 자신의 친척과 당파를 짓고 있다고 고발하여 왔다. 태종이 어사대부御史大夫 온언박溫彦博으로 하여금 그 일을 조사하도록 하였더니 고발한 자의 거짓말이었다. 온언박은 이렇게 상주하였다.

"위징은 이렇게 남에게 그런 말이 나오도록 하였으니 비록 사사로이 한 일은 아니지만 역시 책임을 져야 합니다."

드디어 태종은 온언박으로 하여금 그 내용을 위징에게 말하도록 하였다.

"그대는 나를 수백 가지 조항을 들어 간언을 하면서 어찌 이처럼 작은 일로 그 많던 아름다움을 손상시키는가? 지금부터 자신의 행동의 흔적을 점검하지 않으면 안 되리라."

며칠이 지나 태종이 위징에게 물었다.

"근래 그대는 밖에서 나의 무슨 잘못에 대하여 듣지 못하였소?"

위징이 정색을 하면서 말하였다.

"전날 온언박으로 하여금 저에게 이런 칙령을 내리셨지요. '어찌 자신의 행동의 흔적에 대하여 점검하지 않는가?'라구요. 이 말은 아주 잘못된 것입니다. 제가 듣기로 임금과 신하는 같은 기氣를 가지고 그 의義는 한결같이 한 몸이라 하였습니다. 그런데 둘 사이에 공도公道가 통하지 않으면서 오직 행동의 흔적만 살피라는 말은 들어 보지 못하였습니다. 만약 군신과 상하가 서로 의심하는 그와 같은 길을 함께 지키겠다고만 한다면 국가의 흥상興喪이 어찌 될지 아무도 모릅니다!"

태종은 놀라 태도를 바꾸며 이렇게 말하였다.

"전에 그와 같은 말을 한 것에 대하여 내 이미 후회하고 있소. 실로 크게 잘못된 것이오. 그대 역시 숨기고 피하겠다는 뜻을 가지고 있지는 않았군요."

위징이 이에 절을 하며 말하였다.

"저는 이 몸을 나라에 허락한 것이니 곧은 도로 실행하여 반드시 감히 속이거나 부담을 드리는 일은 하지 않을 것입니다. 다만 원하기는 폐하께서도 신하로 하여금 양신良臣이 되도록 하셔야지 충신忠臣이 되도록 하셔서는 안 될 것입니다."

태종이 물었다.

"충신와 양신이 어떻게 다르오?"

위징이 말하였다.

"양신은 자신의 아름다운 이름을 보호하고 임금도 그로부터 훌륭한 칭호를 받게 됩니다. 그리하여 자손이 이어가면서 대대로 끝없는 복록을 누리지요. 그러나 충신은 자신이 주벌을 당하여 죽게 되며 그 임금도 크게 악한 구덩이에 빠지고 맙니다. 집안과 나라가 모두 망하고 오직 그 이름만 남는 것입니다. 이로써 말하건대 그 차이는 엄청난 것이지요."

태종이 말하였다.

"그대는 단지 방금 이 말을 위배함이 없도록 하시오. 나는 반드시 사직의 계책을 잊지 않을 것이오."

그리고 비단 2백 필을 하사하였다.

貞觀六年, 有人告尙書右丞魏徵, 言其阿黨親戚. 太宗使御史大夫溫彥博案驗其事, 乃言者不直.

彥博奏稱:「徵旣爲人所道, 雖在無私, 亦有可責.」

遂令彥博謂徵曰:「爾諫正我數百條, 豈以此小事, 便損衆美? 自今已後, 不得不存形迹.」

居數日, 太宗問徵曰:「昨來在外, 聞有何不是事?」

徵正色曰:「前日令彦博宣敕語臣云:『因何不存形迹?』此言大不是. 臣聞君臣同氣, 義均一體. 未聞不存公道, 惟事形迹. 若君臣上下, 同遵此路, 則邦國之興喪, 或未可知!」

太宗瞿然改容曰:「前發此語, 尋已悔之. 實大不是. 公亦不得遂懷隱避.」

魏徵乃拜而言曰:「臣以身許國, 直道而行, 必不敢有所欺負. 但願陛下使臣爲良臣, 勿使臣爲忠臣.」

太宗曰:「忠良有異乎?」

徵曰:「良臣使身獲美名, 君受顯號. 子孫傳世, 福祿無疆. 忠臣身受誅夷, 君陷大惡, 家國並喪, 獨有其名. 以此而言, 相去遠矣.」

太宗曰:「君但莫違此言, 我必不忘社稷之計.」

乃賜絹二百匹.

【貞觀六年】 다른 사서에는 모두 貞觀 元年(627)으로 되어 있으며 '元'자를 '六'자로 여겨 착오가 생긴 것으로 보임.

【阿黨】 사사롭게 편당을 지음.

【不存行跡】 자신의 행동에 대하여 점검하지 않음. '存'은 思念의 뜻.

【同氣】 기질이 서로 같음.

【瞿然】 놀라워하는 모습.

【良臣·忠信】《晏子春秋》內篇 問上에 "景公問于晏子曰:「忠臣之事君, 何若?」晏子對曰:「有難不死, 出亡不送.」公不說, 曰:「君裂地而封之, 疏爵而貴之, 君有難不死, 出亡不送, 其說何也?」對曰:「言而見用, 終身無難, 臣奚死焉? 謀而見從, 終身不亡, 臣奚送焉? 若言不見用, 有難而死之, 是妄死也; 謀而不見從, 出亡而送之, 是詐僞也. 故忠臣也者, 能納善于君, 不能與君陷于難.」"이라 하였으며 그 외에 《說苑》臣術篇,《新序》(卷5),《論衡》定賢篇,《呂氏春秋》務大篇 등에도 널리 전재되어 있다. 본《貞觀政要》君臣鑒戒(066)를 참조할 것.

【夷】 '殺'과 같음.

056(5-16)
천자의 봉선封禪

정관 6년(632), 흉노匈奴가 평정되고 먼 이민족들이 조공해 왔다. 부서符瑞가 날마다 나타났으며, 해마다 풍년이 들었다. 악목岳牧들이 여러 차례 봉선封禪을 행할 것을 청하였고, 신하들도 다시 태종의 공덕을 칭송하여 "때는 놓칠 수 없고 하늘의 뜻은 거역할 수 없으니, 지금 봉선을 행하셔도 저희들은 오히려 늦은 것이 아닌가 합니다"라는 것이었다.

그런데 오직 위징魏徵만은 불가하다고 여기고 있었다.

태종이 물었다.

"내 그대가 직언으로 말해 주기를 바라오. 숨기지 말도록 하오. 나의 공이 높지 않다고 여기시오?"

위징이 말하였다.

"높지요."

"덕이 두텁지 않다고 여기오?"

"두텁지요."

"화하華夏가 아직 안정되지 않았다고 여기오?"

"안정되었지요."

"먼 이민족이 우리를 아직 사모하지 않는다고 여기시오?"

"사모하고 있지요."

"부서가 아직 나타나지 않고 있다고 보시오?"

"나타났지요."

"일 년 농사가 풍년이 들지 않고 있다고 여기시오?"

"풍년이 들었지요."

"그런데 어찌 봉선이 불가하다는 것이오?"

위징은 이렇게 대답하였다.

"폐하의 공은 높지만 백성은 아직 은혜를 베풀 것을 기다리고 있습니다. 덕은 두텁지만 그 혜택은 아직 두루 퍼지지 않고 있습니다. 우리 화하가 안정되었지만 아직 그에 사업을 실시할 비용이 모자랍니다. 먼 이민족이 우리를 사모하고 있지만 아직 그들의 요구를 들어줄만 하지 않습니다. 부서가 비록 나타났으나 법망은 아직 엄밀하여 억울한 자가 많습니다. 해마다 풍년이 들었지만 창고는 아직 비어 있습니다. 이것이 제가 아직 봉선을 올릴 수 없다는 생각입니다. 저는 먼 사례를 들어 비유할 수는 없지만 아주 가까운 일을 들어 비유하겠습니다. 어떤 사람이 10년의 긴 기간을 병으로 앓아 물건 하나 제대로 들 수 없습니다. 치료 끝에 겨우 나았지만 피골만 겨우 남아 있을 정도입니다. 그런데 그런 자가 한 섬 쌀을 짊어지고 하루에 백리를 걸어가고자 하면 틀림없이 할 수가 없을 것입니다. 수隋나라의 난리가 10년에 그치지 않았습니다. 폐하께서 훌륭한 의사가 되어 그 질고를 없애 주어 비록 이미 안정을 얻기는 하였지만 아직 충분히 회복된 것은 아닙니다. 그런데 모두 나았다고 천지에 고하는 것은 제 생각으로는 의아스럽습니다. 또 폐하께서 동쪽 태산에 봉선을 하시려면 모든 나라가 다 모여야 하는데 그들은 황량한 외지에서 먼 길을 달려오지 아니하면 안 됩니다. 지금 이수伊水와 낙수洛水의 동쪽으로부터 동해와 태산까지는 험한 풀밭에 큰 못들이 겹쳐 망망한 천리 길입니다. 인적과 밥 짓는 연기는 서로 떨어져 있고 닭 우는 소리 개 짖는 소리도 들리지 않으며, 도로는 쓸쓸하여 진퇴가 험난합니다. 그런데 이런 데를 가느라고 저 융적戎狄들에게 우리의 허약함을 보일 수 있겠습니까? 재물을 다하여 상을 내린다 해도 저 멀리 있는 사람들의 욕망을 만족시킬 수 없고, 해마다 노역을 면제해 준다 해도 백성의 노고를 갚을 수가 없습니다. 혹 그 사이 수재나 가뭄의 재난을 만나 풍우의 변화가 생겨 어리석은 장부나 사악한 자의 의견이 일어나게 되면 그때는 후회해도 어쩔 수가 없게 됩니다.

어찌 이것이 저 혼자만의 간절한 뜻이겠습니까? 역시 사람들의 여론興論이 그러합니다."

태종은 그의 말을 훌륭하다 여기고 이에 중지하였다.

貞觀六年, 匈奴克平, 遠夷入貢, 符瑞日至, 年穀頻登.
岳牧等屢請封禪, 群臣等又稱述功德, 以爲「時不可失, 天不可違, 今行之, 臣等猶謂其晚」.
惟魏徵以爲不可.
太宗曰:「朕欲得卿直言之, 勿有所隱. 朕功不高耶?」
曰:「高矣.」
「德不厚耶?」
曰:「厚矣.」
「華夏未安耶?」
曰:「安矣.」
「遠夷未慕耶?」
曰:「慕矣.」
「符瑞未至耶?」
曰:「至矣.」
「年穀不登耶?」
曰:「登矣.」
「然則何爲不可?」
對曰:「陛下功高矣, 民未懷惠. 德厚矣, 澤未旁流. 華夏安矣, 未足以供事. 遠夷慕矣, 無以供其求. 符瑞雖臻, 而罻羅猶密. 積歲豐稔, 而倉廩尙虛. 此臣所以竊謂未可. 臣未能遠譬, 且借近喩於人. 有人十年長患疼痛, 不能任持, 療理且愈, 皮骨僅存,便欲負一石米, 日行百里, 必不可得. 隋氏之亂, 非止十年. 陛下爲之良醫, 除其疾苦, 雖已乂安, 未甚充實, 告成天地, 臣竊有疑. 且陛下東封, 萬國咸萃, 要荒之外, 莫不奔馳. 今自伊洛之東, 曁乎海岱, 萑莽巨澤, 茫茫千里, 人煙斷絕, 鷄犬不聞, 道路蕭條, 進退艱阻. 寧可引彼戎狄, 示以虛弱? 竭財以賞, 未厭遠人之望; 加年給復, 不償百姓之勞. 或遇水旱之災, 風雨之變, 庸夫邪議, 悔不可追. 豈獨臣之誠懇, 亦有輿人之論.」

太宗稱善, 於是乃止.

【匈奴】돌궐을 말함. 貞觀 4년(630) 東突厥을 평정하였음.
【頻登】연이어 풍년을 이룸.
【岳牧】고대 四岳과 12州의 州牧. 지방장관을 뜻함.
【封禪】고대 제왕이 즉위하면 五嶽에 올라 하늘에 제사를 올렸으며 그 중 泰山의 제사를 '封', 梁父山의 제사를 '禪'이라 하였다 함.
【罻羅】원래는 새를 잡는 그물임. 인신하여 法網을 뜻함.
【乂安】편안한 시대. 태평함을 뜻함.
【東封】五嶽 중의 東岳 泰山에 天祭를 올림.
【要荒】要服과 荒服. 王畿로부터 5백 리씩 멀어지면서 5등급으로 나누어 甸服, 侯服, 綏服, 要服, 荒服으로 구분하였음.
【伊洛】洛陽 근처를 흐르는 伊水와 洛水.
【海岱】東海와 泰山. '岱'는 태산의 簡稱.
【萑莽】갈대와 잡풀이 우거진 곳.
【戎狄】중국을 중심으로 東夷, 西戎, 北狄, 南蠻으로 나누었으며 여기서는 이민족이라는 뜻.
【復】노역을 면제함을 뜻함.
【輿人】많은 사람들. 衆人과 같음.
【庸夫邪議】배반. 반란의 의견들이 생김을 말함.

057(5-17)
제방을 미리 헐어 버리면

정관 7년(633), 촉왕비蜀王妃의 아버지 양예楊譽가 관청에서 노비 문제로 다툼이 일어나자 도관랑중都官郎中 설인방薛仁方이 이를 가두고 심문하면서 아직 처리할 시간을 얻지 못하였다.

그런데 양예의 아들이 천우千牛라는 관직에 있었는데 그는 어전의 뜰에 이르러 이렇게 호소하는 것이었다.

"오품 이상은 반역죄가 아니면 그 몸을 구속하는 것은 합당하지 않은데도 나라의 친척이라는 이유로 고의로 지연시키며 판결을 내리려 하지 않아 시간만 지체하고 있습니다."

태종이 이를 듣고 노하였다.

"나의 친척임을 알고 고의로 이와 같이 곤란한 경우를 만든 것이다."

그리고 즉시 설인방에게 곤장 백 대를 치고 그 관직에서 해임시키도록 명하였다.

그러자 위징魏徵이 나서서 말하였다.

"성곽에 굴을 파고 사는 여우나 사직단에 숨어사는 쥐는 아주 별것 아닌 동물이지만 그들은 믿는 바가 있다고 여겨 그 때문에 이들을 제거하기가 쉽지 않습니다. 하물며 귀족의 친척임에야 어떻겠습니까? 옛날부터 이들은 다스리기 어렵다 하였으니 한진漢晉 이래로 능히 이들을 금지하고 통제하지 못하여 무덕武德 연간에는 교만과 방종을 부리기 일쑤였습니다. 그러다가 폐하께서 등극하시고 비로소 수그러들기 시작하였습니다. 설인방이 이미 그 일을 맡았으니 이는 능히 나라를 위해 법을 지킨 것으로 어찌 그에게 잘못을 씌워 형벌을 내려 외척이 사사롭게 굴도록 내버려 두십니까! 이러한 근원이 한번 열리면 온갖 사단이

다투어 일어나고 말 것이니 뒤에 후회해도 어쩔 수 없게 될 것입니다. 자고로 능히 이런 일을 엄단할 수 있는 이는 오직 폐하 한 사람뿐입니다. 아직 일어나지 않은 일을 미리 방비하는 것이 나라의 상도常道입니다. 그런데 어찌 물이 넘쳐나지도 않은 때에 미리 그 제방을 헐어 버리려 하십니까? 제가 생각하건대 이는 옳은 일로 보이지 않습니다."

태종이 말하였다.

"진실로 그대의 말과 같소. 방금 내 잘못 생각하였소. 그러나 설인방도 문득 금하는 일을 얼른 보고하지 아니하고 자못 전권을 휘두르고 있으니 비록 중죄에 해당하지는 않는다 해도 약간의 징벌은 있어야 할 것이오."

그리고는 곤장 20대를 치고 사면해 주었다.

貞觀七年, 蜀王妃父楊譽, 在省競婢, 都官郎中薛仁方留身勘問, 未及予奪.

其子爲千牛, 於殿庭陳訴, 云:「五品以上非反逆不合留身, 以是國親. 故生節目, 不肯決斷, 淹留歲月.」

太宗聞之, 怒曰:「知是我親戚, 故作如此艱難.」

卽令杖仁方一百, 解所任官.

魏徵進曰:「城狐社鼠皆微物, 爲其有所憑恃, 故除之猶不易. 況世家貴戚? 舊號難理, 漢晉以來, 不能禁禦, 武德之中, 以多驕縱, 陛下登極, 方始蕭條. 仁方旣是職司, 能爲國家守法, 豈可枉加刑罰, 以成外戚之私乎! 此源一開, 萬端爭起, 後必悔之, 將無所及. 自古能禁斷此事, 惟陛下一人. 備豫不虞, 爲國常道. 豈可以水未橫流, 便欲自毀堤防? 臣竊思度, 未見其可.」

太宗曰:「誠如公言, 嚮者不思. 然仁方輒禁不言, 頗是專權, 雖不合重罪, 宜少加懲肅.」

乃令杖二十而赦之.

【蜀王】李愔. 당 태종의 6째 아들. 그러나 이암은 貞觀 5년(631) 梁王으로 봉해졌으며 7년(633) 襄州刺史가 되었다가 10년에야 촉왕이 됨. 정관 7년의 촉왕은 李恪으로 당 태종의 셋째 아들. 따라서 이각이 맞는 것으로 봄. 이각은 정관 2년(628) 촉왕에 봉해졌으며 10년에 吳王으로 옮겼음.

【在省競婢】 부(府)에서 관의 노비 문제로 경쟁하며 다툼. '省'은 공주가 거처하는 집을 말함.

【都官郞中】 刑部에 속하는 관원. 죄수의 徒役과 장부 정리, 노비 관리 등을 담당하였음.

【留身勘問】 구속한 상태에서 심문함을 말함.

【未及予奪】 아직 죄를 인정할 것인지에 대하여 판결을 내리지 못하고 있음.

【千牛】 관직 이름. 東宮宿衛의 관직으로 칼을 관리하며 호위와 의장을 담당하는 임무를 맡았음.

【節目】 마디에 다시 작은 가지를 나게 함. 일을 번거롭게 이유를 달아 지연시킴을 뜻함.

【城狐社鼠】 성벽에 굴을 파고 사는 여우나 사직 사당에 사는 쥐. 제거하기 어려운 상황을 믿고 사는 임금 좌우의 측근이나 간신을 말함.《晏子春秋》등 참조.

【漢晉】 東漢 말은 환관과 외척의 전횡으로 黨錮之禍을 겪었으며 西晉의 八王之亂도 모두 외척과 환관 때문에 발생하였음을 말함.

【虞】 미리 예측함.

【嚮】 종전. 방금 전. '曏'과 같음.

058(5-18)
알아야 할 일과 몰라도 될 일

정관 8년(634), 좌복야左僕射 방현령房玄齡과 우복야右僕射 고사렴高士廉이 길에서 소부감少府監 두덕소竇德素를 우연히 만나 북문北門에 요즈음 어떤 공사를 하고 있는지를 물어 두덕소가 있는 대로 설명해 주었다.

태종이 이를 알고 방현령에게 말하였다.

"그대는 단지 남아南衙의 일만 알고 있으면 되오. 내가 북문에 작은 건물을 짓고 있는 것을 두고 그대가 무슨 관여할 일이 있다는 거요?"

그러자 방현령 등은 절을 하며 사과하였다.

위징魏徵이 이를 두고 들어가 진언하였다.

"저는 폐하께서 아랫사람을 책하신 일을 전혀 이해하지 못하겠으며, 아울러 방현령과 고사렴이 절을 하며 사과한 일도 이해할 수 없습니다. 방현령이 이미 대신의 임무를 맡았다면 폐하의 팔다리와 눈귀의 역할을 하는 것이니 어찌 그가 모르고 있는 것을 용납할 수 있겠습니까? 그가 관사官司의 일을 물은 것을 책하시니 저는 이해할 수가 없습니다. 그리고 행정의 이해득실과 공사의 진척 상황, 그리고 임금이 잘하시는 일에 대하여 마땅히 폐하를 도와 이를 성취시켜야 하며, 혹 잘못 되는 일이 있으면 비록 건물 짓는 일일지라도 의당 폐하게 상주하여 그치도록 해야 합니다. 이것이 임금이 신하를 부리는 것이며 신하로서 임금을 섬기는 도입니다. 방현령 등이 물어본 것은 죄가 되지도 않는데 폐하가 질책한 것은 저로서는 이해가 되지 않으며, 또한 방현령 등도 자신이 지켜야 할 임무가 무엇인지도 모르고 단지 절하며 사과할 줄만 알았다니 저는 이 역시 이해할 수가 없습니다."

태종은 심히 부끄러워하였다.

貞觀八年, 左僕射房玄齡・右僕射高士廉於路逢少府監竇德素, 問北門近來更何營造. 德素以聞.

太宗乃謂玄齡曰:「君但知南衙事, 我北門少有營造, 何預君事?」

玄齡等拜謝.

魏徵進曰:「臣不解陛下責, 亦不解玄齡・士廉拜謝. 玄齡旣任大臣, 卽陛下股肱耳目, 有所營造, 何容不知? 責其訪問官司, 臣所不解. 且所爲有利害, 役工有多少, 陛下所爲善, 當助陛下成之; 所爲不是, 雖營造, 當奏陛下罷之. 此乃君使臣・臣事君之道. 玄齡等問旣無罪, 而陛下責之, 臣所不解. 玄齡等不識所守, 但知拜謝, 臣亦不解.」

太宗深愧之.

【八年】貞觀 15년(641)이어야 함. 右僕射高士廉은 貞觀 12년(638)에 尙書右僕射가 되었음.

【高士廉】文德皇后 長孫氏의 외삼촌으로 당나라 초기의 명신. 吏部尙書, 尙書右僕射 등을 거쳤으며 貞觀 20년(646)에 죽어 昭陵에 陪葬됨.

【少府監】少府少監. 토목사업과 營建 공사 등으로 관장하는 직책.

【北門】玄武門. 太極宮의 북문으로 禁軍이 주둔하던 곳.

【南衙】궁중의 남쪽 중앙 행정처.

【股肱耳目】신하로서 임금의 팔다리나 눈귀의 역할을 함.

【君使臣】《論語》八佾篇의 "定公問:「君使臣, 臣事君, 如之何?」孔子對曰:「君使臣以禮, 臣事君以忠.」"이라 한 말을 가리킴.

059(5-19)
말이란 쉽게 내뱉을 수 없는 것

정관 2년(628), 월왕越王 이태李泰는 장손황후長孫皇后 소생으로 태자 이승건李承乾의 아우였다. 총명하고 민첩함이 뛰어나 태종의 특별한 총애가 남달랐다.

그러자 어떤 자가 삼품 이상은 모두 그 월왕을 경멸한다고 말하고 다녔는데 그 의도는 위징魏徵 등을 헐뜯어 임금의 노기를 격발시키고자 함이었다.

태종은 과연 정전政殿에 삼품 이상 관리를 모두 불러 자리에 앉도록 한 다음 크게 노하여 얼굴을 붉히며 이렇게 말하였다.

"내 그대 공들을 향해 한 마디 해야겠소. 지난날의 천자는 천자였고 지금의 천자는 천자가 아니오? 지난날의 천자 아들은 천자 아들이고 지금의 천자 아들은 천자 아들이 아니라는 거요? 내 보니 수隋나라 때 제왕諸王은 달관達官 이하는 모두가 그로부터 발길질과 엎어짐을 당하지 않은 자가 없을 정도로 귀한 신분이었소. 지금 내 아들은 그토록 제멋대로 횡포를 부리지 못하도록 하여 그대들은 그나마 쉽게 지나가고 있는 것이오. 어찌 서로 함께 내 아들을 경멸하고 있소. 내 만약 아들을 방종하게 풀어 두었다면 그대들인들 어찌 발길에 차이고 넘어지지 않을 수 있겠소!"

방현령房玄齡 등은 벌벌 떨면서 모두가 절하며 사과하였다.

그러자 위징魏徵이 정색을 하고 이렇게 간하였다.

"지금 여러 신하들 중에 월왕을 경멸한 자는 결코 없습니다. 그러나 예禮로 보아 신하와 황제의 아들은 같은 등급입니다. 《전傳》에 '제왕의 신하는 비록 천한 신분일지라도 제후의 위에 해당한다. 제후가 이를 등용하여 공公으로 삼으면 곧 공이 되는 것이요, 그를 경卿으로 등용하면 경이 되는 것이다. 만약 공경으로 쓰지 않으면 제후의 아래인 사가 되는 것이다'라 하였습니다. 지금 삼품 이상은 공경의 반열에 서며 천자의 대신과 함께 폐하께서 공경을 특히 더하는 것입니다. 비록 그들이 어떤 작은 잘못이 있다할지라도 월왕이 어찌 문득 그들을 좌절시키거나 모욕을 줄 수 있다는 것입니까? 만약 국가의 기강이 폐기되고 허물어진다면 그런 경우는 저로서는 모르겠습니다만 지금과 같은 성명聖明한 시대에 월왕이 어찌 그렇게 할 수 있다는 것입니까? 그리고 수나라 고조高祖는 예의를 알지 못하던 자로서 제왕들을 세워 놓고 총애하면서 무례한 짓을 마구 저질러도 되도록 하였다가 결국 이를 죄로 삼아 폐출시켰습니다. 이는 법으로 삼을 수 없는 사례인데 어찌 족히 여기에 비교하여 거론하십니까?"

태종이 이 말을 듣고 얼굴에 기쁜 표정을 띠면서 여러 신하들에게 말하였다.

"무릇 사람의 말이란 이치에 닿아야 하는 것이니 굴복하지 아니할 수가 없군요. 내가 말한 것은 내 사사로운 사랑 때문이었고, 위징이 말한 것은 국가의 큰 법이었소. 내 방금 분노를 터뜨린 것은 이치에 맞는다고 의심도 하지 않았으나 위징이 논하는 것을 보고 비로소 도리에 크게 벗어났음을 깨닫게 되었소. 사람의 임금으로서 어찌 말 한 마디를 쉽게 낼 수 있겠소?"

그리고 방현령 등을 불러 그런 말을 하고 다닌 자들을 엄격히 질책하도록 하고 위징에게는 비단 천 필을 하사하였다.

貞觀十年. 越王, 長孫皇后所生, 太子介弟, 聰敏絶倫, 太宗特所寵異. 或言三品以上, 皆輕蔑王者, 意在譖侍中魏徵等, 以激上怒.

上御齋政殿, 引三品已上入坐定, 大怒作色而言曰:「我有一言, 向公等道. 往前天子, 卽是天子. 今時天子, 非天子耶? 往年天子兒, 是天子兒. 今日天子兒, 非天子兒耶? 我見隋家諸王, 達官已下, 皆不免被其躓頓. 我之兒子, 自不許其縱橫, 公等所容易過, 豈得相共輕蔑? 我若縱之, 豈不能躓頓公等!」

玄齡等戰慄, 皆拜謝.

徵正色諫曰:「當今群臣, 必無輕蔑越王者. 然在禮, 臣子一例,《傳》稱:『王人雖微, 列於諸侯之上. 諸侯用之爲公, 卽是公; 用之爲卿, 卽是卿. 若不爲公卿, 卽下士於諸侯也.』今三品已上, 列爲公卿, 並天子大臣, 陛下所加敬異. 縱其小有不是, 越王何得輒加折辱? 若國家紀綱廢壞, 臣所不知. 以當今聖明之時, 越王豈得如此? 且隋高祖不知禮義, 寵樹諸王, 使行無禮, 尋以罪黜. 不可爲法, 亦何足道?」

太宗聞其言, 喜形於色, 謂群臣曰:「凡人言語理到, 不可不伏. 朕之所言, 當身私愛; 魏徵所論, 國家大法. 朕嚮者忿怒, 自謂理在不疑. 及見魏徵所論, 始覺大非道理. 爲人君言, 何可容易?」

召玄齡等而切責之, 賜徵絹一千匹.

【越王】 다른 기록에는 '魏王李泰'로 되어 있음. 당 태종의 넷째 아들. 貞觀 2년(628)에 越王으로 봉해졌다가 2년(628)에 魏王으로 옮겼음.《括地志》의 찬수작업을 맡기도 하였음.
【太子】 李承乾. 태종의 첫째 아들. 뒤에 폐위되어 李治가 帝位를 이어 당 3대 황제 高宗이 되었음.
【介弟】 남의 아우를 높여 부르는 말.
【諸王】 황제의 아들로 각 시기에 왕으로 봉해진 자들.
【達官】 현달한 관리. 아주 뛰어나 감히 맞설 수 없는 높은 지위의 관리.
【傳】《公羊傳》을 가리킴.
【王人】 제왕(천자)이 부리는 사람이라는 뜻.《公羊傳》僖公 8년에 "王人者何? 微者也, 曷爲序乎諸侯之上, 先王命也"라 함.

【折辱】좌절시키고 굴욕을 맛보도록 함.
【隋高祖】수나라를 세운 첫 임금이라는 뜻. 여기서는 隋文帝 楊堅을 가리킴.
【切責】엄하게 꾸짖음.

060(5-20)
생계만을 위한 관직이라면

정관 2년(628), 해당 부서에서 능경凌敬이 국가로부터 대여해 간 돈을 갚지 않게 해 달라고 청한 내용을 문제 삼아 태종에게 바치자 태종은 시중侍中 위징魏徵 등에게 그런 사람을 마구 추천하였다고 질책을 하였다.

그러자 위징이 말하였다.

"저희들은 매번 폐하의 고문이 되어 사람을 추천할 때면 항상 그의 장점과 단점을 갖추어 설명 드렸습니다. 학식과 강한 간쟁의 능력이 있으면 이는 장점이며 자신의 생계만을 위하고 돈벌이를 좋아한다면 이는 단점입니다. 지금 능경은 남을 위해 비문을 지어 주고 남에게 《한서漢書》를 가르쳐 읽어 주며 이로써 그들에게 청탁하여 서로 이익을 추구하고 있으니 이는 저희들이 설명 드렸던 것과 다릅니다. 폐하께서는 그의 장점을 쓰지 아니하시고 오직 단점만 보고 계시면서 우리들에게 속였다고 여기시니 실로 감히 마음속으로 수긍이 되지 않습니다."

태종은 그 의견을 용납하였다.

貞觀十一年, 所司奏凌敬乞貸之狀. 太宗責侍中魏徵等濫進人. 徵曰:「臣等每蒙顧問, 常具言其長短. 有學識·强諫諍, 是其所長. 愛生活·好經營, 是其所短. 今凌敬爲人作碑文, 敎人讀《漢書》, 因玆附托, 回易求利, 與臣等所說不同. 陛下未用其長, 惟見其短, 以爲臣等欺罔, 實不敢心伏.」

太宗納之.

【凌敬】 인명. 竇建德의 좨주(祭酒) 벼슬을 하였으며 魏徵의 추천으로 직위에 오름.
【乞貸】 대여해 줄 것을 애걸함.
【生活】 생계. 삶을 모색함.
【漢書】 25사 중의 두 번째 史書. 斷代史이며 西漢 시대를 기록한 것으로 東漢 때 班固가 찬술함.

061(5-21)
신하의 충간에 난색을 표하시면

정관 12년(638), 태종이 위징魏徵에게 말하였다.
"근래 정치와 교화의 득실은 예전에 비하면 어떠하오?"
위징이 대답하였다.
"은혜와 위엄이 널리 베풀어지고 먼 이민족이 조공해 오는 면에서는 정관 초기에 비하여 등급을 매길 수 없을 정도로 대단합니다. 그러나 덕의德義가 점차 확산되어 백성이 마음속으로 즐겁게 복종하는가의 면에서는 정관 초기와 비교한다면 차이가 너무 납니다."
태종이 말하였다.
"먼 이민족이 복종해 오는 것은 응당 덕의를 베풀었기 때문일 것이니 예전의 공과 업적이 무슨 이유로 더 대단하였다는 것이오?"
위징이 말하였다.
"옛날 사방이 아직 평정되지 않았을 때는 언제나 덕의를 베풀겠다는 마음이 있었지만 곧이어 해내에 걱정거리가 없어지자 점차 교만과 사치가 저절로 넘쳐나게 되었지요. 그 때문에 공과 업적은 비록 풍성하나 끝내 예전 처음만 못하게 된 것입니다."
태종이 다시 말하였다.
"행한 바가 예전과 무엇이 달라졌소?"
위징이 말하였다.
"정관 초기에는 사람들이 말을 하지 않으면 어쩌나 하여 이들로 하여금 간언을 하도록 유도하였습니다. 3년이 지난 뒤에는 남이 간언을 해 주면 즐겁게 여기며 이를 따랐지요. 그런데 요즈음 1, 2년은 남의 간언을 싫어하게 되었고 비록 억지로 들어주기는 하지만 그래도 마음속에는 불평이 있으며 말투에는 난색이 드러나고 있습니다."

태종이 말하였다.

"어떠한 일에 그런 모습이 나타나오?"

위징이 대답하였다.

"즉위 초에 원률사元律師에게 죄를 물어 사형에 처할 때 손복가孫伏伽가 '법으로 보아 사형까지는 아니며 혹한 형벌을 마구 가함은 용납되지 않습니다'라고 간언을 하자 폐하께서는 난릉공주蘭陵公主 소유였던 배만 전에 해당하는 장원莊園을 손복가에게 하사하셨습니다. 그러자 어떤 사람이 '그런 말은 평상 누구나 할 수 있는 말인데 그에게 내린 상은 너무 후합니다'라고 불평하자 폐하께서는 '내 즉위한 이래 간언하는 자가 없었다. 그래서 상을 내린 것이다'라고 대답하셨지요. 이것은 말을 하도록 유도한 것입니다. 그리고 서주사호徐州司戶 유웅柳雄이 수隋나라 때 받은 계급을 마구 올려 사용하자 어떤 사람이 이를 고발하였습니다. 폐하께서는 그로 하여금 자수하도록 하였으며 자수하지 않으면 죄를 묻겠다고 하였습니다. 그런데 그는 끝까지 자신이 사실대로 한 것일 뿐 잘못이 없다고 자백하지 않았습니다. 그리하여 대리시大理寺에서 그의 허위를 밝혀내어 장차 사형에 처하고자 하였습니다. 이때 소경少卿 대주戴冑가 법으로 보아 도형徒刑에 그쳐야 한다고 상주하였습니다. 그러자 폐하께서는 '내 이미 그에게 처단하겠다고 말을 끝낸 상태이니 오직 사형밖에 없다고 여긴다'라고 하였습니다. 대주가 다시 '폐하께서 이왕에 제 말을 그렇지 않다고 하시지만 저는 이미 사법 기관에 넘겼습니다. 그의 죄는 사형에 해당하지 않습니다. 가혹한 형벌을 마구 쓸 수는 없습니다'라고 하였지요. 폐하께서는 얼굴에 화를 내며 그를 사형에 처하라고 강요하였고 대주는 끝까지 고집을 피우며 그치지 않아 이렇게 서너 차례나 옥신각신한 끝에야 사면하게 되었습니다. 그리고는 사법무에게 '나로 하여금 이처럼 법을 지키도록 한 것이 어찌 형벌을 마구 내리는 것을 두려워하라는 것이 아니겠는가?'라고 하였으니 이는 바로 즐겁게 여기면서 간언을 따라 준 예입니다. 그런데 지난해 섬현승陝縣丞 황보덕참皇甫德參이 글을 올려 폐하의 뜻을 크게 거슬렀습니다. 그때 폐하께서는 그 글을 비방하는 것이라 여겼던 것입니다. 그런데 제가 글을 올리면서 격렬한 말투를 쓰지 않자 임금의 주의를 끌지 못하였고 격렬한 말투를 쓰면 이는 비방하는 것처럼 여기시더군요. 당시 비록 폐하께서 저의 의견을 들어주시고 비단 20단을 상으로 주시기는 했지만 그 마음속에는 그래도 불평함이 있어 간언을 받아들이기에 난색을 표하셨었습니다."

태종이 말하였다.

"진실로 그대의 말과 같소. 그대가 아니라면 이런 말을 해 줄 자가 없을 것이오. 사람은 누구나 자신이 깨닫지 못함을 괴롭게 여기지요. 그대가 방금 말하지 않았을 때는 내 스스로 행동에 변함이 없었노라고 말했을 것이나 그대의 논박을 보고 나서는 나의 과실이 이처럼 놀랍다는 것을 알게 되었소. 그대는 이러한 마음을 계속 가지고 계시오. 나는 나대로 그대의 말을 끝까지 위배함이 없도록 하겠소."

貞觀十二年, 太宗謂魏徵曰:「比來所行得失政化, 何如往前?」
對曰:「若恩威所加, 遠夷朝貢, 比於貞觀之始, 不可等級而言. 若德義潛通, 民心悅服, 比於貞觀之初, 相去又甚遠.」
太宗曰:「遠夷來服, 應由德義所加, 往前功業, 何因益大?」
徵曰:「昔者四方未定, 常以德義爲心, 旋以海內無虞, 漸加驕奢自溢. 所以功業雖盛, 終不如往初.」
太宗又曰:「所行比往前何爲異?」
徵曰:「貞觀之初, 恐人不言, 導之使諫. 三年已後, 見人諫, 悅而從之. 一二年來, 不悅人諫, 雖黽勉聽受, 而意終不平, 諒有難色.」
太宗曰:「於何事如此?」

對曰:「卽位之初, 處元律師死罪, 孫伏伽諫曰:『法不至死, 無容濫加酷罰.』遂賜以蘭陵公主園, 直錢百萬. 人或曰:『所言乃常事, 而所賞太厚.』答曰:『我卽位來, 未有諫者, 所以賞之.』此導之使言也. 徐州司戶柳雄於隋資妄加階級, 人有告之者, 陛下令其自首, 不首與罪. 遂固言是實, 竟不肯首. 大理推得其僞, 將處雄死罪. 少卿戴冑奏法止合徒. 陛下曰:『我已與其斷當訖, 但當與死罪.』冑曰:『陛下旣不然, 卽付臣法司. 罪不合死, 不可酷濫.』陛下作色遣殺, 冑執之不已, 至於四五, 然後赦之. 乃謂法司曰:『但能爲我如此守法, 豈畏濫有誅夷?』此則悅以從諫也. 往年陝縣丞皇甫德參上書大忤聖旨, 陛下以爲訕謗. 臣奏稱上書不激切, 不能起人主意, 激切卽似訕謗. 於時雖從臣言, 賞物二十段, 意甚不平, 難於受諫也.」

太宗曰:「誠如公言, 非公無能道此者. 人皆苦不自覺, 公向未道時, 都自謂所行不變. 及見公論說, 過失堪驚. 公但存此心, 朕終不違公語.」

【旋】 '아주 빠르게'의 뜻.
【黽勉】 '勉勵'와 같음. 여기서는 '억지로, 힘써서'의 뜻.
【元律師】 인명. 성은 元, 이름은 律師.
【孫伏伽】 인명. 貝州(河北) 출신으로 武德 연간에 강직하게 간언하여 '諍臣'이라 칭함을 받았으며 貞觀 연간에 大理少卿을 지냈으며 樂安縣男에 봉해짐. 高宗 顯慶 3년(658)에 죽음.
【蘭陵公主】 唐 太宗의 딸로 竇懷悊에게 시집갔음. 그의 백만 전에 해당하는 장원을 손복가에게 상으로 주었음을 말함.
【徐州】 지금의 江蘇省 북부와 山東省 남부 일대의 행정구역.
【司戶】 각 주에 속한 戶曹.

【大理】대리시(大理寺). 재판과 감옥의 일을 관장하는 기관.
【徒】徒刑.
【往年】정관 8년(634)에 있었던 일.
【物】'帛'을 가리킴.

정관정요

6. 군신감계君臣鑒戒

'군신감계君臣鑒戒'란 임금과 신하가 함께 거울로 삼아 경계해야 할 덕목을 말한 것이다. 일방의 완벽함만 요구해서는 나라가 바르게 통치될 수가 없다. 국가 흥망의 옛 사례를 모아 함께 자신의 임무를 다해야 한다는 내용을 기록한 것이다.

〈描金石刻武士俑〉 唐, 明器. 1958 陝西 長安 楊思勖 묘 출토

貞觀政要

062(6-1)
옛일은 먼 것이 아니니

정관 3년(629), 태종이 시종하는 신하에게 말하였다.

"임금과 신하란 본래 치란을 함께 하며, 안위를 함께 겪으면서 만약 임금이 충간을 받아들이면 신하는 나서서 직언을 해 주어야 하는 것이니, 이로써 임금과 신하는 의기가 투합하는 것이 바로 예로부터 중히 여겨오던 바이다. 만약 임금이 스스로 똑똑하다고 여기고 신하는 이를 바로잡아 주지 않는다면 망하지 않고자 해도 망하지 않을 수 없는 것이다.

임금이 그 나라를 잃으면 신하 역시 홀로 그 집안을 온전히 할 수 없는 법. 수隋 양제煬帝처럼 포학함에 이르렀는데도 신하들이 입을 닫고 있어 마침내 그 과실을 들을 수 없도록 하였으니 드디어 멸망에 이르게 된 것이며, 우세기虞世基 등도 결국 죽음을 맞이하게 된 것이다. 옛일은 멀리 있는 것이 아니니 짐과 경들은 신중히 하지 않았다가 후세에 비웃음을 사는 일이 없도록 할지니라."

貞觀三年, 太宗謂侍臣曰:「君臣本同治亂, 共安危, 若主納忠諫, 臣進直言, 斯故君臣合契, 古來所重. 若君自賢, 臣不匡正, 欲不危亡, 不可得也. 君失其國, 臣亦不能獨全其家. 至如隋煬帝暴虐, 臣下鉗口, 卒令不聞其過, 遂至滅亡, 虞世基等尋亦誅死. 前事不遠, 朕與卿等可得不慎, 無爲後所嗤!」

【合契】 서로 의견 등이 합치함. 의기투합함.
【虞世基】 자는 茂世. 會稽 姚餘 사람으로 隋 煬帝 때 內史侍郞이었으며 양제가 폭정을 일삼아도 이를 간언하지 않아 뒤에 부하 병사들에게 죽음을 당함.
【嗤】 비웃음. 譏笑.

063(6-2)
감옥이 텅 빈 것은

정관 4년(630), 태종이 수隋나라 때의 일을 논의하였다.
위징魏徵이 대답하였다.
"저는 지난날 수나라 때 일찍이 듣기로 도둑이 발생하자 양제煬帝가 오사징於士澄으로 하여금 쫓아가 체포하도록 하였답니다. 그런데 단지 혐의만 비슷해도 고통스럽게 고문을 하여 억울하지만 거짓 자백을 한 자가 무려 2천 명이나 되었는데 이들을 한날에 모두 처단하였다는 것입니다. 그리하여 대리승大理丞 장원제張元濟가 괴이하게 여겨 시험 삼아 그 소장을 찾아보았더니 그중 6, 7명은 그 도둑이 발생한 날 먼저 다른 곳에 이미 감금되어 있다가 막 석방되어 나오던 자인데 역시 그 사건에 붙들려 고통을 이기지 못하여 스스로 도둑질을 하였다고 거짓 자백을 한 사람들이었습니다. 장원제는 이 일을 보고 다시 소장을 깊이 찾아보았더니 2천 명 중에 아홉 명만이 행적이 분명하지 않았을 뿐이었다고 합니다. 관리들도 이미 이 아홉 사람 중 네 명은 분명 도적이 아님을 알고 있었습니다. 유사有司가 이미 양제에게 알려 처단을 한 뒤라 관리들은 결국 더 이상 보고를 하지 아니하고 그대로 죽여 버린 것이지요."

태종이 말하였다.
"양제가 무도했던 것이 아니라 신하들 역시 마음을 다하지 않은 것이다. 모름지기 고쳐 주고 간언할 때는 죽음도 파하지 말아야 하거늘 어찌 오직 아첨만으로 구차스럽게 왕의 기쁨과 자신의 명예를 얻으려

하였던가! 임금과 신하가 모두 이와 같았으니 어찌 망하지 않을 수 있었겠는가? 나는 그대들이 서로 보좌해 주는 것에 힘입어 드디어 감옥들이 텅 비게 되었으니 원하건대 그대들은 좋은 시작을 끝까지 잘 지켜 항상 오늘 같도록 하라!"

貞觀四年, 太宗論隋日.
魏徵對曰:「臣往在隋朝, 曾聞有盜發. 煬帝令於士澄捕逐. 但有疑似, 苦加拷掠, 枉承賊者二千餘人, 並令同日斬決. 大理丞張元濟怪之, 試尋其狀, 乃有六七人, 盜發之日, 先禁他所, 被放纔出, 亦遭推勘, 不勝苦痛, 自誣行盜. 元濟因此更事究尋, 二千人內惟九人逗留不明. 官人有諳識者, 就九人內四人非賊. 有司以煬帝已令斬決, 遂不執奏, 並殺之.」
太宗曰:「非是煬帝無道, 臣下亦不盡心, 須相匡諫, 不避誅戮, 豈得惟行諂佞, 苟求悅譽! 君臣如此, 何能不敗? 朕賴公等共相輔佐, 遂令囹圄空虛, 願公等善始克終, 恆如今日!」

【四年】《資治通鑑》과 《魏文貞公年譜》에 의하며 '貞觀五年'(631)으로 되어 있음.
【隋日】《魏鄭公諫錄》(3)에는 "隋日禁囚"로 되어 있음.
【於士澄】인명. 원래 隋나라 장수였으나 당나라에 항복함.
【大理丞】대리사(大理寺)의 속관. 수나라 때 옥을 관장하던 직책이었음.
【推勘】조사하고 추적함.
【囹圄】감옥.

064(6-3)
망각증이 심하여 이사 갈 때 아내를 잃은 자

정관 6년(632), 태종이 시종하는 신하에게 말하였다.

"내 듣기로 주周나라와 진秦나라가 처음 천하를 얻었을 때 그 상황은 아무런 차이가 없었다. 그러나 주나라는 오직 선善을 행하기에 힘을 쏟으며 공과 덕을 쌓아 나갔다. 그 때문에 능히 8백 년 왕조의 기틀을 보존할 수 있었다. 한편 진나라는 방자하게 사치와 음일을 일삼으며 형벌로 다스리기를 좋아하여 결국 이세二世를 넘기지 못하고 멸망하였다. 그러니 이것이 어찌 선을 행하는 자는 그 복이 길이 이어가고, 악을 행하는 자는 하늘이 내려 준 햇수조차 길지 않음을 말하는 것이 아니겠는가? 내 또 듣기로 걸주桀紂는 제왕帝王의 신분이지만 필부匹夫와 비교하면 욕된 삶이라 여기고, 안회顔回와 민자건閔子騫은 그저 필부에 불과하지만 제왕과 비교하면 오히려 영광된 삶이라 여긴다 하였다. 이 역시 제왕으로서 깊은 치욕이다. 나는 매번 이 일을 거울과 경계로 삼아 항상 그에 미치지 못하여 남의 웃음거리가 되면 어쩌나 걱정하고 있다."

위징魏徵이 대답하였다.

"제가 듣기로 노魯 애공哀公이 공자에게 '얼마나 망각증이 심하였으면 이사 가면서 자신의 아내를 잊은 사람이 있다 하더이다'라고 하자 공자가 '그런 망각증 환자보다 더 심한 자가 있습니다. 제가 보기에 걸주 같은 임금은 제 몸 자신을 잊고 있었으니까요'라 하였답니다. 원컨대 폐하께서 매번 이로써 염려를 삼으시면 뒷사람의 웃음을 면할 수 있을 것입니다."

貞觀六年, 太宗謂侍臣曰:「朕聞周·秦初得天下, 其事不異. 然周則惟善是務, 積功累德, 所以能保八百之基. 秦乃恣其奢淫, 好行刑罰, 不過二世而滅. 豈非爲善者福祚延長, 爲惡者降年不永? 朕又聞桀紂, 帝王也, 以匹夫比之, 則以爲辱; 顏閔, 匹夫也, 以帝王比之, 則以爲榮. 此亦帝王深恥也. 朕每將此事以爲鑒戒, 常恐不逮, 爲人所笑.」

魏徵對曰:「臣聞魯哀公謂孔子曰:『有人好忘者, 移宅乃忘其妻.』孔子曰:『又有好忘甚於此者, 丘見桀紂之君, 乃忘其身.』願陛下每以此爲慮, 庶免後人笑爾!」

【福祚】여기서는 제왕의 지위를 뜻함.
【降年】계속 전승되어온 연수. 대수.
【顏】顏回(B.C.521~B.C.490). 자는 子淵. 顏淵이라고도 부름. 공자의 제자. 德行으로 이름이 높았음.
【閔】閔損(B.C.536~?). 자는 子騫, 공자 제자로 역시 덕행으로 이름이 났었음.
【魯哀公】춘추 말기 노나라 군주. 姬將. 공자와 같은 시기. B.C.494~B.C.468년 재위함. 이 이야기는 《說苑》敬愼篇에 "魯哀公問孔子曰:「予聞忘之甚者, 徙而忘其妻, 有諸乎?」 孔子對曰:「此非忘之甚者也, 忘之甚者, 忘其身.」 哀公曰:「可得聞與?」 對曰:「昔夏桀貴爲天子, 富有天下, 不修禹之道, 毀壞辟法, 裂絕世祀, 荒淫于樂, 沉酗于酒, 其臣有左師觸龍者, 諂諛不止, 湯誅桀, 左師觸龍者, 身死, 四支不同壇而居, 此忘其身者也.」 哀公愀然變色曰:「善!」"이라 하였으며, 《孔子家語》賢君篇과 《尸子》에도 전재되어 있음.

065(6-4)
무망재거 毋忘在莒

정관 14년(640), 태종이 고창高昌을 평정하고 나서 시종하는 신하들을 불러 양의전兩儀殿에서 잔치를 벌였다. 그리고 방현령房玄齡에게 이렇게 말하였다.

"고창이 만약 나에게 신하로서의 예를 잃지 않았다면 어찌 망하는 지경에 이르렀겠소? 내 이러한 고창국을 평정한 뒤 심히 두려움을 품고 있어 오직 교만과 안일을 경계하는 것으로써 스스로의 방비를 삼으며, 충성된 옳은 말을 받아들이는 것으로 스스로를 바르게 하고자 하오. 사악하고 참녕한 자를 폐출시키며 어질고 선량한 이를 등용하며, 소인의 말을 듣고 군자를 평가하는 일은 없도록 할 것이오. 이로써 신중히 하여 지켜 나간다면 아마 안녕을 얻을 수 있을 것이라 여긴다오."

이에 위징魏徵이 나서서 말하였다.

"제가 고래의 제왕을 보건대 혼란을 극복하고 창업을 한 임금은 틀림없이 스스로 경계하고 신중히 하여 추요芻蕘의 의견도 귀담아 듣고 충성된 말은 반드시 따릅니다. 그러다가 천하가 안정되고 나면 방자하고 욕심대로 하여 아첨하는 말을 달게 여기고 정당한 비판은 듣기 싫어합니다. 장자방張子房은 한왕漢王 유방을 도와 천하를 계획한 신하였지만 유방이 고조高祖로서 천자가 되어 그 적자를 폐하고 서자를 태자로 세우려 하자 장자방은 '오늘의 이 일은 말로 다툰다고 될 일이 아니다'라 하면서 끝내 그에게 다시 감히 간언을 하려 들지 않았습니다. 그런데 하물며 폐하의 공덕의 풍성함은 한 고조에 비한다 해도 그가 폐하에 따를 수 없을 정도입니다. 폐하께서는 즉위한 지 15년, 그 성스러운 덕은 천하에 널리 퍼져 있습니다. 지금 다시 고창을 평정하시고 나서 자주 안위에 대하여 괘념하고 계시며, 바야흐로 충량忠良한 자의 말을 듣고 등용하시고자 하여 직언을 길을 열어 놓으시겠다니 이는 천하의 행복입니다.

옛날 제齊 환공桓公과 관중管仲, 포숙아鮑叔牙 영척寧戚 등 네 사람이 술을 마시면서 환공이 포숙아에게 '어찌 나를 위해 축수를 빌지 않는가?'라고 하자 포숙아가 술잔을 들고 일어서서 '원컨대 공께서는 거莒 땅에서 나와 패자가 되었을 때를 잊지 마시옵소서. 그리고 관중은 노魯나라에서 오랏줄에 묶여 있을 때를 잊지 마시고, 영척은 소달구지 아래에서 소죽을 먹이던 때를 잊지 않도록 해 주소서'라고 하였습니다. 환공은 자리를 피하며 '과인과 두 대부가 능히 그대의 말을 잊지 않는다면 사직은 위험하지 않으리라!'라고 감사히 여겼답니다."

태종이 위징에게 말하였다.

"나는 결코 감히 포의布衣의 시절을 잊지 않겠소. 그대들도 포숙아의 사람됨을 잊지 않아야 할 것이오."

貞觀十四年, 太宗以高昌平, 召侍臣賜宴於兩儀殿, 謂房玄齡曰:「高昌若不失臣禮, 豈至滅亡? 朕平此一國, 甚懷危懼, 惟當戒驕逸以自防, 納忠謇以自正. 黜邪佞, 用賢良, 不以小人之言而議君子. 以此愼守, 庶幾於獲安也.」

魏徵進曰:「臣觀古來帝王撥亂創業, 必自戒愼, 採芻蕘之議, 從忠謇之言. 天下旣安, 則恣情肆欲, 甘樂諂諛, 惡聞正議. 張子房, 漢王計畫之臣, 及高祖爲天子, 將廢嫡立庶, 子房曰:『今日之事, 非口舌所能爭也.』終不敢復有開說. 況陛下功德之盛, 以漢祖方之, 彼不足準. 卽位十有五年, 聖德光被, 今又平殄高昌, 屢以安危繫意, 方欲納用忠良, 開直言之路, 天下幸甚. 昔齊桓公與管仲·鮑叔牙·寧戚四人飮, 桓公謂叔牙曰:『盍起爲寡人壽乎?』

叔牙奉觴而起曰:『願公無忘出在莒時, 使管仲無忘束縛於魯時, 使寧戚無忘飯牛車下時.』桓公避席而謝曰:『寡人與二大夫能無忘夫子之言, 則社稷不危矣!』」

太宗謂徵曰:「朕必不敢忘布衣時, 公不得忘叔牙之爲人也.」

【十四年】 다른 사서에 의하면 태종이 승전의 축하연을 연 것은 貞觀 15년(641) 초였음.

【高昌】 서역의 나라 이름. 지금의 新疆 투르판(吐魯番)에 있었음. 貞觀 4년(630) 高昌王 麴文泰가 長安에 이르러 당과 강화를 맺었으나 뒤에 西突厥에게 의탁하자 당과 외교가 악화되었으며, 14년(640) 8월과 9월에 당나라가 고창을 대거 공격하여 무너뜨리고 12월에 포로를 잡아 觀德殿에 바쳤으며 이듬해 초 이에 대한 승리 축하연을 열었음.

【兩儀殿】 太極宮 안에 있는 궁전 이름.

【張子房】 漢나라 때의 張良(?~B.C.186). 留侯. 漢 高祖 劉邦의 뛰어난 신하.

【漢王】 한 고조 劉邦을 말함. B.C.256~B.C.195. B.C.206년에 봉기하여 초한전을 거쳐 B.C.202년 한나라를 세움. 재위 12년 만에 죽음.

【廢嫡立庶】 高祖 劉邦이 나이가 들어 呂后 소생의 太子 劉盈을 폐하고 戚夫人 소생의 趙王 如意로 바꾸려 하자 여후가 張良에게 부탁하여 태자로 하여금 商山四皓를 모셔 오도록 하여 유방의 계획을 포기하도록 함. 《史記》 留侯世家 및 《新序》 善謀篇 등을 참조할 것.

【鮑叔牙】 춘추시대 齊나라 대부 鮑叔. 管仲을 추천하여 재상으로 삼아 桓公을 패자가 되도록 하였으며 管鮑之交의 고사를 낳음. 《列子》 및 《史記》 齊太公世家, 管晏列傳 등을 참조할 것. 이 일은 흔히 알려진 '毋忘在莒'의 고사로 널리 알려져 있다.

【寧戚】 춘추시대 衛나라 출신으로 집이 가난하여 齊 桓公에게 이르러 소의 뿔을 두드리며 노래 불러 환공에게 上卿으로 발탁된 인물. 《說苑》 등 참조.

【莒】 춘추시대 나라 이름이며 지명. 지금의 山東 동부. 제 환공이 이곳으로 피신하였으며 그때 포숙이 따랐음.

【夫子】 선생님을 부르는 말. 여기서는 鮑叔牙를 가리킴.

066(6-5)
임금을 따라 죽지 않는 신하를 두시오

정관 14년(640), 특진特進 위징魏徵이 이렇게 상소하였다.
"제가 듣건대 임금은 사람의 머리요 신하는 팔다리로서 함께 마음을 같이하여 이들이 모여 몸을 이룬다 하였습니다. 몸에 혹 갖추어지지 않은 것이 있으면 온전한 사람이 될 수 없는 것입니다. 그러니 머리가 비록 지극히 높다 하나 반드시 수족의 도움을 받아 몸을 이루는 것이며, 임금이 아무리 명철하다 해도 모름지기 고굉의 도움을 받아 나라를 다스리는 것입니다. 그 때문에 《예禮》에 '백성은 임금으로써 마음을 삼고 임금은 백성으로써 몸을 삼는다. 마음이 건장하면 몸이 편안할 것이요 마음이 정숙하면 용모가 경건해 진다' 하였고, 《서書》에는 '머리는 명철하고 고굉은 훌륭하니 모든 일이 평강하도다!', '머리가 자질구레하고 팔다리가 게으르니 모든 일이 무너지도다!'라 하였던 것입니다. 그러니 팔다리를 아예 버리고 오직 가슴만 가지고 나라를 다스린다는 것은 들어 보지 못하였습니다.
무릇 임금과 신하가 서로 만나 마음이 맞는 경우란 예로부터 어려웠습니다. 돌이 물을 따라가는 경우는 천년에 한번 있을까 하지만 물이 돌에 순응하여 흐르는 경우야 어느 때나 없을 수 없지요. 능히 지공至公의 길을 활짝 열고 천하의 쓰임을 펴 주며, 안으로 심장과 등뼈의 힘을 다하고 밖으로 팔과 다리의 힘을 다하여 마치 염매鹽梅가 오미를 맞추어 주듯 화합하고, 나라를 금석처럼 견고히 해 주는 것은 단지 높은 지위와 후한 벼슬을 주는 데에 있는 것이 아니라 예로써 대우해 주는 데에 있는 것입니다.

옛날 주周 문왕文王이 봉황鳳凰의 언덕에 놀 때 버선의 끈이 느슨하게 풀어졌는데 좌우 신하를 보아 가히 시킬만한 자가 없자 스스로 이를 다시 매었습니다. 이 어찌 주 문왕 때에는 조정에 온통 뛰어난 신하만 있었고 지금 폐하의 시대에는 홀로 군자가 없기 때문이겠습니까? 다만 신하를 알아주는가의 여부에 있으며 예로써 대우해 주는가의 여부에 달려 있을 뿐입니다.

이 까닭으로 이윤伊尹은 유신씨有莘氏의 잉신媵臣에 불과하였고, 한신韓信은 항우項羽로부터 망명하여 온 자였습니다. 그런데 은탕殷湯이 이윤을 예로써 모셔다가 걸桀을 남소南巢로 쫓아 버리고 은나라 왕업을 이룩할 수 있었던 것이며, 한漢 고조高祖 유방이 단에 올라 한신을 장군으로 대우하면서 해하垓下에서 항우를 물리치고 한나라 제국을 세울 수 있었던 것입니다. 만약 하걸夏桀이 이윤을 버리지 않았고, 항우가 한신에게 은혜를 베풀었다면 그들이 어찌 이미 자신들 힘으로 이루어 놓은 나라를 패망시키고 멸망한 나라의 한갓 포로가 되었겠습니까? 또 미자微子는 은주殷紂와 골육骨肉이었지만 주 문왕에 의해 송宋 땅을 봉을 받았고, 기자箕子는 은주의 훌륭한 신하였지만 〈홍범洪範〉을 진술하여 주나라에 바쳤습니다. 공자는 이들을 삼인三仁이라 칭하였으며 그 누구도 그들을 비난하지 않습니다.

《예기禮記》에 '노魯 목공穆公이 자사子思에게 「임금에게 쫓겨난 신하가 그 임금이 죽었을 때 상복을 입는 예가 옛날에는 있었습니까?」라고 묻자 자사는 「옛날의 군자는 사람을 등용할 때 예로써 하고 그를 물러나게 할 때도 예로써 하였지요. 그 때문에 옛날 임금에 대해서 상복을 입는 것은 그에 맞는 예입니다. 그러나 지금의 군자는 사람을 등용하여 쓸 때는 무릎에 올려놓듯 아끼면서 그를 물러나게 할 때는 마치 깊은 샘물에 빠뜨리듯 합니다. 그러한 신하가 반란의 우두머리가 되지 않는 것만도 역시 다행이 아니겠습니까? 어찌 그를 위해 도리어 상복을 입는단 말입니까?」라고 하였다'라고 기록하였습니다. 한편 제齊 경공景公이 안자晏子에게 '충신이 임금을 섬기는 도리는 어떠합니까?'라고 묻자 안자는 '임금이 난을 당해도 따라 죽지 아니하며, 임금이 망명을 하게 되어도 보내 주지도 않습니다'라고 대답하였지요. 그러자 경공이 '땅을 떼어 봉해 주고 작위를 나누어 대우해 주는데 난을 만나도 따라 죽지 아니하고 도망할 때 보내 주지도 않는다니 어찌 그럴 수가 있소?'라고 되물었지요. 이에 안자는 '말을 해서 들어주었다면 종신토록 임금이 난을 당할 리 없을 텐데 신하로서 어찌 죽을 일이 있겠습니까? 간언을 들어주었다면 종신토록 임금이 망명할 일이 없을 것이니 어찌 보내 줄 일이 생기겠습니까? 그러나 만약 말을 했는데 들어주지 않았다가 난을 만나 임금을 따라 죽는다면 이는 헛된 죽음일 것이며, 간언을 해도 들어주지 않아 임금이 망명할 때 보내 준다면 이는 거짓 충성을 바친 셈이지요'라고 하였답니다.

《춘추좌씨전春秋左氏傳》에는 '최저崔杼가 제齊 장공莊公을 시해하였을 때 안자가 최씨의 문밖에 이르자 안자의 문인이 「장공을 위해 죽으려 하십니까?」라고 물었지요. 이에 안자는 「임금이 내 한 사람만의 임금이냐? 내 어찌 그를 위해 죽겠느냐?」라고 하였지요. 그러자 문인이 다시 「그럼 도망가시렵니까?」라고 묻자 안자는 「내가 죄를 지은 것이 있느냐? 어찌 도망가겠느냐? 죽은 임금이 사직을 위하다가 죽었다면 내 따라서 죽지. 임금이 사직을 위하다가 도망하게 되었다면 내 따라서 도망가지. 그러나 임금이 자기 자신만을 위하다가 죽었다면 자기 자신만 사라지면 되지. 그가 나를 친히 해 준 것이 아니라면 누가 감히 그 짐을 지려하겠는가?」라고 하였습니다. 그리고 문이 열리자 들어가 장공 시종하는 신하의 다리를 베고 곡을 하고는 일어서 세 번을 껑충껑충 뛰고는 나와 버렸다'라고 기록되어 있습니다.

그런가 하면 맹자孟子는 '임금이 신하를 수족처럼 여기면 신하는 임금을 뱃속의 심장처럼 여긴다. 임금이 신하를 개나 말처럼 여기면 신하는 그 임금을 그저 나라의 일반 사람처럼 여긴다. 임금이 신하를 똥 묻은 흙처럼 여기면 신사는 그를 원수처럼 여긴다'라고 하였습니다.

비록 신하로서 임금을 섬김에는 두 마음이 없어야 하지만 거취의 문제에 이르러서는 그 인연과 은혜가 두터웠는가 야박했는가에 의해 결정하게 됩니다. 그러니 어찌 신하에게 무례하게 대할 수 있겠습니까!

몰래 살피건대 지금 조정의 많은 신하들은 임금께서 기추樞機의 중요한 임무를 맡긴 자가 있어 그들 중에는 혹 진진秦晉처럼 이웃한 나라의 전쟁에서 공을 세우는 자도 있고, 혹 나라를 다스려 업적을 이루는 자도 있습니다. 이들은 모두가 일을 처리하고 공을 세우는 한 시대의 뛰어난 이들로서 수레의 가로 횡목이나 축軸과 같아 그 임무가 중하다 할 것입니다. 그런데 이들에게 비록 무거운 임무를 맡겼다고 하나 그들에 대한 믿음이 돈독하지 못하다면 사람은 혹 스스로 자신에게 의심을 갖게 될 것입니다. 사람이 혹 스스로 의심을 갖게 되면 마음에 구차스럽게 대강 일을 하겠다는 생각을 품게 될 것이요, 마음에 구차한 생각을 품게 되면 절의節義가 세워지지 않을 것이며, 절의가 세워지지 않으면 명분과 교화가 흥할 수 없습니다. 명분과 교화가 흥해지지 않으면 그들과 더불어 태평의 기틀을 견고히 하여 7백 년의 사직을 보장 받는 일이란 있을 수 없습니다.

또 듣건대 나라에서는 공신을 매우 아끼되 옛날 저지른 악은 염두에 두지 않아 옛 성인들과 비교해도 조금도 차이가 없다 하더이다. 그러나 단지 큰일에는 관용을 베풀면서 작은 잘못은 급박하게 책임을 물으시며, 그때에 임해서는 책망하고 노하시면서 애증愛憎의 마음에서 벗어나지 못하고 있으니 이렇게 해서는 정치를 할 수 없습니다. 임금이 그 금한 것에 대해서는 엄격하게 해도 신하로서 혹 범하는 일이 있건만, 하물며 임금이 그 잘못의 근원을 열어 놓는다면 아랫사람은 틀림없이 그보다 심할 것입니다. 그렇게 되면 그 냇물의 막힌 곳이 터져 그 피해가 반드시 엄청날 것이니 그 많은 백성들로 하여금 그 어느 곳에 손발을 두도록 할 수 있겠습니까! 이는 임금이 그 근원을 한 번 열어 놓음으로써 그 아래가 온갖 사단의 변화를 만들어 내도록 하는 것으로 이렇게 하고도 혼란을 가져오지 않은 경우는 없습니다.

《예기禮記》에 '사랑한다면 그의 단점도 알고 있어야 하며, 미워할지라도 그의 장점을 알고 있어야 한다' 하였습니다. 만약 미워하기만 하고 그의 장점을 모른다면 잘하는 자가 틀림없이 두려워할 것이며, 사랑하면서 그의 단점을 모르고 있다면 악을 저지르는 자가 자꾸 번성할 것입니다. 《시詩》에 '군자가 노하면 난이 사라질 것이리라' 하였는데 그러나 옛 사람이 진노할 때는 악을 징계하기 위한 것이었는데, 지금 사람은 위엄과 벌을 주기 위한 것이니 그 때문에 간악함이 자꾸 자라는 것입니다. 이는 당우唐虞의 마음이 아닐뿐더러 우탕禹湯의 일도 아닙니다. 《서書》에 '나를 위로해 주면 곧 임금이요, 나를 학대하면 곧 그가 원수이다'라 하였습니다. 그리고 손경자孫卿子는 '임금은 배요, 백성은 물이다. 물은 배를 띄워 주기도 하지만 역시 배를 엎어 버리기도 한다'라 하였습니다. 그 때문에 공자孔子는 "물고기가 물을 잃으면 죽지만 물은 고기를 잃어도 그대로 물이다"라 하였던 것입니다. 그러므로 당우唐虞는 전전률률戰戰慄慄하며 하루하루 신중을 기하였던 것이니 어찌 깊이 생각하지 않을 수 있겠습니까? 어찌 깊이 염려하지 않을 수 있겠습니까?

무릇 대신에게 큰일을 맡겨 놓고 소신에게는 작은 일을 책임지도록 하는 것이 나라를 다스리는 상례이며 행정을 해 나가는 도리입니다. 지금 이렇게 그 직책을 맡겼다면 대신은 중히 여기고 소신은 가볍게 여겨야 할 것입니다. 그런데 일이 있으면 소신을 믿고 대신을 의심하고 계십니다. 가볍게 여겨야 할 대상을 믿으시고 중하게 여겨야 할 대상을 의심하신다면 이렇게 하고도 장차 지극한 정치가 이루어지기를 바란다면 될 수 있는 일이겠습니까? 또 정치에서 귀하게 여기는 바는 변함없는 기준이며 자주 바뀌어서는 안 될 것입니다. 그런데 지금 혹 소신에게는 큰일을 가지고 책임을 물으시고, 대신에게는 아무것도 아닌 일을 가지고 책임을 물으시니 소신은 그 근거할 바가 없게 되고 대신은 자신이 지킬 일을 놓치게 됩니다. 그 때문에 대신은 가끔 작은 잘못으로 인해 죄를 뒤집어쓰게 되고 소신은 큰일로 인해 벌을 받게 됩니다. 직책이 그 직위에 해당하는 것이 아니며 벌이 그 잘못한 것과 관련이 없는데, 이렇게 하고도 사사로움이 없기를 바란다면 온힘을 다해 한다 해도 역시 어렵지 않겠습니까? 소신에게는 큰일을 맡길 수 없고 대신에게는 작은 죄를 가지고 책임을 물어서는 안 될 것입니다. 큰 관직을 맡겨 놓고 그 미세한 허물을 찾으려 한다면 도필刀筆의 작은 관리는 임금의 뜻을 잘 살펴 그 풍조를 이어 받아 제멋대로 문장을 고치고 법을 희롱

하여 그 죄를 왜곡시킬 것입니다. 이를 그들 스스로에게 진술하라 하면 마음으로 죄를 인정하지 않으려 할 것이며 말을 하지 못하게 하면 그 범죄가 다 사실이라고 여길 것입니다. 이처럼 나가지도 물러서지도 못하게 되어 스스로 해명할 수 없게 된다면 그저 구차스럽게 화환을 면하면 그 뿐이라 여길 것입니다. 대신으로서 구차스럽게 화를 면하고 나면 속임수가 싹틀 것이며 속임수가 싹트면 거짓과 위선이 풍조를 이루게 될 것이요, 거짓과 위선이 풍속이 되고 나면 지극한 정치란 다가오지 않을 것입니다!

또 대신에게 위임하여 그가 온힘을 다하도록 하고자 하면서 매 관직마다 꺼리고 피하며 믿지 않는다면 그 사람은 온힘을 다하지 않을 것입니다. 만약 그 일에 맞는 사람이라면 어찌 그 추천한 사람이 친구라고 혐의를 두겠으며, 만약 그 임무에 맞지 않는 사람을 추천하였다면 먼 사람이라는 이유가 어찌 중요한 기준이 되겠습니까? 대우하면서 성실과 믿음을 다하지 않으면서 어찌 그에게 충서忠恕를 다하라고 책임을 물을 수 있겠습니까!

제게 비록 실책이 있다 해도 임금 역시 온전한 것은 아닙니다. 무릇 윗사람이 아랫사람에게 믿음을 사지 못하면 틀림없이 아랫사람을 두고 믿을 만하지 못하다고 여기실 것입니다. 만약 정말로 아랫사람이 믿을 만하지 못하다면 윗사람이 의심을 해도 됩니다! 《예禮》에 '윗사람이 의심을 하면 백성은 미혹하게 되고 아랫사람이 알아차리지 못하면 임금은 항상 노고롭게 된다' 하였습니다. 상하가 모두 서로 의심을 한다면 지극한 다스림이라 말할 수 없습니다. 지금 여러 신하들 안에 멀리 혼자서 일을 하고 있는 자가 있다고 할 때 그에 대한 유언비어가 세 번 이른다면 짜던 베의 북을 던지고 뛰쳐나간 증삼曾參 어머니와 같지 않을 자는 제 생각으로는 그런 사람은 볼 수 없을 것 같습니다. 무릇 사해가 넓고 사람이 이토록 많지만 어찌 믿을 만한 사람 한 둘이야 없겠습니까?

대체로 믿기만 하면 안 될 일이 없지만 의심하기 시작하면 믿을 사람이 없는 것이니 어찌 신하만 홀로 과실이 있다는 것입니까? 하나의 평범한 사나이라 해도 서로 친구 사이를 맺게 되면 서로 그 몸으로 허락하여 믿어 주며 죽음으로도 이를 달라지게 할 수 없는데, 하물며 임금과 신하가 뜻이 맞아 물고기와 물처럼 되고자 의탁한 경우에야 어떻겠습니까? 만약 임금이 요순堯舜이요 신하가 직설稷契이라면 어찌 작은 일을 만났다고 뜻을 변질시키며 작은 이익이 나타났다고 해서 마음을 바꾸겠습니까! 이는 비록 신하이기는 하지만 자신이 세운 충성이 아직 드러나지 않았을 뿐이며 역시 윗사람이 의심을 품고 믿어 주지 않으며, 나아가 대우하기를 지나치게 야박하게 할 경우에나 그런 경우가 있을 수 있는 것입니다. 임금이 신하를 예로써 부리고 신하가 임금을 충성으로 하는 경우에야 어찌 그런 일이 있겠습니까? 폐하의 성명聖明으로써 지금 이토록 공과 업적을 쌓으셨으니 진실로 널리 이때의 준걸을 찾아 상하가 같은 마음으로 하신다면 삼황三皇이 나아가 사황四皇이 될 것이요, 오제五帝가 가히 육제六帝가 될 것입니다. 하夏, 은殷, 주周, 한漢쯤이야 어찌 족히 그 속에 셈하리오!"

    태종은 심히 그 의견을 가상히 여겨 이를 채납하였다.

    貞觀十四年, 特進魏徵上疏曰:

「臣聞君爲元首, 臣作股肱, 齊契同心, 合而成體. 體或不備, 未有成人. 然則首雖尊極, 必資手足以成體, 君雖明哲, 必藉股肱以致治. 故《禮》云:『民以君爲心, 君以民爲體, 心莊則體舒, 心肅則容敬.』《書》云:『元首明哉, 股肱良哉, 庶事康哉!』『元首叢脞哉, 股肱惰哉, 萬事墮哉!』然則委棄股肱, 獨任胸臆, 具體成理, 非所聞也.

    夫君臣相遇, 自古爲難. 以石投水, 千載一合; 以水投石, 無時不有. 其能開至公之道, 申天下之用, 內盡心膂, 外竭股肱, 和若鹽梅, 固同金石者, 非惟高位厚秩, 在於禮之而已. 昔周文王遊於鳳凰之墟, 韈系解, 顧左右莫可使者, 乃自結之. 豈周文之朝盡爲俊乂, 聖明之代獨無君子者哉? 但知與不知, 禮與不禮耳! 是以伊尹, 有莘之媵臣, 韓信, 項氏之亡命. 殷湯致禮, 定王業於南巢; 漢祖登壇, 成帝功於垓下. 若夏桀不棄於伊尹, 項羽垂恩於韓信, 寧肯敗已成之國爲滅亡之虜乎? 又微子, 骨肉也, 受茅土於宋; 箕子, 良臣也, 陳〈洪范〉於周, 仲尼稱其仁, 莫有非之者. 《禮記》稱『魯穆公問於子思曰: '爲舊君反服, 古歟?' 子思曰: '古之君子, 進人以禮, 退人以禮, 故有舊君反服之禮也. 今之君子, 進人若將加諸膝, 退人若將隊諸泉, 毋爲戎首, 不亦善乎? 又何反服之禮之有?' 齊景公問於晏子曰: 『忠臣之事君如之何?』 晏子對曰: 『有難不死, 出亡不送.』 公曰: 『裂地以封之, 疏爵而待之, 有難不死, 出亡不送, 何也?』 晏子曰: 『言而見用, 終身無難, 臣何死焉? 諫而見納, 終身不亡, 臣何送焉? 若言不見用, 有難而死, 是妄死也; 諫不見納, 出亡而送, 是詐忠也.』

《春秋左氏傳》曰: 『崔杼弑齊莊公, 晏子立於崔氏之門外, 其人曰: '死乎?' 曰: '獨吾君也乎哉! 吾死也?' 曰: '行乎?' 曰: '吾罪也乎哉! 吾亡也? 故君爲社稷死, 則死之, 爲社稷亡, 則亡之. 若爲己死, 爲己亡, 非其親暱, 誰敢任之.' 門啓而入, 枕尸股而哭, 興, 三踊而出.』

孟子曰: 『君視臣如手足, 臣視君如腹心; 君視臣如犬馬, 臣視君如國人; 君視臣如糞土, 臣視君如寇讎.』 雖臣之事君無有二志, 至於去就之節, 當緣恩之厚薄. 然則爲人主者, 安可以無禮於下哉!

竊觀在朝群臣, 當主樞機之寄者, 或地鄰秦晉, 或業與經綸. 並立事立功, 皆一時之選, 處之衡軸, 爲任重矣. 任之雖重, 信之未篤, 則人或自疑. 人或自疑, 則心懷苟且. 心懷苟且, 則節義不立.

節義不立, 則名教不興. 名教不興, 而可與固太平之基, 保七百之祚, 未之有也. 又聞國家重惜功臣, 不念舊惡, 方之前聖, 一無所間. 然但寬於大事, 急於小罪, 臨時責怒, 未免愛憎之心, 不可而爲政. 君嚴其禁, 臣或犯之, 況上啓其源, 下必有甚, 川壅而潰, 其傷必多, 欲使凡百黎元, 何所措其手足! 此則君開一源, 下生百端之變, 無不亂者也. 《禮記》曰: 『愛而知其惡, 憎而知其善.』若憎而不知其善, 則爲善者必懼; 愛而不知其惡, 則爲惡者實繁. 《詩》曰: 『君子如怒, 亂庶遄沮.』然則古人之震怒, 將以懲惡, 當今之威罰, 所以長姦, 此非唐虞之心也, 非禹湯之事也. 《書》曰: 『撫我則后, 虐我則讎.』孫卿子曰: 『君, 舟也. 人, 水也. 水所以載舟, 亦所以覆舟.』故孔子曰: 『魚失水則死, 水失魚猶爲水也.』故唐虞戰戰慄慄, 日愼一日. 安可不深思之乎? 安可不熟慮之乎?

夫委大臣以大體, 責小臣以小事, 爲國之常也, 爲治之道也. 今委之以職, 則重大臣而輕小臣; 至於有事, 則信小臣而疑大臣. 信其所輕, 疑其所重, 將求至治, 豈可得乎? 又政貴有恆, 不求屢易. 今或責小臣以大體, 或責大臣以小事, 小臣乘非所據, 大臣失其所守, 大臣或以小過獲罪, 小臣或以大體受罰. 職非其位, 罰非其辜, 欲其無私, 求其盡力, 不亦難乎? 小臣不可委以大事, 大臣不可責以小罪. 任以大官, 求其細過, 刀筆之吏, 順旨承風, 舞文弄法, 曲成其罪. 自陳也, 則以爲心不伏辜; 不言也, 則以爲所犯皆實. 進退惟谷, 莫能自明, 則苟求免禍. 大臣苟免, 則譎詐萌生. 譎詐萌生, 則嬌僞成俗. 嬌僞成俗, 則不可以臻至治矣!

又委任大臣, 欲其盡力, 每官有所避忌不信, 則爲不盡. 若擧得其人, 何嫌於故舊; 若擧非其任, 何貴於疏遠? 待之不盡誠信,

何以責其忠恕哉! 臣雖或有失之, 君亦未爲得也. 夫上之不信
於下, 必以爲下無可信矣. 若必下無可信, 則上亦有可疑矣!
《禮》曰:『上人疑, 則百姓惑. 下難知, 則君長勞.』上下相疑,
則不可以言至治矣. 當今群臣之內, 遠在一方, 流言三至而不
投杼者, 臣竊思度, 未見其人. 夫以四海之廣, 士庶之衆, 豈無一
二可信之人哉? 蓋信之則無不可, 疑之則無可信者, 豈獨臣之
過乎? 夫以一介庸夫, 結爲交友, 以身相許, 死且不渝, 況君臣
契合, 寄同魚水? 若君爲堯舜, 臣爲稷契, 豈有遇小事則變志,
見小利則易心哉! 此雖下之立忠未有明著, 亦由上懷不信, 待之
過薄之所致也. 豈君使臣以禮, 臣事君以忠乎? 以陛下之聖明,
以當今之功業, 誠能博求時俊, 上下同心, 則三皇可追而四, 五帝
可俯而六矣. 夏殷周漢, 夫何足數!」

　　太宗深嘉納之.

【疏】이는 유명한 〈論治道疏〉임.
【禮】《禮記》緇衣篇에 "子曰: 民以君爲心, 君以民爲體; 心莊則體舒, 心肅則
　容敬. 心好之, 身必安之; 君好之, 民必欲之. 心以體全, 亦以體傷; 君以民存, 亦以
　民亡. 詩云: 昔吾有先正, 其言明且淸, 國家以寧, 都邑以成, 庶民以生; 誰能秉國成,
　不自爲正, 卒勞百姓. 君雅曰: 夏日暑雨, 小民惟曰怨, 資冬祁寒, 小民亦惟曰怨"
　이라 함.
【書】《尙書》益稷篇에 "乃賡載歌曰:「元首明哉, 股肱良哉, 庶事康哉.」又歌曰:
　「元首叢脞哉, 股肱惰哉, 萬事墮哉!」帝拜曰:「兪, 往欽哉!」"라 함.
【以石投水】돌이 흐르는 물에 순종하여 자신의 모습을 바꾸는 일은 있을 수
　없듯이 매우 보기 힘든 경우를 말함. 뒤의 '以水投石'은 물은 돌의 형태나 상황을
　순종하여 흘러감.
【心膂】股肱과 같음. 믿을만한 보좌를 말함.
【和若鹽梅】서로 조화를 이루기가 소금과 매실과 같음. 《尙書》說命(下)에 "若作
　和羹, 爾惟鹽梅"라 함.

【周文王】姬昌. 殷나라 말기의 西伯. 그 아들 姬發(武王)에 이르러 紂를 멸하고 周나라를 세움. 文王·武王을 묶어 함께 지칭하며 儒家의 성인으로 널리 칭송됨.
【伊尹】商나라 초기의 대신. 이름은 摯. 有莘氏(지금의 山東 曹縣) 출신의 媵臣(시집가는 주인 딸을 따라가는 노비)이었으나 湯에게 발탁되어 夏나라 걸을 멸하고 상나라를 세우는데 큰 능력을 발휘함.
【韓信】漢나라 초기의 명장. 원래 項羽의 부하였으나 劉邦에게 투항하여 한나라 건국에 큰 공을 세움.
【南巢】지명. 지금의 安徽 巢縣. 商湯이 夏桀을 이곳으로 추방하였음.
【漢祖登壇】漢 高祖가 蕭何의 건의에 따라 단상을 마련해 놓고 韓信을 대장에 임명하여 한신을 높여 줌.
【垓下】項羽가 마지막 패한 곳. 지금의 安徽 靈壁縣.
【項羽】B.C.232~B.C.202. 이름은 籍, 자는 羽. 下相(지금의 江蘇 宿遷) 출신으로 楚나라 귀족 출신. 秦末에 숙부 項梁과 吳(지금의 江蘇 蘇州)에서 기병, 鉅鹿 전투에서 秦軍을 대파하고 제후를 거느리고 入關, 咸陽을 불태우고 西楚霸王에 오름. 뒤에 劉邦과의 楚漢戰에 垓下에서 패하여 천하를 잃고 烏江에서 자결함. 《史記》項羽本紀 참조.
【微子】殷나라 紂王의 서형.
【茅土】제후를 봉할 때 다섯 가지 색깔의 흙으로 단을 만들어 놓고 띠 풀로 덮어 의식을 행함.
【箕子】은나라 말기 紂王의 숙부. 紂에게 직간을 하였으나 들어주지 않자 거짓 미친 체하였음. 孔子는 은나라 때 箕子, 微子, 比干을 '三仁'이라 하였음.《論語》微子篇 "微子去之, 箕子爲之奴, 比干諫而死. 孔子曰:「殷有三仁焉.」"라 함.
【洪範】《尙書》의 편명. 商末 箕子가 지은 것이라 하며 周가 殷을 멸하자 武王에게 바친 것이라 함. 그러나 실제로는 戰國시대 지어진 글임.
【禮記】《禮記》檀弓篇(下)에 "穆公問於子思曰:「爲舊君反服, 古與?」子思曰:「古之君子, 進人以禮, 退人以禮, 故有舊君反服之禮也; 今之君子, 進人若將加諸膝, 退人若將隊諸淵, 毋爲戎首, 不亦善乎! 又何反服之禮之有!」"라 함.
【魯穆公】전국 초기 노나라 군주. 姬顯.
【子思】공자의 손자. 孔伋(B.C.483~B.C.402).
【戎首】반란군의 우두머리. 괴수.
【晏子·齊景公】《晏子春秋》(권3) 問上에 "景公問于晏子曰:「忠臣之事君, 何若?」晏子對曰:「有難不死, 出亡不送.」公不說, 曰:「君裂地而封之, 疏爵而貴之, 君有

難不死, 出亡不送, 其說何也?」對曰:「言而見用, 終身無難, 臣奚死焉? 謀而見從, 終身不亡, 臣奚送焉? 若言不見用, 有難而死之, 是妄死也; 謀而不見從, 出亡而送之, 是詐僞也. 故忠臣也者, 能納善于君, 不能與君陷于難.」이라 하였고,《說苑》臣術篇,《新序》(卷5),《論衡》定賢篇등에도 널리 전재되어 있음.

【春秋左氏傳】공자의《春秋》에 魯나라 사관 左丘明이 傳을 써서 풀이한 것.《公羊傳》,《公羊傳》과 함께 '春秋三傳'이라 함. 인용된 내용은《左傳》襄公 25年 傳에 "晏子立於崔氏之門外, 其人曰:「死乎?」曰:「獨吾君也乎哉, 吾死也?」曰:「行乎?」曰:「吾罪也乎哉, 吾亡也?」曰:「歸乎?」曰:「君死, 安歸? 君民者, 豈以陵民? 社稷是主. 臣君者, 豈爲其口實? 社稷是養. 故君爲社稷死, 則死之; 爲社稷亡, 則亡之. 若爲己死, 而爲己亡, 非其私暱, 誰敢任之? 且人有君而弒之, 吾焉得死之? 而焉得亡之? 將庸何歸?」門啓而入, 枕尸股而哭. 興, 三踊而出. 人謂崔子:「必殺之!」崔子曰:「民之望也, 舍之, 得民.」"이라 하였으며《晏子春秋》(권5) 內篇 雜上에도 전재되어 있음.

【崔杼】춘추시대 제나라 대부. 노 양공 25년(B.C.547) 齊나라 莊公을 弒害함.

【孟子】戰國시대 유가의 대표적인 학자. 孟軻(대략 B.C.372~B.C.289). 亞聖이라 불리며《孟子》7편을 남김. 인용된 구절은《孟子》離婁(下)에 "孟子告齊宣王曰:「君之視臣如手足, 則臣視君如腹心; 君之視臣如犬馬, 則臣視君如國人; 君之視臣如土芥, 則臣視君如寇讎.」王曰:「禮, 爲舊君有服, 何如斯可爲服矣?」曰:「諫行言聽, 膏澤下於民; 有故而去, 則君使人導之出疆, 又先於其所往; 去三年不反, 然後收其田里. 此之謂三有禮焉. 如此, 則爲之服矣. 今也爲臣, 諫則不行, 言則不聽; 膏澤不下於民; 有故而去, 則君搏執之, 又極之於其所往; 去之日, 遂收其田里. 此之謂寇讎. 寇讎何服之有?」"라 함.

【地隣秦晉】춘추시대 秦나라와 晉나라는 국경을 맞대고 있어 자주 전쟁을 하였음. 여기서는 전쟁을 통해 임금에게 공을 세움을 뜻함.

【衡軸】衡은 북두칠성의 가운데 별. 軸은 수레의 축. 아주 중요함을 말함.

【黎元】백성의 다른 말.

【禮記】《禮記》曲禮(上)에 "賢者狎而敬之, 畏而愛之. 愛而知其惡, 憎而知其善. 積而能散, 安安而能遷"이라 함.

【詩】《詩經》小雅 巧言의 구절.

【書】《尙書》秦誓(下)에 "古人有言曰:「撫我則后, 虐我則讎.」獨夫受洪惟作威, 乃汝世讎. 樹德務滋, 除惡務本, 肆予小子, 誕以爾衆士殄殲乃讎, 爾衆士其尙迪果毅, 以登乃辟. 功多有厚賞, 不迪有顯戮. 嗚呼. 惟我文考, 若日月之照臨. 光于四方,

顯于西土, 惟我有周, 誕受多方. 予克受, 非予武, 惟朕文考無罪. 受克予, 非朕文考有罪, 惟予小子無良"이라 함.

【孫卿子】荀子. 荀況(대략 B.C.313~B.C.230). 전국 말의 유가 학자.《荀子》를 남김. 漢 宣帝 劉詢의 이름을 피휘하여 '孫卿'이라 부름. 인용된 구절은《荀子》王制篇에 "傳曰:「君者, 舟也; 庶人者, 水也. 水則載舟, 水則覆舟.」此之謂也. 故君人者, 欲安, 則莫若平政愛民矣; 欲榮, 則莫若隆禮敬士矣; 欲立功名, 則莫若尙賢使能矣"라 함.《孔子家語》五儀解에도 같은 문장이 전재되어 있음.

【大體】《孟子》告子(上)의 "從其大體爲大人"의 趙岐 주에 "大體, 心思禮義"라 하였고, 朱子 주에는 "大體, 心也; 小體, 耳目之類也"라 함.

【忠恕】《論語》里仁篇에 "子曰:「參乎! 吾道一以貫之.」曾子曰:「唯.」子出, 門人問曰:「何謂也?」曾子曰:「夫子之道, 忠恕而已矣.」"라 함.

【禮】《禮記》緇衣에 "子曰:「上人疑則百姓惑, 下難知則君長勞. 故君民者, 章好以示民俗, 愼惡以御民之淫, 則民不惑矣. 臣儀行, 不重辭, 不援其所不及, 不煩其所不知, 則君不勞矣.」"라 함.

【投杼】베틀의 북을 내던지고 쫓아 나감. '曾參殺人'의 고사를 말함.《戰國策》秦策(2)에 "昔者, 曾子處費, 費人有與曾子同名族者而殺人, 人告曾子母曰:「曾參殺人.」曾子之母曰:「吾子不殺人.」織自若. 有頃焉, 人又曰:「曾參殺人.」其母尙織自若也. 頃之, 一人又告之曰:「曾參殺人.」其母懼, 投杼踰牆而走. 夫以曾參之賢, 與母之信也, 而三人疑之, 則慈母不能信也"라 하였고,《史記》甘茂列傳,《呂氏春秋》樂成篇,《說苑》復恩篇,《新序》雜事(二) 등에도 널리 실려 있음.

【稷】后稷. 周민족의 시조. 姬棄.《史記》周本紀 참조.

【契】商민족의 시조. 禹임금을 도와 치수에 공이 있었으며 舜에 의해 司徒의 관직을 맡아 교화에 힘씀.

【三皇】흔히 天皇氏, 地皇氏, 人皇氏를 들기도 하고 혹 伏羲氏, 女媧氏, 神農氏를 들기도 함.

【五帝】설이 여러 가지 있으나《史記》五帝本紀에는 黃帝, 顓頊, 帝嚳, 唐堯, 虞舜을 들고 있음.

067(6-6)
이제 덕과 인만 더하시면 됩니다

정관 16년(642), 태종이 특진特進 위징魏徵에게 물었다.
"나는 내 자신을 극복하여 정치에 힘써 옛 훌륭한 이들과 같아지기를 기원하고 있소. 덕을 쌓고 인을 쌓으며 공을 풍성히 하고 이익을 후하게 하는 것, 이 네 가지를 항상 우선으로 여기고 있으며 짐은 이 모두를 거의 스스로 힘쓰고 있다고 여기고 있소. 사람은 괴롭게도 자신을 능히 볼 수가 없소. 내 하는 행동이 어느 정도이며 우열은 어떤지 알 수가 없소."
위징이 말하였다.
"덕과 인, 그리고 공과 이익은 폐하께서 겸하여 실행하고 계십니다. 그리하여 안으로 화란을 평정하시고 밖으로 융적戎狄을 제거하셨으니 이는 폐하의 공입니다. 백성을 편안히 하시고 각기 생업에 종사하도록 하셨으니 이는 폐하께서 이익을 주신 것입니다. 이로써 말씀드리건대 공과 이익은 이렇게 많이 이루셨으니 오직 덕과 인에 있어서만 원컨대 폐하께서 자강불식自强不息하시면 틀림없이 이루실 수 있을 것입니다."

貞觀十六年, 太宗問特進魏徵曰:「朕克己爲政, 仰企前烈. 至於積德·累仁·豊功·厚利, 四者常以爲稱首, 朕皆庶幾自勉. 人苦不能自見, 不知朕之所行, 何等優劣?」
徵曰:「德仁功利, 陛下兼而行之. 然則內平禍亂, 外除戎狄,是陛下之功; 安諸黎元, 各有生業, 是陛下之利. 由此言之, 功利居多, 惟德與仁, 願陛下自強不息, 必可致也.」

【貞觀十六年】《冊府元龜》(37)와 《魏文貞公年譜》에는 貞觀 15년(641) 10월로 되어 있음.
【仰企】 그렇게 되기를 仰望하고 기원함.
【前烈】 앞 대의 훌륭한 聖君.
【厚利】 백성의 생계를 위해 후한 이익을 도모함.
【稱首】 가장 중요한 일로 여김.

068(6-7)
아들 손자 대에 망하는 이유

정관 17년(643), 태종이 시종하는 신하에게 말하였다.
"자고로 처음 창업한 군주로서 그 아들과 손자에 이르러서는 흔히 혼란이 생기니 어찌 그러한가?"
사공司空 방현령房玄齡이 말하였다.
"이는 뒤를 이은 어린 군주는 깊은 궁궐에서 나서 어려서는 부귀하기 때문에 사람 세계의 실정과 위선이나 치국의 안위를 알지 못하기 때문에 정치가 흔히 혼란에 빠지는 것입니다."
태종이 말하였다.
"그대의 뜻은 그 허물을 임금에게 미루는 것이오. 나는 그 허물이 신하에게 있다고 보고 있소. 무릇 공신功臣의 자제들은 아무런 재주나 덕행이 없으면서도 할아버지나 아버지의 음덕을 자산으로 하여 드디어 대관大官의 자리에 처하게 되어 덕의德義는 닦지 않고 사치와 방종을 좋은 것이라 여기게 되오. 임금이 어리고 약한데다가 신하조차 재능이 없으니 어찌 난이 없을 수 있겠소? 수隋 양제煬帝는 자신이 번왕藩王이었을 때 우문술宇文述의 공을 생각하여 그 아들 우문화급宇文化及을 발탁하여 높은 자리를 주었는데 우문화급은 그 보답을 생각하지 아니하고 도리어 양제를 시역弑逆하였으니 이 어찌 신하의 허물이 아니겠소? 내 이 말을 하는 것은 그대들로 하여금 그대들 자제들이 힘써 행하도록 경계를 해 주어 국가가 경사를 입을 수 있도록 해 줄 것을 바라기 때문이오."
그리고 태종은 다시 이렇게 물었다.

"우문화급과 양현감楊玄感은 수나라 대신으로 모두가 깊은 은혜를 입은 자손들인데 도리어 반기를 들었으니 무슨 연고로 그렇게 했을까?"
잠문본岑文本이 대답하였다.
"군자라면 능히 덕을 생각하고 은혜를 짊어지고 충성을 다하는 법인데 양현감과 우문화급은 소인들이었습니다. 옛 사람들이 그 때문에 군자를 귀히 여기고 소인을 천하게 여겼던 것입니다."
태종이 말하였다.
"그렇다."

貞觀十七年, 太宗謂侍臣曰:「自古草創之主, 至於子孫多亂, 何也?」

司空房玄齡曰:「此爲幼主生長深宮, 少居富貴, 未嘗識人間情僞, 治國安危, 所以爲政多亂.」

太宗曰:「公意推過於主, 朕則歸咎於臣. 夫功臣子弟多無才行, 藉祖父資蔭, 遂處大官, 德義不修, 奢縱是好. 主旣幼弱, 臣又不才, 顚而不扶, 豈能無亂? 隋煬帝錄宇文述在藩之功, 擢化及於高位, 不思報效, 翻行弑逆, 此非臣下之過歟? 朕發此言, 欲公等戒勖子弟, 使無愆過, 卽家國之慶也.」

太宗又曰:「化及與玄感, 卽隋大臣受恩深者子孫, 皆反, 其故何也?」

岑文本對曰:「君子乃能懷德荷恩, 玄感·化及之徒, 并小人也. 古人所以貴君子而賤小人.」

太宗曰:「然.」

【情僞】 실정과 허위.
【資蔭】 '資'는 자신이 타고난 재능, '蔭'은 조상의 공훈을 얻게 되는 작위.
【宇文述】 자는 伯通. 隋나라 때의 大將軍으로 자는 伯通. 代郡 武川(지금의 내몽고) 출신으로 隋 煬帝 때 左衛大將軍이 되어 許國公에 봉해졌으며 대단한 실권을 가지고 있었음.
【化及】 宇文化及(?~619). 宇文述의 아들이며 煬帝 때 右屯衛將軍이 됨. 양제의 남방 순시 중 江都(지금의 揚州)에서 煬帝를 시살하고 국호를 許로 稱帝하였으며 연호를 天壽라 함. 뒤에 武德 2년(619)에 竇建德의 義軍에게 살해됨.
【玄感】 楊玄感. 隋나라 재상 楊素의 아들로 楚國公을 습봉 받았으며 禮部尙書에 오름. 大業 9년(613) 기병하여 수나라에 반기를 들자 煬帝가 宇文述에게 명하여 토벌하여 양현감은 자결함.

7. 택관 擇官

'택관擇官'이란 관직에 맞는 자를 발탁하여 나라의 행정 임무를 맡겨야 한다는 내용이다.

〈彩繪釉陶文吏俑〉 唐, 1972 陝西 醴泉縣 鄭仁泰 묘 출토

貞觀政要

069(7-1)
관직에 맞는 사람을 써야

정관 원년(627), 태종이 방현령房玄齡 등에게 말하였다.
"치도의 근본은 오직 깊이 헤아리는 데에 있다. 그 재량에 따라 직책을 주어 관원의 구성을 잘 살피기에 힘써야 한다. 그 때문에 《서書》에 '관직에는 오직 어질고 재능 있는 자가 있어야 한다' 하였고 또 '관직은 모두 갖출 필요는 없다. 오직 그에 맞는 사람이어야 한다' 하였다. 만약 그에 꼭 맞는 사람을 얻었다면 비록 관원의 수가 적다고 해도 충분하다. 그러나 맞지 않는 사람이라면 비록 많은들 어디에 쓰겠는가? 옛 사람들도 역시 관직에 맞지 않는 사람을 쓰는 것은 마치 땅에 떡을 그리는 것과 같아 먹을 수 없는 것이라 비유하였다. 《시詩》에 '모책을 짜는 사람이 아주 많아도 도리어 쓸 만한 이는 없도다'라 하였고 또 공자孔子도 '관직의 일에서 몇 가지를 겸직하지 않는다면 어찌 비용을 절약할 수 있겠는가?'라 하였고, '천 마리의 양가죽이라 해도 한 마리 여우 겨드랑이 털만도 못하다'는 말이 있다. 이는 모두 경전에 실려 있는 말로 그 외에는 모두 다 말할 수 없을 정도로 많다. 모름지기 관직을 아울러 잘 살펴 적재적소에 사람을 임명한다면 작위가 없이도 다스려 질 것이다. 그대는 의당 이 이치를 잘 생각하여 여러 관직의 필요한 수량에 대하여 결정하도록 하라."
　방현령 등은 이로 말미암아 문관文官과 무관武官으로 총 640명의 관원을 배치하였다.
　태종은 이를 따랐으며 다시 방현령에게 이렇게 말하였다.

"지금부터 만약 악공樂工과 기타 잡류雜類에 종사하는 사람은 가령 그 기술이 같은 무리 중에 뛰어난 자일 경우라도 단지 특별히 전백錢帛을 내려 그 능력을 상으로 내릴 뿐 절대로 관직을 수여 받은 자의 관작官爵을 넘어설 수는 없도록 하여야 한다. 조정의 현군자賢君子와 어깨를 나란히 하여 서거나 같은 자리에 앉아 식사를 하게 되면 여러 의관衣冠을 갖춘 사대부들이 이를 치욕으로 느끼게 될 것이기 때문이다."

貞觀元年, 太宗謂房玄齡等曰:「致治之本, 惟在於審. 量才授職, 務省官員. 故《書》稱:『任官惟賢才.』又云:『官不必備, 惟其人.』若得其善者, 雖少亦足矣. 其不善者, 縱多亦奚爲? 古人亦以官不得其才, 比於畫地作餠, 不可食也.《詩》曰:『謀夫孔多, 是用不就.』又孔子曰:『官事不攝, 焉得儉?』且『千羊之皮, 不如一狐之腋』. 此皆載在經典, 不能具道. 當須更倂省官員, 使得各當所任, 則無爲而治矣. 卿宜詳思此理, 量定庶官員位.」

玄齡等由是所置文武總六百四十員.

太宗從之, 因謂玄齡曰:「自此儻有樂工雜類, 假使術逾儕輩者, 只可特賜錢帛以賞其能, 必不可超授官爵, 與夫朝賢君子比肩而立, 同坐而食, 遺諸衣冠以爲恥累.」

【書】《尙書》咸有一德 및 周官篇을 가리킴.
【詩】《詩經》小雅 小旻의 구절.
【官事不攝】《論語》八佾篇에 "子曰:「管仲之器小哉!」或曰:「管仲儉乎?」曰: 「管氏有三歸, 官事不攝, 焉得儉?」「然則管仲知禮乎?」曰:「邦君樹塞門, 管氏亦樹塞門. 邦君爲兩君之好, 有反坫, 管氏亦有反坫. 管氏而知禮, 孰不知禮?」"를 말함.

【千羊之皮】《新序》雜事(1)에 "簡子曰:「大夫反, 無罪. 昔者, 吾友周舍有言曰: 『百羊之皮, 不如一狐之腋.』衆人之唯唯, 不如周舍之諤諤. 昔紂昏昏而亡, 武王諤諤而昌. 自周舍之死後, 吾未嘗聞吾過也. 故人君不聞其非, 及聞而不改者亡, 吾國其幾於亡矣, 是以泣也.」"하였으며, 그 외에《韓詩外傳》(7) 및《史記》趙世家, 商君列傳 등에 널리 알려진 격언임.

【六百四十員】당시 조정의 관직 숫자.《通典》에는 642원이라 하였고,《資治通鑑》에는 643원이라 하였으며,《新唐書》百官志에 730원이라 하였음.

【儕輩】同輩. 같은 시기에 관직에 들어선 사람이나 직급이 같은 여러 관직들.

【衣冠】의관을 갖춘 관원을 말함.

070(7-2)
자질구레한 일은 승상에게

정관 2년(628), 태종이 방현령房玄齡과 두여회杜如晦에게 말하였다.
"그대들은 복야僕射가 되었으니 의당 짐의 우로憂勞를 도와 이목을 넓혀 주시고 어질고 밝은 이를 찾아 추천해 주셔야 하오. 요즈음 듣건대 공들께서는 송사를 처리하심에 그 일이 하루에 수백 건이 된다하더이다. 이 때문에 공문을 읽기에도 하루가 모자랄 지경일 터이니 어찌 나를 위해 어진 이를 찾을 짬이 있겠소이까?"

그리고 상서성尙書省에 칙령을 내려 자질구레한 일들은 모두 좌우 승상에게 맡겨 처리하도록 하고, 오직 원체冤滯한 큰일만을 상주하는 내용에 맞추어 복야가 관여하도록 일을 줄여 주었다.

貞觀二年, 太宗謂房玄齡·杜如晦曰:「公爲僕射, 當助朕憂勞, 廣開耳目, 求訪賢哲. 比聞公等聽受辭訟, 日有數百. 此則讀符牒不暇, 安能助朕求賢哉?」

因敕尙書省, 細碎務皆付左右丞, 惟冤滯大事合聞奏者, 關於僕射.

【二年】'三年'의 오기. 《冊府元龜》(157)와 《資治通鑑》에는 모두 "貞觀三年三月"로 되어 있음.
【辭訟】소송의 법률 문서.

【符牒】 공문을 일컫는 말.
【左右丞】 尙書省의 左丞과 右丞. 左丞은 吏部, 戶部, 禮部의 일을 담당하였고 右丞은 兵部, 刑部, 工部를 관장하였음.
【冤滯】 억울하게 지체되어 급히 처리하지 않으면 안 될 일.

〈西域人騎駝陶俑〉 부분, 唐 明器 1954 山西 長治 王琛 묘 출토

071(7-3)
도독과 자사의 역할

정관 2년(628) 태종이 시종하는 신하에게 말하였다.

"짐은 매번 백성들 민간의 일을 생각하느라 혹 늦은 밤이 되어서도 잠을 이루지 못하는 경우가 있소. 그러면서도 오직 도독都督과 자사刺史가 능히 백성의 일을 감당해 낼 수 있는지 여부에 대하여 걱정하고 있소. 그 때문에 병풍에 그들의 성명을 적어 놓고 앉으나 누우나 항상 쳐다보고 관청에서 잘한 일이 있으면 그 이름 아래에 기록을 해 나가고 있소. 나는 깊은 궁궐에 처하고 있어 보고 듣는 것이 멀리까지 미치지 못하니 맡겨 놓기는 오직 도독과 자사일 뿐이오. 이는 바로 치란治亂이 그들에게 매어 있는 것이니 더욱 그에 맞는 인물이어야 하기 때문이오."

貞觀二年, 太宗謂侍臣曰:「朕每夜恆思百姓間事, 或至夜半不寐. 惟恐都督·刺史堪養百姓以否. 故於屛風上錄其姓名, 坐臥恆看, 在官有善事, 亦具列於名下. 朕居深宮之中, 視聽不能及遠, 所委者惟都督·刺史, 此輩實治亂所繫, 尤須得人.」

【都督】唐 武德 7년(624)에 '總官'을 '都督'으로 명칭을 바꿈. 여러 州의 兵馬와 甲械, 堡壘, 城隍, 鎭戍, 軍糧, 倉庫 등을 책임지고 관리하는 직책.
【在官】관직에 있어 업무를 처리함.

072(7-4)
시대가 다른 인재를 빌려 쓴 것이 아닙니다

정관 2년(628), 태종이 우복야右僕射 봉덕이封德彝에게 말하였다.
"안정을 이루는 근본은 오직 사람을 얻는 데에 있다. 근래 내가 그대에게 훌륭한 이를 천거하라 일렀건만 아직 아무런 추천이 없다. 천하의 중대한 일에 그대는 의당 나의 근심을 분담해 주어야 할 것인데 그대는 아무 말이 없으니 나는 장차 누구를 의탁한단 말인가?"
봉덕이가 대답하였다.
"신이 우매하오나 어찌 감히 온 뜻을 다하지 않겠습니까? 그러하오나 아직 기이한 재주나 능력을 가진 자를 발견하지 못하였습니다."
그러자 태종이 말하였다.
"전대의 명왕들은 사람을 부리기를 마치 그릇처럼 하였다. 바로 그 당시에 있는 인사를 취하여 쓴 것이지 다른 시대에 있는 인재를 빌려 쓴 것이 아니다. 그러니 어찌 꿈에 부열傅說을 얻고 여상呂尙을 만나기를 기다린 연후에야 정치를 행했겠는가? 게다가 어느 시대인들 어진 자가 없겠는가? 다만 이를 빠뜨려 모르고 있음을 걱정할 일일뿐이다!"
봉덕이는 부끄러워 낯이 붉어져 물러났다.

貞觀二年, 太宗謂右僕射封德彝曰:「致安之本, 惟在得人. 比來命卿擧賢, 未嘗有所推薦. 天下事重, 卿宜分朕憂勞, 卿旣不言, 朕將安寄?」

對曰:「臣愚豈敢不盡情? 但今未見有奇才異能.」

太宗曰:「前代明王, 使人如器, 皆取士於當時, 不借才於異代. 豈得待夢傅說, 逢呂尙, 然後爲政乎? 且何代無賢? 但患遺而不知耳!」

德彛慚赧而退.

【二年】《資治通鑑》에는 元年(627) 正月로 되어 있으며 封德彛가 貞觀 원년(627) 6월에 죽은 것으로 보아 원년이 맞음.
【傅說】商나라 高宗(武丁) 때의 훌륭한 신하. 무정이 꿈에 부열을 보고 찾아 그의 보필을 받아 나라를 크게 중흥시켰다 함.
【呂尙】姜太公 子牙. 文王이 그를 만나 太師로 삼아 殷나라를 멸하고 나라를 크게 일으킴. 뒤에 齊나라에 봉을 받아 제나라 시조가 됨.《史記》齊太公世家 및 周本紀 참조.
【慚赧】부끄러워 얼굴이 붉어짐.

073(7-5)
이부에서 사람을 뽑을 때

정관 3년(629), 태종이 이부상서吏部尚書 두여회杜如晦에게 말하였다.

"근래 보건대 이부吏部에서 사람을 뽑으면서 그저 말재주나 단순한 문장 능력만으로 택하며 훌륭한 덕행은 살피지 않는다 하던데, 이러다가 몇 년이 지나 그렇게 뽑은 자의 옳지 못한 행동이 드러나기 시작하면 비록 그때 그들에게 형을 내리고 죽여 없앤다 해도 이미 백성들은 그들로부터 많은 폐해를 입은 다음이니 되돌릴 수 없게 된다. 어떻게 하면 훌륭한 사람을 뽑을 수 있겠는가?"

두여회가 대답하였다.

"양한兩漢 시대 사람을 뽑을 때는 모두가 그 행동이 향려鄕閭에서 드러나 주군州郡에서 이를 서울로 추천하였으며 그런 연후에 등용하였습니다. 그 때문에 당시를 선비가 많은 시대라 불렀던 것입니다. 지금은 매년 과거를 보아 선발하기 때문에 이에 참가하는 수천 명이 겉모습을 꾸미고 말을 수식하여 그들의 실정을 속속들이 알아내기 어려워 선사選司에서는 그저 그들 출신의 계품階品에 따라 안배하여 뽑을 뿐입니다. 전간銓簡의 논리가 실제 미흡하여 그 때문에 인재를 제대로 선발할 수 없는 것입니다."

태종은 이에 한나라 때의 법령에 의거하여 본주本州에서 각기 인재를 찾아내어 뽑아 올리도록 하였으나 마침 공신功臣 등이 세습으로 추천하는 법이 생기자 이 역시 그만 중지하고 말았다.

貞觀三年, 太宗謂吏部尙書杜如晦曰:「比見吏部擇人, 惟取其言詞刀筆, 不悉其景行. 數年之後, 惡跡始彰, 雖加刑戮, 而百姓已受其弊. 如何可獲善人?」

如晦對曰:「兩漢取人, 皆行著鄕閭, 州郡貢之, 然後入用, 故當時號爲多士. 今每年選集, 向數千人, 厚貌飾詞, 不可知悉, 選司但配其階品而已. 銓簡之理, 實所未精, 所以不能得才.」

太宗乃將依漢時法令, 本州辟召, 會功臣等將行世封事. 遂止.

【杜如晦】 585~630. 자는 克明. 隋末 滏陽尉의 낮은 벼슬이었으나 唐兵이 關中으로 들어오자 李世民에게 도움으로 주어 陝東道大行臺司勳郎中이 되었으며 太宗이 즉위하자 尙書右僕射에 오름. 정책결정에 과감하여 흔히 "房謀杜斷"이라 하였음. 당시 尙書右僕射로서 吏部尙書를 겸하고 있었음.
【刀筆】 고대 글씨를 쓰고 새기는 도구. 여기서는 단순한 문장, 작문을 말함.
【景行】 훌륭하고 우러러볼 만한 행동. 덕행. 《詩經》 小雅 車舝에 "高山仰止, 景行行止. 四牡騑騑, 六轡如琴. 覯爾新昏, 以慰我心"이라 함.
【鄕閭】 鄕黨과 閭巷. 그들이 살고 있는 고을에서 이미 덕행에 대한 평가를 받음을 말함.
【選集】 隋나라 때의 인재 선발 방법. 매년 11월에 한 번씩 뽑았으나 貞觀 초에 '四時聽選'으로 바꾸어 매년 수천 명이 응시하였음. 《新唐書》 選擧志(下)에 "初, 吏部歲常集人, 其後三歲一集, 選人猥至, 文簿紛雜, 吏因得以爲姦利"라 함.
【選司】 관리 선발을 맡은 관청. 인사 선발 부서.
【階品】 관리의 등급에 따른 서열. 당나라 때는 모두 1품부터 9품까지 29등급이 있었다 함. 출신 계품에 따라 안배하여 뽑았음을 말함.
【銓簡】 전형을 거쳐 선택하고 발탁함.
【辟召】 한나라 이후로 지방이나 중앙의 고급 관원의 인사권 중에 직접 뽑아 이를 중앙 해당 부서에 추천하여 동의를 구하는 인재 선발 방법.
【世封事】 세습으로 봉을 받아 관리가 되는 제도. 貞觀 5년(631) 조칙에 의해 공신의 자손이 세습할 수 있도록 특권을 부여하였음.

074(7-6)
재능과 덕행을 함께 갖춘 자

정관 6년(632), 태종이 위징魏徵에게 말하였다.
"옛 사람이 '왕은 관직에 맞추어 사람을 택하는 것이지, 급히 사람을 쓰기 위해 자리를 만들어서는 안 된다'라 하였다. 내 지금 하나의 일을 시행하면 천하에 모두 주목을 받게 될 것이며, 한 마디 말을 내놓으면 천하가 이를 경청하게 될 것이다. 마찬가지로 좋은 사람을 뽑아 등용하면 훌륭한 사람은 그렇게 되고자 스스로 힘쓰게 될 것이며, 잘못하여 악한 자를 쓰게 되면 선하지 못한 자들이 다투어 자신도 임용될 수 있다고 달려들 것이다. 상이 수고한 자에게 정당하게 주어진다면 공이 없는 자는 스스로 물러날 것이며, 벌이 죄 지은 자에게 정당하게 내려진다면 악한 짓을 한 자는 경계하고 두려워할 것이다. 그러므로 상벌은 경솔히 시행해서는 안 될 것이며, 사람을 들어 쓰는 것은 더욱더 신중을 기하여 택해야 할 것임을 알게 된 것이다."

위징이 대답하였다.
"사람을 알아보는 일은 자고로 어렵다 했습니다. 그러므로 실적의 고과에 따라 출척黜陟하되 그 선악도 살펴야 하는 것입니다. 지금 사람을 구하고자 함에 반드시 그 행동을 심의하고 따져 보아야 합니다. 그리하여 그의 선함이 알려진 다음 그를 임용한다면 설령 이 사람이 능히 일은 잘 처리하지 못하고 재주와 능력도 그에 미치지 못한다 해도 큰 해는 끼치지 않을 것입니다. 잘못하여 악한 사람을 등용하여 가령 그가 강하고 굳센 자라면 그가 저지르는 해는 지극히 심하게 될 것입니다.

다만 난세亂世라면 어쩔 수 없이 그 재능만을 요구하여 행동은 돌아보지 않아도 되지만 태평시대라면 반드시 그 재능과 덕행을 함께 갖춘 자라야 비로소 임용할 수 있는 것입니다."

貞觀六年, 上謂魏徵曰:「古人云:『王者須爲官擇人, 不可造次卽用.』朕今行一事, 則爲天下所觀; 出一言, 則爲天下所聽. 用得正人, 爲善者皆勸; 誤用惡人, 不善者競進. 賞當其勞, 無功者自退; 罰當其罪, 爲惡者戒懼. 故知賞罰不可輕行, 用人彌須愼擇.」
徵對曰:「知人之事, 自古爲難, 故考績黜陟, 察其善惡. 今欲求人, 必須審訪其行. 若知其善, 然後用之, 設令此人不能濟事, 只是才力不及, 不爲大害. 誤用惡人, 假令强幹, 爲害極多. 但亂世惟求其才, 不顧其行. 太平之時, 必須才行俱兼, 始可任用.」

【古人云】 이 구절은 '爲人設官'을 해서는 안 된다는 뜻으로 봄. 출전을 구체적으로 알 수 없음.
【造次】 아주 짧은 순간을 뜻하는 雙聲連綿語.《論語》里仁篇에 "君子無終食之間違仁, 造次必於是, 顚沛必於是"라 함. 여기서는 급히 서둘러 사람을 뽑음을 말함.
【彌須】 갈수록 필요함. 수요가 증가함.
【考績黜陟】 업적을 헤아려 승급과 강등을 결정함.
【濟事】 일을 잘 처리함.

075(7-7)
지방 관리의 경험을 살려

정관 2년(628), 시어사侍御史 마주馬周가 상소하였다.

"천하를 다스리는 자는 사람을 근본으로 여기며 백성을 안락하게 하고자 함에는 오직 자사刺史와 현령縣令이 어떻게 하는가에 달려 있습니다. 현령은 그 수가 많으니 모두가 어질 수는 없습니다. 만약 주州마다 훌륭한 자사가 다스려 준다면 그 관할 안은 편안히 삶을 누릴 수 있을 것입니다. 천하의 자사들이 모두 폐하의 뜻에 맞추어 준다면 폐하는 가히 단정히 손을 모으고 궁전에 앉아 있는 것만으로 다스려 질 수 있어 백성이 안녕을 얻지 못하면 어쩌나 걱정하시지 않아도 될 것입니다. 자고로 군수郡守와 현령은 모두가 어질고 덕이 있는 사람을 뽑아 썼으며, 이들 중에 장상將相으로 택하여 승진을 시키고자 하면 반드시 먼저 백성에게 직접 임하여 경험을 쌓도록 하였습니다. 그리고 혹 2천 석 군수 중에 뛰어난 자를 재상이나 사도司徒, 태위太尉로 뽑아 썼던 것입니다. 따라서 조정에서는 꼭 조정에 있는 내신들의 선발만 중시하고 지방의 자사나 현령의 선발에 대해서는 가볍게 여겨서는 안 될 것입니다. 왜냐하면 백성들이 안녕을 얻지 못한 것은 여기에서 비롯된 것일 수 있기 때문입니다."

태종은 이에 따라 시종하는 신하들에게 이렇게 말하였다.

"자사는 내가 직접 간택할 것이며, 현령은 경관京官으로서 오품 이상인 자가 각기 한 사람씩 추천하기로 조칙을 내린다."

貞觀十一年, 侍御史馬周上疏曰:「治天下者以人爲本, 欲令百姓安樂, 惟在刺史·縣令. 縣令旣衆, 不可皆賢, 若每州得良刺史, 則合境蘇息. 天下刺史悉稱聖意, 則陛下可端拱巖廊之上, 百姓不慮不安. 自古郡守·縣令, 皆妙選賢德, 欲有遷擢爲將相, 必先試以臨民, 或從以二千石入爲丞相及司徒·太尉者. 朝廷必不可獨重內臣, 外刺史·縣令, 遂輕其選. 所以百姓未安, 殆由於此.」

太宗因謂侍臣曰:「刺史朕當自簡擇; 縣令詔京官五品已上, 各擧一人.」

【蘇息】 양육과 휴식. 편히 생업에 종사할 수 있도록 함을 뜻함.
【端拱】 단정하게 앉아 손을 모은 채 작위 없이 다스림을 말함.
【巖廊】 궁전, 전당.
【臨民】 백성에게 임하여 행정을 폄.
【二千石】 漢代 郡 太守의 봉록을 말함. 이에 따라 흔히 군수를 통칭하는 말로 쓰임.
【太尉】 당나라 때 丞相, 御史大夫와 더불어 三公의 하나로 실질적인 권한은 없었음.

076(7-8)
직무에 맞지 않은 관리

　　정관 2년(628), 치서시어사治書侍御史 유계劉洎가 좌우의 승상은 특별히 정밀한 단계를 거쳐 선발함이 마땅하다고 여겨 이렇게 상소하였다.

　　"제가 듣기로 상서성尙書省은 하루에 만 가지 변화를 처리해야 하며 실제 정치의 근본이 되는 곳으로 엎드려 아뢰건대 이곳에 선발된 자는 그 임무를 맡김이 진실로 어렵다 합니다. 이 까닭으로 팔좌八座를 문창文昌에 비유하는 것이며 두 승상은 관할管轄에 빗대어 조랑曹郞에 이르는 직책을 하늘의 이십팔수二十八宿에 대응시키는 것이니 진실로 그 직무에 맞지 않으면 그 자리만 절취하고 있다고 비난이 쏟아지게 되는 것입니다. 엎드려 살피건대 근래 상서성의 조칙이 정체되고 문안文案들이 막혀 있습니다. 저는 진실로 용렬하오나 청컨대 그 근원을 진술해 올립니다. 정관 초기에는 아직 상서령과 상서복야를 두지 않아 당시 상서성의 업무가 번잡하기가 지금보다 곱절이나 되었습니다. 그나마 좌승左丞 대주戴冑와 우승右丞 위징魏徵은 모두가 관리의 사물에 통달하고 밝고 본바탕이 평직平直하여 마땅히 탄핵해야 할 일은 회피하는 일이 없었으며, 폐하 또한 그들에게 은혜와 사랑을 베풀어 자연스럽게 일이 깔끔하게 처리되었던 것입니다. 모은 관원들이 나태하지 않았던 이유는 바로 여기에 있었던 것이 아닌가 합니다. 그리고 두정륜杜正倫이 뒤를 이어 우승을 맡으면서 역시 자못 엄격하게 부하를 다루었습니다. 그러나 근래에 이르러 기강이 제대로 서지 않았고 아울러 훈친勳親들이 자리를 차지하면서 그 임무를 해낼 만한 이들이 아닌 자들이어서 공과 세력으로 이를 처리하려는 경향이 나타나고 있습니다. 무릇 관료의 자리에 있으면서 공도公道를 따르지 않는다면 비록 스스로 강해지고자 해도 그에 비방이나 듣지 않을까 겁을 먼저 내게 됩니다. 그 때문에 낭중郎中이 여탈予奪을 쥐고 일에 있어 품계를 올려 자문을 구하여도 상서성에서는 이를 위배하면서 결단을 내리지 못하는 경우가 있습니다. 그런가 하면 혹 규탄糾彈할 일을 보고하여도 고의로 일을 연기시키며, 사안이 비록 이치에 지극히 맞아도 여전히 아래에서 맴돌기 마련입니다. 보낸 공문이 시간의 한계도 없고 책임을 묻은 공문도 느리기 일쑤이며 한 번 손을 떠난 공문이 한 해를 기다리기도 합니다. 게다가 혹자는 임금의 뜻에 맞추고자 그 실정을 알아보지도 않는가 하면, 혹자는 혐의를 피하기 위하여 억지 논리를 펴기도 합니다. 구사勾司는 사안을 서둘러 결말 짓는 것을 일로 삼으며 시비는 따지려 들지도 않고, 상서들은 편벽함을 사용하는 것을 공公을 받드는 것이라 여겨 정당한 지의 여부를 논하려 들지도 아니합니다. 서로 고식적姑息的으로 일을 처리하며 미봉책彌縫策을 중시합니다. 무리 속에 능력 있는 자를 쓰며 재능이 없는 자는 쓰지 않으며 그들로 하여금 하늘의 일을 사람이 대신한다는 임무를 맡긴다면 어찌 망령되이 그렇게 하겠습니까? 의척懿戚이나 원훈元勳은 의당 그들에 예우에 맞는 직책으로만 우대하셔야 할 것입니다. 그들 중에 혹 나이가 높아 80, 90에 이른 자도 있고 또는 오랜 병으로 지혜가 혼미한 자도 있으니 이왕 이때에 무익한 자라면 그들을 한직閒職으로 돌려 편히 쉬도록 해 주어야 합니다. 이들은 오랫동안 어진 이의 앞길을 가로막고 있으니 아주 불가한 일입니다. 장차 이러한 병폐를 고치셔야 할 것이며 게다가 상서성의 좌우 승상 및 좌우 낭중은 정밀한 과정을 거쳐 선발해야 할 것입니다. 만약 그에 맞는 인물을 얻는다면 저절로 기강이 바르게 갖추어질 것이며 역시 서로 명리를 좇는 풍조가 바로잡아질 것이니 어찌 단지 그 막히고 적체된 일을 소멸시키는 정도에 끝나겠습니까!"

이 상소가 올라가자 얼마 뒤 유계를 상서좌승尚書左丞으로. 임명하였다.

貞觀十一年, 治書侍御史劉洎以爲左右丞宜特加精簡, 上疏曰:
「臣聞尚書萬機, 實爲政本, 伏尋此選, 授任誠難. 是以八座比於文昌, 二丞方於管轄, 爰至曹郎, 上應列宿, 苟非稱職, 竊位興譏. 伏見比來尚書省詔敕稽停, 文案壅滯, 臣誠庸劣, 請述其源. 貞觀之初, 未有令·僕, 于時省務繁雜, 倍多於今. 而左丞戴胄·右丞魏徵, 並曉達吏方, 質性平直, 事應彈擧, 無所廻避, 陛下又假以恩慈, 自然肅物. 百司匪懈, 抑此之由. 及杜正倫續任右丞, 頗亦屬下. 比者綱維不擧, 並爲勳親在位, 器非其任, 功勢相傾. 凡在官寮, 未循公道, 雖欲自强, 先懼囂謗. 所以郞中予奪, 惟事諮稟; 尚書依違, 不能斷決. 或糾彈聞奏, 故事稽延, 案雖理窮, 仍更盤下. 去無程限, 來不責遲, 一經出手, 便涉年載. 或希旨失情, 或避嫌抑理. 勾司以案成爲事了, 不究是非; 尚書用便僻爲奉公, 莫論當否. 互相姑息, 惟事彌縫. 且選衆授能, 非才莫擧, 天工人代, 焉可妄加? 至於懿戚元勳, 但宜優其禮秩. 或年高及耄, 或積病智昏, 旣無益於時宜, 當置以閒逸. 久妨賢路, 殊爲不可. 將救茲弊, 且宜精簡尚書左右丞及左右郎中. 如並得人, 自然綱維備擧, 亦當矯正趨競, 豈惟息其稽滯哉!」

疏奏, 尋以洎爲尚書左丞.

【八座】尚書左右僕射와 六部의 尚書를 합하여 모두 8명의 재상을 말함.
【文昌】별 이름. 紫微垣에 속하여 여섯 개의 별이 있음. 《史記》 天官書에 "斗魁戴匡六星曰文昌宮: 一曰上將, 二曰次將, 三曰貴相, 四曰司命, 五曰司中, 六曰司祿"이라 함.
【二丞】尚書左丞과 尚書右丞.
【管轄】원래 관은 열쇠이며 轄은 수레바퀴의 비녀장으로 바퀴통과 굴대가 만나는 곳. 전의되어 가장 중요한 위치로 각기 할당하여 다스림을 뜻함.

【曹郞】尙書省 소속의 郞官.
【列宿】28수(宿)를 말함. 하늘의 성좌 28개.
【令·僕】尙書令과 尙書左右僕射. 원래 李世民이 상서령을 지낸 적이 있어 신하들이 그 자리에 오르기를 두려워하여 그 직위를 비워둔 채 복야가 최고 책임자가 되었음.
【匪懈】게을리 함이 없음.《詩經》大雅 烝民에 "肅肅王命, 仲山甫將之. 邦國若否, 仲山甫明之. 旣明且哲, 以保其身. 夙夜匪解, 以事一人"이라 함.
【囂謗】시끄럽게 소문을 퍼뜨리며 훼방하고 비방함.
【勾司】안건의 잘잘못을 규명하고 밝히는 임무를 맡은 관리.
【天工人代】임금은 하늘의 임무를 대신 맡아 백성을 다스린다는 뜻.《尙書》皐陶謨에 "無曠庶官, 天工人其代之"라 함.
【耄】아주 나이가 많은 것을 말함. 주로 80, 90세의 노인을 지칭하는 말.《禮記》曲禮(上)에 "八十·九十曰耄"라 함.

077(7-9)
누구나 자신이 잘난 줄 여긴다

정관 13년(639), 태종이 시종하는 신하에게 말하였다.

"내 듣기로 태평을 이룬 이후에는 반드시 대란이 오고, 대란을 겪은 이후에는 다시 태평시대가 온다고 하였다. 대란을 겪은 뒤라면 바로 태평의 운세가 온다는 뜻이다. 능히 천하를 안정시키는 자는 오직 어진 인재를 등용하여 쓰는 데 있다. 그대들도 어진 이를 알지 못하고 있으며 나 역시 두루 알고 있지 못한 채 이렇게 하루하루를 넘기고 있으니 사람을 찾아내는 이치를 아직 얻지 못하고 있는 셈이다. 지금 사람들로 하여금 스스로 자신을 추천하도록 하여 이를 해결하면 어떻겠는가?"

그러자 위징魏徵이 대답하였다.

"남을 아는 것은 지혜이며 자신을 아는 것은 명석함입니다. 남을 알아보는 것도 이미 어려운 일이지만 자신을 아는 것도 역시 쉬운 것은 아닙니다. 게다가 어리석고 어두운 사람은 모두가 자신이 잘난 줄로 자랑할 수 있습니다. 아마 오히려 명리를 숭상하는 풍조를 조장하지나 않을까 두렵습니다. 자신을 추천하는 일은 불가한 줄로 압니다."

貞觀十三年, 太宗謂侍臣曰:「朕聞太平後必有大亂, 大亂後必有太平. 大亂之後, 卽是太平之運也. 能安天下者, 惟在用得賢才. 公等旣不知賢, 朕又不可徧識, 日復一日, 無得人之理. 今欲令人自擧, 於事何如?」

魏徵對曰:「知人者智, 自知者明. 知人旣以爲難, 自知誠亦不易. 且愚暗之人, 皆矜能伐善, 恐長澆競之風, 不可令其自擧.」

【貞觀十三年】《冊府元龜》(67)와《魏文貞公年譜》에는 정관 15년(641) 6월로 되어 있음.
【徧識】보편적인 인식.
【矜能伐善】능력을 자랑하고 자신의 장점을 과시함.《論語》公冶長篇에 "顏淵·季路侍. 子曰:「盍各言爾志?」子路曰:「願車馬衣輕裘, 與朋友共, 敝之而無憾.」顏淵曰:「願無伐善, 無施勞.」子路曰:「願聞子之志.」子曰:「老者安之, 朋友信之, 少者懷之.」"라 함.
【澆競】명리를 숭상하는 풍조를 일소시킴.

078(7-10)
열두 가지 신하의 유형

정관 14년(640), 특진特進 위징魏徵이 상소하였다.
"제가 듣기로 그 신하를 알기로는 임금만한 자가 없으며 그 아들을 아는 자는 아버지만한 자가 없다 하였습니다. 아버지로서 그 아들에 대하여 잘 알지 못하면 그 집안이 화목할 수가 없고, 임금으로서 그 신하를 잘 알지 못하면 천하를 통제할 수가 없습니다. 천하가 모두 안녕을 누리고 임금 한 사람이 경사로 여기시려면 반드시 충량忠良한 자를 보필로 하여 도움을 받아야 합니다. 뛰어난 인재가 관직에 있으면 여러 행정 업적이 쌓여서 아무런 작위가 없어도 다스려지게 됩니다. 그러므로 요堯, 순舜, 문왕文王, 무왕武王이 전대에 칭송을 받는 것은 모두가 사람을 알아보는 것으로써 성철함을 이루었고, 많은 선비들이 조정에 가득하였으며 팔원八元과 팔개八凱가 그 높고 높은 공으로 날개가 되어 주었으며, 주공周公과 소공召公이 그 빛나는 미덕을 비춰 주었기 때문이었습니다.

그렇다면 사악四岳과 구관九官, 오신五臣, 십란十亂으로 일컬어지는 훌륭한 보좌들이 어찌 오직 그 옛날에만 있었고 지금 이 당대에는 있을 수 없다고 할 수 있겠습니까? 찾으려 하는가의 여부와 좋아하는가의 여부에 달려 있을 뿐입니다! 어찌 이렇게 말할 수 있느냐고요? 무릇 미옥과 명주, 공작과 물소 뿔, 상아나 대완大宛의 말, 그리고 서려西旅의 뛰어난 사냥개인 오獒는 모두가 발이 없고 생각할 본성도 없으며, 게다가 팔황八荒의 끝에서 나는 것들로 아득히 만 리 밖의 먼 길이건만 거듭된 통역을 거쳐 우리나라에 들어오면서 그 길이 끊어지지 않고 있으니 이는 어떻게 그럴 수 있겠습니까? 아마 중국에서 이를 좋아하기 때문일 것입니다. 그런데 하물며 벼슬에 종사하여 임금에게 영화를 얻으며 임금의 녹을 먹고자 하며 의義로써 자신을 드러내어 보고자 하는 자가 임금이 어디에 있은들 찾아오지 않겠습니까? 제가 생각하기로 임금께서 효도를 다하는 자와 함께 하고 싶어 한다면 증삼曾參이나 민자건閔子騫 같은 이가 되도록 부릴 수 있을 것입니다! 그리고 충성을 다하는 자와 함께 하고 싶어 하기만 한다면 관룡방關龍逄이나 비간比干 같은 이가 되도록 부릴 수 있을 것입니다! 그리고 믿음을 다하는 자와 함께 하고자 하신다면 미생尾生이나 전금展禽처럼 되도록 부릴 수 있을 것입니다! 또한 청렴한 자와 함께 하고자 하신다면 가히 백이伯夷나 숙제叔齊처럼 되도록 부릴 수 있을 것입니다!

그러나 지금 여러 신하들 중에 정결하고 결백하여 드러나는 자는 보기가 어려우니 이는 아마 이들을 절실하게 구하지 아니하고 이들을 정밀하게 되도록 면려하지 아니하기 때문일 것입니다. 만약 공충公忠을 다하도록 힘쓰며 원대하도록 기대하여 각기 그 직분을 맡기시면 그 도를 실행할 수 있을 것입니다. 그가 귀해졌을 때 누구를 추천하는가를 살필 것이며 그가 부유해졌을 때 어떻게 남을 봉양하는 가를 볼 것이며, 그가 평소에 무엇을 좋아하는지를 살필 것이며, 그의 습관에 어떤 말을 하는가를 살피며 그가 궁했을 때 무엇을 받지 않는가를 볼 것이며 그가 천해졌을 때 어떤 일은 결코 하지 않는가를 보면 됩니다. 따라서 그 재목감의 정도에 따라 발탁하시고 그 능력을 살펴 임용하시며 그 장점은 쓰고 그 단점을 덮어 주시면 됩니다. 이를 육정六正으로 진달시키고 육사六邪로써 경계한다면 엄하게 하지 않아도 스스로 힘쓸 것이며 권하지 않아도 저절로 노력할 것입니다.

그 때문에 《설원說苑》에는 이렇게 말하였지요.

'신하로서의 행동에는 육정六正과 육사六邪가 있다. 육정을 실행하면 영화로울 것이요, 육사를 범하면 치욕을 당하리라. 무엇을 일러 육정이라 하는가? 첫째, 싹이 아직 트지 않았고 형태가 드러나지 않았을 때 밝게 이를 홀로 그 존망의 기틀을 보고 그 득실의 요체를 살펴 미연에 이를 방지하여 임금으로 하여금 초연히 그 영화로운 자리에 서도록 하는 것, 이렇게 하는 자는 성신聖臣이다. 둘째, 마음을 비워 성의를 다하며 날로 선한 도로 매진하여 임금이 예의에 힘쓰도록 하며, 임금으로 하여금 긴 책략을 세워 그 아름다움에는 순종하고 그 악한 것은 고쳐주는 것, 이렇게 하는 자는 양신良臣이다. 셋째, 아침 일찍 일어나 밤늦도록 열심을 다하여 어진 이를 추천함에 게으름이 없고 자주 옛일을 칭하여 임금의 뜻을 다그치는 것, 이러한 자는 충신忠臣이다. 넷째, 성패를 밝게 살펴 미리 방지하여 구제하며 그 틈을 막아 주고 그 근원을 잘라 버리며 재앙을 돌려 복으로 만들어 임금으로 하여금 끝까지 근심이 없도록 해 주는 것, 이러한 자는 지신智臣이다. 다섯째, 전장과 법을 준수하여 자신의 직무를 다하면서 뇌물을 받지 아니하고 녹과 하사품은 사양하며 음식에 절제와 검소함이 있는 것, 이러한 자는 정신貞臣이다. 여섯째, 나라가 혼란할 때 하는 일이 아첨이 아니며 감히 임금의 엄한 얼굴을 범하면서 면전에서 임금의 과실을 거론하는 것, 이러한 자는 직신直臣이다. 이를 일러 육정이라 한다.

　다음으로 무엇이 육사인가? 첫째, 관직에 안주하여 녹이나 탐내며 공사公事에는 힘쓰지 아니하고 좌우를 관망하는 것, 이는 구신具臣이다. 둘째, 임금이 하는 말이면 무조건 훌륭하다 하고 임금이 하는 일은 무조건 옳다고 하며 몰래 임금이 찾는 것을 구하여 갖다 바쳐 임금의 이목을 즐겁게 해 주며, 얼굴빛을 꾸며 임금의 뜻에 거짓으로 투합하며 임금과 함께 즐기려 하되 그 뒤에 닥칠 해害는 돌아보지도 않는 것, 이는 유신諛臣이다. 셋째, 안으로 음험한 험담을 채우고 있으면서 밖으로는 약간 조심하는 척 얼굴을 꾸미며 교언영색巧言令色으로 잘하는 자나 어진 자를 질투하며 임금이 선발한 자라면 그의 장점만 밝히고 악행은 숨겨 주며, 임금이 내쫓을 대상에 대해서는 그 과실은 밝히면서 그 미덕은 숨겨 임금으로 하여금 상벌이 부당하게 하도록 하고 법령이 제대로 실행되지 못하도록 하는 것, 이런 자는 간신奸臣이다. 넷째, 지혜는 족히 자신의 비리를 잘못이 아니라고 꾸며댈 수 있을 정도이며, 말솜씨는 족히 사악한 말을 믿도록 하며 안으로는 골육의 친함을 이반시키고 밖으로는 조정을 혼란으로 얽히게 하는 것, 이러한 자는 참신讒臣이다. 다섯째 권세를 제멋대로 휘두르며 아무것도 아닌 일을 중대한 일로 여기며, 사사로이 자신의 문에는 당파를 조성하여 자신의 집만 부유하게 하며 임금의 명령을 고쳐 자신이 귀하고 현달하고자 하는 것, 이는 적신賊臣이다. 여섯째, 참녕하고 사악한 행동으로 임금에게 아첨하며 임금을 불의에 빠뜨리고 당을 지어 자신들끼리 모여 임금의 총명함을 가로막아 흑백을 구별하지 못하도록 하며 시비를 분별하지 못하도록 하여, 임금으로 하여금 나라 안에 악행이 널리 퍼지도록 하고 사방 이웃 나라에 그 소문이 퍼지도록 하는 것, 이러한 자는 망국지신亡國之臣이다. 이를 일러 육사라 한다.

어진 신하라면 육정의 도에 처하여 육사의 술책은 쓰지 않으니 그 까닭으로 위는 편안하고 아래는 다스려지며 살아서는 즐거움을 맛보고 죽어서는 그리움을 자아내니 이것이 신하로서의 기술이다.'

그리고 《예기禮記》에는 '저울대가 저렇게 높이 달려 누구나 보고 있으니 경중輕重을 속일 수 없다. 먹줄이 저렇게 펼쳐져 있으니 곡직曲直을 속일 수 없다. 규구規矩가 저렇게 갖추어져 있으니 원방圓方을 속일 수 없다. 군자는 예禮를 깊이 따지니 간사姦詐함을 가지고 남을 속일 수가 없는 것이다'라 하였습니다. 그렇다면 신하의 실정과 속임수는 알아내기 어려운 것이 아닙니다. 또한 예를 갖추어 이를 대접하고 법을 집행하여 이를 통제하여 잘한 자는 상을 받고 악한 짓을 한 자는 벌을 받도록 한다면 어찌 감히 잘하겠다고 나서지 않을 수 있겠습니까? 어찌 감히 그 힘을 다 쏟지 않을 수 있겠습니까?

나라가 충량한 지를 진출시키고 불초한 자를 물리치고자 한 지가 10여 년이 되어가면서도 그 소문만 무성할 뿐 아직 그에 해당된 사람은 보지 못하였으니 어찌 그렇겠습니까? 아마 말은 맞으나 행동은 그렇게 하지 않아서일 것입니다. 말이 맞으면 이는 공도公道에서 나온 것이며 행동이 그렇지 않았다면 이는 사악한 지름길로 갔기 때문입니다. 시비가 서로 혼란을 일으키고 호오好惡가 서로 공격을 하고 있습니다. 사랑하는 자라면 비록 그가 죄를 지었더라도 형벌이 그에게 미치지 아니하며,

미워하는 자라면 비록 무고하다 할지라도 처벌을 면하지 못하게 된다면 이를 일러 사랑하면 그를 살려 주려 하고 미워하면 그가 죽도록 내버려 둔다는 것이라 합니다. 또 혹 작은 악행 때문에 큰 선행이 버림을 받고, 혹 작은 허물로 인해 큰 공이 잊혀 진다면 이런 경우 임금의 상은 공이 없이는 얻을 수 없는 것이며 임금이 내리는 처벌은 죄가 있으면 벗어날 수가 없다고 말해야 하는 것입니다. 상이 선을 권면하지 못하고, 벌이 악을 징계하지 못하면서 사악함과 정직함에 의혹이 없기를 바란들 그것이 되겠습니까?

만약 상이 멀고 소원한 자라 해서 빠뜨리지 아니하고 벌이 가깝고 귀하다고 해서 아부로써 면하는 경우가 없이 공평을 규구로 삼고 인의를 준승으로 삼으며 그 일을 따져 그 명분을 바르게 세우며, 이름에 맞게 그 실질을 요구한다면 사악한 자와 정직한 자가 숨겨지지 않을 것이며 선악이 저절로 구분될 것입니다. 그러한 연후에 그 실질을 취하되 화려한 것을 숭상하지 않고 그 후한 곳에 처하되 박한 것에 처하지 않는다면 말을 하지 않아도 다스려질 것이며 일 년만 지나도 그 다스림을 알 수 있을 것입니다! 그러나 만약 한갓 아름다운 비단이라 좋아하고 관리를 뽑되 백성을 위한 것이 아니며, 또는 지공至公이라는 명분만 있고 지공의 실질은 없다거나 미워하기 때문에 그의 잘하는 면은 잊어 버리고, 사사로운 정에 이끌려 사악하고 참녕한 자를 가까이 하거나 공도公道를 등지고 충량한 자를 멀리한다면 비록 이른 새벽부터 밤늦도록 게으름이 없도록 하며, 정신과 생각을 다해 열심히 한다 해도 장차 지극한 다스림을 찾기에는 불가할 것입니다."

글이 올라가자 태종은 심히 가상히 여기며 이를 받아들였다.

貞觀十四年, 特進魏徵上疏曰:

「臣聞知臣莫若君, 知子莫若父. 父不能知其子, 則無以睦一家; 君不能知其臣, 則無以齊萬國. 萬國咸寧, 一人有慶, 必藉忠良作弼. 俊乂在官, 則庶績其凝, 無爲而化矣. 故堯·舜·文·武見稱前載, 咸以知人則哲, 多士盈朝, 元・凱翼巍巍之功, 周・召光煥乎之美. 然則四岳・九官・五臣・十亂, 豈惟生之於曩代, 而獨無於當今者哉? 在乎求與不求, 好與不好耳! 何以言之? 夫美玉明珠, 孔翠犀象, 大宛之馬, 西旅之獒, 或無足也, 或無情也, 生於八荒之表, 塗遙萬里之外, 重譯入貢, 道路不絶者, 何哉? 蓋由乎中國之所好也. 況從仕者懷君之榮, 食君之祿, 率之以義, 將何往而不至哉? 臣以爲與之爲孝, 則可使同乎曾參・子騫矣! 與之爲忠, 則可使同乎龍逄・比干矣! 與之爲信, 則可使同乎尾生・展禽矣! 與之爲廉, 則可使同乎伯夷・叔齊矣!

然而今之群臣, 罕能貞白卓異者, 蓋求之不切, 勵之未精故也. 若勗之以公忠, 期之以遠大, 各有職分, 得行其道. 貴則觀其所擧, 富則觀其所養, 居則觀其所好, 習則觀其所言, 窮則觀其所不受, 賤則觀其所不爲. 因其材以取之, 審其能以任之, 用其所長, 捨其所短. 進之以六正, 戒之以六邪, 則不嚴而自勵, 不勸而自勉矣. 故《說苑》曰:『人臣之行, 有六正六邪. 行六正則榮, 犯六邪則辱. 何謂六正? 一曰萌芽未動, 形兆未見, 昭然獨見存亡之機, 得失之要, 預禁乎未然之前, 使主超然立乎顯榮之處, 如此者, 聖臣也. 二曰虛心盡意, 日進善道, 勉主以禮義, 諭主以長策, 將順其美, 匡救其惡, 如此者, 良臣也. 三曰夙興夜寐, 進賢不懈, 數稱往古之行事, 以厲主意, 如此者, 忠臣也. 四曰明察成敗, 早防而救之, 塞其間, 絶其源, 轉禍以爲福, 使君終以無憂, 如此者, 智臣也. 五曰守文奉法, 任官職事, 不受贈遺, 辭祿讓賜, 飮食節儉, 如此者, 貞臣也. 六曰家國昏亂, 所爲不諛, 敢犯主之嚴顔, 面言主之過失, 如此者, 直臣也. 是謂六正. 何謂六邪? 一曰安官貪祿, 不務公事, 與世浮沈, 左右觀望, 如此者, 具臣也. 二曰主所言皆曰善, 主所爲皆曰可, 隱而求主之所好而進之, 以快主之耳目, 偸合苟容, 與主爲樂, 不顧其後害, 如此者, 諛臣也. 三曰內實險詖, 外貌小謹, 巧言令色, 妒善嫉賢, 所欲進, 則明其美・隱其惡, 所欲退, 則明其過・匿其美, 使主賞罰不當, 號令不行, 如此者, 奸臣也. 四曰智足以飾非, 辯足以行說, 內離骨肉之親, 外構朝廷之亂, 如此者, 讒臣也. 五曰專權擅勢, 以輕爲重, 私門成黨, 以富其家, 擅矯主命, 以自貴顯, 如此者, 賊臣也. 六曰諂主以佞邪, 陷主於不義, 朋黨比周, 以蔽主明, 使白黑無別, 是非無間, 使主惡布於境內, 聞於四鄰, 如此者, 亡國之臣也. 是謂六邪. 賢臣處六正之道, 不行六邪之術, 故上安而下治. 生則見樂, 死則見思, 此人臣之術也.』《禮記》曰:『權衡誠懸, 不可欺以輕重; 繩墨誠陳, 不可欺以曲直; 規矩誠設, 不可欺以圓方; 君子審禮, 不可誣以姦詐.』然則臣之爲情僞, 知之不難矣. 又設禮以待之, 執法以御之, 爲善者蒙賞, 爲惡者受罰, 安敢不企及乎? 安敢不盡力乎?

　國家思欲進忠良, 退不肖, 十有餘載矣, 徒聞其語, 不見其人, 何哉? 蓋言之是也, 行之非也. 言之是, 則出乎公道; 行之非, 則涉乎邪徑. 是非相亂, 好惡相攻. 所愛雖有罪, 不及於刑; 所惡雖無辜, 不免於罰. 此所謂愛之欲其生, 惡之欲其死者也. 或以小惡棄大善, 或以小過忘大功. 此所謂君之賞不可以無功求, 君之罰不可以有罪免者也. 賞不以勸善, 罰不以懲惡, 而望邪正不惑, 其可得乎? 若賞不遺疏遠, 罰不阿親貴, 以公平爲規矩, 以仁義爲準繩, 考事以正其名, 循名以求其實, 則邪正莫隱, 善惡自分. 然後取其實, 不尙其華; 處其厚, 不居其薄, 則不言而化, 期月而可知矣! 若徒愛美錦, 而不爲民擇官, 有至公之言, 無至公之實, 愛而不知其惡, 憎而遂忘其善, 徇私情以近邪佞, 背公道而遠忠良, 則雖夙夜不怠, 勞神苦思, 將求至理, 不可得也.」
書奏, 太宗甚嘉納之.

【一人有慶】《禮記》緇衣에 "一人有慶, 兆民賴之"라 하였고, 孔穎達 疏에 "慶, 善也"라 함.
【元凱】八元과 八凱. 고대 뛰어났던 신하들. 《左傳》文公 18년 및 《史記》五帝本紀, 陶淵明〈聖賢群輔錄〉등 참조.
【周召】周公(姬旦)과 召公(姬奭). 주나라 초기 문왕의 아들이며 무왕의 아우들로 나라를 위해 열심을 다하였던 인물들.
【四岳】堯임금 때의 사방 부락의 수령들. 이들이 舜을 추천하여 왕위를 계승하도록 하였으며 舜을 도와 줌.
【九官】舜임금의 아홉 보좌들. 禹(司空), 稷(農官), 契(司徒), 皐陶(士), 垂(共工), 益(山澤), 伯夷(秩宗), 夔(典樂), 龍(納言)을 말함.
【五臣】순의 다섯 신하. 禹, 稷, 契, 皐陶, 伯益. 《論語》泰伯篇에 "舜有臣五人而天下治"라 함.
【十亂】周 武王 때 열 명의 신하. '亂'은 '治'와 같음. 《論語》泰伯篇에 "武王曰:「予有亂臣十人.」"이라 하였고, 周公, 召公, 太公, 畢公, 榮公, 大顚, 閎夭, 散宜生, 南宮適, 文母를 가리킨다 함.
【孔翠犀象】공작, 비취, 물소 뼈, 상아를 말함.
【大宛】서역의 나라 이름. 汗血馬가 난다고 여겼음. 漢 武帝 때 李廣利가 大宛을 정벌하고 汗血馬를 구하여 바쳤음.
【西旅】西夷의 나라 이름.
【獒】뛰어난 사냥개 이름. 《爾雅》釋畜에 "狗四尺爲獒"라 함.
【龍逢】關龍逢. 關龍逄으로도 표기하며 夏나라 때의 충신. 桀에게 간언하다가 피살당함.
【比干】殷나라 紂의 숙부로 여러 차례 간언을 하다가 배가 갈리는 참상을 입고 죽음을 당함. 《史記》殷本紀 참조.
【曾參】B.C.505~B.C.436. 字는 子輿이며, 孔子의 弟子. 효성으로 뛰어났으며 그의 아버지 증석(증점)과 함께 공자에게 배움. 參은 反切로 「所金反」(삼)이며 《說文解字》森에도 「讀若曾參之參」이라 하여 '삼'으로 읽는 것이 옳음.

【子騫】閔子騫. 閔損(B.C.536~?). 자는 子騫, 공자 제자로 역시 덕행으로 이름이 났었음.

【尾生】고대 우직한 믿음으로 유명한 사람. 여자와 다리에서 만나기로 하였을 때 비가 와 물이 불어나자 다리 난간을 잡고 기다리다가 빠져 죽었다고 함. 《莊子》盜跖篇에 "尾生與女子期於梁下, 女子不來, 水至不去, 抱梁柱而死"라 함.

【展禽】柳下惠. 魯나라의 賢人. 本名은 展獲, 字는 禽, 혹은 展季라고도 함. 柳下는 그가 食邑으로 받은 곳의 지명. 혹은 그가 살던 곳이라고도 함. 惠는 그가 죽자 그의 아내가 사사롭게 지어 준 諡號(《列女傳》참조).

【伯夷·叔齊】殷末周初의 孤竹國 두 왕자. 서로 왕위를 양보하다가 周나라 西伯 (姬昌, 文王)의 어짊을 듣고 찾아갔으나 이미 죽고 그 아들 姬發(武王)이 아버지의 위패를 싣고 紂를 토벌하러 나서는 것을 말리다가 들어주지 않자 首陽山에 들어가 고사리를 캐 먹고살다 죽었다 함. 《史記》伯夷列傳 참조.

【貴則觀其所擧~賤則觀其所不爲】인재를 변별하는 방법으로 《呂氏春秋》 論人篇에 "凡論人, 通則觀其所禮, 貴則觀其所進, 富則觀其所養, 聽則觀其所行, 止則觀其所好, 習則觀其所言, 窮則觀其所不受, 賤則觀其所不爲"라 하였으며, 그 외 魏 文侯가 李克에게 재상을 선발하면서 나누었던 대화로 《說苑》臣術篇, 《呂氏春秋》擧難篇,《韓詩外傳》(卷3),《淮南子》氾論訓(《文子》上義篇도 같음),《史記》魏世家,《新序》雜事(四),《十八史略》卷1 등에 널리 전재되어 있음.

【說苑】漢나라 때 劉向이 편찬한 책. 모두 20권. 인용된 '六正'과 '六邪'는 《說苑》 臣術篇 첫 머리에 실려 있음.

【具臣】숫자를 채우기 위하여 있는 신하.

【比周】사사롭게 당을 결성하여 영리를 취함. 《論語》爲政篇에 "子曰:「君子周 而不比, 小人比而不周.」"라 함.

【禮記】13經의 하나이며 三禮의 하나. 고대 잡다한 예에 대하여 기록한 책. 본문은 〈經解篇〉의 孔穎達 疏에 "言君子之人若審詳於禮, 則姦詐自露不可誣 罔也"라 한 것을 인용한 것임.

【繩墨規矩】繩墨은 먹줄. 規矩는 굽은 자와 곧은 자. 모두 목공의 표준 도구를 말함.

【考事】考績과 考課.《尙書》舜典에 "三載考績, 三考黜陟幽明"이라 함.

079(7-11)
낙점을 찍어 놓고

정관 21년(647), 태종이 취미궁翠微宮에서 사농경司農卿 이위李緯를 호부상서戶部尙書로 임명하였다.

방현령은 당시 경성京城을 유수留守하고 있었다. 그런데 마침 경사京師로부터 온 자가 있어 태종이 그에게 물었다.

"방현령이 이위를 상서에 임명하였다는 것을 듣고 어떻게 생각하던가?"

그자는 이렇게 대답하였다.

"방현령께서는 단지 '이위는 아주 아름다운 콧수염을 가졌지'라고만 하면서 그 밖에 다른 말은 없었습니다."

이에 태종은 그를 다시 낙주자사洛州刺史로 바꾸어 임명하였다.

貞觀二十一年, 太宗在翠微宮, 授司農卿李緯戶部尙書.

房玄齡是時留守京城. 會有自京師來者, 太宗問曰:「玄齡聞李緯拜尙書, 如何?」

對曰:「玄齡但云『李緯大好髭鬚』, 更無他語.」

由是改授洛州刺史.

【翠微宮】 원래 太和宮이었으며 피서용의 離宮으로 終南山에 있었음. 武德 8년 (625)에 건축하였으며 貞觀 10년(636)에 허물었다가 21년(647)에 다시 중수하여 이름을 '翠微宮'으로 바꾸었음.

【司農卿】사농시(司農寺)의 장관으로 식량 비축 등에 관한 업무를 관장함.
【戶部尙書】六部 중 戶部의 장관. 호부는 호적과 인구 등에 관한 업무를 관장하는 부서.
【髭鬚】콧수염. 콧수염만 자랑하며 尙書의 일을 해낼 인물은 아니라는 뜻.
【洛州】지금의 河南省에 속하던 州.

측천무후 글씨 〈封祀壇碑〉

정관정요

〈彩繪釉陶武官俑〉 唐, 1972 陝西 醴泉縣 鄭仁泰 묘 출토

8. 봉건封建

　'봉건'이란 주나라 때 시작된 것으로 혈친과 공신에게 제후국을 세워 자기 핏줄의 영원한 안위와 공신들의 세습을 통해 종주국이 보호를 받고자 한 제도이다. 그러나 시간이 흐름에 따라 처음 의도와는 달리 뒤에는 경쟁과 침탈, 부국강병으로 개별화되어 춘추전국시대를 맞이하게 된다. 이에 진시황은 천하통일 즉시 중앙집권체제를 강화하여 군현제郡縣制를 실시하였으나 이 역시 원만한 성과를 거두지 못하고 군웅할거의 대란과 초한전楚漢戰을 거쳐 유방劉邦이 한漢 제국을 건설하자 절충 형태인 군국제郡國制를 도입하여 혈친과 공신에게는 봉지를 주어 제후국을 세워주고 다른 영토는 군현을 설치하여 나라에서 직접 통치하며 군수와 현령에 대한 임면권을 가지게 되었다. 그 뒤로 중국은 대체로 이 군국제의 근간을 기본으로 하여 왔다. 당나라 초기 태종이 이 문제에 대하여 집중적으로 토론한 내용이 실려 있다.

080(8-1)
친척이라고 해서 봉지를 줄 수는 없다

　정관 원년(627), 방현령房玄齡을 중서령中書令으로 삼고 한국공邗國公에, 병부상서兵部尚書 두여회杜如晦는 채국공蔡國公에, 그리고 이부상서吏部尚書 장손무기長孫無忌는 제국공齊國公에 봉하면서 아울러 제 일등으로 삼아 식읍 실봉實封을 1천 3백 호씩으로 하였다.
　그러자 황종부皇從父 회안왕淮安王 이신통李神通이 이렇게 불만을 터뜨렸다.
　"의군義軍이 깃발을 올리고 처음 봉기하였을 때 저는 군사를 이끌고 제일 먼저 달려왔습니다. 지금 방현령 등 도필리刀筆吏들이 일등공신이라니 저는 굴복할 수 없습니다."
　태종이 말하였다.
　"국가의 대사에는 오직 상과 벌이 있을 뿐이오. 만약 상이 그 노고에 합당하면 공이 없는 자는 스스로 물러날 것이요, 벌이 그 죄에 합당하면 악한 짓을 한 자는 모두 두려움에 떨 것입니다. 그러니 이로써 상벌은 가볍게 행사해서는 안 된다는 것을 알 수 있는 것입니다. 지금 공훈을 따져 상을 내림에 방현령 등은 막부에서 모책을 세우고 사직을 획정한 공이 있소. 그래서 한漢나라의 소하蕭何가 비록 땀 흘리는 말을 타고 수레 뒤를 쫓아다닌 전쟁의 공로는 없다 해도 그 공을 제 일등으로 했던 것이오. 숙부께서는 황실의 지친至親으로서 상을 아끼고 싶지는 않으나 다만 사사로운 정으로 인하여 공신들에 주는 상과 똑같이 줄 수는 없소!"

이렇게 되자 다른 여러 공신들은 서로 이렇게 말하였다.

"폐하께서 지공至公으로 하셔서 상을 사사롭게 친척이라고 해서 내리지는 않으니 우리가 무슨 망령된 하소연을 하겠는가!"

당초, 고조高祖가 종친들을 열거하여 종실명부를 작성할 때 제질弟姪과 재종再從, 삼종三從의 아이들 이상으로 왕王에 봉한 자가 수십 명이었다. 그런데 이때에 이르러 태종이 신하들에게 이렇게 말하였다.

"양한兩漢 이래 아들과 형제만이 봉을 받았으며 그 외의 먼 친척은 큰 공이 없는 자, 이를테면 한나라 때 유가劉賈나 유택劉澤의 경우 결코 봉을 받지 못하였다. 만약 친척이라고 해서 누구나 왕으로 봉을 받는다면 그들에게 공급할 노역과 비용이 너무 들어 결국 만백성을 노고롭게 하여 자신의 친척을 봉양하는 것이 되고 만다."

이에 종실로서 앞서 군왕郡王으로 봉해진 자로서 그 동안 아무런 공을 세우지 못한 자는 모두 현공縣公으로 강등시켜 버렸다.

貞觀元年, 封中書令房玄齡爲邗國公, 兵部尙書杜如晦爲蔡國公, 吏部尙書長孫無忌爲齊國公, 並爲第一等, 食邑實封一千三百戶.

皇從父淮安王神通上言:「義旗初起, 臣率兵先至, 今玄齡等刀筆之人, 功居第一, 臣竊不服.」

太宗曰:「國家大事, 惟賞與罰. 若賞當其勞, 無功者自退; 罰當其罪, 爲惡者咸懼. 則知賞罰不可輕行也. 今計勳行賞, 玄齡等有籌謀帷幄, 畫定社稷之功. 所以漢之蕭何, 雖無汗馬, 指蹤推轂, 故得功居第一. 叔父於國至親, 誠無愛惜, 但以不可緣私濫與勳臣同賞矣!」

由是諸功臣自相謂曰:「陛下以至公, 賞不私其親, 吾屬何可妄訴!」

初, 高祖擧宗正籍, 弟姪·再從·三從孩童已上封王者數十人. 至是, 太宗謂群臣曰:「自兩漢已降, 惟封子及兄弟, 其疏遠者, 非有大功, 如漢之賈·澤, 並不得受封. 若一切封王, 多給力役, 乃至勞苦萬姓, 以養己之親屬.」

於是宗室先封郡王其間無功者, 皆降爲縣公.

【貞觀元年】 다른 기록에는 武德 9년(626) 9월에 唐 太宗이 功臣의 爵邑을 결정할 때 淮安王 李神通이 반대하였으며, 10월에는 공신의 食邑을 정하였고 11월에 宗室 郡王 중에 공이 없는 자는 모두 縣公으로 강등시킨 것으로 되어 있음.
【邗國公】 다른 기록에는 邢國公으로 되어 있음.
【神通】 李神通. 唐 高祖 李淵의 4촌 동생으로 淮安王에 봉해짐.
【義旗初起】 隋末 李淵이 太原에서 기병할 때를 말함.
【率兵先至】 당시 李神通이 長安에서 鄠縣(지금의 戶縣) 南山에 이르러 합류하여 서울 長安을 평정하는데 공으로 세웠음.
【刀筆】 '칼과 붓을 들고 대나무를 깎아 글씨를 쓰다'의 뜻으로 아주 낮고 천한 직급의 문서 정리나 하는 임무를 말함. 이러한 관리를 刀筆吏라 함.
【畫定社稷】 玄武門의 정변을 가리킴.
【汗馬】 汗馬之勞. 싸움터에서 고생한 노고.
【指蹤推轂】 모책을 짜서 도움을 주며 훌륭한 인재를 추천함을 말함.
【再從】 宗室(正宗) 다음으로 가까운 혈족. 그 다음이 三宗의 혈족임.
【賈】 劉賈. 漢 高祖 劉邦의 사촌 형. 楚漢戰에 공을 세워 荊王에 봉해졌었음.
【澤】 劉澤. 고조 유방의 從祖 형제. 공을 세운 다음에야 燕王에 봉해졌었음.
【郡王】 군 단위를 통치하는 왕. 唐初 九等의 작위 중 郡王은 2등급이었으며 식읍은 5천 호였음.
【縣公】 군보다 아래인 현 단위를 통치하는 왕. 역시 작위로서 5등급이며 식읍은 1천 5백 호였음.

081(8-2)
이백약의 〈봉건론〉

정관 2년(628), 태종이 주周나라가 자제子弟를 봉하여 8백여 년을 이어 갔고, 진秦나라는 제후를 폐지하여 이세二世 만에 망하였으며, 여후呂后는 유씨劉氏를 위험에 빠뜨리려 하였으나 마침내 그래도 종실의 도움으로 한나라가 안정을 얻었으니, 친현親賢을 세워 봉하는 것이 자손을 장구하게 이어 가도록 하기에 마땅한 방법이라고 여겼다. 그리고 이 제도를 정하여 자제 형주도독荊州都督 형왕荊王 이원경李元景과 안주도독安州都督 오왕吳王 이각李恪 등 12명, 그리고 공신功臣 사공司空 조주자사趙州刺史 장손무기長孫無忌와 상서복야尙書左僕射 송주자사宋州刺史 방현령房玄齡 등 14명에게 모두 자사의 직위를 세습하도록 하였다.

그러자 예부시랑禮部侍郎 이백약李百藥이 상주하여 대대로 습봉하는 제도에 대하여 〈봉건론封建論〉을 지어 이렇게 반박論駁하였다.

"제가 듣기로 나라를 다스리면 백성을 보호하는 것은 왕자王者로서 일상적인 행위이며 임금을 존중하고 윗사람을 편안히 하는 것은 백성으로서의 방책이라 하였습니다. 생각해 보면 나라를 다스리는 규정을 밝혀 길이 이어질 왕업을 넓히는 것은 만고에 바꿀 수 없는 것이며 누구나 똑같이 염려하는 귀결점입니다. 그럼에도 각 왕조의 역수曆數는 남기도 하고 모자라기도 한 차이가 있고 나라마다 치란의 다름이 있습니다. 멀리 옛날의 전적을 보면 이에 대한 논의가 상세하게 기록되어 있습니다. 그 결론은 모두가 주周나라는 예정했던 기간을 초과하였고 진秦나라는 예정된 역수에 미치지 못하였는데 그 존망의 이유는 군국(제후국)에 있다고 여겼습니다. 주나라는 하은夏殷 두 조대가 장구했음을 거울로 삼아 황제皇帝와 제왕諸王을 함께 건립하는 것을 준수하여 그 서로의 유대관계가 반석처럼 견고하였고, 뿌리를 깊이 하고 줄기를 견고히 하여 비록 왕황제의 벼리가 해이해지고 폐지되더라도 그 가지와 줄기가 서로 붙잡아 줌으로써 반역의 경우가 생기지 않도록 한 것이며, 종묘의 제사가 끊어지지 않을 수 있었던 것입니다. 그러나 진나라는 옛날 교훈을 등진 채 선왕의 제도를 버리고 화산華山의 지리 형세가 험함을 믿고 제후를 버리고 군수郡守를 두는 제도를 택하였던 것입니다. 그러자 그 자제子弟들은 한 치의 읍도 가질 수 없었고 모든 백성은 천하를 함께 다스려야 한다는 우려를 가지는 자는 아주 드물게 되어 결국 진승陳勝 같은 한 사나이가 구호를 외치자 칠묘七廟 그 자리에서 무너지고 만 것입니다.

저는 자고로 황제와 왕이 천하에 군림한다는 것은 하늘로부터 천명을 받아 제왕의 명부에 그 이름이 오르지 않은 자는 없다고 여깁니다. 그들은 마침 제왕의 자리에 오를 천운을 만났고 게다가 성왕聖王의 시기를 열어갈 걱정도 크게 함으로써 그렇게 된 것입니다. 비록 위魏 무제武帝 조조曹操는 환관이 끌어다 기른 양자였고, 한漢 고조高祖 유방劉邦은 도역徒役의 천한 신분이었지만 황제가 될 뜻을 중지하고 그저 분수에 맞지 않은 희망으로 여긴다고 해서 그렇게 되는 것도 아니며, 밀쳐 버리고 사양한다고 해서 거기에서 벗어날 수 있는 것도 아닙니다. 마찬가지로 만약 원한에 찬 송사獄訟에 걸려든 사람들이 그에게 귀속하지 아니하고 그 뛰어난 나라의 청화菁華도 이미 고갈되고 난 뒤라면 비록 제요帝堯 같은 빛이 사방을 비추고, 대순大舜 같은 높은 경지의 칠정七政을 보인다 해도 그런 경우 그런 상황에서 대임을 중지하고 그대로 선양할 수도 없는 것이며 이를 지켜 낸다는 것도 역시 불가능합니다! 이처럼 방훈放勳 요임금이나 중화重華 순임금의 덕으로도 오히려 그 후손에게까지 창성하도록 물려줄 수 없다는 것입니다. 이로써 왕조의 장단은 모름지기 천시天時에 달려 있으며 혹 정치의 흥망성쇠는 사람에게 관련이 있음을 알 수 있는 것입니다. 융성했던 주나라는 그 역수가 30세대에 7백년이라고 미리 점쳐졌습니다. 비록 연이은 쇠퇴의 길로 끝까지 빠졌으나 그래도 문왕文王과 무왕武王의 제도가 남았으니 이렇게 구정龜鼎의 장구한 복록은 이미 아득한 하늘에 매달려 있었던 것이었습니다. 그러다가 소왕昭王에 이르러 남쪽 정벌에 나섰다가 돌아오지 않아 동쪽으로 도읍을 옮겨 견융의 핍박을 피하여 인사禋祀가 거의 끊어지게 되었고, 도읍 교외의 제사도 지켜낼 수가 없었으니 이는 망하는 징조가 차츰 찾아온 것이며 바로 그 이유는 봉건제도에 있었던 것입니다. 포악한 진나라는 그 국운은 비정상적인 윤년으로 계산하여 그 마치는 때가 백륙百六이었습니다. 이는 천명을 받은 진나라 왕이 그 덕행은 우禹, 탕湯과 달랐고 그 뒤를 이은 군주는 재능이 계啓나 희송姬誦만 못하였기 때문이었습니다. 그런데 설령 이사李斯와 왕관王綰의 무리로 하여금 사방을 열어 제후가 되도록 해 주고, 장려將閭와 자영子嬰의 무리가 모두 천승의 제후국이 되도록 해 주었다 해도 어찌 능히 유방劉邦의 발흥을 막을 수 있었겠으며, 유방의 용안龍顔에 타고난 창업의 천명에 저항할 수 있었겠습니까!

  그렇다면 득실과 성패는 각기 그 이유가 있는 것입니다. 그런데 이러한 일을 기록한 저술가들은 거의가 일정한 틀로 이를 설명하여 고금이 서로 다르다는 것을 놓치지 않는 자가 없으며, 각박함과 순박함이 달라 그렇게 되었다는 것을 분명하게 구분하지 못한 채 백왕百王의 끝인데도 먼 옛날 삼대三代의 법을 사용하겠다고 합니다. 그리하여 천하 오복五服 안의 땅을 모두 제후들에게 봉하고 도읍을 둘러싼 왕기王畿의 땅은 모두 채읍采邑으로 삼겠다는 것입니다. 이는 결승結繩으로 다스리던 방법을 우하虞夏 시대에 적용하려 하는 것이며, 순舜임금 때 사용하던 상형象刑의 법을 한漢, 위魏시대 말기에 사용하려는 것과 같습니다. 그렇게 하면 기강이 문란해지고 만다는 것은 단연코 알 수 있습니다. 계주구검鍥船求劍으로는 칼을 찾을 수 없고, 교주고슬膠柱鼓瑟로는 더욱 미혹함만 더할 뿐입니다. 그리하여 한갓 구정九鼎의 무게를 묻고 굴을 파고 장례를 치르겠다는 고사를 알고는 패왕霸王이 생겨나면 어쩌나 걱정만 하며, 자영이 흰 말에 흰 천을 씌워 항복한 일을 보고 제후를 세워 봤자 더 이상 도움을 받을 수 없다고만 생각했던 것입니다. 그러면서 어찌하여 망이궁望夷宮에서 호해가 죽음을 당했는지를 깨닫지 못하였으며, 유궁후예有窮后羿와 한착寒浞이 왜 난을 일으켰는지에 대해서는 알지 못하였으니, 그 저술가들이 어찌 고귀향공高貴鄕公의 재앙이 신후申侯와 증繒이 주周 유왕幽王을 죽인 잔혹함과 다르다 여겼겠습니까?

이는 모두가 제왕帝王 스스로가 혼란에 빠져 자신이 지켜야 할 안위를 없애 버렸기 때문이지 결코 군수郡守나 현재縣宰, 공公이나 후侯를 두었기 때문에 그 성패가 결정 난 것은 아니었습니다. 게다가 나라를 세운 지 몇 대가 지나면 왕실은 점차 미약해지고 처음 울타리 역할을 해 주었던 제후들은 원수나 적으로 변하고 맙니다. 각 집안들의 풍속이 다르고 나라마다 정치가 달라져 강한 자는 약한 자를 능멸하고, 많은 무리는 적은 무리에게 포악하게 굴며 피차 강역疆場을 두고 전쟁을 일으켜 침벌하게 됩니다. 노魯나라가 주邾나라를 침범하였다가 호태狐駘에서 패하자 노나라 여자들이 모두 머리를 묶고 장례 준비를 서둘렀고, 진秦나라가 진晉나라를 쳤다가 효릉崤陵에서 크게 패하여 수레 단 한 대도 되돌아가지 못하였습니다. 이는 대략 그 일부만 거론한 것이며 제후들끼리 싸운 그 외의 사례는 일일이 다 들 수도 없습니다. 그런데도 육사형陸士衡은 제대로 알지도 못한 채 '주나라 혜왕惠王, 양왕襄王, 도왕悼王은 구정을 버리고 도망하자 그 흉악한 친척들이 천읍天邑을 점거하였으나 그래도 천하는 편안하였고 치도로써 혼란을 극복하였다'라 하였으니 이 말은 얼마나 잘못된 것입니까! 그러니 관직을 설치하여 그 직책을 나누어 주고, 어진 이를 임용하고 능력 있는 이를 부려, 훌륭한 인재가 차례대로 직위를 이어가 함께 잘 다스려 나가도록 맡겨, 이들에게 임명장을 주는 것이니 어느 시대인들 그럴만한 훌륭한 인재가 없었겠습니까? 그렇게 하면 그들이 다스리는 땅에 상서로운 징조가 나타나며 천하가 그들을 사랑하는 보배로 여겨 백성은 그들을 부모로 칭하며 정치는 거의 신명한 지경에 이를 수 있을 것입니다. 조원수曹元首는 도리어 이를 제대로 알지도 못한 채 '제후들에게 맡겨 함께 즐거움을 누리고 제후들은 임금의 근심을 대신 근심하도다. 제후들과 함께 그 안전을 누리니 제후들은 임금의 위난을 반드시 구제하리라'라 하였는데, 어찌 제후를 두어야만 그 안위를 함께 할 수 있고, 목자牧者나 지방장관인재宰를 두면 그 우락憂樂이 달라진다는 것입니까? 그러니 조원수가 분봉제도를 주장한 이 말은 얼마나 잘못된 것입니까!

　봉지를 나누어 군君을 세워 나라를 줄 세우는 것은 그들의 타고난 신분과 자신의 능력에 따른 것인데 이들은 선조가 앞서 이루어 놓은 그 힘든 업적은 잊어버리고 저절로 그렇게 높고 귀해진 신분을 가볍게 여겨, 후대로 갈수록 그 음학淫虐을 키워 나가지 않는 자가 없으며 대대로 교만과 사치를 더해 가지 않는 자가 없습니다. 이궁離宮과 별관別館을 짓되 은하수를 뚫고 구름을 넘으려 하며, 혹 백성의 힘을 다 빼앗아 그 힘을 다 쓰겠다고 덤비며, 혹 중앙의 제왕은 제후들을 불러 모아 함께 즐기려 듭니다. 진陳 영공靈公은 임금과 신하의 예를 패덕스럽게 만들어 함께 하희夏姬와 사통하며 그 아들 하징서夏徵舒를 모욕하다가 죽음을 당하였고, 위衛나라 선공宣公은 부자가 한 여자를 함께 차지하고 놀다가 끝내 아들 수壽와 삭朔을 죽여 없애 버리기도 하였습니다. 그런데도 지금 폐하께서는 제후를 세습하도록 하면 폐하를 위해 정치를 잘 이끌어 나갈 것이라 생각하시니 어찌 그 뜻과 같이 되겠습니까?

　그러나 분봉의 세습을 폐지하고 내외의 여러 관리들을 조정에서 직접 선발하되 선비와 서인들 중에서 발탁해 맡기고는 맑은 물이나 거울에 비추듯 그들의 재능과 덕행을 살펴보고, 근속연도에 맞추어 그 훌륭한 점을 위로하고, 그에 따라 계품階品을 주시며, 그 업적에 따라 출척黜陟을 명확히 하시면 됩니다.

　그렇게 하면 그들은 일을 진취적으로 절실히 해낼 것이며 자신의 정을 깊이 연마하고 닦아 혹 그중에는 봉록을 자신의 집으로 가져가지 않는 자도 있을 것이며, 처자를 관청에 들어오지 않도록 하는 자도 있을 것입니다. 그리고 어떤 이는 관직을 그저 귀한 신분의 명예로만 여기며 불을 피워 밥을 지어먹는 일도 하지 않으려 들 것이며, 관리로 임명된 것을 중히 여겨 자신의 임지의 물만 먹겠다고 고집하는 자도 있을 것입니다. 이를테면 남양태수南陽太守 양속羊續은 낡은 옷으로 자신의 몸만 감쌀 뿐이었고, 내무현장萊蕪縣長 범단范丹은 그 시루에 오랫동안 밥을 짓지 않아 먼지가 앉을 정도였습니다. 만약 관직을 하는 것이

오로지 이익을 구하고 물질을 얻기 위한 것이라 말한다면 어찌 이러한 청백리가 있을 수 있겠습니까! 이를 모두 묶어 말씀드리건대 작위는 세습을 하지 아니하고 어진 이가 이로써 넓은 길로 갈 수 있도록 열어 주어야 하며, 백성은 그들이 모셔야 할 주인이 정해지지 않음으로 해서 그 아래에 모든 사정이 묶여 있지 않아도 되도록 해야 합니다. 이것은 어리석은 자나 지혜로운 자 누구도 변별할 수 있는 일이니 어찌 미혹함이 있겠습니까? 나라를 멸망시키고 임금을 시해하여 상기常紀를 뒤흔들고 간섭한 예는 춘추春秋 2백 년간 거의 편안한 해가 없었습니다. 송宋나라 임금이 주邾 문공文公을 수수睢水에 보내어 증鄫나라 자작子爵을 제물로 삼도록 한 일이나 노나라는 길이 평탄하여 매번 남녀의 음탕한 만남이 쉬웠던 예도 있습니다. 비록 서한西漢의 애제哀帝와 평제平帝 때나 동한東漢 낙양洛陽의 환제桓帝, 영제靈帝 때 그토록 아래 관리를 마음 놓고 음란과 포악한 짓을 하도록 했다 해도 이러한 지경에까지 이르지는 못하였을 것입니다. 위정爲政의 도리는 앞에서 예를 든 한 마디로써 거의 다 포괄할 수 있을 것입니다.

엎드려 말씀드리건대 폐하께서는 천하를 잡고 다스리면서 하늘의 뜻을 받아 성왕의 창업을 여시어 억조창생이 물불에서의 고통을 구제하시고, 우주의 요분妖氛을 말끔히 소제하셨습니다. 창업과 통일은 천지와 짝이 되어 덕을 세우셨기에 그리 된 것이며, 발호發號와 시령施令은 만물과 묘한 짝이 되어 언사言辭로 나타난 것입니다. 홀로 신령스러운 충심衷心을 비춰 보셔서 길이 옛 성현의 뜻을 가슴에 품고 계십니다. 그런데 장차 공후백자남公侯伯子男 오등五等의 작위를 복원하여 옛 제도를 다시 일으키시려 하시며 그에 따라 만국萬國을 세워 제후로써 친하고자 하십니다. 제가 몰래 생각하건대 한위漢魏 이래로 봉건이 남긴 악습의 폐단이 아직 다 사라지지도 않았으며, 방훈放勳, 堯과 중화重華, 舜의 시대는 이미 옛날 일이며 지공至公의 도는 이미 허물어졌습니다. 하물며 진晉나라 때는 제후들을 통제하지 못하여 제후들이 무너지고 이반되었으며 북위北魏가 이 틈을 타고 중원으로 들어와 화이華夷가 뒤섞이게 되었습니다. 게다가 남북조로 나뉘어 산하山河가 가로막혀 통할 수 없었으며 남방 오초吳楚는 고립되고 말았습니다. 이때 글공부를 하는 자들은 장단종횡長短從橫의 술책을 공부하였고, 무술을 익히는 자들은 전쟁에 대한 연습이 모든 것이었으니 속임수의 끝이 어딘지 다해 보게 되었고, 얇고 부박한 풍속을 날로 키워갔던 것입니다. 그러다가 수隋 문제文帝 개황開皇 때에 이르자 외척으로서의 신분을 이용하여 많은 영걸들을 부리고 임용해 놓고는 웅지를 내세워 남을 마구 의심하며, 결국 앉은 채 북주北周의 국운을 돌린 것이지 결코 자신이 공을 세워 천하를 차지한 것은 아니었습니다. 그리하여 24년이 지나도록 백성들은 그에게 덕을 발견할 수 없었던 것입니다. 그러다가 양제煬帝가 대업大業이라는 연호를 쓰며 뒤를 잇자 세상의 도는 잇따라 무너지기 시작하였으며 한때의 인물들을 모두 깨끗이 쓸어버리듯 없애 버렸습니다. 비록 하늘이 신무神武하신 폐하를 내려 마음 놓고 세상을 바로잡아 못된 이들을 깎아 평정하도록 하였지만 전쟁은 그칠 줄 몰랐고 폐하는 노심초사勞心焦思로 평강한 날이 없었습니다.

　폐하께서는 부친이신 태상황太上皇 이연李淵의 뜻을 우러러 제위를 이으신 다음 다스림에 모든 정성을 쏟으시며 옛 왕들의 일을 종합하시고 연구하셨습니다. 비록 폐하의 지극한 도는 그 이름을 붙일 수 없습니다만 말씀하신 것들의 벼리를 대략 그 경개만 진술한다면 실로 바라던 대로 해 오신 것입니다. 즉 부친에 대한 사랑과 존경은 대단하셨고 힘써 받드시면서 권태를 모르셨으니 이는 대순大舜과 같은 효성이십니다. 안으로 궁중의 낮은 관리들에게도 안부를 물으시고 몸소 태상황에 대하여 식사를 점검하셨으니 이는 문왕文王의 덕이십니다. 매번 법을 맡은 관리에게 죄인에 대하여 물으시고 상서성尙書省의 판결에 대한 것을 세세히 보고를 받으시며, 크고 작은 사건도 반드시 살피시며 혹 그 곡직에 대하여 모두 거론하시며 그저 발가락 자르는 정도로 사형에 해당하는 자의 형벌을 대신하도록 하여, 그 어진 마음과 측은히 여기는 심정은 산 사람이나 죽은 사람 모두에게 깊은 감동을 주었으니 이는 대우지大禹之가 죄인을 보고 울었던 것과 같습니다. 정색을 하고 직언을 하는 신하들의 말을 마음을 비우고 받아 주시고 비루한 자의 어눌한 말도 간홀簡忽히 하지 않으셨고, 추요芻蕘의 하찮은 말도 들어주셨으니 이는 제요帝堯가 간언을 요구한 예와 같습니다. 폐하께서는 명교名敎를 장려하시며 배우는 학생을 권면하시어 이윽고 명경과明經科를 통과한 이들에게 청자靑紫의 관직을 더해 주시며, 석학碩學의 선비를 경상卿相으로 승진시키시니 이는 성인聖人이 선을 권유한 것과 같습니다. 여러 신하들이 궁궐이 너무 덥고 습기가 많아 폐하의 잠자리와 음식에 혹 잘못됨이 있을까 하여 높고 밝은 곳에 작은 궁궐을 하나 지어 옮겨 갈 것을 청하였으나 폐하께서는 열 집 재산을 아낀 한漢 문제文帝의 고사를 들어 끝내 신하들의 건의를 억제하셨습니다. 이처럼 음양陰陽 변화의 고통도 고려하지 않으시며 낮고 누추한 삶을 편안히 여기셨습니다. 근래 서리의 재앙으로 인하여 흉년이 들어 천하가 기근에 시달리고, 상란喪亂의 상태가 막 시작되어 나라의 창고가 비게 되었습니다. 그러자 폐하께서 백성들을 불쌍히 여겨 더욱 부지런히 진휼賑恤을 하시자 끝내 한 사람도 길에 떠도는 자가 없게 되었는데도 폐하께서는 오히려 그래도 오직 콩잎 국을 드시며 음악도 철거하시며 말씀은 오로지 백성이 불쌍하다 하시고, 모습은 더욱 수척한 표정이셨습니다. 옛날 주공周公 단旦은 먼 나라에서 거듭된 통역을 거쳐 사신이 오자 즐거워하였으며, 문명文命, 禹은 서융西戎이 차례로 항복해 오자 자긍심을 가졌습니다. 폐하께서는 매번 서이西夷가 찾아와 귀순해 오면 만 리 먼 곳이지만 어질게 받아 주셨고, 반드시 물러나서는 생각하고 나아가서는 살피시며 정신을 집중하셔서 고려하시되 먼 이민족을 끌어들인다는 것이 중국 백성에게 헛된 노고가 되지는 않을까 걱정하시며, 만고의 영웅으로 명성을 떨치기 위해 이 시대의 튼튼하고 실속 있는 것을 바꾸지는 않겠다고 하셨습니다. 폐하께서는 마음에 절실함을 다하시며 근심과 노고로움을 다하여 놀이나 행차에 대한 생각은 끊으신 채, 매일 아침에 조회를 보시면서도 전혀 권태로운 모습이 없으며, 만물에 두루 지혜를 펴시고 천하를 구제하기에 온 뜻을 펴 보이시고 계십니다. 그런가 하면 조회를 끝내고 나면 이름난 신하들을 불러들여 시비를 토론하여 가슴속에 있는 진심을 다 털어놓고 오직 정치에 대한 말씀만 하실 뿐 그 밖의 말은 꺼내지도 않으십니다.

겨우 해가 기울고 나서야 모름지기 재학才學 있는 선비에게 명하여 맑고 한가한 시간을 갖도록 하시며, 전적典籍을 두고 고담을 펴시며 여러 가지 문장과 시로써 긴장을 푸시다가 가끔 현언玄言을 즐기십니다. 그러다가 을야乙夜까지 피로도 잊으신 채 깊은 밤이 되도록 나라 걱정에 잠을 이루지 못하십니다. 이 네 가지 일은 단지 폐하께서 옛 초기 왕들을 넘어서는 것일뿐더러 실로 땅에 사람이 생겨난 이래로 폐하 한 사람만이 해낼 수 있는 일입니다. 이러한 교화를 사방에 널리 펴 보이시면 진실로 일 년이면 천지에 가득 찰 것입니다. 그러나 순수淳粹함이 아직도 장애를 받고 있으며 부화한 속임수가 아직 고쳐지지 않고 있으니 이는 이러한 습속이 오래 쌓여 그렇게 된 것이기 때문에 갑자기 변화시킬 수는 없습니다. 청컨대 옥을 다듬어 그릇을 만들 듯이 기다리시되 질박함으로 무늬를 대신하시며, 형벌을 버리시고 교화를 한결같이 실행하시며, 오악에 올라 봉선을 끝내시고 나신 연후에 강역의 제도인 봉건을 정하시고 공신들에게 산하를 내려 상을 내리시는 일을 의논하셔도 늦지 않으실 줄 압니다. 《역易》에 '천지는 차고 기우는 것이며 때와 더불어 변화하는 것인데 하물며 사람에게 있어서랴?'라고 하였으니 훌륭하옵니다. 이 말씀이여!"

貞觀十一年, 太宗以周封子弟, 八百餘年, 秦罷諸侯, 二世而滅, 呂后欲危劉氏, 終賴宗室獲安, 封建親賢, 當是子孫長久之道. 乃定制, 以子弟荊州都督荊王元景·安州都督吳王恪等二十一人, 又以功臣司空趙州刺史長孫無忌·尙書左僕射宋州刺史房玄齡等一十四人, 並爲世襲刺史.

禮部侍郎李百藥奏論駁世封事曰:

「臣聞經國庇民, 王者之常制; 尊主安上, 人情之大方. 思闡治定之規, 以弘長世之業, 萬古不易, 百慮同歸. 然命曆有賒促之殊, 邦家有治亂之異. 遐觀載籍, 論之詳矣. 咸云周過其數, 秦不及期,存亡之理, 在於郡國. 周氏以鑒夏殷之長久, 遵皇王之並建, 維城磐石, 深根固本, 雖王綱弛廢, 而枝幹相持, 故使逆節不生, 宗祀不絕. 秦氏背師古之訓, 棄先王之道, 踐華恃險, 罷侯置守, 子弟無尺土之邑, 兆庶罕共治之憂, 故一夫號呼而七廟隳圮.

臣以爲自古皇王, 君臨宇內, 莫不受命上玄, 冊名帝錄, 締構遇興王之運, 殷憂屬啓聖之期. 雖魏武攜養之資, 漢高徒役之賤, 非止意有覬覦, 推之亦不能去也. 若其獄訟不歸, 菁華已竭, 雖帝堯之光被四表, 大舜之上齊七政, 非止情存揖讓, 守之亦不可焉! 以放勛·重華之德, 尚不能克昌厥後. 是知祚之長短, 必在於天時, 政或興衰, 有關於人事. 隆周卜世三十, 卜年七百, 雖淪胥之道斯極, 而文武之器尚存, 斯龜鼎之祚, 已懸定於杳冥也. 至使南征不返, 東遷避逼, 禋祀闕如, 郊畿不守, 此乃陵夷之漸, 有累於封建焉. 暴秦運距閏餘, 數終百六. 受命之王, 德異禹湯, 繼世之君, 才非啓誦. 借使李斯·王綰之輩盛開四履, 將閭·子嬰之徒俱啓千乘, 豈能逆帝子之勃興, 抗龍顏之基命者也!

然則得失成敗, 各有由焉. 而著述之家, 多守常轍, 莫不情忘今古, 理蔽澆淳, 欲以百王之季, 行三代之法. 天下五服之內, 以盡封諸侯; 王畿千理之間, 俱爲采地. 是則以結繩之化行虞夏之朝, 用象刑之典治劉曹之末, 紀綱弛紊, 斷可知焉. 鍥船求劍, 未見其可; 膠柱成文, 彌多所惑. 徒知問鼎請隧, 有懼霸王之師; 白馬素車, 無復藩維之援. 不悟望夷之釁, 未堪羿浞之災; 旣懼高貴之殃, 寧異申繒之酷? 此乃欽明昏亂, 自革安危, 固非守宰公侯, 以成興廢. 且數世之後, 王室浸微, 始自藩屛, 化爲仇敵. 家殊俗, 國異政, 強陵弱, 衆暴寡, 疆場彼此, 干戈侵伐. 狐駘之役, 女子盡髽; 崤陵之師, 隻輪不返. 斯蓋略擧一隅, 其餘不可勝數.

陸士衡方規規然云:『嗣王委其九鼎, 凶族據其天邑, 天下晏然, 以治待亂.』何斯言之謬也! 而設官分職, 任賢使能, 以循良之才, 膺共治之寄, 刺擧分竹, 何世無人? 至使地或呈祥, 天不愛寶, 民稱父母, 政比神明. 曹元首方區區然稱:『與人共其樂者, 人必憂其憂; 與人同其安者, 人必拯其危.』豈容以爲侯伯則同其安危, 任之牧宰則殊其憂樂? 何斯言之妄也!

封君列國, 藉其門資, 忘其先業之艱難, 輕其自然之崇貴, 莫不世增淫虐, 代益驕侈. 離宮別館, 切漢凌雲, 或刑人力而將盡, 或召諸侯而共樂. 陳靈則君臣悖禮, 共侮徵舒; 衛宣則父子聚麀, 終誅壽朔. 乃云爲己思治, 豈若是乎? 內外群官, 選自朝廷, 擢士庶以任之, 澄水鏡以鑒之, 年勞優其階品, 考績明其黜陟. 進取事切, 砥礪情深, 或俸祿不入私門, 妻子不之官舍; 班條之貴, 食不擧火; 剖符之重, 居惟飲水. 南陽太守, 敝布裹身; 萊蕪縣長, 凝塵生甑. 專云爲利圖物, 何其爽歟! 總而言之, 爵非世及, 用賢之路斯廣; 民無定主, 附下之情不固. 此乃愚智所辨, 安可惑哉? 至如滅國弒君, 亂常干紀, 春秋二百年間, 略無寧歲. 次睢咸秩, 遂用玉帛之君; 魯道有蕩, 每等衣裳之會. 縱使西漢哀平之際, 東洛桓靈之時, 下吏淫暴, 必不至此. 爲政之理, 可以一言以蔽焉.

伏惟陛下握紀御天, 膺期啓聖, 救億兆之焚溺, 掃氛祲於寰區. 創業垂統, 配二儀以立德; 發號施令, 妙萬物而爲言. 獨照神衷, 永懷前古. 將復五等而修舊制, 建萬國以親諸侯. 竊以漢魏以還, 餘風之弊未盡; 勛華旣往, 至公之道乖, 況晉氏失馭, 宇縣崩離, 後魏乘時, 華夷雜處. 重以關河分阻, 吳楚懸隔, 習文者學長短從橫之術, 習武者盡干戈戰爭之心, 畢爲狙詐之階, 彌長澆浮之俗. 開皇在運, 因藉外家. 驅御群英, 任雄猜之數; 坐移明運,非克定之功. 年踰二紀, 民不見德. 及大業嗣立, 世道交喪, 一時人物, 掃地將盡. 雖天縱神武, 削平寇虐, 兵威不息, 勞心未康.

自陛下仰順聖慈, 嗣膺寶曆, 情深致治, 綜覈前王. 雖至道無名, 言象所紀, 略陳梗概, 實所庶幾. 愛敬烝烝, 勞而不倦, 大舜之孝也. 訪安內豎, 親嘗御膳, 文王之德也. 每憲司讞罪, 尚書奏獄, 大小必察, 枉直咸擧, 以之斷趾法, 易大辟之刑, 仁心隱惻, 貫徹幽顯, 大禹之泣辜也. 正色直言, 虛心受納, 不簡鄙訥, 無棄芻蕘, 帝堯之求諫也. 弘獎名敎, 勸勵學徒, 旣擢明經於青紫, 將升碩儒於卿相, 聖人之善誘也. 群臣以宮中暑濕, 寢膳或乖, 請移御高明, 營一小閣 遂惜十家之產, 竟抑子來之願, 不吝陰陽之感, 以安卑陋之居. 頃歲霜儉, 普天饑饉, 喪亂甫爾, 倉廩空虛. 聖情矜愍, 勤加賑恤, 竟無一人流離道路, 猶且食惟藜藿, 樂徹簨簴, 言必悽動, 貌成臞瘦. 公旦喜於重譯, 文命矜其卽敘. 陛下每見西夷款附, 萬里歸仁, 必退思進省, 凝神動慮, 恐妄勞中國, 以求遠方, 不藉萬古之英聲, 以存一時之茂實. 心切憂勞, 志絶遊幸, 每旦視朝, 聽受無倦, 智周於萬物, 道濟於天下. 罷朝之後, 引進名臣, 討論是非, 備盡肝膈, 惟及政事, 更無異辭. 纔日昃, 必命才學之士, 賜以清閒, 高談典籍, 雜以文詠, 間以玄言, 乙夜忘疲, 中宵不寐. 此之四道, 獨邁往初, 斯實生民以來, 一人而已. 弘玆風化, 昭示四方, 信可以斯月之間, 彌綸天壤. 而淳粹尚阻, 浮詭未移, 此由習之久, 難以卒變. 請待斲雕成器, 以質代文, 刑措之敎一行, 登封之禮云畢, 然後定疆理之制, 議山河之賞, 未爲晚焉.《易》稱:『天地盈虛, 與時消息, 況於人乎?』美哉, 斯言也!」

【封建】周나라는 건국하면서 封建制로 하였고, 秦나라는 秦始皇이 천하를 통일하고 즉시 전국을 36개 郡縣으로 나누어 郡縣制를 실시하였으며, 漢 高祖 劉邦은 이를 절충한 郡國制를 실행하였음. 한나라 이후로는 대체로 군국제와 유사한 제도를 도입하였음.

【呂后】漢 高祖 劉邦의 皇后. 呂雉. 惠帝(劉盈)가 죽자 여후가 나서서 다스리면서 자신 친정의 呂氏들을 왕으로 삼고자 하자 朱虛侯 劉章이 잔치를 하면서 군법에 의해 여씨 1인을 죽여 위협을 가함. 뒤에 여후가 죽자 太尉 周勃이 劉氏 종실을 위해 여씨 일당을 모두 제거하고 漢 文帝를 옹립함.

【元景】李元景. 당 高祖 李淵의 여섯째 아들. 莫嬪의 소생으로 荊王에 봉해졌음.

【恪】李恪. 당 태종 李世民의 셋째 아들로 楊妃의 소생이었으며 吳王에 봉해졌음. 고종 이치가 제위에 오르자 그를 司空에 임명하기도 하였음.

【李百藥】인명. 정치가이며 문학가. 자는 重規. 定州 安平 사람으로 貞觀 2년(628) 禮部侍郎이 되었다가 조정에서 제후를 봉할 의견을 내자 〈封建論〉을 지어 바쳤음. 정관 4년에 太子右庶子가 되었음. 원래 2년(628) 太子左庶子를 거쳐 宗正卿이 되었으며 다시 2년(628)에 子爵에 봉해짐.

【命曆】천명의 曆數. 나라가 얼마나 갈 것인가에 대한 수치.

【賖促】역수의 남음과 모자람. 그 기간의 장단을 말함.

【周過其數】주나라는 점쳤던 역수보다 길었음.《左傳》宣公 3년에 成王이 정을 만들면서 점을 쳤더니 30世 7백년이라 하였으나 37왕 867년이었음.

【秦不及期】秦나라는 예정 기간보다 짧음. 진시황이 "만세까지 가리라"하였으나 二世 만에 망함.《史記》秦始皇本紀 참조.

【郡國】여기서는 제후들을 가리킴.

【皇王】'皇'은 종주국의 천자. 皇帝. '王'은 제후국의 왕. 周나라는 천자만이 王이었으며 제후들은 公侯伯子男의 다섯 작위 명칭을 사용하도록 하였으나 春秋 후기 楚나라가 처음 王을 참칭하였고, 전국시대 들어서 모든 제후들이 '王'을 지칭함. 漢나라 이후에는 천자를 皇帝라 하고 諸侯國은 王으로 칭하였음.

【踐華恃險】華山의 지세의 험요함을 믿음. 秦나라 수도 咸陽은 關中에 있어 주위의 지형이 험하여 더 이상 침범을 받지 않을 것으로 믿었음을 말함.

【罷侯置守】제후의 제도를 폐지하고 군수의 제도를 둠. 封建制를 폐하고 郡縣制를 실시함을 말함.

【一夫號呼】한 사나이가 부르짖음. 秦나라가 망하게 된 것이 陳勝이 일어서면서부터 시작되었음을 말함.

【七廟】 고대 천자는 太祖廟를 중앙에, 그리고 左右에 三昭와 三穆을 두어 모두 칠묘를 두었음. 즉 考廟, 王考廟, 皇考廟, 玄考廟와 祖考廟, 文王廟, 武王廟임. 《孔子家語》"孔子曰:「天下有王, 分地建國, 設祖宗, 乃爲親疏・貴賤・多少之數, 是故天子立七廟, 三昭三穆與太祖之廟七.」"이라 함.

【魏武攜養之資】 曹操(155~220)는 환관의 양자로서 비천한 집안 출신이었음. 曹丕가 魏나라를 건국한 뒤 아버지 조조를 武帝로 추존함.

【漢高徒役之賤】 漢 高祖 劉邦은 원래 泗上亭長이라는 낮은 직책으로 徒役들을 이끌고 驪山으로 징발되어 가던 중에 기병한 것임을 말함.

【覬覦】 자신의 분수에 맞지 않은 희망이나 企圖.

【獄訟不歸】 송사를 벌이는 자가 찾아오지 않음. 즉 민심이 모여들지 않음을 말함. 고대 송사자들이 堯의 아들 丹朱에게 가지 않고 舜에게로 찾아갔던 일을 말함. 《史記》 五帝本紀에 "堯知子丹朱不肖, 不足授天下, 於是乃權授舜. ……獄訟者不之丹朱而之舜"이라 함.

【七政】 日月과 火水木金土에 상징한 정치.

【揖讓】 禪讓과 같음. 아들에게 帝位를 물려주지 아니하고 다른 사람에게 물려줌을 뜻함.

【放勛】 放勳으로도 쓰며 堯임금의 이름.

【重華】 舜임금의 이름.

【淪胥】 아무런 죄도 없이 서로 뒤를 이어 몰락의 경지에 빠짐을 말함. 《詩經》 小雅 雨无正에 "若此无罪, 淪胥以鋪"라 하였으며 죄가 없는 사람이 어떤 일에 끌려 고난을 당함을 말함. 西周 말기 幽王과 厲王의 학정으로 인해 주나라 백성이 고통을 당하여 국운이 점차 쇠퇴하였음을 말함.

【龜鼎之祚】 거북 형태의 鼎. 여기서는 國運이 長久함을 뜻함.

【南征不返】 남쪽으로 정벌을 나섰다가 돌아오지 않음. 周 昭王이 남쪽 漢水로 巡狩를 나갔을 때 백성들이 그를 증오하여 배를 붙일 아교를 주지 않아 배가 그대로 떠내려가 물에 빠져 죽음.

【東遷避逼】 B.C.771년 周 平王이 동쪽 洛邑(洛陽)으로 서울을 옮겨 犬戎의 핍박을 피함. 東周의 시작을 말함.

【禋祀】 고대 天神에게 지내는 제사 이름.

【運距閏餘】 운세를 비정상적인 윤년으로 계산하여 결국 액운의 숫자를 만남. '距'는 닭발의 뒤에 붙은 발톱으로 曆法에서 시간의 덧붙임을 말함. 이 숫자를 마치 정수인 양 진나라가 나라 역법으로 계산하였다는 뜻.

【百六】액운의 숫자. 고대 참위설에 6은 陰의 숫자이며 1은 陽의 숫자로 그중 음의 최고 숫자는 百六, 양의 최고 숫자는 百一로 보았음. 이에 따라 秦나라는 가장 흉한 百六의 숫자로 그 국운이 점쳐졌다는 뜻임.

【啓誦】夏나라 啓와 周나라 成王 姬誦. 뒤를 이은 왕들로 모두 왕업을 잘 이어받은 자로 거론한 것임.

【李斯】秦나라 말기 승상(?~B.C.208). 趙高와 대립하다가 죽음을 당함. 〈上秦皇逐客書〉로 유명함.

【王綰】秦나라 때의 승상. 진시황에게 분봉제도를 건의하다가 이사의 반대에 부딪침.

【四履】제후에게 四方을 分封하여 이를 밟고 다닐 수 있도록 함.

【將閭】秦나라의 公子. 秦 二世 胡亥에게 죽음을 당함.

【子嬰】秦 二世 胡亥의 아들(?~B.C.206)이며 세자. 조고가 이세를 죽이고 자영을 세워 왕으로 삼았으나 자영은 마침내 조고를 죽이고 劉邦에게 항복하였다가 끝내 項羽에게 죽음을 당하였으며 이로써 재위 46일만에 秦나라는 망하고 말았음.

【帝子】漢 高祖 劉邦을 가리킴. 그가 봉기할 때 갈대숲의 뱀을 죽이고 다시 만나게 되자 秦始皇은 白帝(서방)의 아들이며 자신의 赤帝(남방)의 아들이라 함. 《史記》高祖本紀 참조.

【龍顏】유방을 가리킴. 고조 유방의 관상이 용과 같았다 함. 《史記》高祖本紀 참조.

【五服】王畿로부터 5백 리씩 멀어지면서 5등급으로 나누어 甸服, 侯服, 綏服, 要服, 荒服으로 구분하였음.

【采地】경대부의 采邑. 食邑.

【結繩之化】고대 문자가 없을 때 새끼줄을 묶어 기록을 표시하였으며 뒤이어 書契가 나타났다 함. 《周易》참조.

【象刑】고대 肉刑은 없었으며 상징적인 형벌만 있었음. 천도의 준칙을 본받아 만든 형법. 《尚書》舜典의 "象以典刑"이라 함.

【劉曹】劉는 漢나라 왕실의 성씨이며 曹는 삼국시대 魏나라 성씨. 조조와 조비.

【鍥船求劍】'刻舟求劍'과 같음. 배를 타고 가다가 칼을 물에 빠뜨린 자가 움직이는 배에 표시를 하고 나루에 닿자 그 표시된 물 아래에서 칼을 찾고자 하였다는 고사. 시대가 이미 흘러 그 상황에 바뀌었음에도 이러한 변화에 적응하지 못함을 뜻함. 《呂氏春秋》察今篇 참조.

【膠柱成文】'膠柱鼓瑟'과 같음. 거문고의 오리발을 아교로 교정시켜 놓고 음을

맞추기를 바람. 수시로 바꾸고 조율하여야 하는 법을 고정시켜 놓음을 뜻함. 《說苑》奉使篇과《韓詩外傳》(7)에 "趙王使人於楚, 鼓瑟而遣之, 曰:「必如吾言, 愼無失吾言.」使者受命, 伏而不起, 曰:「大王鼓瑟未嘗若今日之悲也.」王曰:「然, 瑟固方調.」使者曰:「調則可記其柱.」王曰:「不可. 天有燥溼, 絃有緩急, 柱有推移, 不可記也.」使者曰:「臣請借此以喩. 楚之去趙也千有餘里, 亦有吉凶之變. 凶則弔之, 吉則賀之, 猶柱之有推移, 不可記也. 故明王之使人也, 必愼其所使, 任之以心, 不任以辭也.」詩曰:『莘莘征夫, 每懷靡及..』"(《韓詩外傳》)이라 함.

【問鼎請隧】 九鼎이 무게를 물은 일과 장례할 곳을 물은 일. 楚 莊王이 周나라에 이르러 구정의 무게를 물은 것은 주나라 왕실의 정통을 넘본다는 것.《戰國策》(1) 참조. 한편《左傳》僖公 25년에 "晉侯朝王, 王餉醴, 命之宥. 請隧, 不許"라 하였고, 杜預 주에 "闕地通路曰隧, 王之葬禮也"라 함. 晉 文公이 周 襄王을 만나 晉나라가 주나라 왕을 굴을 파고 장례를 치르겠다고 청한 것. 당시 종주국 주나라의 왕이 죽었을 경우 懸棺의 방법으로 安葬하는데 감히 굴을 파고 장례를 치르겠다고 하여 무례함의 극치를 보인 것임. 역시 주 왕실을 넘보겠다는 뜻임.

【白馬素車】 흰 말에 흰 수레를 타고 나와 항복함. 劉邦이 霸上에 이르자 秦나라 왕자 子嬰이 이렇게 하여 유방에게 투항하였음. B.C.206년의 일.《史記》秦始皇本紀 참조.

【望夷】 秦나라 궁궐 이름. B.C.207년 趙高가 이곳에서 秦 二世 胡亥를 자결하도록 핍박함.《三輔黃圖校證》(卷一)에 "望夷宮在涇陽縣界長平觀道東, 北臨涇水, 以望北夷, 以爲宮名"이라 함.

【羿】 有窮后羿. 夏나라 때 太康을 내쫓고 스스로 왕이 됨.《史記》夏本紀 참조.

【浞】 寒浞. 유궁후예의 신하. 후예를 죽이고 자립하여 왕이 되었으나 그 역시 夏王 少康에게 피살됨.

【高貴】 曹丕의 손자 曹髦. 高貴鄕公에 봉해졌으며 뒤에 제위에 오르자 권세를 부리던 司馬昭를 살해하려다 도리어 사마소에게 피살됨.

【申】 申侯. 幽王의 왕후였던 申后의 아버지. 褒姒의 일로 申后가 쫓겨 오자 犬戎, 繒과 연합하여 周나라를 공격하여 유왕을 驪山 아래에서 죽여 서주가 멸망함.《史記》周本紀 참조.

【繒】 고대 나라 이름. 지금의 河南 方城 일대에 있었던 小國.

【狐駘之役】 魯 襄公 4년(B.C.569) 노나라가 邾나라를 침략하여 狐駘(지금의 山東 滕縣)에서 패하자 사람들이 모두 마포로 머리를 묶고 상례를 맞이하고 있었음.《左傳》襄公 4년에 "邾人·莒人伐鄫, 臧紇救鄫, 侵邾, 敗於狐駘. 國人逆喪者皆髽,

魯於是乎始髽. 國人誦之曰:「臧之狐裘, 敗我於狐駘. 我君小子, 朱儒是使. 朱儒朱儒, 使我敗於邾.」"라 함.

【崤陵之師】 魯 僖公 33년(B.C.627) 晉나라가 秦나라 군사를 崤陵에서 패배시켜 누구도 살아 돌아가지 못하였다 함. 뒤에 秦나라가 다시 晉나라 정벌에 나섰다가 돌아오면서 지난날 패배하여 죽은 시종하는 신하의 枯骨들을 묻어 주고 크게 제사를 지냈음.

【陸士衡】 陸機(261~303). 자는 士衡. 조부는 陸遜. 아버지는 陸抗. 모두가 삼국시대 吳나라의 將相을 지냄. 西晉이 吳를 멸하자 육기는 문을 걸어 잠그고 10년을 공부하여 洛陽으로 들어가 太子司馬・著作郎을 지냈으며, 平原太守를 역임하여 陸平原이라고도 불림. 八王之亂 때 長沙王(司馬乂)의 將軍, 河北大都督이 되었으나 패하여 동생 陸雲 등과 함께 처형당함. 文學史에서는 그의 〈文賦〉가 중요한 비평 저작으로 알려짐. 〈五等諸侯論〉을 지어 분봉제도를 옹호하며 주장하였음. 《晉書》(54)에 전이 있음.

【嗣王委其九鼎】 왕위를 이었음에도 구정(국가)을 버리고 도망한 군주들. 周 惠王, 襄王, 悼王 등을 가리킴.

【凶族據其天邑】 나라를 휘어잡고 왕위를 찬탈한 흉한 친족들. 東周의 王子 頹, 왕자 帶, 왕자 朝 등을 가리킴. 天邑은 동주의 수도 洛邑을 말함.

【分竹】 漢 文帝 때 銅虎符를 만들어 이를 符로 삼아 郡守를 임명하여, 고대 대나무를 잘라 符를 만들어 주던 것을 대신하여 이른 말.

【曹元首】 삼국 魏나라 때 사람. 〈六代論〉을 지어 大將軍 曹爽을 경계시켰음.

【門資】 문벌과 자질. 문벌은 자신의 출신 신분을 말하며 자질은 자신의 능력을 뜻함.

【陳靈】 춘추시대 陳나라 靈公. 孔寧, 儀行父 등과 함께 夏姬와 공개적으로 사통하여 예를 어그러뜨리고 나라를 혼란에 빠뜨림. 《左傳》 宣公 10년에 자세히 실려 있음.

【徵舒】 夏徵舒. 夏姬의 아들. 진 영공 등이 하희의 집에서 술을 마시며 놀 때 이 징서를 누구의 아들인가고 놀리자 하징서가 분함 끝에 영공을 그 자리에서 죽여 버림.

【衛宣】 춘추시대 衛나라 宣公.

【父子取麀】 衛 宣公이 子伋의 처를 아내로 맞음. 이가 宣姜임. 선강이 壽와 朔을 낳은 다음 朔과 宣姜이 宣公에게 보내어 壽와 子伋을 죽이도록 함. 麀는 수컷 성질의 사슴으로 혈족의 질서를 전혀 모름을 비유함. 《左傳》 桓公 16년

및 閔公 2년 昭公 20년 등 참조.

【朔】 '仅'이어야 맞음.

【俸祿不入私門】 東漢 때 楊秉이 豫章太守를 하면서 매우 청렴하여 근무한 날짜를 계산하여 그 봉록만을 집으로 가지고 갔다 함.

【妻子不之官舍】 東漢 鉅鹿太守 魏霸와 穎川太守 何並은 매번 임지로 가서는 처자는 官舍에 살지 않도록 따로 집을 정하였다 함.

【食不擧火】 東漢 左雄이 冀州刺史가 되어 임지에서 전혀 불을 지피지 아니하고 마른밥을 먹었다 함.

【居惟飮水】 晉나라 때 鄧攸가 吳郡太守가 되자 자신의 쌀을 싣고 갔으며, 물도 吳郡의 물만 먹었다 함.

【南陽太守】 동한 때 南陽太守였던 羊續을 가리킴.

【萊蕪縣長】 東漢 萊蕪縣의 현령 范丹. 집이 가난하여 솥에 먼지가 앉았다 함.

【春秋二百年間】 공자가 저술한 춘추는 魯나라 隱公 원년(B.C.722)부터 魯 哀公 14년(B.C.481)까지 242년간이었음.

【次睢咸秩】 睢水에서의 제사를 말함. 宋나라가 邾 文公을 睢水로 파견하여 제사를 지내되 소국 鄫나라 鄫子를 죽여 제물로 삼도록 함.《左傳》僖公 19년에 "宋公使邾文公用鄫子于次睢之社, 欲以屬東夷"라 함.

【魯道有蕩】《詩經》齊風 載驅의 구절. 노나라는 어디나 길을 평탄하게 하여 남녀들이 쉽게 만나 사통하도록 하다는 뜻으로 魯 莊公 부인 姜氏가 齊 襄公과 사통하고 있음을 풍자한 것임.《列女傳》참조.

【哀平】 西漢 말기의 哀帝(劉欣. B.C.6~B.C.1년 재위)와 平帝(劉衎. A.D.1~5년 재위). 王莽에 의해 나라가 망해가던 시기로 조정이 부패하고 혼란이 극심하였음.

【東洛】 東都 洛陽을 말함. 여기서는 동한 시대를 뜻함.

【桓靈】 동한의 桓帝 劉志(147~167년 재위)와 靈帝 劉宏(168~189년 재위) 때. 매우 부패하였으며 뒤에 결국 廢帝(189)를 거쳐 獻帝(189~220) 때 曹丕에게 나라를 넘겨주고 말았음.

【一言蔽焉】 한 마디로 그 전체를 포괄하여 대신함.《論語》爲政篇에 "子曰:「詩三百, 一言以蔽之, 曰: 『思無邪』.」"라 함.

【五等】 고대 公侯伯子男의 다섯 등급의 작위.

【勛華】 堯임금 放勳과 舜임금 重華.

【後魏】 北魏를 가리킴. 鮮卑族 拓跋氏가 세운 나라. 386년~534년. 拓跋珪가 세웠으며 뒤에 東魏와 西魏로 분열됨.

【長短縱橫】전국시대 유행했던 縱橫說을 말함. 종횡설을 '長短說'이라고도 하며 각국 사이 외교를 성취시키기 위하여 온갖 술수와 詭譎을 일삼던 주장들을 말함. 흔히 蘇秦의 合縱說과 張儀의 連橫說이 그 대표적인 예임. 본문에서는 남북조 대치와 진나라의 분봉제도로 인해 八王의 난과 淝水之戰 등으로 혼란한 국면을 이용하여 학자들이 자신들의 출세를 위해 이러한 학문에 경도되었음을 부정적으로 거론한 것.

【開皇】隋나라 文帝의 연호. 581년~600년까지 20년간임. 隋 文帝 楊堅은 원래 北周의 외척으로 隨國公이었으며 외손자 靜帝를 폐위하고 자신이 들어서 隋나라를 세움. 국호에서 隨자를 隋자로 고쳤음.

【雄猜】수 문제는 雄志가 있었으나 한편으로는 남을 믿지 못하기도 하였음을 뜻함.

【二紀】일기는 12년. 이기는 24년. 수 문제의 재위 기간이 24년이었음.

【大業】隋 煬帝 楊廣의 연호. 605년~617년까지 13년 동안임.

【天縱】하늘이 사명을 내려 마음대로 하게 함.《論語》子罕篇에 "大宰問於子貢曰: 「夫子聖者與? 何其多能也?」 子貢曰:「固天縱之將聖, 又多能也.」子聞之, 曰: 「大宰知我乎! 吾少也賤, 故多能鄙事. 君子多乎哉? 不多也.」 牢曰:「子云: 『吾不試, 故藝.』」"라 함. 여기서는 李淵과 李世民 같은 이를 내어 천하통일을 하도록 하늘이 그 임무를 내렸음을 말함.

【聖慈】太上皇 李淵을 가리킴. 貞觀 9년(635)에 생을 마침.

【內豎】궁중에서 낮은 일을 하는 소사. 뒤에 宦官을 지칭하는 말로 쓰임.

【斷趾】발가락을 자르는 정도의 형벌. 이로써 사형에 해당하는 자의 형벌을 대신함을 말함.

【大辟】오형의 하나로 사형을 말함.

【泣辜】禹임금이 죄인을 보고 탄식한 고사.《說苑》君道篇에 "禹出見罪人, 下車問而泣之, 左右曰:「夫罪人不順道, 故使然焉, 君王何爲痛之至於此也?」禹曰:「堯舜之人, 皆以堯舜之心爲心, 今寡人爲君也, 百姓各自以其心爲心, 是以痛之.」書曰: 「百姓有罪, 在予一人.」"라 하였으며,《十八史略》(1)에도 "禹出見罪人, 下車問而泣曰:「堯舜之人, 以堯舜之心爲心; 寡人爲君, 百姓各自以其心爲心, 寡人痛之.」"이라 함.

【芻蕘】꼴 베고 나무하는 하찮은 사람. 임금은 이러한 자에게도 그 의견을 묻고 듣는 것을 부끄럽게 여기지 않아야 함.《詩經》大雅 板에 "先民有言, 詢于芻蕘"라 함.

【靑紫】 공경 대부의 옷 색깔. 귀족 고관을 뜻함.
【營一小閣】 정관 2년(628) 공경들이 작은 집을 짓기를 청하자 태종이 "昔漢文將起露臺, 而惜十家之産, 朕德不逮于漢帝, 而所費過之, 豈爲人父母之道也?"라 하였으며 李百藥이 이를 〈封建論〉에 거론함.
【霜儉】 霜害로 인하여 풍년을 이루지 못함.
【藜藿】 거친 음식을 뜻함.
【簨簴】 '순거'로 읽으며 종경을 매달아 두는 틀. 음악을 대신하는 날로 쓰임.
【喜於重譯】《十八史略》(1)에 "交趾南有越裳氏, 重三譯而來, 獻白雉, 曰:「吾受命國之黃耇, 天無烈風淫雨, 海不揚波, 三年矣. 意者中國有聖人乎?」周公歸之王, 薦于宗廟, 使者迷歸路, 周公錫以軿車五乘, 皆爲指南之制. 使者載之, 由扶南林邑海際, 朞年而至國. 故指南車常爲先導, 示服遠人而正四方"라 하였고,《尙書大傳》嘉禾篇에도 "交阯之南有越裳國. 周公居攝六年, 制禮作樂, 天下和平. 越裳以三象重譯而獻白雉, 曰:「道路悠遠, 山川阻深, 音使不通, 故重譯而朝.」"라 하였으며,《韓詩外傳》(卷5)과《說苑》辨物篇에도 실려 있음.
【文命矜其卽敍】 文命은 夏나라 禹임금의 이름. '卽敍'는 차례로 항복해 옴을 뜻함.《資治通鑑》晉紀에 "禹平九土, 而西戎卽敍"라 함.
【玄言】 魏晉 시대의 淸談을 말함.
【乙夜】 밤 二更쯤의 시간. 당 태종은 늘 이경쯤에 독서를 하였다 함.
【以質代文】 본바탕으로 무늬를 대신함. 질박한 바탕을 중시함.
【刑措】 형법을 버려두고 적용하지 아니함. 범법자가 없음을 뜻함.
【疆理·山河】 '疆理'는 태종이 자제를 제후로 삼아 세습하도록 하는 일이며, '山河'는 공신들에게 상을 주어 어사 지위를 세습하도록 하는 것을 비유한 것으로 이와 같은 구상을 뒤로 미룰 것을 요청한 것임.
【易】《周易》豐卦 象傳에 "象曰: 豐, 大也; 明以動, 故豐.「王假之」, 尙大也;「勿憂, 宜日中」, 宜照天下也. 日中則昃, 月盈則食; 天地盈虛, 與時消息, 以況於人乎? 況於鬼神乎?"라 함.

082(8-3)
친인척의 무능력과 세습의 폐단

중서사인中書舍人 마주馬周가 다시 상소하였다.
"엎드려 조서를 보았더니 종실宗室의 훈현勳賢으로 하여금 번방을 진수토록 하되 그 자손들로 하여금 그 정권을 세습하여 지키며 큰 잘못이 없는 한 혹 출면黜免시키지도 않겠다고 명하셨습니다. 제가 생각하건대 오직 폐하께서 봉토를 주어 삼고자 하시는 자는 진실로 폐하께서 애지중지하는 이들로 그들로 하여금 그 후손들이 대대로 이를 지켜 그 봉지와 함께 무궁히 이어 그 관직을 세습하도록 한 것입니다. 어찌 그렇겠습니까? 요순堯舜 같은 아버지에게도 오히려 단주丹朱나 상규商均 같은 불초한 아들이 있었는데 하물며 그만 못한 아버지로서 도리어 그 아버지라고 그 아들을 취하여 관직을 준다는 것은 아마 아주 큰 잘못이 아닌가 합니다. 만약 그 아들이 관직을 세습하여 만에 하나 교만하고 방탕하다면 억조의 서민이 그 재앙을 입게 될 것이며 나라도 패망을 당하게 됩니다. 정권을 끊어 버리고자 해도 자문子文과 같은 훌륭한 정치가 남아 있어야 이어 줄 수 있으며, 정권을 그대로 보류해 주고자 해도 난염欒魘과 같은 악행이 있다면 그렇게 해 줄 수가 없게 되지요. 그 해독을 지금 살아 있는 백성에게 끼치느니보다는 차라리 이미 나라를 위해 죽은 하나의 신하를 위해 살을 베어 주는 편이 낫다고 하는 것은 아주 명백한 사실입니다. 그러니 앞서 말한 애지중지한다는 것이 도리어 그에게 상처를 주는 것이 됩니다. 저는 의당 봉토를 주어 그 호읍戶邑의 범위를 정하되 반드시 그 자제의 재능이 있고 그만한 땅을 받은 만한 그릇이 되는가를 따진다면 아직 제대로 능력이 없는 자는 역시 그 무능력으로 인해 뒤집어쓸 죄악과 허물에서 벗어날 수 있을 것이라 여깁니다. 옛날 한漢나라 광무제光武帝는 공신들에게 관직의 일을 맡기지 않았습니다. 그 때문에 그들은 종신토록 자신을 온전히 할 수 있었으니 진실로 훌륭한 방법이었습니다. 원컨대 폐하께서 깊이 그 마땅함을 생각하시어 그 큰 은혜를 받들어 모셔 자손들로 하여금 끝까지 그 복록을 누릴 수 있도록 해 주시기 바랍니다."

태종은 그 두 사람의 말을 가상히 여겨 채납하였다. 이에 결국 자제 및 공신으로서 자사刺史의 관직을 세습하는 것을 폐지하였다.

中書舍人馬周又上疏曰:

「伏見詔書令宗室勳賢作鎭藩部, 貽厥子孫, 嗣守其政, 非有大故, 無或黜免. 臣竊惟陛下封植之者, 誠愛之重之, 欲其緒裔承守, 與國無疆, 可使世官也. 何則? 以堯舜之父, 猶有朱均之子, 況下此以還, 而欲以父取兒, 恐失之遠矣. 儻有孩童嗣職, 萬一驕逸, 則兆庶被其殃, 而國家受其敗. 政欲絶之也, 則子文之治猶在; 政欲留之也, 而欒黶之惡已彰. 與其毒害於見存之百姓, 則寧使割恩於已亡之一臣, 明矣. 然則嚮之所謂愛之者, 乃適所以傷之也. 臣謂宜賦以茅土, 疇其戶邑, 必有材行, 隨器方授, 則翰翮非强, 亦可以獲免尤累. 昔漢光武不任功臣以吏事, 所以終全其世者, 良由得其術也. 願陛下深思其宜, 使夫得奉大恩, 而子孫終其福祿也.」

太宗並嘉納其言. 於是竟罷子弟及功臣世襲刺史.

【上疏】 정관 11년(637) 馬周는 당시 侍御사였으며 이듬해 中書舍人이 되었음. 그 외에 太子左庶子였던 于志寧이 상소하여 반대하자 태종이 이를 가상히 여겨 정관 13년(639) 2월 刺史의 세습제를 없애 버렸음.

【朱】丹朱. 堯임금의 아들로 매우 불초하였음.

【均】商均. 舜임금의 아들로 역시 매우 불초하였음.

【子文】춘추시대 楚나라 令尹. 성은 鬪. 이름은 누오도(穀於菟). 그의 손자가 죄를 범하자 초 장왕이 자문을 생각하여 "子文無後, 何以勸善?"이라 하며 그의 관직을 복직시켜 주었음.《左傳》宣公 4년에 "初, 楚司馬子良生子越椒. 子文曰:「必殺之! 是子也, 熊虎之狀而豺狼之聲; 弗殺, 必滅若敖氏矣. 諺曰:『狼子野心.』是乃狼也, 其可畜乎?」子良不可. 子文以爲大慼. 及將死, 聚其族, 曰:「椒也知政, 乃速行矣, 無及於難.」且泣曰:「鬼猶求食, 若敖氏之鬼不其餒而!」及令尹子文卒, 鬪般爲令尹, 子越爲司馬. 蔿賈爲工正, 譖子揚而殺之, 子越爲令尹, 己爲司馬. 子越又惡之, 乃以若敖氏之族, 圄伯嬴于轑陽而殺之, 遂處烝野, 將攻王. 王以三王之子爲質焉, 弗受. 師于漳澨. 秋七月戊戌, 楚子與若敖氏戰于皐滸. 伯棼射王, 汰輈, 及鼓跗, 著於丁寧. 又射, 汰輈, 以貫笠轂. 師懼, 退. 王使巡師曰:「吾先君文王克息, 獲三矢焉, 伯棼竊其二, 盡於是矣.」鼓而進之, 遂滅若敖氏. 初, 若敖娶於䢵, 生鬪伯比. 若敖卒, 從其母畜於䢵, 淫於䢵子之女, 生子文焉. 䢵夫人使弃諸夢中. 虎乳之. 䢵子田, 見之, 懼而歸. 夫人以告, 遂使收之. 楚人謂乳穀, 謂虎於菟, 故命之曰鬪穀於菟. 以其女妻伯比. 實爲令尹子文. 其孫箴尹克黃使於齊, 還及宋, 聞亂. 其人曰:「不可以入矣.」箴尹曰:「弃君之命, 獨誰受之? 君, 天也, 天可逃乎?」遂歸, 復命, 而自拘於司敗. 王思子文之治楚國也, 曰:「子文無後, 何以勸善?」使復其所, 改命曰生"이라 함.

【欒黶】춘추시대 晉나라 대부 武子의 아들. 포악하게 굴었음. 그가 죽자 진나라 士鞅이 "武子所施沒矣, 黶之怨實章"이라 하여, 아들의 죄가 아버지의 공적을 인멸시켰다고 하였음.《左傳》襄公 14년에 "夏, 諸侯之大夫從晉侯伐秦, 以報櫟之役也. 晉侯待于竟, 使六卿帥諸侯之師以進. 及涇, 不濟. 叔向見叔孫穆子, 穆子賦匏有苦葉, 叔向退而具舟. 魯人‧莒人先濟. 鄭子蟜見衛北宮懿子曰:「與人而不固, 取惡莫甚焉, 若社稷何?」懿子說. 二子見諸侯之師而勸之濟. 濟涇而次. 秦人毒涇上流, 師人多死. 鄭司馬子蟜帥鄭師以進, 師皆從之, 至于棫林, 不獲成焉. 荀偃令曰:「雞鳴而駕, 塞井夷竈, 唯余馬首是瞻.」欒黶曰:「晉國之命, 未是有也. 余馬首欲東.」乃歸. 下軍從之. 左史謂魏莊子曰:「不待中行伯乎?」莊子曰:「夫子命從帥, 欒伯, 吾帥也, 吾將從之. 從帥, 所以待夫子也.」伯游曰:「吾令實過, 悔之何及, 多遺秦禽.」乃命大還. 晉人謂之「遷延之役」. 欒鍼曰:「此役也, 報櫟之敗也. 役又無功, 晉之恥也. 吾有二位於戎路, 敢不恥乎?」與士鞅馳秦師, 死焉. 士鞅反. 欒黶謂士匄曰:「余弟不欲往, 而子召之. 余弟死, 而子來, 是而子殺余之弟也. 弗逐, 余亦將殺之.」士鞅

奔秦. 於是, 齊崔杼·宋華閱·仲江會伐秦. 不書, 惰也. 向之會亦如之. 衛北宮括不書於向, 書於伐秦, 攝也. 秦伯問於士鞅曰:「晉大夫其誰先亡?」對曰:「其欒氏乎!」秦伯曰:「以其汏乎?」對曰:「然. 欒黶汏虐已甚, 猶可以免, 其在盈乎!」秦伯曰:「何故?」對曰:「武子之德在民, 如周人之思召公焉, 愛其甘棠, 況其子乎? 欒黶死, 盈之善未能及人, 武子所施沒矣, 而黶之怨實章, 將於是乎在.」秦伯以爲知言, 爲之請於晉而復之"라 함.

【賦以茅土】고대 분봉을 할 때 그 봉지의 방향에 따라 제단을 설치하고 茅草로 잘 덮어 토지를 받는 의식으로 상징하였음.

【隨器方授】그 器量의 정도에 따라 그에 맞게 직위를 수여함.

【翰翮】깃털. 여기서는 능력을 뜻함.

【漢光武】東漢을 일으킨 光武帝 劉秀(6∼57). 漢 高祖 劉邦의 9세손으로 자는 文叔. 南陽 蔡陽(지금의 湖北 棗陽) 사람으로 王莽 말년에 천하가 동탕하자 형 劉縯과 함께 기병하여 建武 원년(25)에 정식으로 稱帝, 洛陽에 도읍하여 東漢을 세움. 광무제는 천하를 잡은 다음 자신을 따라 공을 세운 공신들에게 관직을 맡지 않도록 하며 충분한 봉록과 후작을 주는 것으로 대신하여 그들이 관직에서 엉뚱한 죄에 걸려들지 않도록 보호하였음. 《後漢書》 光武帝紀 참조. 한편 《十八史略》(3)에 "(光武帝)保全功臣, 不復任以兵事, 皆以列侯就第. 以吏事責三公, 亦不以功臣任吏事. 諸將皆以功名自終"이라 함.

9. 태자제왕정분 太子諸王定分

'태자太子'는 황제의 적손이며 '제왕諸王'은 황제의 종친과 서자들을 가리킨다. 이들에게 봉지를 주고 '왕부王府'를 설치하여 행정 업무를 맡도록 하였다. 이들에게 분명한 명분과 직분을 확정함으로써 종실의 안정을 꾀한 내용을 담고 있다.

〈打馬球圖〉 1971 陝西 乾縣 唐 章懷太子(李賢) 묘 출토 벽화

083(9-1)
집안일과 나라일의 구분

정관 7년(633), 오왕吳王 이각李恪에게 제주도독齊州都督의 직위를 주면서 태종이 신하들에게 이렇게 말하였다.

"부자 사이의 정이란 어찌 어찌 항시 서로 곁에 두고 보았으면 하는 것이 아니겠소! 그러나 집안과 나라의 일이란 서로 다른 것이어서 모름지기 나가 울타리나 병풍 같은 역할을 해야 하는 것이 있는 법. 게다가 가능하면 빨리 그 직분을 결정해주고 다른 마음을 갖지 않도록 끊어주어야 내 죽은 뒤에 그 형제들로 하여금 위망危亡의 근심에 빠지지 않을 수 있도록 할 수 있는 것이겠지요."

貞觀七年, 授吳王恪齊州都督.

太宗謂侍臣曰:「父子之情, 豈不欲常相見耶! 但家國事殊, 須出作藩屛. 且令其早有定分, 絶覦覬之心, 我百年後, 使其兄弟無危亡之患也.」

【吳王】李恪은 당시 楚王이었으나 貞觀 10년(636)에 처음으로 吳王에 봉해졌음.
【齊州】지금의 山東 濟南 일대.
【定分】명분이나 직분을 확정함. 명의를 정함.
【覦覬之心】다른 일을 엿봄. 분에 넘치는 다른 마음을 품음. 여기서는 형제 사이의 왕권 다툼을 염두에 둔 것으로 급히 확정하여 제후로 봉한다는 뜻.
【百年】죽은 뒤라는 뜻을 우회하여 표현하는 말.

084(9-2)
자식 사랑이 나라를 망칠 수도

정관 2년(628), 시어사侍御史 마주馬周가 상소하였다.

"한진漢晉이래로 제왕諸王을 모두 각지에 설치한 것은 마땅치 않은 일이었으며 그들에게 미리 그 권한과 명분을 세워주지 않음으로 해서 멸망에 이른 것입니다. 이는 임금들로서도 익히 알고 있으면서도 단지 사사로운 자식사랑에 빠져 그 때문에 앞선 수레가 엎어지는 것을 보고도 뒤따르는 자신의 수레가 이를 고치지 못하는 것입니다. 지금 제왕들 중에 총애를 입어 그 은혜가 지나친 자에 대하여 저는 어리석게도 걱정을 하고 있으니 이는 그 은혜를 믿고 교만과 자랑을 하는 것만을 두고 하는 것이 아닙니다. 옛날 위魏 무제武帝 조조가 진사왕陳思王 조식을 심히 총애하여 조식의 형 문제文帝 조비가 즉위하자 그를 방비하여 가두어 유폐시키는 바람에 마치 감옥에 갇힌 죄수나 마찬가지 신세가 되고 말았습니다. 이는 선제先帝의 은혜가 너무 가중되었기 때문에 그 뒤를 이은 왕이 그 때문에 그를 두렵게 여긴 것이었습니다. 그렇다면 무제 조조가 진사왕을 총애한 것은 도리어 그 때문에 그를 괴롭힌 것이 됩니다. 게다가 황제의 아들로 태어난 이상 무슨 부귀에 대하여 걱정할 게 있겠으며 그 자신이 대국의 식록을 먹고 있어 봉호封戶가 적은 것도 아니니 좋은 옷이나 훌륭한 음식 외에 다시 무엇이 더 필요하겠습니까? 그런데도 매년 좋다는 직위나 물건을 더하여 자꾸 내려주어 일찍이 한도 끝도 없었습니다. 속담에 '가난할 때는 배우지 않아도 검소함이 몸에 배게 마련이며 부유할 때는 배우지 않아도 자신도 모르게 사치를 부리게 마련'이라 하였습니다. 이 말은 저절로 그렇게 됨을 말한 것입니다. 지금 폐하께서는 큰 성스러움으로써 창업을 하셨는데 어찌 아들과 아우를 존속시키는 것에만 뜻을 두겠습니까? 마땅히 길이 이어갈 방법을 제정하셔서 만대를 두고 이를 준행하도록 하셔야 할 것입니다."

상소가 올라가자 태종은 심히 가상히 여겨 비단 백 단段을 하사하였다.

貞觀十一年, 侍御史馬周上疏曰:

「漢晉以來, 諸王皆爲樹置失宜, 不預立定分, 以至於滅亡. 人主熟知其然, 但溺於私愛, 故前車旣覆而後車不改轍也. 今諸王承寵遇之恩有過厚者, 臣之愚慮, 不惟慮其恃恩驕矜也. 昔魏武帝寵樹陳思, 及文帝卽位, 防守禁閉, 有同獄囚. 以先帝加恩太多, 故嗣王從而畏之也. 此則武帝之寵陳思, 適所以苦之也. 且帝子何患不富貴, 身食大國, 封戶不少, 好衣美食之外, 更何所須? 而每年別加優賜, 曾無紀極. 俚語曰: 『貧不學儉, 富不學奢.』 言自然也. 今陛下以大聖創業, 豈惟處置見在子弟而已? 當須制長久之法, 使萬代遵行.」

疏奏, 太宗甚嘉之, 賜物百段.

【漢晉】 한나라로부터 진나라에 이르기까지. 고대 周나라 때는 '封建制'를 택하였고, 秦始皇이 천하를 통일한 다음에는 중앙집권을 강화하기 위하여 '郡縣制'를 택하였으나, 漢 高祖 劉邦이 漢帝國을 건설한 다음에는 이 두 가지 제도를 절충한 '郡國制'를 채택하였음.
【諸王】 제왕의 자식들을 왕으로 봉하여 제후로 삼는 것.
【過厚】 지나치게 총애함을 말함. 당시 太宗은 특별히 魏王 李泰를 총애하여 태자였던 李承乾을 폐위하고 이태를 세우고자 하였음.
【陳思】 三國시대 魏나라 陳思王 曹植. 曹操(魏武帝)의 셋째 아들로 문학과 예능에 뛰어나 조조의 총애를 받았으나 曹丕(文帝)가 들어서자 조식을 미워하여 安鄕侯로 강등시킨 다음 東阿王에 봉하였고, 결국 「七步詩」의 고통을 당하기도 하였음.

【嗣王】 뒤를 이은 왕. 여기서는 魏文帝 曹조를 가리킴.
【大國】 봉을 받은 나라의 지역이나 큰 읍.
【紀極】 한도.
【物】 견직물이나 포백 등.

085(9-3)
황태자에 대한 잘못된 예우

정관 13년(639), 간의대부諫議大夫 저수량褚遂良은 매월 위왕魏王 이태李泰의 왕부에 지급하는 물품들이 특별하여 황태자皇太子에게 보내는 것보다 많다고 여겨 이렇게 상소하였다.

"옛날 성인聖人이 예를 제정함에 있어서 적자는 존중하고 서자는 낮추도록 하였습니다. 적자를 일러 저군儲君이라 한 것은 그는 천자 다음으로 하늘처럼 높아 심히 숭상하고 소중히 여겨야 하기 때문이었으며, 그에게 제공하는 물품도 계산을 하지 않으며 그가 쓰는 돈과 재물도 왕과 함께 하도록 한 것입니다. 서자를 낮추어 그런 예例로 하지 않는 것은 혐의가 점차 살아날까 이를 막고 장차 일어날지 모를 화란禍亂의 근원을 제거하기 위한 것입니다. 그리하여 선왕先王은 반드시 사람에게 있을 사정에 근본을 둔 다음에 법을 정하였던 것입니다. 국가가 있으면 반드시 적서嫡庶에 차이를 두었음을 알 수 있습니다. 따라서 서자로서 비록 사랑을 받는다 해도 적자를 넘어설 수 없음은 정통으로 태어나 몸은 특별히 존경과 숭앙을 받아야 하는 것입니다. 만약 능히 정분定分을 명확히 세워 놓지 않아 나중에는 마땅히 친해야 할 자가 멀어지고, 마땅히 높이 인정받아야 할 자가 낮아지게 되면 참녕하고 교묘한 자들이 그 기회를 타고 사사롭게 은혜를 베풀어 공公을 해치고 뜻을 혹하게 하여 나라를 혼란에 빠뜨리게 되는 것입니다. 엎드려 원하건대 폐하께서는 그 공덕이 만고를 뛰어넘으시고 도는 백왕百王의 우두머리로서 법령을 발하면 세상이 이를 법으로 삼습니다. 하루에도 만 가지 변화에 응하시니 혹 모두가 다 아름다울 수는 없으나 저는 간쟁諫諍을 맡은 직책으로서 그저 침묵만 지키고 있을 수 없습니다. 엎드려 살피건대 저군儲君에게 공급하는 물품이 오히려 위왕보다 적으니 조야가 이를 보고 들으면 옳다고 여기지는 않을 것입니다.

《전傳》에 '제가 듣기로 그 아들을 사랑한다면 의방義方으로써 가르쳐라 하였습니다'라 하였습니다. 충효공검忠孝恭儉이 바로 의방이라는 것입니다. 옛날 한漢나라 두태후竇太后와 경제景帝는 모두가 이 의방이라는 것을 몰랐다가 드디어 교만하고 방자한 양효왕梁孝王에게 40여 개 성을 봉하였고, 그의 정원은 3백 리에 뻗쳤고 궁실은 크게 짓고 복도複道는 까마득히 보일 정도로 길게 이어졌으며 거만금의 동전을 쌓았으며, 드나들 때면 황제처럼 경필警蹕을 하더니 나중에 미움을 받아 작은 일에 뜻을 얻지 못하자 병이 나서 죽고 말았습니다. 선제宣帝 역시 회양왕淮陽王을 거만하게 키워 거의 패망에 이르렀으나 그 보필 퇴양지신退讓之臣 덕분에 겨우 죄에서 벗어날 수 있었습니다. 하물며 위왕魏王은 왕에 봉해져 이제 막 대궐문을 나서는 것이니 엎드려 원하건대 항상 예禮로써 가르치도록 사부師傅를 신중히 선택하셔서 그에게 성패成敗가 무엇인지 제시해 주며, 절검節儉으로써 돈독하게 하고 문학文學으로써 권면하도록 해 주시기 바랍니다. 오직 충과 효만이 장려할 것이며 도덕이 예와 함께 하도록 하면 이에 훌륭한 그릇이 될 것입니다. 이것이 소위 말하는 성인의 가르침이니 이렇게 하면 엄숙히 하지 않아도 저절로 성취할 것입니다."

태종은 깊이 그 말을 채납하였다.

貞觀十三年, 諫議大夫褚遂良, 以每日特給魏王泰府料物, 有逾於皇太子, 上疏諫曰:

「昔聖人制禮, 尊嫡卑庶. 謂之儲君, 道亞霄極, 甚爲崇重, 用物不計, 泉貨財帛, 與王者共之. 庶子體卑, 不得爲例, 所以塞嫌疑之漸, 除禍亂之源. 而先王必本於人情, 然後制法. 知有國家, 必有嫡庶. 然庶子雖愛, 不得超越嫡子, 正體特須尊崇. 如不能明立定分, 遂使當親者疏, 當尊者卑, 則佞巧之徒, 承機而動, 私恩害公, 惑志亂國. 伏惟陛下功超萬古, 道冠百王, 發施號令, 爲世作法. 一日萬機, 或未盡美, 臣職諫諍, 無容靜黙. 伏見儲君料物, 翻少魏王, 朝野見聞, 不以爲是.《傳》曰:『臣聞愛子, 教以義方.』忠孝恭儉, 義方之謂. 昔漢竇太后及景帝並不識義方之理, 遂驕恣梁孝王, 封四十餘城, 苑方三百里, 大營宮室, 複道彌望, 積財鏹巨萬計, 出警入蹕, 小不得意, 發病而死. 宣帝亦驕恣淮陽王, 幾至於敗, 賴其輔以退讓之臣, 僅乃獲免. 且魏王旣新出閣, 伏願恆存禮訓, 妙擇師傅, 示其成敗; 旣敦之以節儉, 又勸之以文學. 惟忠惟孝, 因而獎之, 道德齊禮, 乃爲良器. 此所謂聖人之敎, 不肅而成者也.」

太宗深納其言.

【十三年】《資治通鑑》에 의하면 16년(642)에 실려 있음.
【每日】'每月'의 오기.
【皇太子】長孫皇后 소생의 적자인 李承乾.
【儲君】태자를 일컫는 말. 다음의 왕으로 준비된 인물이라는 뜻.《公羊傳》僖公 5년 何休 주에 "儲君, 副主"라 하여 임금의 副라 하여 이렇게 불렀음.
【霄極】하늘의 끝. 여기서는 지존의 군왕을 비유함.
【傳】《左傳》隱公 3년에 "愛子, 敎以義方, 不納於邪"라 함.
【義方】'義'라는 방법으로써 가르침. 물질이나 지위로 가르치지 않음을 뜻함.
【竇太后】西漢 文帝의 황후. 景帝와 梁孝王을 낳았음.
【梁孝王】文帝의 아들 劉武. 시호가 孝였으며 방종하게 굴어 太子를 바꾸고자 하는 일에 얽혀 울분으로 죽음.
【鏹】돈을 실로 꿸 수 있도록 뚫은 구멍.
【出警入蹕】황제가 출타하는 것을 '警'이라 하고 들어오는 것을 '蹕'이라 함. 警은 길을 청소하고 사람들을 나오지 못하도록 경계하는 일 등.
【宣帝】서한의 7대 황제 劉詢. B.C.73~B.C.49년 재위함.

【淮陽王】한 선제의 서자 劉欽. 시호는 憲. 원래 선제가 이를 태자로 세우고자 하였으나 차마 태자(元帝 劉奭)를 폐하지 못하였음.《漢書》宣元六王傳 참조.

【退讓之臣】선제 때 승상 韋賢의 아들 韋玄成을 가리킴. 그는 병을 핑계로 侯의 자리를 형에게 물려주고 자신의 의를 행하며 이름이 높아지자 조정에서 이를 알고 선제가 회양왕을 보필하도록 선발하였음.

【出閣】원래 제후로 봉을 받은 諸王이 임지로 가는 것을 말하나 당대에는 왕으로 봉을 받고도 서울에 그 정부를 개설하여 머물러 행정을 보았음. 이를테면 李泰의 경우 魏王府를 서울에 두었음.

【道德齊禮】《論語》爲政篇에 "子曰:「道之以政, 齊之以刑, 民免而無恥; 道之以德, 齊之以禮, 有恥且格.」"이라 함.

【不肅而成】《孝經》에 三才章에 "子曰:「夫孝, 天之經也, 地之義也, 民之行也. 天地之經, 而民是則之; 則天之明, 因地之利, 以順天下. 是以其敎不肅而成, 其政不嚴而治. 先王見敎之可以化民也」라 함.

086(9-4)
나라의 급선무

정관 16년(642), 태종이 시종하는 신하에게 이렇게 말하였다.
"의당 지금 국가에서 어떤 일이 가장 급한가? 각기 나를 위해서 의견을 말하라."
상서우복야尙書右僕射 고사렴高士廉이 말하였다.
"백성을 기르는 것이 가장 급선무입니다."
황문시랑黃門侍郎 유계劉洎가 말하였다.
"사이四夷를 위무하는 것이 급합니다."
중서시랑中書侍郎 잠문본岑文本이 말하였다.
"《전傳》에 '덕으로써 통치하고 예로써 풍속을 고르게 하여야 한다'라 하였습니다. 이 말로 보건대 예의禮義가 급합니다."
간의대부諫議大夫 저수량褚遂良은 이렇게 말하였다.
"오늘 즉시 사방으로 하여금 덕을 우러러보도록 하는 것은 감히 그릇되다 할 수는 없을 것입니다. 다만 태자. 제왕諸王이 모름지기 정해진 본분이 있어야 합니다. 폐하께서는 의당 반대의 법을 만들어 자손에게 넘겨주셔야 합니다. 이것이 오늘 가장 급한 문제입니다."
태종이 말하였다.
"이 말이 맞다. 내 나이 장차 쉰이 되어 가니 이미 쇠퇴하고 태만해짐을 느끼고 있다. 장자를 세워 동궁태자로 삼았기는 하였으나 여러 아우들과 서자들은 그 수가 마흔 명이 되어 간다. 마음속으로 항상 이를 근심하고 있었을 뿐이다. 단지 자고로 적서嫡庶에게 좋은 보좌가 없이 어찌 일찍이 국가가 기울고 패망하는 쪽으로 가지 않았던 적이 있었는가? 그대들은 나를 위하여 어질고 덕 있는 이를 찾아보아 태자궁을 보좌하도록 하고, 이것이 그 외의 여러 왕들에게도 미쳐 모두가 바른 선비를 구할 수 있도록 하라. 또 관직에 있는 인사들로서 이러한 왕들을 섬김에는 긴 세월을 한 사람에게만 그렇게 하지 못하도록 하라. 세월이 길면 서로 사이의 의와 정이 깊어 자신도 모르게 권력을 엿보는 일이 흔히 여기에서 비롯되기 때문이다. 그들 왕부王府의 관료는 4년을 넘지 않도록 하라."

貞觀十六年, 太宗謂侍臣曰:「當今國家何事最急? 各爲我言之.」
尚書右僕射高士廉曰:「養百姓最急.」
黃門侍郎劉洎曰:「撫四夷急.」
中書侍郎岑文本曰:「《傳》稱:『道之以德, 齊之以禮.』由斯而言, 禮義爲急.」
諫議大夫褚遂良曰:「卽日四方仰德, 不敢爲非, 但太子·諸王, 須有定分, 陛下宜爲萬代法以遺子孫, 此最當今日之急.」
太宗曰:「此言是也. 朕年將五十, 已覺衰怠. 旣以長子守器東宮, 諸弟及庶子數將四十, 心常憂慮在此耳. 但自古嫡庶無良佐, 何嘗不傾敗國家? 公等爲朕搜訪賢德, 以輔儲宮, 爰及諸王, 咸求正士. 且官人事王, 不宜歲久. 歲久則分義情深, 非意闚闖, 多由此作. 其王府官寮, 勿令過四考.」

【高士廉】?~647. 이름은 儉. 高祖 때 雍州治中을 지냈으며 李世民이 태자가 되어 太子右庶子에 임명됨. 이세민이 즉위한 뒤에는 吏部尙書가 되어 許國公에 봉해졌으며 僕射가 되어 太傅를 대리하여 국정을 담당함.
【道之以德】《論語》爲政篇에 "子曰:「道之以政, 齊之以刑, 民免而無恥; 道之以德, 齊之以禮, 有恥且格.」"이라 함.

【由斯而言, 禮】 이 다섯 글자는 없으나 《舊唐書》 褚遂良傳에 의해 보충해 넣은 것임.
【五十】 당시 당태종의 나이 45세였음.
【守器東宮】 태자를 세움을 말함. 器는 나라를 이어갈 寶器라는 뜻이며, 東宮은 태자가 거처하는 곳으로 흔히 태자를 뜻함
【四十】 당태종은 아우가 당시 15명이었으며 조카와 아들을 합하여 10여 명으로 모두 25명이 있었음.
【儲宮】 태자궁을 말함.
【闚闞】 엿봄. 살펴봄. 몰래 정탐함. '窺窬'로도 표기함. '覬覦'와 같음. 連綿語임.
【四考】 1년에 한번씩 考覈하므로 4년이 지남을 말함.

10. 존경사부 尊敬師傅

'존경사부尊敬師傅'는 제목을 '존사부存師傅'로 한 판본도 있다. 글자 그대로 선생님·스승을 공경하고 존중하는 것으로써 학문을 익힘은 물론, 인격도 따라 배워 지도자로서의 기본 소양을 갖추어야 함을 말한 것이다.

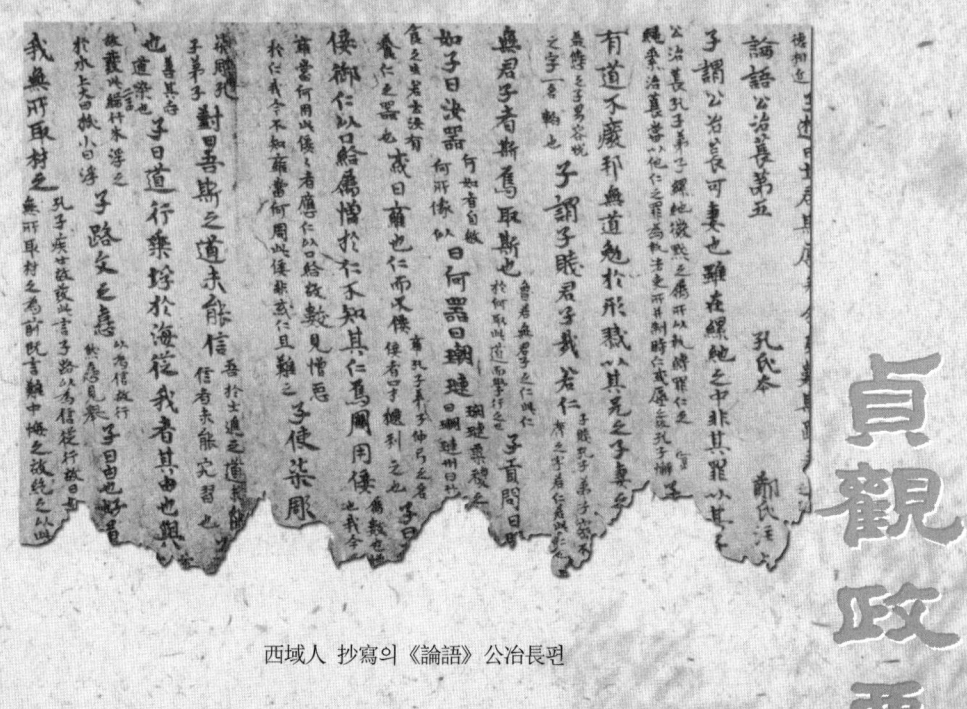

西域人 抄寫의 《論語》 公冶長편

087(10-1)
선생님에 대한 존경이 사람을 만든다

정관 3년(629), 태자소사太子少師 이강李綱이 발에 병이 나서 걸을 수가 없게 되었다. 이에 태종이 그에게 보여步輿를 하사하고 삼위三衛로 하여금 이 수레를 들고 태워 동궁東宮에 들도록 하고 황태자에게 조칙을 내려 이를 이끌어 전殿에 오른 다음 직접 절을 하여 크게 존경하고 숭상함을 보이도록 하였다. 이강은 태자를 위하여 군신君臣, 부자父子의 도를 진술하고 문침시선問寢視膳의 방법을 일러 주어 이치에 맞고 말이 곧아 듣는 자가 피곤함을 잊게 하였다. 태자가 일찍이 고래 군신 사이의 유명한 교화와 충절을 다한 고사들을 간략히 설명하자 이강은 엄숙한 태도로 이렇게 말하였다.

"육척의 어린 고아 왕자를 맡기며 백 리 땅을 지킬 사명을 부탁하는 것을 두고 옛 사람들은 어려운 일이라 여겼지만 나는 쉬운 일이라 여긴다."

이강(李綱) 자 文紀

이처럼 매번 이러한 토론을 벌이면서 그 때마다 표정이 강개하여 도저히 그 뜻을 빼앗을 수 없어 보였으며 태자도 일찍이 자신 있게 예와 공경을 표시하지 않은 적이 없었다.

貞觀三年, 太子少師李綱有脚疾, 不堪踐履. 太宗賜步輿, 令三衛擧入東宮, 詔皇太子引上殿, 親拜之, 大見崇重. 綱爲太子陳君臣父子之道, 問寢視膳之方, 理順辭直, 聽者忘倦. 太子嘗商略古來君臣名敎, 竭忠盡節之事, 綱懍然曰:「託六尺之孤, 寄百里之命, 古人以爲難, 綱以爲易.」

每吐論發言, 皆辭色慷慨, 有不可奪之志. 太子未嘗不聳然禮敬.

【三年】 다른 기록에는 貞觀 4년(630)으로 되어 있음.
【太子少師】 東宮에 속하는 少師, 少傅, 少保. 正二品으로 태자를 깨우치고 가르치는 업무를 맡았음.
【李綱】 자는 文紀. 觀州(지금의 河北 景縣) 사람으로 당 高祖 때 禮部尙書, 太子詹事였으며 李建成에게 간언을 하였지만 들어주지 않자 물러났다가 貞觀 4년(630) 7월에 太子少師가 됨.
【步輿】 사람이 들어 옮기는 수레. 한 사람만 앉아 타고 남이 끌 수 있도록 한 수레.
【三衛】 東宮 六率府를 上, 中, 下로 나누어 숙위하도록 하였으며 이를 '三衛'라 함.
【東宮】 태자가 거처하는 궁궐.
【問寢視膳】 태자로서 부모를 모시는 예절로 부모의 잠자리, 음식 등을 자세히 살피고 여쭙는 것. 《禮記》 文王世子에 "文王之爲世子, 朝於王季, 日三. 雞初鳴而衣服, 至於寢門外, 問內豎之御者曰:「今日安否何如?」 內豎曰:「安.」 文王乃喜. 及日中, 又至, 亦如之. 及莫, 又至, 亦如之. 其有不安節, 則內豎以告文王, 文王色憂, 行不能正履. 王季腹膳, 然後亦復初. 食上, 必在, 視寒煖之節, 食下, 問所膳; 命膳宰曰:「末有原!」 應曰諾, 然後退"라 함.
【六尺之孤】 어린 임금을 맡길 만함을 말함. 《論語》 泰伯篇 "曾子曰:「可以託六尺之孤, 可以寄百里之命, 臨大節而不可奪也. 君子人與? 君子人也.」"라 함.
【辭色】 언사와 얼굴 빛.
【不可奪之志】 《論語》 子罕篇에 "子曰:「三軍可奪帥也, 匹夫不可奪志也.」"라 함.

088(10-2)
성현도 누구나 스승이 있었다

정관 6년(632), 이렇게 조칙을 내렸다.
"내 근래 경사經史를 검토해 보건대 명왕明王 성제聖帝로서 어찌 스승이 없을 수 있겠는가? 전에 올린 법령 중에 삼사三師의 지위에 대한 것은 보이지 않아 나는 옳다고 여기지 않고 있었다. 어찌 그렇겠는가? 황제黃帝는 대전大顚에게 배웠고, 전욱顓頊은 녹도錄圖에게, 요堯는 윤수尹壽에게, 순舜은 무성소務成昭에게, 우禹는 서왕국西王國에게, 탕湯은 위자백威子伯에게, 문왕文王은 자기子期에게, 무왕武王은 괵숙虢叔에게 배웠다. 전대의 성왕으로 이러한 스승을 만나지 못하였다면 공과 업적이 천하에 드러나지 않았을 것이며, 명예가 기록에 전하지 못하였을 것이다. 하물며 나는 그 많은 왕들의 끝을 이어받아 지혜는 그들 성인만 못한데 스승이 없다면 어찌 억조 백성들에게 임할 수 있겠는가? 《시詩》에 이르지 않았던가? '허물을 짓지도 말고 옛 것을 잊지도 말라. 오직 옛 기록에 의하여 처리하여라'라고 하였음을. 무릇 배우지 아니하면 옛 도에 밝을 수 없으니 그렇게 하고도 능히 태평을 이룬 자는 있어 본 적이 없다! 법령에 밝혀 삼사의 직위를 설치하도록 하라."

貞觀六年, 詔曰:「朕比尋討經史, 明王聖帝, 曷嘗無師傅哉? 前所進令遂不覩三師之位, 意將未可. 何以然? 黃帝學大顚, 顓頊學錄圖, 堯學尹壽, 舜學務成昭, 禹學西王國, 湯學威子伯, 文王學子期, 武王學虢叔. 前代聖王, 未遭此師, 則功業不著乎天下,名譽不傳乎載籍. 況朕接百王之末, 智不同聖人, 其無師傅, 安可以臨兆民者哉?《詩》不云乎: 『不愆不忘, 率由舊章.』夫不學, 則不明古道, 而能政致太平者, 未之有也! 可卽著令, 置三師之位.」

【三師】太師, 太傅, 太保를 말하며 隋나라 때 폐지하였다가 貞觀 6년(632) 2월 太宗이 건의하여 이를 회복하였으며 2년(628)에 '三師'를 설치함.
【大顚】'太顚, 大眞'으로도 표기하며 전설상 黃帝의 스승이라 함.《新序》(5)에 "子夏曰:「有. 臣聞: 黃帝學乎大眞, 顓頊學乎綠圖, 帝嚳學乎赤松子, 堯學乎尹壽, 舜學乎務成跗, 禹學乎西王國, 湯學乎威子伯, 文王學乎鉸時子斯, 武王學乎郭叔, 周公學乎太公, 仲尼學乎老聃. 此十一聖人, 未遭此師, 則功業不著乎天下, 名號不傳乎千世」라 함.
【錄圖】'綠圖'로도 표기하며 顓頊의 스승으로 알려짐.
【尹壽】'尹疇'로도 쓰며 堯의 스승.
【務成昭】'務成跗'로도 알려져 있으며 舜의 스승.
【西王國】西王母. 전설상 舜임금 때 서왕모가 보물을 바쳤으며 禹가 이를 바탕으로 먼 곳에 이르러 어진 이를 찾아 治水에 성공하였다 하여 흔히 禹임금의 스승으로 여김. '國'은 '母'의 오자인 듯함.
【威子伯】湯의 스승.
【子期】'鉸時子期'로도 쓰며 周나라 文王의 스승.
【虢叔】郭叔으로도 쓰며 周 武王의 스승. 이상은 모두《新序》雜事(5)에 실려 있음.
【詩】《詩經》大雅 假樂의 구절.

089(10-3)
여러 왕들을 잘 가르쳐 주시오

정관 8년(634), 태종이 시종하는 신하에게 말하였다.

"상지上智의 사람은 스스로 물들지 않지만 중지中智의 사람은 대신 고집은 적어 가르침에 따라 변화시킬 수 있다. 하물며 태자의 사보師保는 옛날에도 뽑아 쓰기가 어려웠다. 성왕成王이 어릴 때 주공周公과 소공召公이 보부保傅가 되어 좌우에 모두 어진 이를 두어 날로 훌륭한 가르침을 받을 수 있었다. 이로써 족히 어짊을 키우고 덕을 보태고 더하여 성군聖君이 되도록 한 것이다. 그러나 진秦나라 호해胡亥는 조고趙高를 스승으로 삼음으로써 형법刑法을 가르치게 되었고 호해가 제위를 잇자 공신功臣을 주벌하고 친족을 살해하며 가혹하고 포악하기가 끝이 없어 그 자리에서 망하고 말았다.

그러므로 사람의 선악이란 진실로 가까이 있는 사람에게 배운다는 것을 알 수 있다. 짐은 지금 태자와 제왕諸王을 위하여 사부師傅을 엄선하여 그들로 하여금 예도禮度를 법으로 삼아 우러러보도록 하여, 비익裨益이 있도록 하고자 한다. 그대들은 정직하고 충신忠信한 자를 찾아 각각 두 세 사람씩 추천하도록 하라."

貞觀八年, 太宗謂侍臣曰:「上智之人, 自無所染, 但中智之人無恆, 從教而變. 況太子師保, 古難其選. 成王幼小, 周召爲保傅, 左右皆賢, 日聞雅訓, 足以長仁益德, 使爲聖君. 秦之胡亥, 用趙高作傅, 敎以刑法, 及其嗣位, 誅功臣, 殺親族, 酷暴不已, 旋踵而亡. 故知人之善惡, 誠由近習. 朕今爲太子·諸王精選師傅, 令其式瞻禮度, 有所裨益. 公等可訪正直忠信者, 各擧三兩人.」

【無恆】항심이 없음. '恆'은 '恒'과 같음. 여기서는 '고집'을 뜻하는 것으로 봄.
【太子師保】태자의 성장과 교육을 담당하는 이들. 太子太師, 太子太傅, 太子太保, 太子少師, 太子少傅, 太子少保 등의 직책들.
【周召爲保傅】周나라 초기 周公(姬旦)과 召公(姬奭)이 각기 成王(姬誦)의 師와 保가 되어 그 업무를 잘 추진하였음을 말함.
【胡亥】秦始皇의 둘째 아들로 帝位에 올라 秦 二世가 됨. 趙高 등에게 농락을 당하여 나라를 망침.
【旋踵】'발길을 되돌리자 말자'의 뜻.
【式瞻】그를 우러러 법으로 여김.
【裨益】교육과 교화에 裨補가 되고 유익함이 있도록 함.

090(10-4)
스승의 도를 다하여 왕자를 가르치다

정관 2년(628), 예부상서禮部尚書 왕규王珪로 하여금 위왕魏王 이태李泰의 스승 임무를 겸하도록 하였다.

그리고 태종은 상서좌복야尚書左僕射 방현령房玄齡에게 말하였다.

"고래로 제왕의 아들은 깊은 궁궐에서 태어나 어른으로 자라서는 교만하고 일탈하지 않은 자가 없으니 이로써 결국 엎어지고 망하는 예가 이어지고 있어 능히 자신을 구제하는 자가 적었다. 나는 지금 자제 교육을 엄하게 하여 모두가 안전함을 얻도록 하고자 한다. 왕규는 내가 오랫동안 부렸던 사람으로서 아주 강직하여 뜻을 충효에 두고 있는 자라고 내 잘 알고 있다. 그리하여 이를 뽑아 내 아들의 선생으로 삼은 것이다. 경은 의당 이태에게 일러 매번 왕규를 대할 때마다 마치 나를 직접 대면하듯이 존경함을 더하여 게으르거나 태만함이 없도록 일러 주기 바란다."

왕규 역시 그에게 스승이 된 도로써 하겠다고 자처하여 당시 모두가 매우 훌륭하였다고 칭송하였다.

貞觀十一年, 以禮部尚書王珪兼爲魏王師.

太宗謂尚書左僕射房玄齡曰:「古來帝子, 生於深宮, 及其成人, 無不驕逸, 是以傾覆相踵, 少能自濟. 我今嚴敎子弟, 欲皆得安全. 王珪我久驅使, 甚知剛直, 志存忠孝, 選爲子師. 卿宜語泰, 每對王珪, 如見我面, 宜加尊敬, 不得懈怠.」

珪亦以師道自處, 時議善之也.

【師】당나라 초기에 수나라 제도를 이어받아 皇叔, 昆弟, 皇子에게 각각 師 1인을 배치하였음.
【魏王】李泰. 태종의 넷째 아들. 魏王에 봉해졌음.

091(10-5)
스승을 하늘같이 모시도록 하라

정관 17년(643), 태종이 사도司徒 장손무기長孫無忌와 사공司空 방현령 房玄齡에게 말하였다.

"태자의 양육을 맡은 세 분 선생님은 도덕으로써 사람을 가르치는 자이다. 만약 선생님이 신분이 비천하면 태자가 그들을 통해 법칙을 얻을 것이 없게 된다."

이에 조서를 내려 태자가 세 스승을 대하는 의례를 주석하여 책을 편찬하도록 하였다.

즉 태자는 선생님이 오실 때 태자전에서 문 앞에 나와 맞이하여 먼저 세 번 세 스승에게 절을 하면 세 스승은 이에 답배를 하며, 문을 들어설 때마다 먼저 들어서기를 양보하며, 세 스승이 자리에 앉고 나서 태자가 앉는다. 그리고 세 스승에게 편지를 보낼 때는 이름 앞에 '황공惶恐'이라는 말을 붙이며 이름 뒤에도 '황공재배惶恐再拜'라는 말을 붙이도록 한 것이다.

貞觀十七年, 太宗謂司徒長孫無忌·司空房玄齡曰:「三師以德道人者也. 若師體卑, 太子無所取則.」

於是詔令撰太子接三師儀注: 太子出殿門迎, 先拜三師, 三師答拜, 每門讓三師. 三師坐, 太子乃坐. 與三師書, 前名惶恐, 後名惶恐再拜.

【三師】太子의 양육과 교육을 담당하는 세 명의 선생. 즉 太子太師와 太子太傅, 太子太保를 말함.
【儀注】儀禮와 典章, 儀典 등에 대한 제도.
【惶恐】편지나 상소 등의 앞뒤에 쓰는 謙辭.

092(10-6)
태자가 된 이치李治

　정관 18년(644), 고종高宗 이치李治가 처음 황태자가 되었을 때 아직 어진 이를 존경할 줄도, 도를 중시할 줄도 모르자 태종이 다시 태자로 하여금 자신의 침전寢殿 곁에 생활하도록 하면서 동궁東宮으로 돌아갈 임무를 잊지 않도록 할 참이었다.
　그러자 산기상시散騎常侍 유계劉洎가 이렇게 글을 올렸다.
　"제가 듣기로 사방의 교외에서 태자를 맞이하여 교육시키는 것은 태자로 하여금 덕을 성취하도록 하기 위함입니다. 나이에 따라 삼양三讓을 배우며, 태자는 이로 말미암아 국가의 정량貞良한 모범이 되는 것입니다. 이는 모두가 군주의 뒤를 이을 높은 신분을 낮추어 아랫사람과 사귀는 의를 펴기 위한 것입니다. 그러므로 추언芻言으로 모두의 추천함을 얻으며 곁에 있는 이들의 질문으로 사방을 통하며, 궁궐 뜰을 나서지 아니하고 앉아서도 천하를 알게 되는 것이니 이러한 방법으로 이끄는 것은 영원히 그 기초를 튼튼히 하기 위한 것입니다. 태자는 깊은 궁궐에서 나서 부인의 손에 자람으로 해서 일찍이 근심이나 슬픔이라는 것을 알 수 없으며 풍아風雅를 깨우칠 길이 없었습니다. 비록 아무리 신령한 재능을 측량할 수 없이 많이 가지고 태어나거나 아무리 하늘이 그의 생이지지生而知之를 마음대로 풀어 볼 수 있도록 하였다 해도 만물을 열어 힘쓸 바를 성취하는 것은 끝내 밖에서 장려하고 가르침을 통해야 하는 것입니다. 무릇 저 간약干籥을 숭상하는 일이라거나 이 노래를 듣고 즐거워하는 일 등을 제외하고 어찌 만물을 분명히 변별하며 떳떳한 윤리를 견핵甄覈할 수가 있겠습니까? 역대 성현을 고찰해 보면 모두가 옥탁玉琢의 과정을 거쳤습니다. 이 까닭으로 주周나라 태자 희송姬誦은 아주 명철하였으나 여망呂望과 소공召公 희석姬奭이 스승이 되어 가르쳐 더욱 넉넉하게 해 주었고, 한漢나라 태자 혜제惠帝는 아주 인자하였으나 동원공東園公과 기리계綺里季 등 상산사호商山四皓가 그 덕을 밝혀 주었습니다. 원래 태자란 그 몸이 종묘에 매어 있으며 그의 선악은 국가의 흥망을 좌우합니다. 시작을 근면히 하지 않았다가는 그 끝맺음을 후회하게 됩니다. 이 때문에 조착鼂錯은 글을 올려 태자로 하여금 정치의 방략을 통달할 수 있도록 해 주어야 한다고 하였고, 가의賈誼는 태자로서 예교에 힘쓸 줄 알도록 하여야 한다고 책략을 올렸던 것입니다. 몰래 생각하건대 황태자는 재주와 용모가 출중하여 아름다운 명성이 일찍 널리 퍼졌으며, 명윤독성明允篤誠의 아름다움과 효우인의孝友仁義의 덕행 모두가 하늘로부터 물려받아 이를 깨우쳐 줄 노고를 들이지 않아도 될 정도여서, 중원과 이민족이 모두 그의 덕을 우러러보아 새가 날 듯 물고기가 헤엄을 치듯 그에게 모여들고 있습니다. 그렇다면 그의 침문시선寢門視膳의 효행은 이미 삼조三朝의 예로서 표시하고 있으니 예궁藝宮에서 도를 학습하고 논하는 것은 의당 사술四術에까지 넓힐 수 있도록 해 주어야 할 것입니다. 비록 나이가 지금 한창인 때라 자신을 수양함이 진전을 보고 있기는 하나 실제로 세월은 쉽게 흘러가는 것이니 학업을 폐하고 조롱을 받거나 자신의 기분에 얽혀 안일을 추구하는 것은 지금 이로부터 시작될 수 있습니다. 저는 어리석은 단견을 가지고 있음에도 다행히 태자를 가르치는 일에 종사하도록 하셨으니 늘 어떻게 하면 태자를 명석하게 되도록 가르칠 것인가만을 생각하며 잠시 철저한 문제를 들려드리기를 원한 것입니다. 감히 옛 고사를 왜곡하여 진술하지는 않는 것이니 폐하의 성덕으로 이를 말씀해 주시기를 간절히 청합니다.

 엎드려 생각하건대 폐하께서는 태어나시면서 신명함을 가지고 천하를 다스리시며 즉위한 이래로 시험해 보셨습니다. 재예가 많으시니 그 도가 이 시대에 널리 드러났으며 문무의 공을 쌓으시니 그 공과 성취가 조상의 뒤를 이으셨습니다. 이리하여 만방이 귀순하며 구위九圍가 청안하게 되었습니다. 그럼에도 오히려 비록 자랑할 거리가 있어도 자랑치 아니하며 하루하루 신중함을 다하시면서 옛날의 특이한 사례를 듣고자 하시고, 지금 당대의 일을 힘써 밝히시려 생각하십니다. 한밤중에도 책을 보시면서 한漢나라 광무제光武帝의 일을 높이 여기시며 말 위에서도 책을 펴들고 위魏나라 무제武帝 조조보다 더 열심을 다하겠다고 하셨습니다. 폐하께서 이처럼 열심을 다하시면서 태자에게는 우유부단하게 세월을 허비하도록 하시어 책을 읽히지도 글씨를 배우지도 못하도록 하시니 저로서는 이해할 수가 없는 것 중의 하나입니다.

그리고 폐하께서는 잠시 정무를 쉬시면서 정회를 풀기 위해 문학에도 정을 붙이시고 계십니다. 그리고 천문天文에도 관심을 가지실 때면 은하의 빛을 가슴에 간직하고 계시며, 옛 글씨를 신선의 것이라 즐기실 때면 색채 띤 구름이 흐르듯 그와 같은 뛰어난 작품을 만드십니다. 진실로 이는 만대를 두고 아주 작은 차이일 뿐, 모든 왕 중에 가장 뛰어난 작품들입니다. 그리하여 굴원屈原이나 송옥宋玉도 이에 어깨를 겨루지 못할 정도이며 종요鍾繇나 장지張芝인들 어찌 그 경지에 오르겠습니까? 폐하께서 스스로는 이렇게 즐기시면서 태자에게는 유연히 고요히 처하도록 하여 편한篇翰을 들쳐 보지도 못하게 하고 있으니 이것이 제가 깨닫지 못할 두 번째입니다.

폐하께서는 모든 오묘한 것은 다 갖추어 놓으셔서 홀로 이 천하에 뛰어나심에도 오히려 하늘로부터 받은 그 총명함을 어둡다고 여겨 허리를 굽혀 아는 이에게 질문을 하십니다. 조회를 듣는 틈에도 여러 관리들을 끌어들여 몸을 낮추어 편한 얼굴로 고금의 일들을 물으십니다. 그 때문에 조정의 시비와 민간의 호오를 터득하시며 큰 일 작은 일 할 것 없이 반드시 이를 들으십니다. 폐하께서는 스스로 이와 같이 하시면서 도리어 태자를 오랫동안 폐하 곁에 두신 채 들어와 모시도록 하여 바른 사람은 접해볼 기회를 주지 않으시니 제가 깨닫지 못하고 있는 것 중의 세 번째입니다.

폐하께서는 만약 이익이 없다고 여기신다면 어찌 위와 같은 일에 그토록 정신을 쏟았겠습니까? 그러나 만약 성취하겠다고 하신다면 응당 그러한 일은 후손에게 그렇게 하도록 하셔야 할 것입니다. 이를 멸시하여 급한 일이 아니라고 여겼다면 역대 이래 누구도 그렇게 하지 않았을 것입니다. 엎드려 원하건대 폐하의 신명하신 모범을 더욱 넓히셔서 그 가르침이 태자에게도 베풀어 지도록 해 주시기를 바랍니다. 그리하여 그에게 좋은 책을 주고 훌륭한 빈객을 맞아 즐기도록 해 주십시오. 아침에는 경사經史를 펼쳐 보아 옛사람들의 성패를 그 기록에서 찾아보며 저녁에는 빈객을 맞아 지금 당대의 득실을 살펴볼 수 있도록 하십시오. 그 중간에 좋은 글씨도 감상하고 문장도 짓도록 한다면 날로 듣지 못했던 것을 들을 수 있을 것이며 날로 보지 못했던 것을 볼 수 있을 것입니다. 그렇게 되면 그 덕에 부응하여 더욱 빛이 날 것이며 이는 백성의 복이 될 것입니다.

  몰래 생각건대 양제良娣의 선발은 중국 전체에서 두루 찾으셔야 합니다. 폐하의 뜻을 우러러 이해하되 본래는 집안일을 전담할 자로서 미세한 일도 미리 방비할 수 있어야 하며, 원대한 염려를 위해 신중을 기할 줄 아는 그러한 사람이어야 한다고 저는 알고 있습니다. 그러나 태자를 가까이 모실 신하로서의 인물이라면 비빈을 맞아들이는 것과는 달라야 합니다. 태자는 두 번의 나라 감독과 군사 위무慰撫의 일을 해 오면서 가까운 신하 하나를 접해 보지 못하였습니다. 저의 생각으로는 안을 담당할 비빈을 뽑는 것을 그토록 신중히 한다면 밖으로 신하를 뽑는 것도 역시 그와 같아야 한다고 여깁니다. 그렇게 하지 않으면 물의를 일으켜 폐하께서는 안은 중히 여기면서 밖은 경홀히 한다고 떠들까 두렵습니다. 옛날의 태자는 아침에 천자에게 문안을 드린 다음에는 물러났습니다. 이는 임금이면서 아버지인 천자를 더욱 공경한다는 의미였습니다. 그리고 다른 궁궐에 처하였으니 이는 혐의를 분별하기 위함이었습니다. 그런데 지금 태자는 한결같이 같은 궁궐에서 폐하를 모시면서 열흘이고 한 달이고 함께 행동하시니 사부師傅 이하는 접견조차 할 수 없습니다. 설령 태자로 하여금 폐하를 모시는 틈을 내어 잠시 동궁에 가 있도록 한다 해도 역시 우리가 태자를 배알할 기회는 아주 적습니다. 게다가 일이 있을 때만 태자를 만나야 하니 그에게 규간規諫의 도를 일러 준다고 하는 것은 진실로 짬이 나지 않습니다. 폐하께서 친히 가르칠 수 없고 직접 궁궐에서도 진언을 할 기회를 주지 않는다면 비록 동궁에 그 많은 관직과 관료를 구비한들 끝내 장차 무슨 보탬이 되겠습니까?

엎드려 원하건대 폐하께서는 옛사람들의 경험을 따라 태자에 대한 사사로운 사랑을 억제하셔서 원대한 규범을 펴도록 하시며 사우師友의 의를 펼 수 있도록 해 주십시오. 그렇게 하면 아름다운 덕을 밝혀 이가 무성하게 될 것이며, 제업帝業이 이로써 넓혀질 것이니 무릇 이 많은 백성 그 누가 경하하고 의지하지 않겠습니까? 태자는 온량공검溫良恭儉하며 총명예철聰明睿哲하니, 모든 백성이 모두 이를 안다면 신하로서 어찌 이를 모르고 있을 수 있겠습니까? 저는 식견이 천박하나 부지런함을 다하여 어리석은 충정을 다 바치고자 하는 자입니다. 원컨대 창해와 같은 넓은 사랑을 더욱 윤택하게 펴 주시고 해와 달처럼 그 빛을 더 빛나게 베풀어 주시옵소서."

태종은 이에 유계와 잠문본岑文本, 마주馬周로 하여금 날마다 교대로 동궁으로 가서 황태자와 학문을 토론하도록 하였다.

貞觀十八年, 高宗初立爲皇太子, 尙未尊賢重道, 太宗又嘗令太子居寢殿之側, 絶不忘往東宮.

散騎常侍劉洎上書曰:

「臣聞郊迎四方, 孟侯所以成德; 齒學三讓, 元良由是作貞. 斯皆屈主祀之尊, 申下交之義. 故得芻言咸薦, 睿問旁通, 不出軒庭, 坐知天壤, 率由茲道, 永固鴻基者焉. 至若生乎深宮之中, 長乎婦人之手, 未曾識憂懼, 無由曉風雅. 雖復神機不測, 天縱生知, 而開物成務, 終由外獎. 匪夫崇彼干籥, 聽茲謠頌, 何以辨章庶類, 甄覈以彝倫? 歷考聖賢, 咸資琢玉. 是故周儲上哲, 師望·奭而加裕; 漢嗣深仁, 引園·綺而昭德. 原夫太子, 宗祧是繫; 善惡之際,興亡斯在, 不勤于始, 將悔于終. 是以鼂錯上書, 令通政術; 賈誼獻策, 務知禮教. 竊惟皇太子玉裕挺生, 金聲夙振, 明允篤誠之美, 孝友仁義之方, 皆挺自天姿, 非勞審諭, 固以華夷仰德, 翔泳希風矣. 然則寢門視膳, 已表於三朝; 藝宮論道, 宜弘於四術. 雖富於春秋, 飭躬有漸, 實恐歲月易往, 墮業興譏, 取適晏安, 言從此始. 臣以愚短, 幸參侍從, 思廣儲明, 暫願聞徹. 不敢曲陳故事, 切請以聖德言之.

伏惟陛下誕叡膺圖, 登庸歷試. 多才多藝, 道著於匡時; 允文允武, 功成於纂祀. 萬方卽敘, 九圍淸晏. 尚且雖休勿休, 日愼一日, 求異聞於振古, 勞睿思於當年. 乙夜觀書, 事高漢帝; 馬上披卷, 勤過魏王. 陛下自勵如此, 而令太子優游棄日, 不習圖書, 臣所未諭一也. 加以暫屏機務, 卽寓雕蟲. 紆寶思於天文, 則長河韜映; 摛玉華於仙札, 則流霞成彩. 固以鎔銖萬代, 冠冕百王, 屈宋不足以升堂, 鍾張何階於入室. 陛下自好如此, 而太子悠然靜處, 不尋篇翰, 臣所未諭二也. 陛下備該衆妙, 獨秀寰中, 猶晦天聰, 俯詢凡識. 聽朝之隙, 引見群官, 降以溫顔, 訪以今古. 故得朝廷是非, 閭里好惡, 凡有巨細, 必關聞聽. 陛下自行如此, 而令太子久趨入侍, 不接正人, 臣所未諭三也. 陛下若謂無益, 則何事勞神? 若謂有成, 則宜申貽厥. 蔑而不急, 未見其可. 伏願俯推睿範, 訓及儲君, 授以良書, 娛之嘉客. 朝披經史, 觀成敗於前蹤; 晚接賓遊, 訪得失於當代. 間以書札, 繼以篇章, 則日聞所未聞, 日見所未見. 副德愈光, 群生之福也.

竊以良娣之選, 徧於中國. 仰惟聖旨, 本求典內, 冀防微, 愼遠慮, 臣下所知. 曁乎徵簡人物, 則與聘納相違; 監撫二周, 未近一士. 愚謂內旣如彼, 外亦宜然者. 恐招物議, 謂陛下重內而輕外也.

古之太子, 問安而退, 所以廣敬於君父; 異宮而處, 所以分別於嫌疑. 今太子一侍天闈, 動移旬朔, 師傅已下, 無由接見. 假令供奉有隙, 暫還東朝, 拜謁旣疏, 且事俯仰, 規諫之道, 固所未暇. 陛下不可以親敎, 宮寀無因以進言, 雖有具寮, 竟將何補?

伏願俯循前躅, 稍抑下流, 弘遠大之規, 展師友之義. 則離徽克茂, 帝圖斯廣, 凡在黎元, 孰不慶賴? 太子溫良恭儉, 聰明睿哲, 含靈所悉, 臣豈不知? 而淺識勤勤, 思效愚忠者, 願滄溟益潤, 日月增華也.」

太宗乃令洎與岑文本・馬周遞日往東宮, 與皇太子談論.

【十八年】 다른 기록에 의하면 이 상소를 올린 것은 貞觀 17년(643) 5월의 일임. 당시 劉洎가 黃門侍郎이 되었음.
【高宗】 당 태종의 아홉째 아들 李治. 長孫皇后 소생이며 정관 17년(643) 4월 당시 태자 李承乾을 폐하고 李治를 황태자로 세웠음.
【郊迎四方】 주나라의 제도로 사방 교외의 동서남북 사학에서 학습을 시킴.
【孟侯】 제후 중의 가장 우두머리, 즉 태자를 지칭함.
【齒學三讓】 이가 나면서부터 세 가지 겸양을 배움. 즉 讓父, 讓君, 讓長을 말함. 《禮記》 文王世子 참조.
【元良】 태자를 가리킴.
【芻言】 芻蕘의 말. 《詩經》 大雅 板에 "先民有言, 詢于芻蕘"라 함.
【風雅】 詩文을 가리킴.
【天縱生知】 하늘이 生而知之를 마음 놓고 활용하도록 자유를 줌. 매우 똑똑함을 뜻함. '天縱'은 《論語》 子罕篇에 "大宰問於子貢曰:「夫子聖者與? 何其多能也?」子貢曰:「固天縱之將聖, 又多能也.」子聞之, 曰:「大宰知我乎! 吾少也賤, 故多能鄙事. 君子多乎哉? 不多也.」牢曰:「子云:『吾不試, 故藝.』」"라 함. '生知'는 季氏篇에 "孔子曰:「生而知之者上也, 學而知之者次也; 困而學之, 又其次也; 困而不學, 民斯爲下矣.」"라 함.
【開物成務】 천하 만물의 기능을 열어 주고 천하의 사무에 힘씀. 《周易》 繫辭(上)의 구절.

【干籥】 방패와 피리. '干'은 춤을 출 때 사용하는 방패이며 '籥'은 음악을 연주할 때 쓰는 피리. 禮樂을 뜻함.

【辨章庶類】 庶類(만물)를 변별하여 밝게 구분함. '章'은 '彰'과 같음.

【甄覈彝倫】 '甄覈'은 실상을 조사하며 바르게 변별함을 뜻하며, '彝倫'은 사람과 사람 사이의 떳떳한 윤리를 가리킴.

【玉琢】 옥은 쪼고 다듬어야 그릇이 됨. 사람은 배워야 함을 말함. 《禮記》學記에 "玉不琢, 不成器: 人不學, 不知道. 是故古之王者建國君民, 教學爲先. 兌命曰: 「念終始曲于學. 其此之謂乎!」"라 함.

【周儲】 周나라의 太子 姬誦. 뒤에 成王이 되어 周公의 보필을 받음. '儲'는 '儲君', 즉 태자를 가리킴.

【望奭】 太公望 呂尙과 召公 姬奭. 成王을 보필하여 太師와 太保의 역할을 잘 수행함.

【漢嗣】 한나라의 嗣子. 즉 高祖 劉邦의 아들 劉盈을 말함. 惠帝에 오름.

【園綺】 '商山四皓'를 말함. 東園公, 綺里季, 夏黃公, 甪里先生. 高祖 劉邦이 나이가 들어 呂后 소생의 太子 劉盈을 폐하고 戚夫人 소생의 趙王 如意로 바꾸려 하자 여후가 張良에게 부탁하여 태자로 하여금 商山四皓를 모셔 오도록 하여 유방의 계획을 포기하도록 함. 《史記》留侯世家 및 《新序》善謀篇 등을 참조할 것.

【鼂錯上書】 鼂錯이 太子舍人일 때 "人主所以尊顯功名, 揚於萬世之後者, 以知術數也"라 함. 당시 태자는 뒤에 한 景帝가 되었음. 《漢書》鼂錯傳 참조.

【賈誼獻策】 賈誼가 梁懷王의 師傅였을 때 태자가 예교를 알고 이에 힘쓸 것을 주장하며 책략을 올림. 《漢書》賈誼傳 참조.

【玉裕挺生】 재능과 용모가 출중함을 표현하는 말.

【寢問視膳】 부모의 잠자리를 여쭙고 식사 때마다 이를 살펴드리는 효도.

【三朝】 하루에 아침, 낮, 저녁 세 번씩 부모를 뵙고 안부를 물음.

【藝宮】 六藝를 익히는 교실. 배움터. 학교, 교실을 뜻함.

【四術】 詩, 書, 禮, 樂을 말함. 고대의 기본적인 학습 과목.

【儲明】 태자가 현명해지도록 가르침.

【九圍】 구주. 전국을 뜻함.

【漢帝】 東漢 光武帝 劉秀. 스스로 경학을 강론하며 밤늦어서야 잠자리에 들었다 함.

【魏王】 曹操. 전투 중에도 책을 놓지 않을 정도로 학문에 열심이었음.

【雕蟲】 雕蟲小技. 文章이나 詩文을 뜻함. 벌레가 나뭇잎을 갉듯이 공교하게

꾸며냄. 원래는 篆刻書法八體의 하나로 小技라는 뜻으로 바뀌었으며 다시 문장 기교로 바뀜. 揚雄의 《法言》吾子篇에「或問: 吾子少而好賦? 曰: 然, 童子雕蟲篆刻. 俄而曰: 壯夫不爲也」라 함.

【屈宋】 전국시대 屈原과 宋玉. 모두 뛰어난 辭賦의 작가였음.

【鍾張】 魏나라 때 太尉 鍾繇와 東漢 때의 태위 張芝. 모두가 뛰어난 서예가였음.

【升堂入室】 그 경지에 들어감. 아주 높은 경지에 이름. 《論語》先進篇에 "子曰: 「由之瑟奚爲於丘之門?」 門人不敬子路. 子曰: 「由也升堂矣, 未入於室也.」"라 함.

【貽厥】 貽厥孫謀의 줄인 말. 그 자손에게 길이 영향을 미칠 덕을 생각함. 《尙書》五子之歌에 "明明我祖, 萬邦之君. 有典有則, 貽厥子孫"이라 함.

【良娣】 太子 婢妾의 칭호.

【天閨】 황제가 거처하는 궁궐.

【下流】 자손에 대한 사사로운 사랑.

【離徽克茂】 미덕을 드러내어 밝혀 이를 무성하게 함.

【含靈】 靈性을 머금고 있는 천하 백성을 말함.

11. 교계태자제왕 教戒太子諸王

태자와 왕실에 봉호封號를 받아 왕이라는 높은 직책을 맡은 자는 가르쳐야 하며, 사치나 방종, 게으름에 빠지지 않도록 경계를 시켜야 함을 뜻한다. 특히 태자나 세자, 제왕들의 경우 깊은 궁궐에 태어나 민간의 고통을 모를뿐더러 쉽게 사치와 방종에 빠질 염려가 있어 이에 대한 창업자로서의 경계를 삼도록 한 것이다.

〈七牛虎耳銅貯貝器〉 西漢시대 작품, 雲南 晉寧縣 출토

093(11-1)
태자를 잘 이끌어 주시오

정관 7년(633), 태종이 태자좌서자太子左庶子 우지녕于志寧과 두정륜杜正倫에게 말하였다.

"그대들은 태자를 이끌어 줌에 항상 모름지기 백성의 민간 생활에 대한 이해와 실정을 일러 주어야 한다. 나는 18살까지 민간에 있어 백성들의 고통에 대하여 익숙히 알지 못하는 것이 없다. 이렇게 제왕의 지위에 거하면서도 매번 일을 처리하고 상의하면서 혹 때에 따라 어긋나고 소홀함이 있을 때면 남의 간쟁을 듣고서야 비로소 내 잘못을 깨닫곤 한다. 만약 충성스러운 간언으로 말해 주는 자가 없다면 어느 경로로 좋은 일을 실천할 수 있겠는가? 그런데 하물며 태자는 깊은 궁궐에서 태어났으니 백성의 고통에 대하여 어느 것도 직접 보고 들은 것이 없음에랴? 게다가 임금이란 나라의 안위가 달려 있으니 문득 교만하고 방종함으로 빠져서는 안 될 것이다. 단지 내가 칙령을 내려 간언하는 자는 즉시 목을 베리라 라는 말만 해도 천하의 많은 선비들이 감히 직언을 해 주지 않을 것임을 나는 알고 있다. 그러므로 자신을 극복하여 정밀함에 힘써 간쟁을 용납하고 있는 것이다. 그대들은 항상 이러한 뜻으로써 서로 담화를 나누어 매번 옳지 못한 일을 볼 때마다 의당 극언으로 간쟁하여 태자에게 보탬이 될 수 있도록 하라."

우지녕(于志寧) 자 仲謐

貞觀七年, 太宗謂太子左庶子于志寧·杜正倫曰:「卿等輔導太子, 常須爲說百姓間利害事. 朕年十八, 猶在民間, 百姓艱難, 無不諳練. 及居帝位, 每商量處置, 或時有乖疏, 得人諫諍, 方始覺悟. 若無忠諫者爲說, 何由行得好事? 況太子生長深宮, 百姓艱難, 都不聞見乎? 且人主安危所繫, 不可輒爲驕縱. 但出敕云, 有諫者卽斬, 必知天下庶士無敢更發直言. 故克己勵精, 容納諫諍, 卿等常須以此意共其談說. 每見有不是事, 宜極言切諫, 令有所裨益也.」

【于志寧】정관 때의 명신. 자는 仲謐. 雍州 高陵(지금의 陝西 高陵縣) 출신으로 貞觀 3년(629) 中書侍郎이 되었다가 太子左庶子로 승진함. 《諫苑》20권을 지어 太子 李承乾을 구제하였으며 晉王 李治가 皇太子가 되자 다시 태자좌서자가 되었다가 侍中으로 승진함.
【杜正倫】정관 초에 魏徵의 추천으로 兵部員外郞이 되었다가 給事中과 知起居注의 임무를 맡았으며 정관 4년(630) 中書侍郞에 오름. 당시 杜正倫은 太子右庶子였음.
【諳練】숙련됨. 모두 알고 있음.
【乖疏】착오가 생기고 疏漏함을 말함.
【但出敕云】임금으로서 단지 그러한 칙령만 내려도 천하 言路가 막힘. 군주의 영향이 매우 지대함을 뜻함.

094(11-2)
백성의 고통을 알도록 가르친 태종

정관 18년(644), 태종이 시종하는 신하에게 말하였다.
"옛날 세자를 가졌을 때 태교胎敎가 있었으나 나는 시간이 모자라 그렇게 하지 못했었다. 다만 근래 태자로 세우고부터 만나는 사물마다 반드시 깨우치고 가르치고 있다. 식사를 할 때 밥을 보게 되면 '너는 이 밥에 대하여 아느냐?'라고 물어 '모릅니다'라고 하면 '무릇 농사짓는 일이란 매우 힘든 것으로 모두가 사람의 힘으로 한단다. 그 농사철을 빼앗지 말아야 항상 이러한 밥이 있게 되는 것이란다'라고 한다. 그리고 말을 타게 되면 다시 '너는 이 말에 대하여 아느냐?'라고 물어 '모릅니다'라고 하면 '이는 사람을 대신하여 노고로운 고통을 당하는 자로서 때맞추어 쉬고 생식할 수 있도록 하여 그 힘을 다 빼앗지 않으면 늘 이러한 말을 탈 수 있는 것이다'라고 한다. 그리고 다시 배를 타게 되면 '너는 이 배에 대하여 아느냐?'라고 물어 '모릅니다'라고 하면 '배는 임금에게 비유할 수 있고 물은 많은 백성에게 비유할 수 있다. 물은 능히 배를 띄우지만 역시 배를 엎어 버리기도 한단다. 너는 바야흐로 백성의 주인이 되었으니 가히 그들을 두려운 존재로 여겨야 하느니라!'라고 한다. 또 굽은 나무 아래에 쉴 때면 '너는 이 나무에 대하여 아느냐?'라고 물어 '모릅니다'라고 하면 '이 나무는 비록 굽어 있지만 먹줄을 만나면 곧게 켤 수가 있는 것이란다. 백성의 임금이 된 자가 비록 도가 없다고 해도 간언을 받아들이기만 하면 성군이 될 수 있으니 이는 부열傅說이 한 말로서 가히 스스로 거울로 삼을 만 하단다'라고 일러 주곤 한다."

貞觀十八年, 太宗謂侍臣曰:「古有胎教世子, 朕則不暇. 但近自建立太子, 遇物必誨諭. 見其臨食將飯, 謂曰:『汝知飯乎?』對曰:『不知.』曰:『凡稼穡艱難, 皆出人力, 不奪其時, 常有此飯.』見其乘馬, 又謂曰:『汝知馬乎?』對曰:『不知.』曰:『能代人勞苦者也. 以時消息, 不盡其力, 則可以常有馬也.』見其乘舟, 又謂曰:『汝知舟乎?』對曰:『不知.』曰:『舟所以比人君, 水所以比黎庶, 水能載舟, 亦能覆舟. 爾方爲人主, 可不畏懼!』見其休於曲木之下, 又謂曰:『汝知此樹乎?』對曰:『不知.』曰:『此木雖曲, 得繩則正, 爲人君雖無道, 受諫則聖. 此傅說所言, 可以自鑒.』」

【十八年】《冊府元龜》와《資治通鑑》에 의하면 정관 17년(643) 閏 6월로 되어 있음. 이해 4월 晉王 李治가 皇太子가 되었음.
【胎教世子】周 文王의 어머니가 아이를 가졌을 때 胎教를 잘하여 문왕이 태어나 영명하였다고 함.《列女傳》참조.
【消息】생장과 감소 등 일체의 현상. 雙聲連綿語.
【舟所以比人君】《荀子》王制篇에 "傳曰:「君者, 舟也; 庶人者, 水也. 水則載舟, 水則覆舟.」此之謂也. 故君人者, 欲安, 則莫若平政愛民矣; 欲榮, 則莫若隆禮敬士矣; 欲立功名, 則莫若尙賢使能矣"라 함.《孔子家語》五儀解에도 같은 문장이 전재되어 있음.
【人主】여기서는 태자를 가리킴.
【傅說】殷나라 武丁 高宗을 도운 명신. 일찍이 武丁이 "惟木從繩則正, 后從諫則聖"이라 함.《尙書》說命(上) 참조.

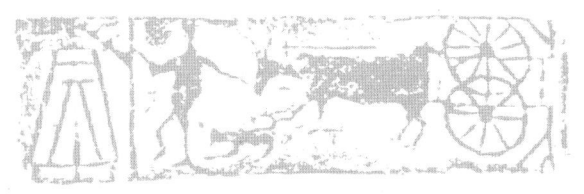

095(11-3)
《자고제후왕선악록自古諸侯王善惡錄》

정관 7년(633), 태종이 시중侍中 위징魏徵에게 말하였다.
"자고로 제후나 왕으로서 능히 자신을 잘 보전한 자는 아주 적다. 이는 모두가 부귀한 환경에 태어나 자라면서 교만과 안일에 빠져 군자는 친히 하고 소인은 멀리해야 하는 이치를 모르기 때문이었다. 나는 모든 아들과 아우들이 옛 사람들의 말과 행동을 보여 이를 규범으로 삼았으면 한다."

이에 위징에게 명하여 고대 제왕의 자제로서 성공한 자와 실패한 자의 이를 기록하도록 하여 이를《자고제후왕선악록自古諸侯王善惡錄》이라 이름하고 여러 왕들에게 하사하였다.

그 서문은 다음과 같다.
"살펴보건대 하늘로부터 사명을 받아 천하를 통치하는 제왕으로서 혈친을 봉하여 전왕으로 삼아 왕실을 보위하도록 한 기록은 옛 기록에 널리 퍼져 있어 가히 말로 설명할 수 있다. 황제黃帝 헌원씨軒轅氏는 25명 아들에게 나누어 주고 순舜임금은 16개 족族을 들어 쓰고부터 역대로 주周, 한漢을 거쳐 진陳, 수隋에 이르기까지 산하를 나누어 크게 반석으로 삼은 예가 아주 많다. 그중 혹은 왕가를 훌륭하게 보전한 자도 때에 따라 부침을 거듭하기도 하고, 혹은 그 봉지를 잃고 제사도 홀연히 끊어지고 만 자도 있다. 그런데 그 융성함과 교체를 상고해 보고 그 흥멸興滅을 살펴보면, 공이 이루어지고 이름을 세운 자는 모두가 처음 봉을 받은 임금이며, 나라를 잃고 몸을 망친 자는 주로 그 뒤를 이은 군주들이다. 어찌 그렇겠는가? 처음 봉을 받은 군주는 당시 세상이 아직 초창기라 왕업을 이룬다는 것이 어렵다는 것을 알고 있었으며, 자신의 부형이 얼마나 걱정하고 부지런히 하여 나라를 세웠는지를 알게 된다. 이 까닭으로 윗자리에 있으면서 교만하지 아니하고 이른 아침부터 밤늦도록 게으름이 없었으며, 혹 잔치를 마련하여 훌륭한 이를 찾고 혹 먹던 밥을 중지하고 선비를 맞이하였다. 그 때문에 충성된 말이 귀를 거슬릴 지라도 이를 달게 여겨 백성의 마음을 즐겁게 해 줄 수 있었던 것이다. 이리하여 살아 있을 때는 지극한 덕을 심고 죽은 뒤에는 사랑을 남겨 주었던 것이다. 그러나 무릇 그 자손에게 이어 가면서 흔히 융성하고 태평한 시기를 만난데다 깊은 궁중에 태어나 부인들의 손에 의해 자라난 후대 임금은 높은 자리로서 두려워하고 겁내야 할 것이 없으니 어찌 농사의 어려움을 알겠는가? 그리하여 소인을 가까이하고 군자는 멀리하며 부인들에게 빠져 명철한 덕에게는 오만을 부리게 된다. 예의를 범하고 어그러뜨려 결국 황음무도한 지경에 이르며 전장과 헌법을 지키지 아니하고, 등급과 차례를 뛰어넘게 된다. 게다가 천자의 한 번 돌아봐 주는 권세와 총애를 믿고 곧 적자에 맞서 자신이 제위를 차지하려는 엉뚱한 생각을 품으며, 하찮은 사업으로 미미한 공로를 세웠다고 뽐내며 드디어 끝없는 욕망을 갖게 되며, 충정忠貞의 바른길을 버리고 간귀姦宄한 미도迷塗로 들어서게 된다. 간언을 싫어하며 길흉을 위배하여 가서는 되돌아오지 못하고 만다.

　비록 양효왕梁孝이나 제왕齊王 사마경司馬冏과 같은 공훈이 있고, 회남왕淮南王 유안劉安이나 동아왕東阿王 조식曹植과 같은 재능이 있다 해도, 하늘을 날 큰 날개가 꺾이고 수레바퀴 패인 웅덩이에 갇힌 붕어가 되어 제환공齊桓公이나 진문공晉文公이 세웠던 그런 큰 공이 하루아침에 사라져 양기梁冀나 동탁董卓처럼 육시를 당하고 만다. 이는 후세에 남겨 준 명확한 경계이니 어찌 안타깝지 않은가? 황제는 성명하고 밝은 자질로써 기울어져 가는 세상의 운을 바로잡아 구제하여 칠덕七德을 빛내고 육합六合을 맑게 하며, 만국萬國을 총괄하여 온갖 신령함이 조공해 오도록 하며, 사방 먼 이민족을 부드럽게 어루만지고 구족九族의 친목을 도모한다. 형제의 우애를 생각하며 마치 〈당체棠棣〉 시의 내용처럼 제왕의 사명을 종족 아들들에게 위탁한 것이다. 자제를 사랑하는 마음이야 어느 날인들 생각하지 않는 날이 없으니 이에 그 때문에 아래 신하에게 명하여 옛 전적을 살펴 널리 거울이 될 만한 사례를 찾아 자손에게 주고자 한 것이다. 나는 문득 어리석은 정성이나마 다하고자 옛 훈계를 정리하였다. 무릇 번왕이 되고 중신이 되어 제후국을 갖게 된 자는 그 흥함이란 모름지기 선을 쌓은 데에서 비롯되고 그 망함이란 모두가 악을 쌓은 데에서 시작된다. 그러므로 선을 쌓지 않고는 그 이름을 이룰 수 없으며 악을 쌓지 않으면 망하지 않는다는 것을 알아야 한다. 길흉은 자신에게서 비롯되는 것이며 사람이 불러오는 것이라는 말이 어찌 헛된 말이겠는가! 지금 예로부터의 제왕의 행사와 득실을 기록하되 그 선악을 구분하여 각기 한 편씩으로 하여 이름을 《제왕선악록諸王善惡錄》이라 하였다. 이로써 선을 보면 그와 같아지겠노라 하면 족히 그 이름을 드날려 썩지 않을 것이며, 악을 듣고 능히 이를 고치면 큰 허물에서 벗어날 수 있게 될 것이다. 선을 좇으면 명예를 얻고 과실을 고치면 허물이 없게 된다. 흥망이 이에 매어 있으니 어찌 힘쓰지 않을 수 있겠는가?"

태종이 이를 보고 훌륭함을 칭찬하면서 제왕에게 이렇게 말하였다.

"이를 의당 좌우명으로 삼아 입신立身의 근본으로 활용할지니라."

貞觀七年, 太宗謂侍中魏徵曰:「自古侯王能自保全者甚少, 皆由生長富貴, 好尚驕逸, 多不解親君子遠小人故爾. 朕所有子弟, 欲使見前言往行, 冀其以爲規範.」

因命徵錄古來帝王子弟成敗事, 名爲《自古諸侯王善惡錄》, 以賜諸王.

其序曰:

「觀夫膺期受命, 握圖御宇, 咸建懿親, 藩屏王室, 布在方策, 可得而言. 自軒分二十五子, 舜擧一十六族, 爰歷周漢, 以逮陳隋,分裂山河, 大啓磐石者衆矣. 或保乂王家, 與時升降; 或失其土宇, 不祀忽諸. 然考其隆替, 察其興滅, 功成名立, 咸資始封之君; 國喪身亡, 多因繼體之后. 其故何哉? 始封之君, 時逢草昧, 見王業之艱阻, 知父兄之憂勤. 是以在上不驕, 夙夜匪懈, 或設醴以求賢, 或吐飧而接士. 故甘忠言之逆耳, 得百姓之懽心. 樹至德於生前, 流遺愛於身後. 暨夫子孫繼體, 多屬隆平, 生自深宮之中, 長居婦人之手, 不以高危爲憂懼, 豈知稼穡之艱難? 昵近小人, 疏遠君子, 綢繆哲婦, 傲狠明德. 犯義悖禮, 淫荒無度, 不遵典憲, 僭差越等. 恃一顧之權寵, 便懷匹嫡之心; 矜一事之微勞, 遂有無厭之望; 棄忠貞之正路, 蹈姦宄之迷塗. 愎諫違卜, 往而不返. 雖梁孝·齊同之勳庸, 淮南·東阿之才俊, 摧摩霄之逸翮, 成窮轍之涸鱗; 棄桓文之大功, 就梁董之顯戮. 垂爲炯戒, 可不惜乎? 皇帝以聖哲之資, 拯傾危之運, 耀七德以清六合, 總萬國而朝百靈, 懷柔四荒, 親睦九族. 念華萼於〈棠棣〉, 寄維城於宗子. 心乎愛矣, 靡日不思, 爰命下臣, 考覽載籍, 博求鑑鏡, 貽厥孫謀. 臣輒竭愚誠, 稽諸前訓. 凡爲藩爲翰, 有國有家者, 其興也必由於積善, 其亡也皆在於積惡. 故知善不積不足以成名; 惡不積不足以滅身. 然則禍福無門, 吉凶由己, 惟人所召, 豈徒言哉! 今錄自古諸王行事得失, 分其善惡, 各爲一篇, 名曰《諸王善惡錄》, 欲使見善思齊, 足以揚名不朽; 聞惡能改, 庶得免乎大過. 從善則有譽, 改過則無咎. 興亡是繫, 是不勉歟?」

太宗覽而稱善, 謂諸王曰:「此宜置于座右, 用爲立身之本.」

【諸王】 황제의 아들로 각각에 왕으로 봉해진 자들.

【軒分二十五子】 黃帝 軒轅氏가 아들 25명에게 나라를 나누어 분봉함. 《國語》 晉語(四)에 "同姓爲兄弟. 黃帝之子二十五人, 其同姓者二人而已, 唯靑陽與夷鼓 皆爲己姓. 靑陽, 方雷氏之甥也. 夷鼓, 彤魚氏之甥也. 其同生而異姓者, 四母之子 別爲十二姓. 凡黃帝之子, 二十五宗, 其得姓者十四人爲十二姓"라 함.

【舜擧十六族】 순임금이 八元과 八凱 16명의 재자들을 등용하여 씀. 《左傳》 文公 18년 季文子가 大使克으로 하여금 대답하도록 한 내용에 "昔高陽氏有才子 八人, 蒼舒·隤凱·檮戭·大臨·尨降·庭堅·仲容·叔達, 齊·聖·廣·淵·明· 允篤·誠, 天下之民謂之八愷. 高辛氏有才子八人, 伯奮·仲堪·叔獻·季仲·伯虎· 仲熊·叔豹·季貍, 忠·肅·共·懿·宣·慈·惠·和, 天下之民謂之八元. 此十六族也, 世濟其美, 不隕其名. 以至於堯, 堯不能擧. 舜臣堯, 擧八愷, 使主后土, 以揆百事, 莫不時序, 地平天成. 擧八元, 使布五敎于四方, 父義·母慈·兄友·弟共·子孝, 內平外成. 昔帝鴻氏有不才子, 掩義隱賊, 好行凶德; 醜類惡物. 頑嚚不友, 是與比周, 天下之民謂之渾敦. 少皥氏有不才子, 毁信廢忠, 崇飾惡言; 靖譖庸回, 服讒蒐慝, 以誣盛德, 天下之民謂之窮奇. 顓頊氏有不才子, 不可敎訓, 不知話言; 告之則頑, 舍之則嚚, 傲很明德, 以亂天常, 天下之民謂之檮杌. 此三族也, 世濟其凶, 增其惡名, 以至于堯, 堯不能去. 縉雲氏有不才子, 貪于飮食, 冒于貨賄, 侵欲崇侈, 不可盈厭, 聚斂積實, 不知紀極, 不分孤寡, 不恤窮匱, 天下之民以比三凶, 謂之饕餮. 舜臣堯, 賓于四門, 流四凶族, 渾敦·窮奇·檮杌·饕餮, 投諸四裔, 以禦螭魅. 是以堯崩而 天下如一, 同心戴舜, 以爲天子, 以其擧十六相, 去四凶也"라 함.

【忽諸】 멸망함. 忽은 '끊어지다'의 뜻이며, '諸'는 앞사람이 미처 다 이루지 못한 업적을 말함.

【吐飧而接士】 주공이 선비를 놓치지 않기 위하여 밥 한끼 먹는 사이에도 세 번이나 중간에 나서며 머리 감는 중에도 세 번이나 감던 머리를 쥐고 만남을 말함. 《史記》 魯周公世家에 "周公戒伯禽曰:「我文王之子, 武王之弟, 成王之叔父, 我於天下亦不賤矣. 然我一沐三捉髮, 一飯三吐哺, 起以待士, 猶恐失天下之賢人. 子之魯, 愼無以國驕人.」"이라 하여 흔히 '吐哺握發'의 성어로 널리 알려짐.

【綢繆哲婦】 아름다운 여인을 생각함.

【憪諫違卜】 간언을 싫어하며 천명의 길흉을 위배함.

【梁孝】 梁孝王. 漢 文帝의 아들로 梁나라에 봉해졌으며 七國之亂을 평정하였음.

【齊冏】 晉나라 때 齊王 司馬冏. 공을 세워 遊擊將軍에 오름.

【淮南】淮南王 劉安. 독서와 음악을 좋아하여 많은 빈객을 모았으며 뒤에 모반죄에 걸려 자살함.《淮南子》를 남김.

【東阿】東阿王 曹植. 陳思王. 曹操(魏武帝)의 셋째 아들로 문학과 예능에 뛰어나 조조의 총애를 받았으나 曹丕(文帝)가 들어서자 조식을 미워하여 安鄕侯로 강등시킨 다음 東阿王에 봉하였고 결국「七步詩」의 고통을 당하기도 하였음.

【窮轍之涸鱗】'涸轍鮒魚'의 고사를 말함.《莊子》外物篇에「莊周家貧, 故往貸粟於監河侯. 監河侯曰:「諾. 我將得邑金, 將貸子三百金, 可乎?」莊周忿然作色曰:「周昨來, 有中道而呼者. 周顧視車轍中, 有鮒魚焉. 周問之曰:『鮒魚來! 子何爲者邪?』對曰:『我, 東海之波臣也. 君豈有斗升之水而活我哉?』周曰:『諾. 我且南遊吳越之土, 激西江之水而迎子, 可乎?』鮒魚忿然作色曰:『吾失我常與, 我无所處. 吾得斗升之水然活耳, 君乃言此, 曾不如早索我於枯魚之肆!』」라 함.

【桓文】春秋五霸 중의 齊桓公과 晉文公을 말함.

【梁】梁冀. 東漢 順帝 梁皇后의 오빠. 大將軍이었으며 권세를 믿고 횡포를 부리다가 桓帝에 의해 죽음을 당함.

【董】董卓. 東漢 말 獻帝 때의 太尉, 相國. 난을 일으켰다가 죽음을 당함.

【七德】주 무왕이 지녔던 일곱 가지 덕행. 즉 禁暴, 戢兵, 保大, 定功, 安民, 和衆, 豐財를 말함.

【六合】천지와 사방. 온 세상, 우주를 뜻함.

【華萼】꽃과 꽃받침처럼 밀접한 관계인 형제의 우애를 말함.

【棠棣】《詩經》小雅 棠棣를 말하며 형제가 어울려 연회를 열면서 화락하게 즐김을 뜻함.

【貽厥孫謀】그 자손에게 길이 영향을 미칠 덕을 생각함.《尙書》五子之歌에 "明明我祖, 萬邦之君. 有典有則, 貽厥子孫"이라 함.

【翰】輔弼. 重臣을 뜻함.

096(11-4)
훌륭하다는 소문이 들리게 해다오

정관 2년(628), 태종이 형왕荊王 이원경李元景, 한왕韓王 이원창李元昌, 오왕吳王 이각李恪, 위왕魏王 이태李泰 등에게 이렇게 말하였다.

"한漢나라 이래로 제왕의 아우나 아들로서 봉지를 받고 영화롭고 귀한 자리에 섰던 자들이 심히 많았다. 그러나 오직 한나라 때 동평왕東平王과 하간왕河間王만이 가장 아름다운 이름을 가진 채 그 녹위祿位를 보전할 수 있었다. 그러나 진나라 때 초왕楚王 사마위司馬瑋의 무리들처럼 엎어져 망한 자도 하나만이 아니었으니 이들은 모두가 부귀한 속에 태어나 자라 스스로 교만과 안일에 빠져 화를 불러들인 것이다. 너희들은 이를 거울로 삼아 경계하여 의당 깊이 생각하기를 바란다. 어질고 재능이 있는 이들을 간택하여 너희들의 사우師友로 삼아 주노니 모름지기 그들의 간쟁을 받아들이고 절대 스스로 독단을 부리지 말 것이니라. 내 듣기로 덕으로써 남을 복종시켜야 한다고 하였으니 이는 결코 헛된 말이 아니다. 비유하건대 늘 꿈에 한 사람을 보되 그가 우순虞舜이라 한다면 나도 모르게 송구스러워 경이를 표할 것이니 이 어찌 그 덕을 앙모하기 때문이 아니겠느냐! 그러나 같은 꿈에 만약 걸주桀紂를 보았다면 곧바로 그의 목을 치겠다고 나설 것이다. 걸주는 비록 천자이지만 지금 만약 서로 '걸주'라 별명을 지어 부른다면 사람은 틀림없이 크게 노할 것이다. 그러나 안회顔回나 민자건閔子騫, 곽림종郭林宗, 황숙도黃叔度는 비록 포의布衣의 평민이지만 지금 만약 서로 칭찬하기를 이들 네 어진 이에게 빗대어 준다면 틀림없이 크게 영광으로 느낄 것이다. 이로써 사람의 입신立身이란 그 귀히 여기는 바가 오직 덕행에 있는 것이니 어찌 영예와 귀한 신분을 논할 필요가 있겠는가? 너희들은 위치가 번왕藩王이요 집에는 먹을 것이 풍부하고 봉토도 가지고 있으니 거기에 다시 덕행을 닦아 수양한다면 어찌 아름다움을 갖추는 것이 아니겠느냐? 또 군자와 소인이란 본래 정해진 것이 아니라 선을 행하면 군자가 되고 악을 행하면 소인이 되는 것이다. 의당 스스로 면려하여 훌륭한 일을 했다는 소문이 날마다 들리도록 할 것이며, 욕심대로 하거나 제멋대로 하다가 스스로 형륙刑戮의 함정에 빠지는 일이 없도록 하라."

貞觀十年, 太宗謂荊王元景·韓王元昌·吳王恪·魏王泰等曰:「自漢已來, 帝弟帝子, 受茅土·居榮貴者甚衆, 惟東平及河間王最有令名, 得保其祿位. 如楚王瑋之徒, 覆亡非一, 並爲生長富貴, 好自驕逸所致. 汝等鑒誡, 宜熟思之. 揀擇賢才, 爲汝師友, 須受其諫諍, 勿得自專. 我聞以德服物, 信非虛說. 比嘗夢中見一人云虞舜, 我不覺竦然敬異, 豈不爲仰其德也! 向若夢見桀紂, 必應斫之. 桀紂雖是天子, 今若相喚作桀紂, 人必大怒. 顔回·閔子騫·郭林宗·黃叔度, 雖是布衣, 今若相稱贊道類此四賢, 必當大喜. 故知人之立身, 所貴者惟在德行, 何必要論榮貴? 汝等位列藩王, 家食實封, 更能克修德行, 豈不具美也? 且君子小人本無常, 行善事則爲君子, 行惡事則爲小人. 當須自剋勵, 使善事日聞, 勿縱欲肆情, 自陷刑戮.」

【元景, 元昌, 恪, 泰】元景과 元昌은 李世民의 아우(李淵의 아들). 恪과 泰는 이세민의 아들로 각 나라에 왕으로 봉해짐. 그중 李元昌은 高祖 李淵의 일곱째 아들. 貞觀 10년(636)에 漢王으로 책봉됨.
【東平】東平王 劉蒼. 東漢 光武帝의 아들로 經學을 좋아하였음.

【河間王】劉德. 西漢 景帝의 아들로 經學과 德行에 뛰어났었음.
【楚王瑋】西晉 武帝의 다섯째 아들 司馬瑋. 포악한 행동을 하다가 賈后에게 죽임을 당함.
【郭林宗】郭泰(127~169). 東漢 시대의 名士. 經典에 博通하여 제자가 천여 명에 이르렀으며 당시 학문을 조종으로 추앙 받았음. 뒤에 范曄이《後漢書》를 쓰면서 자신의 아버지(范泰)의 이름을 피휘하여 '郭太'로 표기하였음.《後漢書》(68)에 전이 있음. 李元禮(李膺)가 극찬하였던 인물.
【黃叔度】黃憲(75~122). 역시 東漢의 명사.《後漢書》(53)에 전이 있음. 덕과 수양이 높아 당시 많은 이들이 흠모하였으며 荀淑은 그를 '顔子'라 예찬하였음.
【剋勵】스스로 열심을 다하여 면려하고 수양함.

097(11-5)
창업자는 민간에서, 왕자는 궁중에서

정관 2년(628), 태종이 방현령房玄齡에게 말하였다.

"내 전대의 혼란을 바로잡고 창업을 이룬 군주를 두루 보건대 이들은 민간에서 태어나 자라 모두가 민간의 실질과 허위를 익히 알고 있었기에 패망에 이른 경우는 극히 적었다. 그러나 뒤를 이어 그 성취를 지키는 군주는 태어나자 곧 부귀를 누려 백성의 질고疾苦를 여차하면 곧 패망하고 말았다.

나는 어린 시절 이래로 많은 어려움을 경험하고 헤쳐 나와 천하의 일을 알 만큼 알 준비가 되어 있었지만 그래도 그에 미치지 못한 바가 있으리라 늘 걱정을 하였다. 형왕荊王 등 여러 아우들은 깊은 궁궐에서 태어나 식별 능력이 원대하지 못하니 어찌 이런 어려움을 염두에 두겠는가? 나는 매번 식사를 할 때마다 문득 농사의 어려움을 떠올리곤 하며, 매번 옷을 입을 때마다 길쌈의 고통을 생각하곤 한다. 그런데 여러 아우들이 어찌 능히 나의 이런 것을 배울 수 있겠는가? 훌륭한 보좌를 뽑아서 번왕의 보필로 삼아 가까이 있는 좋은 사람에게 물들도록 하면 허물과 과오에서 면할 수 있으리라 여긴다."

貞觀十年, 太宗謂房玄齡曰:「朕歷觀前代撥亂創業之主, 生長民間, 皆識達情僞, 罕至於敗亡. 逮乎繼世守成之君, 生而富貴, 不知疾苦, 動至夷滅. 朕少小以來, 經營多難, 備知天下之事, 猶恐有所不逮. 至於荊王諸弟, 生自深宮, 識不及遠, 安能念此哉?

朕每一食, 便念稼穡之艱難; 每一衣, 則思紡績之辛苦, 諸弟何能學朕乎? 選良佐以爲藩弼, 庶其習近善人, 得免於愆過爾.」

【情僞】 실정과 그에 대한 거짓. '眞僞'와 같은 뜻임.
【夷滅】 진멸시킴. 멸망함.
【藩弼】 藩王을 보필하는 신하.

098(11-6)
신하이면서 아들 된 도리

정관 2년(628), 태종이 오왕吳王 이각李恪에게 말하였다.

"아버지로서의 아들 사랑이란 인지상정으로 가르치고 일러 주어서 아는 것이 아니다. 너는 능히 충과 효로써 하면 그만이리라! 만약 이러한 가르침을 제대로 준수하지 못한 채 예법을 잊고 저버린다면 틀림없이 스스로 형륙刑戮을 부르고 말 것이니 그때 아비로서 비록 사랑한다 해도 어떻게 할 수 있겠느냐? 옛날 한漢 무제武帝가 죽고 소제昭帝가 즉위하였을 때 연왕燕王 단旦은 본래 교만과 방종에 빠져 남을 저주하고 속이면서 복종하지 않았다. 이에 곽광霍光이 옥새를 찍은 조서를 보내어 주벌하여, 결국 몸도 죽고 나라도 폐지되고 말았다. 무릇 신하이면서 아들로서 신중을 기하지 않으면 안 되리라."

貞觀十一年, 太宗謂吳王恪曰:「父之愛子, 人之常情, 非待教訓而知也. 子能忠孝則善矣! 若不遵誨誘, 忘棄禮法, 必自致刑戮. 父雖愛之, 將如之何? 昔漢武既崩, 昭帝嗣位, 燕王旦素驕縱, 譸張不服, 霍光遣一折簡誅之, 則身死國除. 夫爲臣子不得不愼!」

【崩】제왕의 죽음을 말함.
【昭帝】西漢의 6대 황제. 武帝 劉徹의 아들이며 이름은 劉弗陵. B.C.86~B.C.74년까지 재위함.

【燕王旦】漢 武帝의 셋째 아들 劉旦. 燕王에 봉해졌으나 上官桀 등과 모반을 꾀하다가 발각되어 자살함.
【譸張】남을 속임.
【霍光】西漢의 명신으로 漢 武帝의 遺詔를 받아 어린 昭帝를 보필하였으며 大將軍에 올라 燕王과 上官桀의 모반을 평정하였음.《漢書》霍光傳 참조.
【折簡】書簡. 여기서는 玉璽를 찍은 조서를 가리킴.

099(11-7)
어린 황자를 도독과 자사로

정관 연간에 황자皇子로서 나이가 어린 자도 거의 도독都督이나 자사刺史로 임명되자 간의대부諫議大夫 저수량褚遂良이 이렇게 상소하여 간언하였다.

"옛 양한兩漢은 군국제郡國制로써 백성을 다스리되 군郡 이외에 여러 아들을 분립시켜 토지를 떼어 강역을 봉한 다음 주周나라 제도를 섞어서 활용하였습니다. 우리 당唐나라의 군현은 세밀하지는 않지만 진秦나라 제도를 쓰고 있습니다. 그리하여 황실의 아들로서 나이가 어린데도 혹 자사가 된 자가 있습니다. 폐하께서 왕의 골육지친으로써 사방을 진수하려 하시면서 설마 옛 성현이 만든 제도보다 더 나은 방법을 쓰신다고 여기시지는 않겠지요?

저의 어리석은 생각으로 보건대 어린 나이는 아직 온전하지 못합니다. 어찌 그렇겠습니까? 자사는 한 고을의 수장으로 백성들이 그를 우러러 안녕을 얻는 지위입니다. 훌륭한 사람이 자사가 되면 그 주州 안의 사람들은 편안히 생업에 임하면서 쉴 수가 있지만, 만약 옳지 않은 사람이 자사가 된다면 그 주의 모든 사람들이 노고롭고 피폐하게 됩니다. 이 까닭으로 임금 된 자가 그 백성을 사랑하고 긍휼히 여겨 항상 어진 이를 택하여 보내는 것입니다. 그리하면 혹 '황하에 9리里까지 윤택하게 해 주어 서울이 그 복을 입는다'라고 칭찬하기도 하고, 혹 '사람들이 그를 위해 노래로 칭송하고, 살아 있을 때 사당을 세워 주다'라고 하는 것입니다. 한漢 선제宣帝는 '나와 함께 나라를 다스릴 자 오직 이천 석의 군수들이로다!'라고 지방 관리를 중시하였습니다. 어리석은 저의 의견으로는 폐하의 아들로서 아직 이를 갈 나이에 있어 백성에게 임할 수 없는 자는 청컨대 서울에 머물게 하여 이들에게 경학經學을 가르치기를 바랍니다. 첫째는 황제의 위엄을 두려워하여 감히 금지된 법을 범함이 없도록 하는 것이며, 둘째는 그들로 하여금 조의朝儀를 보게 하여 자연스럽게 어른으로 자라 설 수 있도록 하기 위함입니다. 이를 통해 학습이 쌓이면 저절로 사람됨을 알게 될 것이며 자신이 각 주에 임할 것을 깊이 살핀 뒤 그 다음에 출임토록 파견하시면 됩니다. 제가 살펴보건대 한漢 명제明帝, 장제章帝, 화제和帝는 능히 형제간의 우애가 깊어 그 뒤로는 이를 표준으로 삼았습니다. 제왕諸王으로 봉하여 비록 각기 봉토를 가지고 있었지만 나이가 어린 경우 이들을 서울로 불러 머물도록 하여 예법禮法으로 가르쳐 은혜를 내려 주었던 것입니다. 그로부터 세 황제가 이어 가면서 제왕이 수백 명이었지만 오직 두 왕만 약간 악한 행적을 남겼을 뿐 그 나머지는 모두가 충화沖和하고 순수하였습니다. 폐하께서는 자세히 살펴 주시옵소서."

태종은 가상히 여겨 그 말을 받아들였다.

貞觀中, 皇子年小者, 多授以都督·刺史. 諫議大夫褚遂良上疏諫曰:

「昔兩漢以郡國治人, 除郡以外, 分立諸子, 割土封疆, 雜用周制. 皇唐郡縣, 粗依秦法. 皇子幼年, 或授刺史. 陛下豈不以王之骨肉, 鎭扞四方, 聖人造制, 道高前古? 臣愚見有小未盡. 何者? 刺史師帥, 人仰以安. 得一善人, 部內蘇息; 遇一不善人, 闔州勞弊. 是以人君愛恤百姓, 常爲擇賢. 或稱『河潤九里, 京師蒙福』; 或『與人興詠, 生爲立祠』. 漢宣帝云: 『與我共理者, 惟良二千石乎!』如臣愚見, 陛下子內年齒尙幼, 未堪臨民者, 請且留京師, 敎以經學. 一則畏天之威, 不敢犯禁; 二則觀見朝儀, 自然成立. 因此積習, 自知爲人, 審堪臨州, 然後遣出. 臣謹按漢明章和三帝,能友愛子弟, 自玆以降, 以爲準的. 封立諸王, 雖各有土, 年尙幼小者, 召留京師, 訓以禮法, 垂以恩惠. 迄三帝世, 諸王數十百人, 惟二王稍惡, 自餘皆冲和深粹. 惟陛下詳察.」

太宗嘉納其言.

【貞觀中】 다른 기록에 의하면 貞觀 17년(643) 2월로 되어 있음.
【郡國】 郡縣制와 封建制를 절충한 것. 황실의 혈족에게는 제후국을 봉하고 다른 郡縣에는 관리를 임명하는 제도. 고대 周나라 때는 '封建制'를 택하였고, 秦始皇이 천하를 통일한 다음에는 중앙집권을 강화하기 위하여 '郡縣制'를 택하였으나, 漢 高祖 劉邦이 漢帝國을 건설한 다음에는 이 두 가지 제도를 절충한 '郡國制'를 채택하였음.
【鎭扞】 鎭守와 같음.
【闠州】 全州.
【河潤九里】 황하 물은 그 주위 9리를 윤택하게 함. 《後漢書》 郭伋傳에 光武帝 때 潁川에 도적이 일어나자 郭伋을 潁川太守로 삼고 그를 불러 위로하면서 "賢能太守, 去帝城不遠, 河潤九里, 冀京師並蒙福也"라 함.
【生爲立祠】 東漢 明帝 때 王堂이 巴州太守가 되어 도적을 토벌하여 안정을 이루자 그곳 사람들이 살아 있을 때 사당을 세워 주었다 함. 《後漢書》 王堂傳 참조.
【漢宣帝】 서한 7대 황제 劉詢. B.C.73~B.C.49년 재위. 漢 武帝의 증손.
【二千石】 한나라 때 군의 태수 俸祿. 흔히 군수를 대신하여 쓰는 말.
【明章和】 동한 때의 2대, 3대, 4대 황제. 明帝 劉莊(58~75), 章帝 劉達(75~88), 和帝 劉肇(89~105).
【二王】 楚王 劉英과 廣陵思王 劉荊을 가리키며 모두 역모를 꾀하다가 실패하여 자살함.
【冲和深粹】 품덕이 淳厚하고 謙和함.

정관정요

12. 규간태자 規諫太子

　당태종은 태자 이승건李承乾에 대하여 아주 각별한 관심과 우려를 가지고 있었다. 다음의 제위를 이을 자로서 행실과 덕망, 통치 능력을 크게 기대하였지만 그의 걱정대로 제대로 자신조차 다스리지 못하여 결국 태자는 폐위되고 만다. 구구절절이 규제하고 간언하여 바른 사람으로 키우고자 한 스승들의 노력은 지금 이 시대 지도자들의 자세 교육에 대하여 시사하는 바가 크다.

唐 韓幹 〈牧馬圖〉 臺北故宮博物館 소장

100(12-1)
비뚤어지기 시작하는 태자 이승건

    정관 5년(631), 이백약李百藥이 태자우서자太子右庶子가 되었다. 당시 태자 이승건李承乾은 자못 옛 전적 《오전五典》과 《삼분三墳》에 뜻을 두고는 있었으나 한가한 때면 유희에 과도하게 빠지는 것이었다. 이에 이백약은 〈찬도부贊道賦〉를 지어 이렇게 풍간諷諫하였다. 그 내용은 다음과 같다.
    "낮은 이 신하가 선성先聖의 격언을 옆에서 듣고 옛 전적에 남긴 교훈을 훑어본 적이 있습니다. 저 아득한 옛날 천지가 생긴 이래 지금 황제께서 나라를 세우기까지 사람과 사람 사이의 기강을 세우고 말을 바탕으로 삼아 덕을 세웠다 하더이다. 이를 이행하면 타고난 성품이 도를 이루지만 이를 실천하지 아니하면 사악한 생각이 일어나 나쁜 길로 가게 되는 것입니다. 천하의 흥폐를 관망하건대 마치 저울을 따르는 것과 같고 그 길흉을 보건대 마치 그 줄에 얽혀 있는 것과 같습니다. 황제께서 하늘의 그림을 받고 이미 정해진 명부에 응하여 그 거울을 잡고 천하를 통치하되 만물을 근거로 교화를 생각하시며 백성의 마음을 자신의 마음으로 여기시는 것입니다. 그리고 대의大儀의 숨겨진 운행을 몸으로 실천하시며 옛것을 열람하여 오늘에 적용하는 것입니다. 그리하여 을야乙夜의 깊은 밤에도 선을 다하기 위하여 노력하고 촌음寸陰을 아껴 부지런히 하였던 것입니다. 그러므로 능히 한해瀚海의 겹겹이 쌓인 두꺼운 얼음을 녹여 버릴 수 있었고, 대림蹛林의 추운 골짜기를 변화시킬 수 있었던 것입니다. 그리하여 모든 사람을 즐거움으로 한 덩어리가 되게 하였고 땅 끝까지 황제의 덕음德音을 그리워하게 된 것입니다.

빛나도다, 대당大唐이여, 위대하도다, 천명을 받음이여. 시대의 큰 기틀이 시작되어 성상에게 운세가 집중되였도다. 하늘이 태자를 풀어 그 지혜를 마음대로 풀어 보게 하였으니 진실로 근본이 바른 중앙에 거하게 되었으며, 기지와 깨달음이 원대하시며 신령스러운 자태 또한 응결되어 빛나도다. 삼선三善을 돌아보아 모름지기 넓히시며 사덕四德을 오로지 하여 이를 실행하도다. 매번 공자 아들이 정원을 쫓아가다 공자에게 가정교육을 받았듯이 항상 부왕의 잠자리를 살펴 물으며 공경으로 삼도다. 성훈聖訓을 받들어 즉시 이를 실천하며 천문天文의 밝은 명령을 발양하도다. 부자의 도를 실천하며 이를 원구元龜로 삼아 밝게 비춰 보도다. 천하에 대도大道가 바뀌고부터 예교禮敎가 이에 따라 생겨나도다. 임금과 신하의 도리를 바르게 하고 부자의 사이를 돈독히 하도다. 임금과 신하의 예와 부자 사이 친함은 정情과 의義를 지극한 정성으로 이를 겸하고 있으니 도를 넓히는 것이 사람에게 있음을 믿겠도다. 어찌 하계夏啓와 주송周誦인들 이만큼 훌륭했겠으며, 역시 단주丹朱와 상균商均을 따르려 하겠는가? 이윽고 갈고 닦아 옛것을 익혀 새로운 것을 알아내도다. 오직 충忠과 경敬이요 말로 하면 효孝와 인仁이로다. 법칙은 가히 아래로는 사해에 빛을 발하고 위로는 삼진三辰을 밝히도다. 옛 삼왕三王이 자식을 가르침에 사시四時에 맞추고 그 나이에 따라 내용을 정하였네. 장차 중외에 차례로 발전시키고 예악으로써 앞장서게 하였네. 음악은 풍속을 바꾸는데 사용하였고 예禮는 윗사람을 편안히 하고 백성을 교화하였네. 종고鐘鼓에서 즐거움을 찾으려 들지 않고, 그 뜻은 정신을 화목하게 펴기 위한 것이었네. 어찌 옥백玉帛에 뜻을 두었으리오. 자신을 이겨내어 그 몸을 보호하였네. 깊은 궁중에 태어나 태자가 되어 많은 제왕 위에 처하게 되었네. 아직 왕업의 어려움에 대하여 깊이 생각하지 못한 나이라, 스스로 비창匕鬯의 종묘제사를 이어갈 자신을 아낄 줄은 모른 채, 부귀가 저절로 굴러 들어온 줄로 여기고 높은 자리 믿고 뽐내고 있게 되면 틀림없이 교만하고 거칠어지고 말 것이니 예와 양보에 허물되는 행동을 하게 되리라. 사부師傅를 경시하고 예의를 가볍게 여기며, 간악한 도적을 가까이하고 음일하고 방탕

함에 제멋대로 빠지리라. 태자를 상징하는 전성前星의 빛이 급히 사라질 것이요, 소양少陽의 도가 이에 통하지 못하리라. 비록 천하를 자신한 집안 것이라 하나 험한 일 겪어야 할 일이 한두 가지가 아닐세. 혹은 재능이 있어 올라갈 수도 있지만 혹 참훼를 입어 쫓겨날 수도 있다네. 족히 그 길흉을 족히 살펴야 하며, 그 득실을 관찰해야 한다네. 청컨대 거칠게 대강 이를 진술하노니 이 글을 펼쳐 보고 실제의 사례로 삼으시기를!

주周나라는 덕을 쌓아 이에 그 계약된 기간을 이어갈 수 있었고, 문왕 희창姬昌과 무왕 희발姬發의 힘을 입어 희송姬誦이 그 태자가 되어 7백 년의 위대한 왕업을 열었다네. 그러나 진시황의 장자 부소扶蘇는 태자가 되었으나 소문과 명망에 잘못한 것이 있는 것도 아니었는데 적장자嫡長子의 높고 중한 신분임에도 변방의 군사 감독으로 버려졌었네. 재앙이 시작되자 부소는 태자에서 폐위되었고 그 요얼이 일어나자 불꽃도 타오를 수 없었으며, 이미 세워 놓은 태자 호해가 도를 거스른 것이니 종사宗祀가 급히 상실됨을 맞이하고 말았네. 저 한漢나라 국운이 길고 길었던 것은 진실로 영명한 태자가 뒤를 이었기 때문이었지. 그러나 고조高祖는 척씨戚氏 부인 소생의 조왕趙王 여의如意를 총애하여 천하를 물려주려다 놀림을 샀네. 혜제惠帝 유영劉盈이 상산사호商山四皓와 결연을 맺어 장량張良과의 인연으로 그들이 천하의 우익羽翼이 되어 주었다네. 경제景帝는 태자 시절 아버지 문제文帝의 고름을 빨아 준 등통鄧通으로 인해 부끄러움을 느꼈고, 자라서는 이유를 들어 등통을 죽여 버리는 학대를 저질렀고, 마침내 평소 오왕吳王 유비劉濞의 거만함을 걱정하다가 그 세자와 바둑을 두다가 노하여 죽여 버렸네. 그런가 하면 무제武帝 유철劉徹은 태자였을 때 아직 나이가 어렸지만 황제가 늙어 나라가 혼란에 빠지는 것을 막고 방지할 수 있는 방법을 의논할 때 주아부周亞夫가 자신의 공을 믿고 뽐내는 것을 알아차렸네. 무제는 그러한 혜안이 있어 능히 조상의 업을 회복하고 넓혀갔으며 삼대三代의 유풍을 이어 갈 수 있었네.

여태자戾太子 유거劉據는 박망원博望苑을 만들어 빈객을 접견하였지만 그 때문에 그 명성이 도리어 멀리 퍼지지 못하였고, 그의 시운이 기이하게 어그러졌음을 슬퍼하였네. 참훼하는 강충江充을 만나 비록 나중에 군대를 일으켜 강충을 주벌하였지만 끝내 자신도 의를 배반하여 자살로 생을 마감하였네. 선제宣帝의 태자 원제元帝는 유술을 좋아하고 큰 방략을 실시하여 엶으로써 많은 이들로부터 덕교德敎를 폈다고 더욱 칭송을 받았고, 언론의 발표도 충정한 표현이었네. 그 원제는 처음에 광형匡衡과 위현성韋玄成 같은 학자를 통해 도를 들었으나, 나중에는 홍공弘恭과 석현石顯을 임용함으로써 죄를 얻고 말았네. 태손 성제成帝는 잡된 기예에 능하여 비록 정도공왕定陶共王만큼 뛰어나지는 못하였지만, 감히 황제 전용의 치도馳道로 달리는 일은 하지 않았으니 그나마 작은 선함은 있었던 셈이지. 그 때문에 성제는 오히려 통달한 성비의 중시를 받아 그 꽃다운 이름을 옛 기록에 남길 수 있었지. 중흥조 동한의 광무제光武帝가 서한을 이어받고 나서 그 뒤를 이은 명제明帝와 장제章帝는 쟁쟁한 선비들이 모여들어 함께 당시 정치에 통달하였고 모두가 경례經禮에 밝히 통했네. 경애하는 이들에게 지극한 정을 쏟았고 형제에게는 우애를 다하였네. 이로써 능히 동해왕東海王이 남긴 유풍을 견고히 할 수 있었으며, 서주西周 시대 제후의 제도를 이어갈 수 있었다네. 오관중랑장五官中郞將이었던 위魏나라 문제文帝 조비曹丕는 덕이 있다는 명망은 없었다네. 혹 남의 아내를 자신이 차지한 일로 공융孔融으로부터 달기妲己의 고사로 놀림을 받았고 게다가 자신은 사냥에 빠졌다네. 비록 재주는 높고 학식이 풍부했지만 결국 황음荒淫의 늪에서 벗어나지 못하였지. 이윽고 제위가 명제明帝에게 전해지자 높은 궁궐 짓느라 3년을 지새웠네. 이는 진시황秦始皇과 같은 사치였으며 재예才藝는 한漢 무제武帝에 버금갈 정도였지. 드디어 신하들까지 몰아 일을 시키더니 역시 조락의 피폐함에서 구제 받지 못하였네. 중무군中撫軍을 지낸 진晉 무제武帝 사마염司馬炎은 관대하고 정이 많아 겉으로 모습이 기이하였다네. 초기 진왕晉王 사마소司馬昭는 아들 도부桃符를 총애하여 미혹함에 빠졌으나 뒤에 거록태수鉅鹿太守 배수裴秀의 밝은 규간規諫을 들어 사마염을 세자로 세웠다네. 그리하여 끝내 강표江表의 손오孫吳 정권의 찌꺼기를 능히 일소하여 천하를 통일하였고, 멀리 요황要荒까지 제어할 수 있었다네.
 진晉 혜제惠帝가 태자가 되어 동궁에 있을 때 그의 행동을 살펴보면, 백치에 가까웠지만 그럼에도 무제는 처음 뜻을 버리지 못하자 위관衛瓘이 임금 자리를 보고 애석하다 탄식을 할 정도였다네. 가련하게 민회태자愍懷太子는 혜제의 황후 가후賈后에게 폐위되고 뒤이어 매운 바람이 모래를 불어 올리듯 혼란에 빠지고 말았네. 민회태자는 성령性靈이 재주 있는 이에게 가까이하였으니 역시 스스로 흉악한 재앙에 빠진 것이지. 이러한 태자가 어찌 종묘에 자성粢盛을 바치고 그 나라를 이어 갈 수 있었겠는가?
 지금의 성상께서는 자상하고 사랑이 넘쳐 태자를 옳은 방향으로 지도至道에 이르도록 가르치시네. 함께 한漢나라 때처럼 궁중에서 정치를 토론하고 주周나라 때 경호京鄗에서 왕이 자제들에게 정치의 훈계를 닦듯이 하시네. 진晉 원제元帝가 태자에게 《한비자韓非子》을 내려 준 일을 비루하게 여기며, 경술經術을 중히 여겨 이를 보배로 삼으셨네. 정치의 잘잘못을 자문하시고 역시 문장으로 자신의 보조輔漢로 삼으셨네. 어리석은 백성에게 좋은 말을 택하기를 바라시고, 부끄러움을 무릅쓰고 옛 노인들에게 말씀을 듣기를 청하셨네. 많은 업적을 이루어 천하의 안녕을 바라시면서 사람을 얻어 풍성해지는 것을 우선으로 하셨다네. 제요帝堯는 사람을 잘 써서 모범을 남겼고, 문왕文王은 많은 선비들이 모여들어 노래로 부를 정도였네. 바른 사람을 뽑아 쓰며 이를 거울에 비추듯 바르게 보았네. 그 그릇됨과 능력을 헤아리고 그 검소함과 행동을 살펴보았네. 반드시 그 기능에 맞게 하여 직책을 나누어 주고 원칙을 위배하면서 마구 정치에 참여하는 일은 없도록 하였지. 만약 남의 말에 혹해 빠지거나 사람을 알아보는데 어두워지면 도 있는 선비는 위축을 받을 것이요 쓸모없는 자가 제 세상 만났다 날뛰는 법. 헐뜯고 아첨하는 이들이 다투어 나타나 사랑을 받으려 하고 눈과 귀를 어지럽히는 진기한 물건이 저절로 찾아오는 법. 직언과 정간은 도리어 그 충신忠信함 때문에 죄를 뒤집어쓰게 되고, 관직을 팔고 송사를 돈으로 해결하려는 자는 도리어 그 뇌물을 팔아 이익을 얻게 되지. 이에 우리 임금의 법도를 허물어뜨리고 우리들의 떳떳한 윤리를 파괴해 버리고 말지. 구정九鼎은 간악한 이를 만나면 멀리 사라지고, 만백성은 자신을 위무해 주는 자를 위해 인을 베푸는 자에게 달려가지. 천지조화의 지극한 화육化育 중에 오직 사람의 영혼이 가장 고귀한 것. 재판과 송사가 제대로 다스려지지 않으면 살고 죽은 길이 서로 달라지고 마는 법이며, 억울함을 풀어 주지 않으면 음양의 화기和氣조차 어그러지는 법. 선비로서 벼슬길이 통하기도 하고 막히기도 하는 것은 법 조항의 깊이에 달려 있으며, 생명의 길고 짧음은 가혹한 관리의 손에 달린 것. 이 까닭으로 요堯임금은 옷차림을 달리 하는 것으로써 형벌을 삼아 백성을 불쌍히 여기며 측은히 여기는 말을 진술하였고, 우禹임금은 죄인을 보고 수레에 내려 눈물을 흘리며 백성을 긍휼히 여기는 뜻을 다하였다네.

《역易》의 〈대장大壯〉괘에 말한 높은 누각에 조각한 담장을 근거해 보겠습니다.

하걸夏桀의 요대瑤臺나 은주殷紂의 경실瓊室은 어찌 그림 그린 기둥에 무지갯빛 대들보가 아니리오? 혹 위魏 무제文帝 조비曹丕는 능운대凌雲臺를 지어 먼 곳을 조망하였고 혹 한漢 무제武帝는 통천대通天臺를 지어 시원한 바람을 즐겼습니다. 이렇게 즐거움을 맘껏 누리면서 백성의 힘을 베어 먹으면 자신의 생명은 줄어들고 그 몸에도 재앙을 입는 법입니다. 이 까닭으로 한漢 문제文帝는 열 집 재산이 든다는 말을 듣고 짓던 노대露臺 공사를 중지하여 검소함을 밝히고 부유함을 백성에게 돌려주었습니다. 주周 문왕文王은 비록 백 리의 큰 원유苑囿를 가졌지만 백성과 함께 하여 국가의 창성을 이루었습니다. 우禹임금은 저 아름다운 연회에 서로 예를 주고받으면서 의적儀狄이 지주旨酒를 바쳐오자 이를 물리치는 것으로 덕을 삼았습니다. 그는 집 앞을 지나며 들어가지 못한 과문불입過門不入으로 천하를 다스리는 복을 받았으며 성인과 나란히 그 온량함을 이루었습니다. 술에 취해 혼미해지고 술로 인해 재앙을 불러온 자라면 통탄할 은殷나라 주紂, 수受임금이나 관부灌夫 같은 자일 것이니 역시 그 몸도 망치고 나라도 잃었습니다. 이 까닭으로 이윤伊尹은 술에 의한 재앙을 경계하여 글을 지었고, 주공周公은 술로 인해 나라를 어지럽힐 것에 대하여 〈주고酒誥〉라는 법칙을 남겼던 것입니다.

저 아리땁고 유한幽閑한 숙녀淑女는 진실로 군자의 좋은 배필입니다. 옥연玉輦을 사양하고 자신의 사랑을 나누어 준 저 한漢 성제成帝 때의 반희班姬 같은 여인은 역대 폐녀嬖女와 같은 이가 되는 것을 부끄러워하였고, 비녀와 귀고리를 벗고 자신이 잘못하여 임금이 늦잠을 잔다고 여긴 주周 선왕宣王 때의 선강宣姜은 역시 아름다운 여인이었습니다. 그러나 진晉나라를 화란禍亂으로 몰아넣은 여희驪姬나 주周나라를 망하게 한 포사褒姒 같은 여인들도 있습니다. 그들은 모두 아무리 아름답다 해도 그림 속의 여인이요 사람의 도리를 흉악하게 무너뜨린 이들입니다. 성을 기울게 하고 나라를 엎어 버릴 미인의 예는 후대 왕에게 밝게 경계를 보여드리는 것이라 생각하십시오. 아름다운 바탕에 얼굴까지 꾸민 모습은 의당 길이 옛 역사에 거울로 삼으십시오.

다시 사냥에 대해 말씀드리면 봄 사냥 수蒐와 겨울 사냥 수狩의 예가 있으니 달리고 활 쏘는 사냥터에서 바른 도리로 절제하지 아니하면 반드시 짐승 잡는 황폐한 즐거움에 빠지고 맙니다. 이는 신체의 지극한 피로를 가져올 뿐만 아니라 또한 심성도 광기를 부리게 됩니다. 무릇 높은 산 깊은 골짜기를 겁내지 않는 것은 서미胥靡의 죄수들이나 하는 짓이며, 온갖 사냥 도구로 즐거움을 삼는 것은 소인배들의 짓입니다. 종묘사직을 중히 여기고 선왕의 명기名器를 지닌 신분으로서 사냥매나 사냥개와 더불어 함께 달리며, 험난한 지형을 넘지르며 고삐를 마음대로 휘잡고 다니시다니, 말은 재갈과 말뚝을 다루는 법칙이 있고 짐승은 놀라면 피할 길이 없어 달려들 위험이 있는데도 오히려 눈앞에 많이 잡는 것만 보면서 홀로 감정이 없는 짐승을 잡는데 대해 마음속에 아무런 부끄러움도 느끼지 않을 수 있겠습니까?

소신小臣은 비루하고 우매하면서도 갚을 길 없는 무한한 은총을 입고 있습니다. 폐하께서는 저를 초택草澤의 용렬한 인물 중에 발탁하셔서, 이 나이도 어리고 비천한 몸을 귀한 신분의 반열에 세워 주셨습니다. 다행이 대도가 행해지고 양의兩儀가 편안한 시대를 만나 태자를 만나 만국이 바르게 될 것을 즐거워합니다. 태자께서는 나라를 감독하고 군사를 위무하는 일의 한가한 틈을 타서 매번 정치의 득실을 강론하고 성취를 이루셨습니다. 태자의 신령이 민속敏速함을 우러러보며 장차 성스러운 총명함을 이루리라 감탄합니다. 스스로 어진 이를 예우하셔서 학문의 성과를 얻으시고 족히 춘관春官을 통해 바른 도로 돌아가고 계십니다. 꽃다운 계절의 아름다운 풍경과 사시의 화목함으로 인한 맑고 청숙한 공기. 궁궐은 그윽하여 쳐 놓은 발과 휘장은 고요합니다. 관목灌木은 빽빽하고 바람과 구름은 가볍습니다. 꽃은 바람결에 향내를 내며 해를 보고 미소 짓고 교태스러운 꾀꼬리는 이리저리 날며 애절한 노래를 부릅니다. 이처럼 만물의 화려함이 번성함에도 오히려 장차 임무를 맡을 깊은 생각에 잠겨 있습니다. 오히려 실천을 위해 열심을 다하면서도 권태로움을 모르시고 그 일의 즐거움에 깊이 잠기셨습니다. 용렬한 저에게 붓을 들어 표현하라 하시니 궁궐의 아름다움을 감사히 글로 적습니다. 이는 〈통소보洞簫賦〉를 지어 한漢 원제元帝의 즐거움을 모셨던 왕포王褒와는 다른 것이며, '펄럭이는 수레 덮개 즐거움을 더하도다'라고 읊어 조비曹丕의 사냥을 두고 조식曹植에 시로써 분위기를 맞추어 주었던 것과는 다른 것입니다. 저는 아언雅言으로써 태자의 덕을 찬양하기에는 재주가 부족하며 황제에게 은혜를 보답하는 것으로써 이 목숨을 가벼이 여기고자 합니다. 감히 아래로 절하고 머리를 조아리며 원컨대 길이 아름다운 명성을 날리시기를 바랍니다. 황제의 신령함을 받들어 만수무강하실 것을 기원하오며 만고에 길이 떨칠 넓은 명예로써 으뜸이 되실 것을 바라옵니다."

태종이 이를 보고 이백약에게 사신을 보내어 이렇게 말하였다.

"내 황태자의 집에서 그대가 지은 이 부賦를 보았소. 고래로 태자들의 일을 기술하여 황태자로 하여금 경계하게 하였으니 심히 법칙이 될 중요한 것이었소. 내 그대를 선발하여 태자의 보필로 삼은 것은 바로 이렇게 해 주기를 바랐던 것이었소. 그 맡긴 임무에 크게 맞아떨어졌으니 다만 모름지기 훌륭한 시작에 아름다운 끝마무리가 되기를 바랄 뿐이오."

그리고 마구간 말 한 필과 채색 비단 3백 단段을 하사하였다.

貞觀五年, 李百藥爲太子右庶子, 時太子承乾頗留意《典》·《墳》, 然閑讌之後, 嬉戲過度. 百藥作〈贊道賦〉以諷焉, 其詞曰:

「下臣側聞先聖之格言, 嘗覽載籍之遺則. 伊天地之玄造, 泊皇王之建國, 曰人紀與人綱, 資立言與立德. 履之則率性成道, 違之則罔念作忒. 望興廢如從釣, 視吉凶如糾纆. 至乃受圖膺籙, 握鏡君臨, 因萬物之思化, 以百姓而爲心. 體大儀之潛運, 閱往古於來今. 盡爲善於乙夜, 惜勤勞於寸陰. 故能釋層冰於瀚海, 變寒谷於蹛林. 總人靈以胥悅, 極穹壤而懷音. 赫矣聖唐, 大哉靈命; 時維大始, 運鍾上聖. 天縱皇儲, 固本居正; 機悟宏遠, 神姿凝映. 顧三善而必弘, 祇四德而爲行. 每趨庭而聞禮, 常問寢而資敬. 奉聖訓以周旋, 誕天文之明命. 邁觀喬而望梓, 卽元龜與明鏡. 自大道云革, 禮教斯起. 以正君臣, 以篤父子. 君臣之禮, 父子之親, 盡情義以兼極, 諒弘道之在人. 豈夏啓與周誦, 亦丹朱與商均? 旣雕且琢, 溫故知新. 惟忠與敬, 曰孝與仁. 則可以下光四海, 上燭三辰. 昔三王之教子, 兼四時以齒學; 將交發於中外, 乃先之以禮樂. 樂以移風易俗, 禮以安上化人. 非有悅於鐘鼓, 將宣志以和神. 寧有懷於玉帛, 將克己而庇身. 生於深宮之中, 處於群后之上; 未深思於王業, 不自珍於匕鬯. 謂富貴之自然, 恃崇高以矜尚. 必恣驕狠, 動愆禮讓. 輕師傅而慢禮儀, 狎姦盜而縱淫放. 前星之耀遽隱, 少陽之道斯諒. 雖天下之爲家, 蹈夷儉之非一. 或以才而見升, 或見讒而受黜. 足可以省厥休咎, 觀其得失. 請粗略而陳之, 覬披文而相質!

在宗周之積德, 乃執契而膺期; 賴昌發而作貳, 啓七百之鴻基. 逮扶蘇之副秦, 非有虧於聞望; 以長嫡之隆重, 監偏師於亭障. 始禍則金以寒離, 厥妖則火不炎上, 旣樹置之違道, 見宗祀之遄喪. 伊漢氏之長世, 固明兩之遞作. 高惑戚而寵趙, 以天下而爲謔. 惠結皓而因良, 致羽翼於寥廓. 景有慚於鄧子, 成從理之淫虐, 終生患於強吳, 由發怒於爭博. 徹居儲兩, 時猶幼冲, 防衰年之絶議, 識亞夫之矜功; 故能恢弘祖業, 紹三代之遺風. 據開博望, 其名未融. 哀時命之奇舛, 遇讒賊於江充; 雖備兵以誅亂, 竟背義而凶終. 宣嗣好儒, 大猷行闡, 嗟被尤於德教, 美發言於忠謇. 始聞道於匡韋, 終獲庆於恭顯. 太孫雜藝, 雖異定陶, 馳道不絶, 抑惟小善. 猶見重於通人, 當傳芳於前典. 中興上嗣, 明章濟濟, 俱達時政, 咸通經禮. 極至情於敬愛, 惇友于於兄弟; 是以固東海之遺堂, 因西周之繼體. 五官在魏, 無聞德音. 或受譏於妲己, 且自悅於從禽. 雖才高而學富, 竟取累於荒淫. 暨貽厥於明皇, 搆崇基於三世. 得秦帝之奢侈, 亞漢武之才藝. 遂驅役於群臣, 亦無救於凋弊. 中撫寬愛, 相表多奇. 重桃符而致惑, 納鉅鹿之明規. 竟能掃江表之氛穢, 攀要荒而見羈. 惠處東朝, 察其遺跡, 在聖德其如初, 實御床之可惜. 悼愍懷之云廢, 遇烈風之吹沙. 盡性靈之狎藝, 亦自敗於凶邪. 安能奉其粢盛, 承此邦家?

惟聖上之慈愛, 訓義方於至道. 同論政於漢幄, 脩政戒於京鄗. 鄙《韓子》之所賜, 重經術以爲寶. 咨政理之美惡, 亦文身之黼藻. 庶有擇於愚夫, 慚乞言於遺老. 致庶績於咸寧, 先得人而爲盛. 帝堯以則哲垂謨, 文王以多士興詠. 取之於正人, 鑒之於靈鏡. 量其器能, 審其檢行. 必宜度機而分職, 不可違方以從政. 若其惑於聽受, 暗於知人, 則有道者咸屈, 無用者必伸. 讒諛競進以求媚, 玩好不召而自臻. 直言正諫, 以忠信而獲罪, 賣官鬻獄, 以貨賄而見親. 於是虧我王度, 斁我彝倫. 九鼎遇姦回而遠逝, 萬姓望撫我而歸仁. 蓋造化之至育, 惟人靈之爲貴. 獄訟不理,有生死之異途, 寃結不伸, 乖陰陽之和氣. 士之通塞, 屬之以深文, 命之脩短, 懸之於酷吏. 是故, 帝堯畫像, 陳恤隱之言; 夏禹泣辜, 盡哀矜之志.

因取象於〈大壯〉, 乃峻宇而雕牆. 將瑤臺以瓊室, 豈畫棟以虹梁? 或凌雲以遐觀, 或通天而納涼. 極醉飽而刑人力, 命癃蹷而受身殃. 是以言惜十家之產, 漢帝以昭儉而垂裕. 雖成百里之囿, 周文以子來而克昌.

彼嘉會而禮通, 重旨酒之爲德. 至忘歸而受祉, 在齊聖而溫克. 若其酗醟以致昏, 酖湎而成忒, 痛殷受與灌夫, 亦亡身而喪國. 是以伊尹以酣歌而作戒, 周公以亂邦而貽則.

咨幽閑之令淑, 實好逑於君子. 辭玉輦而割愛, 固班姬之所恥, 脫簪珥而思愆, 亦宣姜之爲美. 乃有禍晉之驪姬, 喪周之褒姒. 盡妖姸於圖畫, 極凶悖於人理. 傾城傾國, 思昭示於後王; 麗質冶容, 宜永鑒於前史.

復有蒐狩之禮, 馳射之場, 不節之以正義, 必自致於禽荒. 匪外形之疲極, 亦中心而發狂. 夫高深不懼, 胥靡之徒; 轘縲爲娛, 小豎之事. 以宗社之崇重, 持先王之名器, 與鷹犬而並驅, 凌艱險而逸轡. 馬有銜橛之理, 獸駭不存之地, 猶有覥於獲多, 獨無情而內愧?

以小臣之愚鄙, 忝不貲之恩榮. 擢無庸於草澤, 齒陋質於簪纓. 遇大道行而兩儀泰, 喜元良會而萬國貞. 以監撫之多暇, 每講論而肅成. 仰惟神之敏速, 歎將聖之聰明. 自禮賢於秋實, 足歸道於春卿. 芳年淑景, 時和氣清. 華殿邃兮簾幃靜. 灌木森兮風雲輕, 花飄香兮動笑日, 嬌鸎囀兮相哀鳴. 以物華之繁靡, 尚絶思於將迎. 猶允蹈而不倦, 極耽翫以研精. 命庸才以載筆, 謝摛藻於天庭. 異洞簫之娛侍, 殊飛蓋之緣情. 闕雅言以贊德, 思報恩以輕生. 敢下拜而稽首, 願永樹於風聲. 奉皇靈之遐壽, 冠振古於鴻名.」

太宗見而遣使謂百藥曰:「朕於皇太子處, 見卿所作賦, 述古來儲貳事以誡太子, 甚是典要. 朕選卿以輔弼太子, 正爲此事. 大稱所委, 但須善始令終耳.」

因賜廐馬一匹, 綵物三百段.

【墳典】《三墳》,《五典》의 줄인 말.《三墳》은 三皇 때의 책이라 하며《五典》은 五帝 때의 기록이라 함. 혹《삼분》은 伏羲, 神農, 黃帝의 책이며,《오전》은 少昊, 顓頊, 高辛, 唐堯, 虞舜의 역사 기록이라 함. 孔安國의《古文尙書》序에 "伏羲·神農·黃帝之書, 謂之三墳, 言大道也. 少昊·顓頊·高辛·唐·虞之書, 謂之五典, 言常道也"라 함. 여기서는 태자 李承乾이 옛날 일에 관심을 보이며 공부에 열심이었음을 말함.

【立言立德】《左傳》襄公 24년에 "太上有立德, 其次有立功, 其次有立言, 雖久不廢, 此之謂不朽"라 함.

【率性】타고난 성품. 본성을 말함.《中庸》1장에 "天命之謂性, 率性之謂道, 脩道之謂敎"라 함.

【從鈞】균은 형평과 균형을 이루는 저울(秤)을 가리킴.

【糾纆】糾纏과 같음. 줄에 얽매어 그 줄의 조정을 받음. 도망할 수 없음을 말함.

【大儀】太極을 말함.《易》의 원리는 太極이 兩儀를 낳고 兩儀가 四象을 낳으며 사상이 64괘를 형성한다고 보았음. 여기서는 양의를 겸한 우주 본연의 원리인 태극을 뜻함.

【瀚海】'翰海'로도 표기하며 바이칼 湖. 그러나 여기서는 몽고 사막부터 중앙아시아까지의 넓은 지역을 일컫는 말로 쓰였음.

【蹛林】원래 흉노족들이 제사를 지내는 곳. 당나라 때 州를 설치하였으며 지금의 甘肅 秦安 동북의 隴城.

【大始】당 태종의 즉위를 뜻함.

【運鍾上聖】운세가 모두 상성에게 모여듦. '鍾'은 '집중하다'의 뜻.

【三善】事君, 事父, 事長의 세 가지 덕행.

【四德】儒家에서 말하는 孝悌忠信. 혹은 《周易》의 元亨利貞을 말함.

【趨庭問禮】孔子의 아들 孔鯉에게 가르친 공자의 가정교육. 《論語》季氏篇에 "陳亢問於伯魚曰:「子亦有異聞乎?」對曰:「未也. 嘗獨立, 鯉趨而過庭. 曰:『學詩乎?』對曰:『未也.』『不學詩, 無以言.』鯉退而學詩. 他日, 又獨立, 鯉趨而過庭. 曰:『學禮乎?』 對曰:『未也.』『不學禮, 無以立.』鯉退而學禮. 聞斯二者.」陳亢退而喜曰:「問一得三, 聞詩, 聞禮, 又聞君子之遠其子也..」"라 함.

【邁觀喬而望梓】부자의 도를 잘 실행하고 실천함. 《尙書大傳》梓材에 "喬仰, 父道也; 梓俯, 子道也"라 함. 《說苑》에도 이를 풀어쓴 고사가 실려 있음.

【元龜】점치는데 사용하는 큰 거북. 여기서는 '거울로 삼다'의 뜻.

【夏啓·周誦】夏나라 태자 啓와 周나라 태자 姬誦. 희송은 周公의 보필을 받은 武王의 아들로 성왕에 올라 태자의 임무와 임금의 임무를 잘 수행함.

【丹朱·商均】堯의 아들로 불초했던 丹朱와 舜의 아들로 역시 제대로 아버지의 업을 잇지 못한 商均.

【溫故知新】《論語》爲政篇에 "子曰:「溫故而知新, 可以爲師矣..」"라 함.

【三王】夏(禹), 殷(湯), 周(文王·武王) 삼대의 개국 군주.

【齒學】이가 나면서 곧바로 인륜과 도덕의 학문을 가르침.

【匕鬯】종묘 제사에 쓰는 기구들.

【前星】28수 중 심수(心宿)의 세 별 중 앞에 있는 별. 가운데 별은 천자를 상징하며 앞에 있는 별은 태자를 상징함.

【諒】믿기는 하나 통달하지 못한 상태.

【休咎】'休'는 길함을 뜻하며 '咎'는 허물을 뜻함. 吉凶의 다른 말.

【宗周】西周의 도읍 鎬京의 별칭. 周나라를 말함.

【昌發】주나라를 일으킨 姬昌 文王과 姬發 武王.

【扶蘇】秦始皇의 첫째 아들. 시황에게 노여움을 사서 上郡에 파견되어 蒙恬의 군대를 감독하는 임무를 맡음. 시황이 죽은 뒤 趙高가 胡亥를 二世皇帝로 즉위시키면서 거짓으로 조서를 내려 자결토록 하였음. 《史記》秦始皇本紀 참조.

【金以寒離】金은 五行으로 西方, 가을, 刑法을 뜻하며 肅殺의 뜻을 가지고 있음. 여기서는 扶蘇를 태자 자리에서 폐위함을 말함.

【火不炎上】火는 오행으로 南方, 여름, 武力을 뜻하며 부소에 비해 남쪽이었던 秦나라 서울 咸陽의 국운이 다하여 더 이상 뻗어나가지 못하고 망하였음을 상징함.

【高惑戚而寵趙】漢 高祖 劉邦이 戚夫人에게 빠져 呂后 소생 劉盈을 폐하고 척부인 소생 趙王 如意를 태자로 삼으려 하였던 일.

【惠結晧而因良】漢 惠帝(劉盈)가 태자였을 때 張良의 건의에 의하여 商山四皓를 보필로 삼아 태자 지위에서 폐위되지 않았던 일을 말함.

【景有慚於鄧子】漢 景帝(劉啓)가 태자였을 때 아버지 문제가 종기의 고름을 빨아달라고 하자 난색을 펴는 것을 보고 간신 鄧通이 대신 나서서 고름을 빠는 것을 보고 부끄러움을 느낀 일.《潛夫論》및《漢書》참조.

【强吳】吳王 劉濞를 가리킴. 漢 景帝가 태자였으며 劉濞의 아들과 바둑을 두면서 劉濞의 아들이 거만하게 굴자 바둑판으로 쳐서 죽여 버림. 이 일로 劉濞는 景帝에게 원한을 품고 吳楚七國의 난을 일으켰음.

【徹居儲兩】漢 武帝 劉徹이 태자였을 때를 말함. '儲兩'은 태자의 직위를 뜻함.

【亞夫】周亞夫. 周勃의 아들로서 七國의 난을 평정하였으며 漢 景帝가 태자 劉栗을 폐하려 하자 주아부가 반대하여 귀양을 가고 말았음.

【據開博望】據는 劉據. 漢 武帝의 아들로 戾太子. 博望苑을 지어 선비를 초청하였음.

【江充】漢 武帝 때의 간신. 戾太子(劉據)를 참훼하다가 태자에게 죽음을 당함. 그 뒤 長安에 군란이 일어나 태자의 모반을 참소하는 자가 있어 결국 戾太子는 자살함.

【宣嗣】漢 宣帝 劉詢의 태자였던 劉奭. 漢 元帝가 됨.

【匡韋】匡衡과 韋玄成. 漢 元帝 때의 재상.

【恭顯】弘恭과 石顯. 漢 元帝 때의 재상이며 정권을 휘둘렀던 인물들.

【太孫】漢 成帝 劉鶩. B.C.32~B.C.7년까지 재위. 자는 太孫. 漢 元帝의 태자였음.

【定陶】定陶共王. 漢 元帝의 서자.

【馳道不絶】漢 成帝가 태자였을 때 아버지를 급히 뵈려 가면서도 황제 전용의 치도로 가지는 않았음을 말함.

【中興】東漢을 일으킨 光武帝 劉秀를 말함.

【明章】동한의 明帝(58~75) 劉莊과 章帝(76~88) 劉炟.

【東海】東海王. 漢 明帝의 형이며 형제 사이에 우애가 아주 깊었음.

【五官】魏 文帝 曹丕를 가리킴. 일찍이 五官中郞將의 벼슬을 하였음.

【受譏於妲己】曹丕가 袁熙의 처 甄氏를 보고 반하자 曹操가 이를 맞아 며느리로 삼음. 이를 보고 孔融이 妲己의 고사를 들어 조비를 기롱함.

【悅於從禽】曹丕가 제위에 오른 다음 사냥을 즐겨 다님.

【明皇】魏 明帝 曹叡를 가리킴. 曹丕의 아들로 苑林을 조성하느라 많은 신하들까지

복역시킴.

【三世】 삼년.

【秦帝】 秦始皇을 가리킴.

【中撫】 晉 武帝 司馬炎을 가리킴. 처음 그는 魏나라의 中撫軍의 벼슬을 하였음.

【桃符】 晉 武帝(司馬炎)의 아우 齊王 司馬攸의 어릴 때 이름. 晉王 司馬昭가 그를 세자로 삼고자 하였으나 裴秀 등이 사마염의 똑똑함을 들어 그를 세자로 삼았으며 과연 사마염은 진왕을 이어받았고 뒤에 魏나라로부터 禪讓을 받아 晉나라를 세움.

【鉅鹿】 裴秀를 가리킴. 그는 晉 武帝에 의해 鉅鹿郡公에 봉해졌음.

【江表】 長江 남쪽의 삼국시대 孫吳 정권을 말함.

【要荒】 고대 서울을 중심으로 먼 곳을 구분하던 칭호로 要服과 荒服을 말함. 王畿로부터 5백 리씩 멀어지면서 5등급으로 나누어 甸服, 侯服, 綏服, 要服, 荒服으로 구분하였음.

【惠】 晉 惠帝 司馬衷. 武帝 司馬炎의 셋째 아들로 290~306년 재위. 중국 역대 이래 가장 백치로 알려진 임금. 너무 혼암하여 임금 역할을 하지 못하였으며 尙書令 衛瓘이 차마 말을 못하고 연회상에서 술에 취한 척하며 그 보좌를 가리켜 "이 자리가 애석하도다(此座可惜)"라 비꼬았음.

【愍懷】 愍懷太子 司馬遹. 晉 惠帝의 장자로 명망 있는 태자였으나 賈后의 미움을 받아 庶人으로 폐위됨.

【粢盛】 종묘에 바치는 穀物.

【京鎬】 西周 때의 도읍 鎬京을 말함.

【韓子之所賜】 東晉 元帝가 刑法을 좋아하여 태자에게 《韓非子》 책을 하사함. 본문의 뜻은 유학을 존중하지 아니하고 가혹한 형법을 좋아한 것을 비루하게 여긴 것임.

【黼藻】 黼黻과 玉藻. 보불은 황제 곤룡포에 새기는 무늬 자수. 옥조는 마름풀의 형상을 본뜬 옷의 장식. 문장으로 태종이 이렇게 자신을 아름답게 꾸밈을 말함.

【以多士興詠】 《詩經》 大雅 文王에 "濟濟多士, 文王以寧"의 뜻을 말함.

【鬻獄】 공개적으로 죄값을 치르고 감형을 받음.

【九鼎】 고대 禹임금이 九州를 상징하여 만들었던 솥. 뒤에 周나라가 이를 泗水에 빠뜨렸으며 秦始皇이 찾으려 하였으나 건져내지 못하였다 함.

【畫像】 죄인에게 옷차림을 달리하여 상징적으로 벌을 내리는 것.

【夏禹泣辜】 禹임금이 죄인을 보고 탄식한 고사. 《說苑》 君道篇에 "禹出見罪人,

下車問而泣之, 左右曰:「夫罪人不順道, 故使然焉, 君王何爲痛之至於此也?」禹曰: 「堯舜之人, 皆以堯舜之心爲心, 今寡人爲君也, 百姓各自以其心爲心, 是以痛之.」書曰:「百姓有罪, 在予一人.」라 하였으며, 《十八史略》(1)에도 "禹出見罪人, 下車問而泣曰:「堯舜之人, 以堯舜之心爲心; 寡人爲君, 百姓各自以其心爲心, 寡人痛之.」"라 함.

【大壯】《周易》大壯卦. 궁실의 수축에 관한 내용임. 《周易》大傳에 "上古穴居而野處, 後世聖人易之以宮室, 上棟下宇以待風雨, 蓋取諸大壯"이라 함.

【瓊室】殷나라 紂王이 구슬로 지은 궁궐.

【凌雲】魏 文帝 曹丕가 지은 건물로 너무나 정교하여 바람이 불면 흔들리되 무너지지는 않았다고 함.

【通天】通天臺. 한 무제 때 세운 건축물. 甘泉宮에 있었으며 높이가 30장이었다 함.

【漢帝】漢 文帝. 露臺를 세우려다 그 비용이 열집 몫의 재산이 든다는 말을 듣고 중지함. 《十八史略》(2) 文帝篇에 "七年, 帝崩. 在位二十三年, 宮室苑囿, 車騎服御, 無所增益. 嘗欲作露臺, 召匠計之, 直百金. 上曰:「中人十家之産也. 何以臺爲?」"라 함.

【百里之囿】囿는 苑囿. 임금의 鳥獸를 기르는 곳. 《孟子》에 "文王之囿方七十里"라 함.

【旨酒】고대 儀狄이 술을 처음 빚어 禹에게 바치자 우가 이를 마셔보고 술 때문에 망할 자가 있으리라 함. 《戰國策》魏策(2)에 "昔者, 帝女令儀狄作酒而美, 進之禹, 禹飮而甘之, 遂疏儀狄, 絶旨酒, 曰:「後世必有以酒亡其國者.」"라 함.

【殷受】殷나라 말왕 紂. 이름이 受였음. 술 때문에 나라를 망침.

【望歸】過門不入의 고사를 뜻함. 《십팔사략》(1)에 "夏后氏禹: 姒姓, 或曰名文命, 鯀之子, 顓頊孫也. 鯀湮洪水, 舜擧禹代鯀, 勞身焦思, 居外十三年, 過家門不入. 陸行乘車, 水行乘船, 泥行乘橇, 山行乘檋, 開九州, 通九道, 陂九澤, 度九山"이라 함.

【灌夫】西漢 때의 대신. 漢 武帝 때 술에 취하여 앉아 임금을 꾸짖다가 주살을 당함.

【伊尹】商나라 초기의 대신. 이름은 摯. 有莘氏(지금의 山東 曹縣) 출신의 媵臣 (시집가는 주인 딸을 따라가는 노비)이었으나 湯에게 발탁되어 夏나라 걸을 멸하고 殷(商)나라를 세우는데 큰 능력을 발휘함. 일찍이 〈訓〉을 지어 "敢有恆舞于宮, 酣歌于室, 時謂巫風"이라 함. 《尙書》商書 伊訓 참조.

【貽則】경계의 말을 내림. 周公의 〈誥〉에 "越大小邦有喪, 亦罔非酒"라 함.《尙書》周書 酒誥 참조.

【班姬】班婕妤. 漢 成帝의 후궁. 성제가 후궁에 놀이 가서 반희에게 수레에 함께 탈 것을 권하자 '옛 성현의 그림을 보면 그 곁에 명신이 있었으며 삼대의 말왕들 곁에는 폐녀들이 있었음'을 들어 함께 타기를 사양함.《列女傳》(8) 辯通篇에 "成帝遊於後庭, 嘗欲與婕妤同輦, 辭曰:「觀古圖畫, 賢聖之君, 皆有名臣在側. 三代之末主, 乃有女嬖. 今欲同輦, 得無似之乎?」上善其言而止. 太后聞而喜曰:「古有樊姬, 今有班婕妤.」"라 함.

【宣姜】周 宣王의 后. 宣王이 늦잠을 자자 宣姜이 귀고리와 수식을 모두 풀고 죄를 기다리며 傅母를 통해 "王樂色而忘德, 失禮而晏起, 亂之興自婢子始, 敢請罪"라 함.《列女傳》(2) 賢明傳에 "宣王嘗早臥晏起, 后夫人不出房, 姜后脫簪珥, 待罪於永巷, 使其傅母通言於王曰:「妾不才, 妾之淫心見矣, 至使君王失禮而晏朝, 以見君王樂色而忘德也. 夫苟樂色, 必好奢窮欲, 亂之所興也. 原亂之興, 從婢子起, 敢請婢子之罪.」王曰:「寡人不德, 實自生過, 非夫人之罪也.」"라 함.

【驪姬】晉 獻公(B.C.676~B.C.651)의 부인으로 자기 소생의 서자 奚齊를 세우고자 욕심과 간계를 부려 태자 申生을 모함하여 자살토록 하였으며 重耳와 夷吾 등 公子를 축출함. 헌공이 죽자 해제가 왕위에 올랐으나 대부 里克에게 피살되었으며 여희 자신도 죽음을 당함.《列女傳》(7) 孽嬖傳에 "驪姬者, 驪戎之女, 晉獻公之夫人也. 初, 獻公娶於齊, 生秦穆夫人及太子申生. 又娶二女於戎, 生公子重耳·夷吾. 獻公伐驪戎, 克之, 獲驪姬以歸, 生奚齊·卓子. 驪姬嬖於獻公, 齊姜先死, 公乃立驪姬以爲夫人. 驪姬欲立奚齊, 乃與弟謀曰:「一朝不朝, 其閒用刀. 逐太子與二公子, 而可閒也.」於是驪姬乃說公曰:「曲沃, 君之宗邑也, 蒲與二屈, 君之境也, 不可以無主. 宗邑無主, 則民不畏; 邊境無主, 則開寇心; 夫寇生其心, 民慢其政, 國之患也. 若使太子主曲沃, 二公子主蒲與二屈, 則可以威民而懼寇矣.」遂使太子居曲沃, 重耳居蒲, 夷吾居二屈. 驪姬旣遠太子, 乃夜泣. 公問其故, 對曰:「吾聞申生爲人甚好仁而强, 甚寬惠而慈於民, 今謂君惑於我, 必亂國. 無乃以國民之故行强於君, 果未終命而歿? 君其奈何? 胡不殺我, 無以一妾亂百姓.」公曰:「惠其民而不惠其父乎?」驪姬曰:「爲民與爲父異. 夫殺君利民, 民孰不戴? 苟父利而得寵, 除亂而衆說, 孰不欲爲? 雖其愛君, 欲不勝也. 若紂有良子, 而先殺紂, 毋章其惡, 鈞死也, 毋必假手於武王以廢其祀? 自吾先君武公兼翼而楚穆弑成, 此皆爲民而不顧親, 君不早圖, 禍且及矣.」公懼曰:「奈何而可?」驪姬曰:「君何不老而授之政, 彼得政而治之, 殆將釋君乎?」公曰:「不可, 吾將圖之.」由此疑太子. 驪姬乃使人

以公命告太子曰:「君夢見齊姜, 亟往祀焉.」申生祭於曲沃, 歸福於絳, 公田不在. 驪姬受福乃寘鴆於酒, 施毒於脯. 公至, 召申生, 將胙, 驪姬曰:「食自外來, 不可不試也.」覆酒於地, 地墳. 申生恐而出. 驪姬與犬, 犬死. 飮小臣, 小臣死之. 驪姬乃仰天叩心以泣, 見申生哭曰:「嗟乎! 國, 子之國, 子何遲爲君? 有父恩忍之, 況國人乎? 弑父以求利, 人孰利之?」獻公使人謂太子曰:「爾其圖之!」太傅里克曰:「太子入自明, 可以生; 不則不可以生.」太子曰:「吾君老矣! 若入而自明, 則驪姬死, 吾君不安.」遂自經於新城廟, 公遂殺少傅杜原款, 使閹楚刺重耳, 重耳奔狄. 使賈華刺夷吾, 夷吾奔梁. 盡逐群公子, 乃立奚齊. 獻公卒, 奚齊立, 里克殺之, 卓子立, 又殺之, 乃戮驪姬, 鞭而殺之. 於是秦立夷吾, 是爲惠公. 惠公死, 子圉立, 是爲懷公, 晉人殺懷公於高梁, 立重耳, 是爲文公. 亂及五世然後定"이라 하였음. 《史記》 晉世家에도 자세히 실려 있음.

【褒姒】 襃姒로도 표기함. 有襃國(지금의 陝西 漢中 襃城)의 여자로 姒姓이며 周 幽王이 이 나라를 정벌하고 얻은 여인. 전혀 웃지 않아 나라를 망친 고사를 가지로 있음. 《國語》 晉語(1)에 "周幽王伐有襃, 襃人以襃姒女焉"이라 함. 《列女傳》(7) 孼嬖傳에 "褒姒者, 童妾之女, 周幽王之后也. 初, 夏之衰也, 襃人之神化爲二龍, 同處王庭而言曰:「余, 襃之二君也.」夏后卜殺之與去, 莫吉. 卜請其漦, 藏之而吉. 乃布幣焉, 龍忽不見. 而藏漦櫝中, 乃置之郊. 至周, 莫之敢發也. 及周厲王之末, 發而觀之, 漦流於庭, 不可除也. 王使婦人裸而譟之, 化爲玄蚖, 入後宮, 宮之童妾未毁而遭之, 旣笄而孕, 當宣王之時産. 無夫而乳, 懼而棄之. 先是有童謠曰:「檿弧箕服, 寔亡周國.」 宣王聞之, 後有人夫妻賣檿弧箕服之器者, 王使執而戮之. 夫妻夜逃, 聞童妾遭棄而夜號, 哀而取之, 遂竄於襃. 長而美好, 襃人姁有獄, 獻之以贖, 幽王受而嬖之, 遂釋襃姁, 故號曰襃姒. 旣生子伯服, 幽王乃廢后申侯之女, 而立襃姒爲后, 廢太子宜咎, 而立伯服爲太子. 幽王惑於襃姒, 出入與之同乘, 不恤國事, 驅馳弋獵不時, 以適襃姒之意, 飮酒流湎, 倡優在前, 以夜續晝. 襃姒不笑, 幽王乃欲其笑, 萬端, 故不笑. 幽王爲熢燧大鼓, 有寇至則擧. 諸侯悉至而無寇, 襃姒乃大笑. 幽王欲悅之, 數爲擧熢火, 其後不信, 諸侯不至. 忠諫者誅, 唯襃姒言是從. 上下相諛, 百姓離. 申侯乃與繒西夷犬戎共攻幽王, 幽王擧熢燧徵兵, 莫至. 遂殺幽王於驪山之下, 虜襃姒, 盡取周賂而去. 於是諸侯乃卽申侯, 而共立故太子宜咎, 是爲平王. 自是之後, 周與諸侯無異"라 하였으며 《史記》 周本紀에도 실려 있음.

【傾城傾國】 아주 아름다운 여자. 漢 武帝 때 李延年이 자신의 여동생을 추천하면서 "北方有佳人, 一笑而傾城, 再所而傾國"이라 함. 傾國之色의 뜻.

【蒐狩】 고대 천자의 사냥은 계절별로 그 이름이 있었으며 봄에는 蒐, 여름은 苗, 가을은 선(獮), 겨울은 狩라 하였음.
【胥靡】 맨 몸으로 徒役을 하는 죄수.
【韝緤】 사냥에 쓰이는 용구. 팔에 끼는 보호장구와 끈.
【銜橛】 말의 재갈과 말뚝.
【簪纓】 비녀를 꽂고 갓끈을 맨 고관대작을 말함.
【兩儀】《易》의 원리는 太極이 兩儀를 낳고 兩儀가 四象을 낳으며 사상이 64괘를 형성한다고 보았음. 음양을 뜻하며 여기서는 천지를 말함.
【元良】 태자를 가리킴.
【秋實】 학문의 결실. 덕행을 말함.《顔氏家訓》勉學篇에 "大學者猶種樹也, 春玩其華, 秋登其實, 講論文章, 春華也, 脩身利行, 秋實也"라 함.
【春卿】 春官의 경. 즉 禮部의 경.
【洞簫之娛侍】 漢 元帝가 태자였을 때 퉁소를 불기를 좋아하자 王褒가 〈洞簫賦〉를 지어 바침. 이에 후궁 귀인들이 모두 다투어 이를 외웠다 함.
【飛蓋之緣情】 魏 文帝 曹丕가 세자였을 때 曹植이 "淸夜遊西園, 飛蓋相追隨"라 함. '飛蓋'는 펄럭이는 수레 덮개. '緣情'은 '그 정황을 보고 시를 읊다'의 뜻.
【遐壽】 長壽를 뜻함.

101(12-2)
사치와 방종이 날로 심해 가는 태자

정관 연간에 태자 이승건李承乾이 자주 예도禮度에 벗어나는 짓을 하며 사치와 방종이 날로 심해졌다. 이에 태자좌서자太子左庶子 우지녕于志寧이 《간원諫苑》 20권을 찬술하여 태자를 깨우쳤다. 이때 태자우서자太子右庶子 공영달孔穎達도 매번 얼굴을 붉히며 나서서 간언을 하였다.

그러자 이승건의 유모 수안부인遂安夫人이 공영달에게 말하였다.

"태자가 이미 이렇게 장성했는데 어찌 그렇게 자주 얼굴을 맞대고 면박을 줄 수 있습니까?"

그러자 공영달이 이렇게 대답하였다.

"나라의 후한 은혜를 입고 있으니 죽어도 한이 없다."

그리고 간쟁을 더욱 절실히 하였다. 그리고 이승건이 《효경의소孝經義疏》를 찬술하도록 하자 공영달은 다시 그 문장의 뜻을 이용하여 더욱 간언하는 도를 넓혀 나갔다.

태종이 이러한 일을 가상히 여겨 용납하였으며 두 사람에게 각각 비단 5백 필과 황금 1근을 주어 이승건의 뜻을 면려해 준 뜻에 보답하였다.

공영달(孔穎達) 자 仲達

貞觀中, 太子承乾數虧禮度, 侈縱日甚, 太子左庶子于志寧撰《諫苑》二十卷諷之. 是時太子右庶子孔穎達每犯顏進諫.

承乾乳母遂安夫人謂穎達曰:「太子長成, 何宜屢得面折?」

對曰:「蒙國厚恩, 死無所恨!」

諫諍愈切. 承乾令撰《孝經義疏》, 穎達又因文見意, 愈廣規諫之道. 太宗並嘉納之, 二人各賜帛五百匹, 黃金一斤, 以勵承乾之意.

【貞觀中】다른 기록에는 貞觀 7년(633)의 일로 되어 있음.
【孔穎達】574~648. 唐代 유명한 經學家. 자는 仲達, 冀州 衡水 사람으로 太子右庶子에 임명되어 매번 태자에게 직간을 하였음. 魏徵과 《隋史》를 편찬하였으며 임금의 명을 받들어 顔師古 등과 《五經正義》의 主編을 맡음. 정관 18년(644)에 그의 화상을 凌煙閣에 걸도록 하였으며 22년에 죽어 昭陵에 陪葬함.
【面折】얼굴을 마주하고 비평함. 직간이나 면박을 말함.

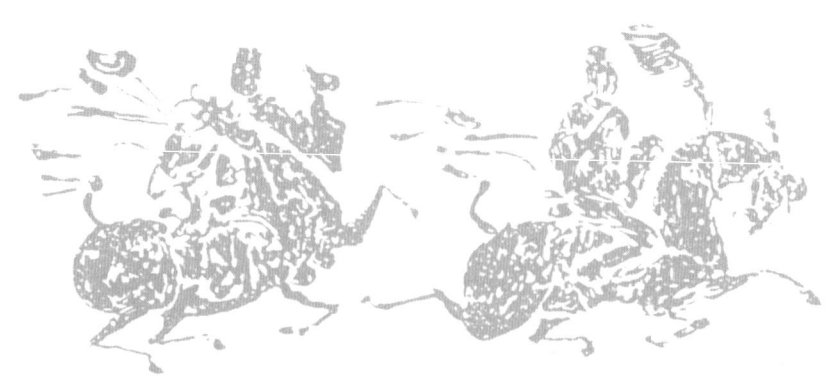

102(12-3)
그대 미친 자 아니오?

　정관 13년(639), 태자우서자太子右庶子 장현소張玄素가 태자 이승건李承乾이 자못 사냥에 빠져 학문을 폐하자 이에 다음과 같이 글을 올렸다.
　"제가 듣건대 하늘은 달리 친한 사람이 없이 오직 덕 있는 사람을 도와줄 뿐이라 하였습니다. 진실로 천도를 위배하면 사람과 신이 함께 그를 버리는 것입니다. 그래서 옛날에는 사냥을 해도 세 곳만을 모는 예가 있었으니 이는 죽이는 것을 가르치지 않기 위함이며 장차 백성을 위하여 해를 제거하고자 한 것입니다. 그러므로 탕湯이 새 잡는 그물의 한 쪽을 터 주자 천하가 그의 어짊에 귀의하였던 것입니다. 지금 원내苑內에서 사냥을 즐기시는 것은 비록 이름은 다르나 사냥으로 놀이를 삼는 것이니 만약 이러한 행동에 항심이 없다면 끝내 아름다운 도량을 허물어뜨리는 것이 되고 맙니다. 또 부열傅說은 '옛것을 스승으로 삼지 않는다는 말은 내 들어본 적이 없다'라 하였습니다. 그러므로 도를 넓히는 방법은 옛것에서의 배움에 있고 옛것을 배움에는 모름지기 선생님의 가르침을 바탕으로 삼아야 하는 것입니다. 이미 황제의 은혜로운 조칙을 받아 공영달孔穎達로 하여금 시강侍講토록 하였으니 자주 그에게 질문하여 만 가지 중 하나라도 보탬이 되기를 희망합니다. 그리고 유명하고 덕행이 있는 학사들을 널리 뽑아 아울러 조석으로 태자 곁에서 받들어 모시도록 하고 있습니다. 그러니 성인이 남긴 가르침을 널리 열람하시고 이미 지나간 옛일을 두루 살피셔서 날로 자신의 부족함을 알아차리고 달로 능하지 못한 바를 잊지 않으시기를 바랍니다. 이렇게 하면 진선진미盡善盡美하게 될 것이니 하계夏啓나 주송周誦 같은 태자가 어찌 거론거리가 되겠습니까! 무릇 남의 위에 처한 자는 선을 찾고자 하지 않은 자가 없으나 다만 그 본성이 감정을 이기지 못하여 미혹함에 탐닉하다가 결국 난을 일으키게 되는 것입니다. 미혹함에 탐닉함이 심해지고 나면 충언은 모두 막혀 버려 그로 인해 신하는 구차스럽게 순종만 하고자 하며 군도君道가 점점 허물어지는 것입니다.

옛 사람의 말에 '악이 작다고 하여 이를 물리치지 아니하거나 선이 작다고 하여 이를 하지 않는 일이 없도록 하라'라 하였습니다. 화와 복이란 모두가 점점 그 길로 나가다가 그리된다는 것을 알 수 있습니다. 전하殿下께서는 태자의 지위에 거하고 계시니 의당 모름지기 아름다운 모범을 심으셔야 합니다. 이미 사냥의 즐거움에 빠지고 나면 어떻게 나라의 이 비창匕鬯을 주재하실 수 있겠습니까? 끝마무리를 시작할 때 먹은 마음처럼 하시고 점차 악에 물들어 간다는 것을 두려워하시기 바라오며 시작에 신중을 기하지 아니하였다가 그 끝을 어찌 보장받을 수 있겠습니까!"

이승건은 이 상서를 받아들이지 않았다. 장현소는 이에 다시 이렇게 글을 올려 간언을 하였다.

"제가 듣기로 황자皇子가 학습에 들어가되 나이에 따라 그 과정이 있는 것은 태자로 하여금 군신, 부자, 존비, 장유의 도를 알도록 하기 위함이라 하였습니다. 장유의 질서는 아주 좁은 영역의 일이지만 이로써 새해에 넓혀나갈 수 있으니 이는 모두가 그 덕행으로 인해 멀리 소문이 퍼져 나가며 그 말을 빌려 널리 그 빛을 비추기 때문입니다. 엎드려 원하건대 전하께서는 아름다운 바탕이 이미 높으시니 모름지기 이를 글을 배워 그 겉을 아름답게 수식하셔야 합니다. 공영달이나 조홍지趙弘智 등을 살펴보건대 덕이 높고 학문이 깊을 뿐만 아니라 아울러 정치의 요체도 통달하고 있습니다. 바라건대 자주 그들의 강의를 들으시고 만물의 이치를 펴고 분석하며 고금의 일들을 살피셔서 전하의 그 아름다운 덕에 빛을 더하소서. 말 타기와 사냥의 놀이나, 술 마시고 노래하며 여인들의 아름다운 재능은 단지 이목만 즐겁게 해 줄 뿐 끝내 마음과 정신을 더럽히고 마는 것입니다. 이에 서서히 물들어 시간이 지나면 틀림없이 정성情性도 그리 옮겨가게 마련입니다. 옛 사람이 '마음은 만 가지 일의 주인이며 행동이 절제가 없으면 난에 빠지고 만다'라 하였습니다. 전하의 패덕의 원인은 마로 여기에 있지 않나 생각합니다."

이승건은 이 글을 보고 더욱 노하여 장현소에게 이렇게 버럭 화를 내었다.

"그대는 미친병을 앓고 있소?"

貞觀十三年, 太子右庶子張玄素以承乾頗以遊畋廢學, 上書諫曰:
「臣聞皇天無親, 惟德是輔, 苟違天道, 人神同棄. 然古三驅之禮, 非欲教殺, 將爲百姓除害. 故湯羅一面, 天下歸仁. 今苑內娛獵, 雖名異遊畋, 若行之無恆, 終虧雅度. 且傳說曰:『學不師古, 匪說攸聞.』然則弘道在於學古, 學古必資師訓. 旣奉恩詔, 令孔穎達侍講, 望數存顧問, 以補萬一. 仍博選有名行學士, 兼朝夕侍奉. 覽聖人之遺敎, 察旣往之行往事, 日知其所不足, 月無忘其所不能. 此則盡善盡美, 夏啓·周誦焉足言哉! 夫爲人上者, 未有不求其善, 但以性不勝情, 耽惑成亂. 耽惑旣甚, 忠言盡塞, 所以臣下苟順, 君道漸虧.

古人有言:『勿以小惡而不去, 小善而不爲.』故知禍福之來, 皆起於漸. 殿下地居儲貳, 當須廣樹嘉猷. 旣有好畋之淫, 何以主斯匕鬯? 愼終如始, 猶恐漸衰, 始尙不愼, 終將安保!」

承乾不納. 玄素又上書諫曰:
「臣聞稱皇子入學而齒冑者, 欲令太子知君臣·父子·尊卑·長幼之道. 然君臣之義, 父子之親, 尊卑之序, 長幼之節, 用之方寸之內, 弘之四海之外者, 皆因行以遠聞, 假言以光被. 伏惟殿下, 睿質已隆, 尙須學文以飾其表. 竊見孔穎達·趙弘智等, 非惟宿德鴻儒, 亦兼達政要. 望令數得侍講, 開釋物理, 覽古論今, 增輝睿德. 至如騎射畋遊, 酣歌妓翫, 苟悅耳目, 終穢心神. 漸染旣久, 必移情性. 古人有言:『心爲萬事主, 動而無節卽亂.』恐殿下敗德之源, 在於此矣.」

　　承乾覽書愈怒, 謂玄素曰:「庶子患風狂耶?」

【張玄素】 蒲州 사람으로 隋나라 때 景城縣 戶曹 벼슬을 하였으며 貞觀 초에 侍御史로 발탁되었다가 給事中에 임명됨.
【皇天無親】《尙書》蔡仲之命의 구절.
【三驅之禮】 고대 제왕의 사냥에서의 예법. 三驅는 사냥을 할 때 세 쪽에서만 몰아 한쪽은 짐승이 빠져 도망갈 수 있도록 열어 주는 것.
【羅】 湯이 들에 나섰다가 사면을 모두 그물을 치고 새를 잡는 것을 보고 한쪽을 풀어 주도록 한 일을 보고 많은 제후들이 탕의 덕행을 높이 샀다 함.《史記》殷本紀에 "湯出, 見野張網四面, 祝曰:「自天下四方皆入吾網」湯曰:「嘻, 盡之矣!」乃去其三面, 祝曰:「欲左, 左. 欲右, 右. 不用命, 乃入吾網」諸侯聞之, 曰:「湯德至矣, 及禽獸.」"라 함.
【學不師古】《尙書》說命(下)의 구절.
【夏啓・周誦】 夏나라 때의 啓와 周나라 때의 姬誦(成王)과 같은 어진 태자들. 계는 夏禹의 아들로 우가 익(益)을 보좌로 삼았으나 우의 아들 계(啓)가 현명함을 인정받아 자식에게 왕위를 물려주는 최초의 왕조가 됨.《十八史略》(1)에 "子啓賢, 能繼禹道. 禹嘗薦益於天, 謳歌朝覲者, 不之益而之啓, 曰:「吾君之子也.」啓遂立"이라 함. 姬誦은 武王 姬發의 아들로 태자가 되어 周公의 보필을 받아 뒤에 성왕이 되어 나라를 잘 이어나감.
【殿下】 태자가 자신의 아버지 제왕을 부르는 칭호.
【勿以小惡】《明心寶鑑》繼善篇에 "漢昭烈將終勅後主曰:「勿以惡小而爲之, 勿以善小而不爲.」"라 하여 유비의 유언으로 되어 있음.
【儲貳】 皇太子를 지칭함.
【匕鬯】 종묘의 제사를 말하며 여기서는 국가의 중요한 사무를 의미함.
【齒冑】 齒學. 앞장의 주 참조.

【方寸】 마음을 가리킴.

【趙弘智】 河南 新安 사람으로 太宗 때 太子舍人을 시작으로 黃門侍郎兼弘文館學士에 이르렀으며 뒤에 太子右庶子가 됨.

【庶子】 太子右庶子. 여기서는 장현소를 가리킴.

103(12-4)
상서한 자를 죽이겠다고 나선 태자

14년(640), 태종이 장현소張玄素가 동궁東宮에서 자주 간언을 올리는 것을 알고 그를 발탁하여 은청광록대부銀靑光祿大夫의 벼슬을 주어 태자좌서자太子左庶子의 업무를 실행하도록 하였다.

당시 태자 이승건李承乾이 한번은 궁중에서 북을 치며 놀았는데 그 소리가 궁중 밖까지 들렸다. 이에 장현소가 합문閤門을 두드리며 들어가 태자를 뵙기를 청하여 극언으로 간절히 간하였다. 그러자 태자는 궁중의 북을 꺼내어 장현소 앞에서 부수어 버리고는 호노戶奴를 보내어 장현소가 아침 일찍 조회에 나오는 것을 지켜보았다가 몰래 말채찍으로 내리치도록 하여 하마터면 죽을 뻔하였다. 이때 이승건은 정자나 누관樓觀을 짓기를 좋아하여 공사를 벌여 엄청난 사치를 부렸으며 그 비용도 날이 갈수록 늘어나는 것이었다.

이에 장현소가 이렇게 글을 올려 간언하였다.

"저는 어리석고 몽폐한 자로서 양궁兩宮을 오가는 직책을 맡아 강해江海와 같은 사랑을 받으면서도 나라에는 털끝만큼의 도움도 주지 못하고 있습니다. 그러나 쓰임이 오면 반드시 이 어리석은 정성을 다하여 신하로서의 절의를 모두 쏟을 생각을 하여 왔습니다. 엎드려 생각하건대 저군儲君은 나라의 운명을 기탁한 것으로서 그 이고 진 짐이 막중하다 할 것이니 만약 덕을 쌓지도 넓히지도 못한다면 어찌 대를 이어 제업을 성취시킬 수 있겠습니까? 성상께서 전하殿下를 친히 하심은 부자 사이이기 때문이며 집안과 나라에 관계되어 그 때문에 쓰시는 물품도 공급하여 드리되 조절하거나 제한하지도 않는 것입니다. 그런데 황제께서 은혜를 내려 주셔서 비용을 허락한 지 아직 60일도 넘지 않았는데 비용은 이미 7만 전을 초과하고 있으며 사치와 교만은 극에 달하였으니 이보다 더했던 자가 누가 있었습니까? 용루龍樓의 태자궁 아래에는 공장工匠들만 모여들고 궁원 안을 들여다보면 현량한 사람은 찾을 수도 없습니다. 지금 효경孝敬으로 말한다면 태자께서는 이미 시선문수侍膳問豎의 예를 잃고 있는 것이며, 공순恭順으로 말한다면 아버지 임금의 자상한 훈계를 위배하고 있는 것이며, 소문과 명성을 얻고자 하는 면에서는 학고호도 學古好道의 실질도 없는 것이며, 그 행동을 살피건대 옛 살인의 죄를 마구 구실 삼은 주륙誅戮의 죄를 범하기 일쑤입니다. 궁궐의 바른 선비는 그 곁에 있어 본 적이 없고 여러 사악하고 음교淫巧한 무리들만이 깊은 궁궐에서 서로 친히 하고 있습니다. 사랑하고 좋아하는 것은 모두가 유기遊伎와 잡색雜色들이며, 혜택을 베풀어 주는 대상은 궁궐을 지으며 그림이나 그리고 조각이나 하는 이들입니다. 밖에서 쳐다보아도 이미 이렇게 허물투성이인데 그 안에서 은밀히 일어나는 일이야 어찌 다 헤아릴 수 있겠습니까! 말이 퍼져 나가기는 금문禁門의 깊은 궁궐이라 해서 바깥 여염집 사정과 다르지 않습니다. 아침에 들어오면 저녁에 나가듯이 악한 소문은 점차 멀리 퍼져나가는 것입니다. 우서자右庶子 조홍지趙弘智는 경학에 밝고 행동이 수양이 되어 있는 분이니 바로 지금 이 시대의 훌륭한 선비입니다. 제가 매번 그를 자주 불러 함께 담론하며 아름다운 수양을 널리 닦으시도록 청하였으나 태자께서는 도리어 이를 시기하고 혐의를 두어 망령된 사람을 소개해 주었다고 저를 책망하셨습니다. 선을 따르는 것은 물이 흘러가 버리는 것과 같은 것이니 오히려 그 물의 속도를 따르지 못하면 어쩌나 걱정하셔야 합니다. 잘못을 덮으려 자꾸 꾸미면서 간언을 거부하시면 반드시 손해를 부르게 됩니다. 옛사람이 '쓴 약은 병 치료에 이롭고 쓴 말은 행동에 이롭다' 하였습니다. 엎드려 원하건대 편안하실 때 위험을 생각하셔서 하루하루를 신중히 하시기 바랍니다."

글이 태자에게 들어가자 태자 이승건은 크게 노하여 자객을 보내어 장현소를 죽여 없애고자 하였으나 얼마 뒤 태자궁에서 폐위되고 말았다.

十四年, 太宗知玄素在東宮頻有進諫, 擢授銀青光祿大夫, 行太子左庶子. 時承乾嘗於宮中擊鼓, 聲聞于外, 玄素叩閤請見, 極言切諫. 乃出宮內鼓, 對玄素毀之, 遣戶奴伺玄素早朝, 陰以馬檛擊之, 殆至於死. 是時承乾好營造亭觀, 窮極奢侈, 費用日廣. 玄素上書諫曰:

「臣以愚蔽, 竊位兩宮, 在臣有江海之潤, 於國無秋毫之益, 是用必竭愚誠, 思盡臣節者也. 伏惟儲君之寄, 荷戴殊重, 如其積德不弘, 何以嗣守成業? 聖上以殿下親則父子, 事兼家國, 所應用物, 不爲節限. 恩旨未踰六旬, 用物已過七萬, 驕奢之極, 孰云過此? 龍樓之下, 惟聚工匠; 望苑之內, 不睹賢良. 今言孝敬, 則闕侍膳問豎之禮; 語恭順, 則違君父慈訓之方; 求風聲, 則無學古好道之實; 觀擧措, 則有因緣誅戮之罪. 宮臣正士, 未嘗在側, 群邪淫巧, 昵近深宮. 愛好者, 皆遊伎雜色; 施與者, 並圖畫雕鏤. 在外瞻仰, 已有此失; 居中隱密, 寧可勝計哉! 宣猷禁門, 不異閭閻, 朝入暮出, 惡聲漸遠. 右庶子趙弘智經明行修, 當今善士, 臣每請望數召進, 與之談論, 庶廣徽猷. 令旨反有猜嫌, 謂臣妄相推引. 從善如流, 尚恐不逮; 飾非拒諫, 必是招損. 古人云: 『苦藥利病, 苦口利行.』 伏願居安思危, 日愼一日.」

　　書入, 承乾大怒, 遣刺客將加屠害. 俄屬宮廢.

【銀青光祿大夫】 광록대부에 다시 銀章과 靑綬를 더하여 높여 줌. 從三品임.
【閤門】 측문.
【戶奴】 문을 지키는 낮은 관리.
【馬檛】 말을 다루는 회초리. 채찍의 일종.
【兩宮】 황제의 正宮과 태자의 東宮.

【儲君】 태자를 일컫는 말. 다음의 왕으로 준비된 인물이라는 뜻. 《公羊傳》僖公 5년 何休 주에 "儲君, 副主"라 하여 임금의 副라 하여 이렇게 불렀음.

【荷戴殊重】 책임과 임무가 특별히 중함.

【龍樓】 태자의 궁문을 말함. 《漢書》成帝紀에 "太子出龍樓門"이라 하여 龍樓門은 한 성제가 태자였을 때 세운 桂宮의 南門임.

【望苑】 태자궁의 內苑. 漢 武帝가 태자를 위하여 博望苑을 열어 빈객을 만나도록 한 데서 유래됨.

【侍膳問竪】 '問寢視膳'과 같음. 태자로서 부모를 모시는 예절로 부모의 잠자리, 음식 등을 자세히 살피고 여쭙는 것을 말함. 《禮記》文王世子에 "文王之爲世子, 朝於王季, 日三. 雞初鳴而衣服, 至於寢門外, 問內竪之御者曰:「今日安否何如?」 內竪曰:「安.」文王乃喜. 及日中, 又至, 亦如之. 及莫, 又至, 亦如之. 其有不安節, 則內竪以告文王, 文王色憂, 行不能正履. 王季腹膳, 然後亦復初. 食上, 必在, 視寒煖之節, 食下, 問所膳; 命膳宰曰:「末有原!」應曰諾, 然後退"라 함.

【闤闠】 市井의 거리. 여염집. 바깥 서민의 세상.

【徽猷】 아름다운 덕행.

【苦藥利病, 苦口利行】 《孔子家語》六本篇에 "孔子曰:「良藥苦於口而利於病, 忠言逆於耳而利於行. 湯武以諤諤而昌, 桀紂以唯唯而亡. 君無爭臣, 父無爭子, 兄無爭弟, 士無爭友, 無其過者, 未之有也.」"라 함.

【宮廢】 태자궁을 폐지함. 貞觀 17년(643) 4월 태자 李承乾을 모반의 죄로 서인으로 강등시키고 右領軍府에 유폐시켰으며 태자궁을 폐하였음.

104(12-5)
태자의 횡포

정관 14년(640), 태자첨사太子詹事 우지녕于志寧이 태자 이승건李承乾이 궁실을 넓히고 사치가 과도하며 음악에 너무 빠져 있다고 여겨 이렇게 글을 올려 간언하였다.

"제가 듣기로 검소함을 지켜 절약하는 것은 실로 도를 넓히는 근원이며, 사치를 부리고 제멋대로 하는 것은 덕을 그르치는 근본이라 하더이다. 이 까닭으로 진秦 목공穆公이 누대가 구름을 뚫고 오르며 해를 가릴 정도라고 자랑하자 융인戎人인 유여由余가 이를 비꼬았고, 건물을 높이 짓고 담장에 조각을 하는 사치를 두고 〈하서夏書〉에서는 경계로 삼도록 하였습니다. 옛날 조돈趙盾이 진晉나라를 바로잡고 여망呂望이 주周나라 태사가 되어 혹은 재물을 아낄 것을 권고하기도 하고 혹 세금을 너무 받는 것을 간언하기도 하였습니다. 이들은 충성을 다해 나라를 돕고 정성을 다해 임금을 받들면서 무성한 실적이 무궁하게 퍼져 나가도록 하고, 영명한 명성이 사람들에게 소문나도록 하지 않은 경우가 없었습니다. 이러한 내용은 역사 기록에 모두 남아 미담으로 누구나 알고 있습니다. 그런데 지금 태자께서 거하시는 이 동궁은 수隋나라 때 지은 것으로 이를 구경하는 자는 그래도 너무 사치스럽다고 입방아를 찧고 있고 이를 보는 자들은 너무 화려하다고 탄식을 하고 있습니다. 그런데 이런 건물을 다시 수리하고 새로 짓고 하시면서 비용은 날로 늘어나고, 토목공사는 하루도 그칠 날이 없으며, 뛰어난 장인의 솜씨를 끝까지 하여 꾸밈의 미묘함을 지극하게 더하고자 하시니 어찌 이런 것이 허용되겠습니까? 게다가 관부의 장정들과 노예들을 궁 안으로 끌어들여 근래에는 더 이상 감독도 하지 않고 있습니다. 이들 중에는 혹 그들 형이 나라의 법을 어긴 자도 있고 그들 아우가 왕의 법을 어긴 경우도 있는 범법자 가족들인데 이들이 어원御苑을 왕래하고 금위禁闈를 마음대로 출입하면서 펜치나 끌을 몸에 지닌 채, 망치나 달구를 손에 들고 다니도록 하고 있습니다. 감문監門은 본래 뜻밖의 일을 예방하며 숙위宿衛는 생각지 못한 일을 미리 대비하는 것인데 감문의 직장直長도 이를 알지 못하고 천우千牛 또한 못 본 체 하고 있습니다. 경비병들은 밖에 있고 천한 범법자 가족은 궁궐 안에 있으니 일을 맡은 부서가 어찌 안전할 수 있겠으며 신하들이 어찌 두려움에 떨지 않을 수 있겠습니까?

또 정위鄭衛의 음악은 옛날에도 이미 음란한 소리라 여겼습니다. 옛날 조가朝歌라는 고을 이름을 두고 묵적墨翟은 수레를 되돌렸고, 협곡夾谷의 회맹 때 공자는 광대들이 가무를 연주한다고 칼을 휘둘렀습니다. 옛 성인들이 이미 그르다고 여겼고 통달한 현인들이 모두 잘못된 것이라 여겼던 것입니다. 그런데 근래 궁궐 안에서 자주 북 치는 소리가 들리며 와자지껄한 광대들이 한번 들어가면 나오지 않고 있으니 이 소리를 듣는 자는 다리가 후들거리고 이를 말거리로 삼는 자의 마음은 떨리고 있습니다. 지난날 폐하께서 말로 칙령을 내리신 일을 저로서는 엎드려 청하건대 전하께서 다시 생각해 보시기 바라며, 폐하께서 은근히 일러주신 높은 뜻을 간절한 경계로 삼으시기를 원합니다. 전하께서는 이를 깊이 생각하지 않을 수 없으며 미천한 저로서는 이를 걱정하지 않을 수 없습니다.

저는 이 동궁에서 열심히 뛰며 일한 지 이미 여러 해가 됩니다. 개나 말일지라도 오히려 은혜를 알며 목석도 감정이 있을 것이오니 저의 이 좁은 소견을 감히 모두 말씀드리지 않을 수 없었습니다. 만약 이를 충정과 성의로 여겨 거울로 삼으신다면 저는 살길이 있을 것이지만 만약 높은 뜻을 거역하였다고 책망하신다면 저는 죄인이 되고 마는 것입니다. 다만 즐거운 마음으로 받아 주셔서 장손臧孫이 잘못된 사랑을 병으로 여겼고 얼굴을 범하면서 귀에 거슬리는 말을 《춘추春秋》에서 약석藥石으로 여겼듯이 해 주시기를 바랍니다. 엎드려 원하건대 공사를 중지하시고 노비들의 작업을 그만두실 것이며, 정위의 음악을 끊으시고, 소인배들을 멀리 하시옵소서. 그렇게 하신다면 삼선三善이 모두 구비될 것이며 만국이 모두 다른 길로 가게 될 것입니다."

태자 이승건은 이 글을 보고 못마땅해 하였다.

貞觀十四年, 太子詹事于志寧, 以太子承乾廣造宮室, 奢侈過度, 耽好聲樂, 上書諫曰:

「臣聞克儉節用, 實弘道之源; 崇侈恣情, 乃敗德之本. 是以凌雲槪日, 戎人於是致譏, 峻宇雕牆, 〈夏書〉以之作誡. 昔趙盾匡晉, 呂望師周, 或勸之以節財, 或諫之以厚斂. 莫不盡忠以佐國, 竭誠以奉君, 欲使茂實播於無窮, 英聲被乎物聽. 咸著簡策, 用爲美談. 且今所居東宮, 隋日營建, 睹之者尙譏甚侈, 見之者猶歎甚華. 何容於此中更有修造, 財帛日費, 土木不停, 窮斤斧之工, 極磨礱之妙? 且丁匠官奴入內, 比者曾無復監. 此等或兄犯國章, 或弟罹王法, 往來御苑, 出入禁闈, 鉗鑿緣其身, 槌杵在其手. 監門本防非慮, 宿衛以備不虞, 直長旣自不知, 千牛又復不見. 爪牙在外, 廝役在內, 所司何以自安, 臣下豈容無懼?

又鄭衛之樂, 古謂淫聲. 昔朝歌之鄕, 廻車者墨翟; 夾谷之會, 揮劍者孔丘. 先聖旣以爲非, 通賢將以爲失. 頃聞宮內, 屢有鼓聲, 大樂伎兒, 入便不出, 聞之者股栗, 言之者心戰. 往年口敕, 伏請重尋; 聖旨殷勤, 明誡懇切. 在於殿下, 不可不思; 至於微臣, 不得無懼.

臣自驅馳宮闕, 已積歲時, 犬馬尙解識恩, 木石猶能知感; 臣所有管見, 敢不盡言. 如鑒以丹誠, 則臣有生路; 若責其忤旨, 則臣是罪人. 但悅意取容, 臧孫方以疾疢; 犯顏逆耳, 《春秋》比之藥石. 伏願停工巧之作, 罷久役之人, 絶鄭衛之音, 斥群小之輩.
則三善允備, 萬國作貞矣.」

承乾覽書不悅.

【戎人】 춘추시대 由余를 말함. 西戎 사람으로 秦나라에 사신으로 왔다가 秦
穆公이 자신의 궁전이 구름을 넘지르고 해를 가릴 정도라 자랑을 하자 이를
기롱하였음. 그러나 유여는 뒤에 진나라에 귀의하여 서융을 멸망시키고 목공을
패자로 만들었음. 《史記》 秦本紀 참조.
【夏書】 《尙書》 夏書 五子之歌를 말함. "甘酒嗜音, 峻宇雕牆, 有一於此, 未或
不亡"이라 함.
【趙盾】 '조돈'으로 읽으며 춘추시대 晉나라 대부. 晉 靈公을 도와 바른말을 한
것으로 유명함. 《左傳》 宣公 2년 참조.
【呂望】 姜太公 呂尙. 자는 子牙. 文王이 그를 만나 太師로 삼아 殷나라를 멸하고
나라를 크게 일으킴. 뒤에 齊나라에 봉을 받아 제나라 시조가 됨. 《史記》 齊太公
世家 및 周本紀 참조.
【隋日營建】 수나라 때 세운 궁궐인 大興宮을 말함.
【千牛】 관직 이름. 東宮宿衛의 관직으로 칼을 관리하며 호위하는 임무를 맡았음.
【爪牙】 손톱과 이빨. 여기서는 궁중을 지키는 경비병을 말함.
【鄭衛之樂】 고대 매우 음미한 것으로 알려진 중원의 음악. 鄭나라와 衛나라의
음악이 가장 화려하면서도 현혹하는 것이었다 하여 부정적으로 널리 거론됨.
【朝歌】 殷나라 때의 읍 이름. 지금의 河南 淇縣 근처.
【墨翟】 墨子. 墨家의 대표 인물로 《墨子》를 남김. 음악을 반대했던 묵적이 지명이
'朝歌'라 하여 수레를 되돌렸다는 고사를 말함. 《淮南子》 說山訓과 《史記》
鄒陽傳, 《說苑》, 《新序》 등에 "曾子立孝, 不過勝母之閭; 墨子非樂, 不入朝歌
之邑; 曾子立廉, 不飮盜泉. 所謂養志者也"라 하여 아주 널리 실려 있음.
【夾谷】 魯나라 지명으로 魯 定公이 齊나라 임금과 이곳에서 회합을 할 때 公子가
齊나라의 실례를 꾸짖은 것으로 유명함. 《孔子家語》 相魯篇과 《公羊傳》과
《穀梁傳》 定公 10년, 그리고 《史記》 孔子世家에 자세히 실려 있음.
【股栗】 다리가 떨림. '栗'은 '慄'과 같음.
【管見】 대롱으로 하늘을 봄. '以管窺天', '以蠡測海'와 같음.

【臧孫】춘추시대 魯나라 대부 臧孫紇. 臧武仲.《左傳》襄公 23년에 "臧孫曰: 「季孫之愛我, 疾疢也. 孟孫之惡我, 藥石也. 美疢不如惡石, 夫石猶生我, 疢之美, 其毒滋多"라 함.
【三善】事君, 事父, 事長의 세 가지 훌륭한 행동.

105(12-6)
바쁜 농사철에 궁궐 공사를 독촉하는 태자

15년(641), 이승건李承乾이 농사에 바쁜 철에 가사駕士 등을 불러 노역을 시키며 윤번제조차 허락하지 않아 사람들이 그 고통에 원한을 품고 있었다. 더구나 사사롭게 돌궐突厥의 어린아이들을 궁궐로 들여와 일을 시키고 있었다. 이에 우지녕于志寧이 이렇게 글을 올려 간언하였다.

"제가 듣기로 하늘은 높기에 해와 달은 그 덕을 널리 비추는 것이며, 명군明君은 지극히 성스럽기에 보좌들이 그 공功을 돕게 되는 것입니다. 이 까닭으로 주周나라 희송姬誦이 태자가 되어 모숙毛叔과 필공畢公의 도움을 받았고, 한漢나라 유영劉盈이 동궁태자가 되었을 때 하황공夏黃公과 기리계綺里季 등 상산사호商山四皓의 지지를 얻었던 것입니다. 희단姬旦 주공周公은 자신의 아들 백금伯禽을 통해 성왕을 가르쳤고, 가의賈誼는 한 문제文帝에게 당시의 시정을 진술하여 태자로 하여금 예를 알도록 하였으니 이들은 모두가 은근히 태자를 보좌한 단정한 선비였으며 모두가 사람을 바르게 되도록 훈계하기에 간절하였던 이들입니다. 역대 현군賢君은 태자에게 온갖 정성을 쏟지 않은 경우가 없었던 것은 진실로 그 지위가 다음 세대를 이을 분이며 동시에 그 위치가 저군儲君이기 때문이었습니다. 훌륭하게 자라면 온 나라가 모두 그의 은혜를 입게 되지만 악하게 되면 해내가 그 재앙에 걸려들고 마는 것입니다. 근래 듣기로 복시僕寺, 사어司馭, 가사駕士, 수의獸醫가 봄이 시작되면서 여름이 끝에 이르도록 항상 궁궐 안에서 노역을 당하며 차례도 바꾸어 주지 않는다고 하더이다. 그중 혹자는 집안에 존친尊親이 계신데도 온청溫淸의 예도 제대로 수행하지 못하며, 혹자는 어린 아이들이 있는데도 그들을 기르고 보살필 시간도 없다 합니다. 봄에는 이미 그 농사를 전폐해 버렸고 여름에는 다시 파종하고 가꾸는 일에 방해가 되고 있습니다. 사람과 작물을 기르는 일이 모두 어긋나고 말았으니 원망과 한탄이 쏟아질까 두렵습니다. 만약 황제께서 이를 듣는다면 그때 후회해도 어찌 미칠 수 있겠습니까? 또 돌궐의 달가지達哥支 등은 모두가 인면수심 人面獸心의 포악한 이들인데 어찌 그들에게 예의를 기대하겠습니까? 그들은 인신仁信으로 대접한다는 것은 불가한 자들로서 마음속으로는 충효忠孝라는 것을 아직 알지 못하고 있으며, 하는 말은 시비是非를 분별할 줄 모르는 자들입니다. 근래 이들에게 태자로서의 영성英聲에 손상을 주면서 성덕盛德에 무익한 친절을 베풀고 있습니다. 이들을 궁궐로 끌어들인 것을 두고 사람들은 누구나 놀라고 있는데, 어찌 제가 생각이 용렬하여 이렇게 나 혼자만이 불안해하는 것이겠습니까? 전하께서 모름지기 위로는 지존의 황제의 뜻에 부응하시고 아래로는 많은 백성의 바람에 타당히 하셔야 할 것이니, 작은 악행이라 하여 피하지 아니하거나 작은 선행이라 하여 하지 아니해도 된다는 생각은 버려야 할 것입니다. 이치로 보아 두점杜漸의 방법에 더욱 힘쓰시고 모름지기 나쁜 싹을 미리 방비하는 법을 가지셔야 합니다. 불초한 자를 막고 물리치며 현량한 이들을 가까이하고 친히 하셔야 합니다. 이와 같이 한다면 선도善道가 날로 융성할 것이며 덕음德音이 저절로 멀리 퍼져나갈 것입니다."

　이승건은 크게 노하여 자객 장사정張師政과 흘간승기紇干承基를 우지녕의 집으로 보내어 그를 살해하도록 하였다. 우지녕은 이때 마침 어머니의 상을 당하여 상기를 채운 다음 다시 태자첨사太子詹事로 복직될 참이었는데 두 자객이 몰래 그 집으로 잠입하여 우지녕이 아직 점려苫廬에 자고 있는 것을 보고 차마 죽이지 못하고 물러났다.

　이승건이 태자의 지위에서 폐위되고 나서 태종이 그 사실을 알자 우지녕을 깊이 위로하며 힘쓸 것을 부탁하였다.

十五年, 承乾以務農之時, 召駕士等役, 不許分番, 人懷怨苦. 又私引突厥群豎入宮. 志寧上書諫曰:

「臣聞上天蓋高, 日月光其德; 明君至聖, 輔佐贊其功. 是以周誦升儲, 見匡毛畢; 漢盈居震, 取資黃綺. 姬旦抗法於伯禽, 賈生陳事於文帝, 咸殷勤於端士, 皆懇切於正人. 歷代賢君, 莫不丁寧於太子者, 良以地膺上嗣, 位處儲君. 善則率土霑其恩, 惡則海內罹其禍. 近聞僕寺・司馭・駕士・獸醫, 始自春初, 迄茲夏晚, 常居內役, 不放分番. 或家有尊親, 闕於溫凊; 或室有幼弱, 絕於撫養. 春既廢其耕墾, 夏又妨其播殖. 事乖存育, 恐致怨嗟. 儻聞天聽, 後悔何及? 又突厥達哥支等, 咸是人面獸心, 豈得以禮義期? 不可以仁信待, 心則未識於忠孝, 言則莫辯其是非. 近之有損於英聲, 昵之無益於盛德. 引之入閤, 人皆驚駭, 豈臣庸識, 獨用不安? 殿下必須上副至尊聖情, 下允黎元本望, 不可輕微惡而不避, 無容略小善而不爲. 理敦杜漸之方, 須有防萌之術. 屛退不肖, 狎近賢良. 如此, 則善道日隆, 德音自遠.」

承乾大怒, 遣刺客張師政・紇干承基就舍殺之. 志寧是時丁母憂, 起復爲詹事. 二人潛入其第, 見志寧寢處苫廬, 竟不忍而止.

及承乾敗, 太宗知其事, 深勉勞之.

【駕士】東宮의 직관 이름. 太子僕寺에 廐牧署를 두었으며 그곳에 駕士 30인을 배치함.
【周誦】周나라 武王의 아들 姬誦. 태자를 거쳐 왕위에 올라 成王이 되었으며 周公이 보필하였음.
【毛畢】毛叔과 鄭畢公. 西周 초기의 신하들로 희송 성왕을 보필하였음.

【漢盈居震】漢나라 高祖 劉邦의 아들 劉盈이 太子가 됨. 뒤에 유영은 서한 惠帝가 되었음. 震은 東方을 가리키며 여기서는 東宮, 즉 태자 자리에 거하게 됨을 말함.

【黃綺】高祖가 태자 劉盈을 폐하고 如意를 태자로 바꾸려 하자 呂后가 留侯 張良에게 부탁하여 商山에 있던 네 사람의 노인을 모시고 오도록 하였는데 이들을 '商山四皓'라 하며 그중의 하나. '商山四皓'는 黃綺, 綺里季, 夏黃公, 甪里先生이었음.《新序》善謀篇 및《史記》留侯世家,《漢書》張良傳 등 참조.

【姬旦】周公. 文王(姬昌)의 아들이며 무왕(姬發)의 아우. 成王(姬誦)의 삼촌이었음.

【伯禽】주공의 아들이며 주공이 魯나라에 봉해졌으나 성왕을 보살피면서 성왕에게 과실이 있으면 아들 백금의 종아리를 때리면서 가르쳤다 함.《禮記》文王世子 참조. 한편 아들 백금을 노나라에 보내면서 '吐哺握髮'로 훈계한 고사도 널리 알려져 있음.《史記》魯周公世家 참조.

【賈生】한나라 때 賈誼. 漢 文帝에게 시정을 진술하였으며 뒤에 長沙王의 太傅로 좌천되면서 〈弔屈原賦〉, 〈鵩鳥賦〉 등의 부를 지었으며《新書》를 저술함.《史記》屈原賈生列傳 참조.

【丁寧】'叮嚀'과 같음. 세심하게 배려하며 부탁함을 뜻하는 疊韻連綿語.

【儲君】태자를 일컫는 말. 다음의 왕으로 준비된 인물이라는 뜻.《公羊傳》僖公 5년 何休 주에 "儲君, 副主"라 하여 임금의 副라 하여 이렇게 불렀음.

【僕寺】태자복시(太子僕寺). 동궁의 관직으로 수레와 기마, 의장, 정령, 상례 등의 일을 관장함.

【司馭】翼馭라고도 하며 태자복시의 속관에 廄牧署를 두었고 그곳에 翼馭 15명, 駕士 30명, 獸醫 20명을 두었음.

【溫凊】부모를 봉양하며 모심을 뜻함.《禮記》曲禮(上)에 "凡爲人子之禮, 冬溫而夏凊"이라 함. '凊'자는 '淸'자로도 씀.

【達哥支】인명. '達哥友'라고도 쓰인 곳이 있으며 突厥人.

【杜漸】물이 젖듯 자신도 모르게 점점 젖어드는 참소나 악행을 막아 버림.

【張師政】태자 이승건의 심복. 于志寧을 죽이기 위해 자객으로 나섰던 인물.

【紇干承基】인명. 원래 태자 李承乾이 기르던 장사. 貞觀 17년(643) 4월 태자가 모반을 꿈꾸고 있음을 고발하여 그 공으로 平棘縣公에 올랐음.

【丁母憂】 어머니의 상을 당하였을 경우 文官의 경우 그 직책을 사직해야 함을 武德 연간에 규정으로 정한 것. '丁母'는 丁蘭이 어머니가 죽자 그 형상을 나무에 그려 모시면서 울었다는 데서 비롯된 것임. 《搜神記》 佚文에 "丁蘭, 河內野王人. 年十五, 喪母. 乃刻木作母事之, 供養如生. 隣人有所借, 木母顔和則與, 不和不與. 後隣人忿蘭, 盜斫木母, 應刀血出. 蘭乃殯殮, 報讐. 漢宣帝嘉之, 拜中大夫"라 함.(《太平御覽》 482)
【起復】 어머니의 상기를 마치면 다시 복직함.
【苫廬】 廬幕을 짓고 풀을 깔고 잠. 부모의 상중임을 말함.
【及承乾敗】 정관 17년(643) 4월 李承乾의 모반이 드러나 庶人으로 폐위된 사건을 말함.

정관정요

13. 인의仁義

　국가 통치의 최고 덕목은 결국 인仁과 의義라고 본 것이다. 지도자는 능력 못지않게 입에 덕이나 인이라는 말을 달고 다니며 또한 이를 실천해 내고자 하는 의지와 가치관을 가지고 있어야 한다. 통치의 잘잘못은 어느 때나 있을 수 있지만 어떤 덕목을 가치로 삼았던가 하는 것은 영원을 두고 평가대상이다. 아무리 시대가 바뀌었다 해도 이는 만고불변의 진리가 아닌가 한다.

〈百字銘〉 唐 太宗(撰)

106(13-1)
인의로 다스린 자는 복을 받고

정관 원년(627), 태종이 말하였다.
"내 고래 제왕을 보건대 인의仁義로써 다스린 자는 나라의 복이 길게 이어 나갔고, 모든 것을 법에 맡겨 사람을 통제한 자는 비로 그 당시 한 때의 폐단은 고칠 수 있었지만 역시 패망을 재촉하고 말았다. 이미 지나간 옛일을 보건대 족히 거울로 삼을 만하다. 지금 오로지 인의와 성신誠信으로 다스려 근래 허식과 명리를 좇는 풍조를 혁신하고자 희망한다."

이에 황문시랑黃門侍郎 왕규王珪가 대답하였다.
"천하에 좋은 풍조가 시들고 상실되어 간지가 오래되었습니다. 폐하께서는 그 남은 폐단을 이어받아 도를 넓히고 풍속을 바꾸었으니 만대의 복입니다. 다만 어진 이가 아니면 다스릴 수 없으니 오직 사람을 얻는 데 힘써야 할 것입니다."

태종이 말하였다.
"내가 어진 이를 얻고자 생각하고 있으니 꿈엔들 이를 그렇지 않으리오!"

그러자 급사중給事中 두정륜杜正倫이 나서서 말하였다.
"세상에 반드시 재능 있는 자는 있기 마련이니 때에 맞추어 쓰시면 됩니다. 어찌 꿈에 부열傅說을 얻고 여상呂尙을 만나기를 기다린 연후에 다스리려 하십니까?"

태종은 그의 말을 깊이 채납하였다.

貞觀元年, 太宗曰:「朕看古來帝王, 以仁義爲治者, 國祚延長; 任法御人者, 雖救弊於一時, 敗亡亦促. 旣見前王成事, 足是元龜. 今欲專以仁義誠信爲治, 望革近代之澆薄也.」

黃門侍郎王珪對曰:「天下彫喪日久, 陛下承其餘弊, 弘道移風, 萬代之福. 但非賢不理, 惟在得人.」

太宗曰:「朕思賢之情, 豈捨夢寐!」

給事中杜正倫進曰:「世必有才, 隨時所用, 豈待夢傅說・逢呂尙, 然後治乎?」

太宗深納其言.

【元龜】'거울로 삼다'의 뜻.
【澆薄】허식과 명리를 좋아하는 풍조.
【給事中】杜正倫이 貞觀 2년(628)에 처음 급사중의 벼슬을 받았으며 원래는 兵部員外郎이었음.
【傅說】商나라 高宗(武丁) 때의 훌륭한 신하. 무정이 꿈에 부열을 보고 찾아 그의 보필을 받아 나라를 크게 중흥시켰다 함.
【呂尙】姜太公, 자는 子牙. 文王이 그를 만나 太師로 삼아 殷나라를 멸하고 나라를 크게 일으킴. 뒤에 齊나라에 봉을 받아 제나라 시조가 됨.

107(13-2)
백성이 염치를 알기 시작하오

정관 2년(628), 태종이 시종하는 신하에게 말하였다.

"내가 여기기에 난리亂離 이후 풍속이 고쳐지기 어렵더니 근래 보기에는 백성이 점차 염치를 알기 시작하여 관과 백성이 법을 받들며 도적이 날로 줄어들고 있다. 따라서 사람에게 언제나 변하지 않는 풍속이란 있을 수 없으며 단지 정치의 치란에 따라 변한다는 것을 알게 되었다. 이 까닭으로 나라를 다스리는 도는 반드시 인의로써 위무하며 위신으로써 제시하고, 사람의 마음을 근거로 하여 가혹함과 각박함을 제거해 주면 저절로 안녕과 평정을 얻을 수 있는 것이다. 공들은 의당 함께 이러한 사업을 실행해야 할 것이다!"

貞觀二年, 太宗謂侍臣曰:「朕謂亂離之後, 風俗難移, 比觀百姓漸知廉恥, 官民奉法, 盜賊日稀, 故知人無常俗, 但政有治亂耳. 是以爲國之道, 必須撫之以仁義, 示之以威信, 因人之心, 去其苛刻, 不作異端, 自然安靜. 公等宜共行斯事也!」

【亂離】隋나라 말기 천하가 혼란을 겪은 것을 말함.
【威信】위엄과 신망.
【異端】성인의 도리에 어긋나는 이론인 邪說. 儒家에 반대되는 이론들을 폄하하여 일컫는 말.

108(13-3)
진짜 참된 무기는 인의

정관 4년(630), 방현령이 상주上奏하였다.

"지금 무고武庫에 있는 무기들을 살펴보니 수隋나라 때보다 훨씬 대단합니다."

그러자 태종은 이렇게 말하였다.

"병력을 정비하고 외침에 대비하는 것은 비록 중요한 일이기는 하나, 나는 오직 그대들과 정치의 도리에 마음을 쏟아 충정忠貞에 힘을 써서 백성들로 하여금 안락하게 사는 것이 곧 나의 무기라고 여기고 있소. 수隋 양제煬帝가 어찌 무기가 부족하여 멸망에 이른 것이겠소! 바로 인의를 닦지 않아 많은 아랫사람들이 원망하며 반기를 들었기 때문이었다. 의당 이러한 마음을 알고 있어야 할 것이다."

貞觀四年, 房玄齡奏言:「今閱武庫甲仗, 勝隋日遠矣.」
太宗曰:「飭兵備寇雖是要事, 然朕唯欲卿等存心理道, 務盡忠貞, 使百姓安樂, 便是朕之甲仗. 隋煬帝豈爲甲仗不足, 以至滅亡! 正由仁義不修, 而群下怨叛故也. 宜識此心.」

【甲仗】무기. 鎧甲과 兵器. 여기서는 '武備'를 가리킴.
【飭兵】무비를 갖추고 이를 잘 관리함.

109(13-4)
밥은 몸을 지탱하는 자산

정관 13년(639), 태종이 시종하는 신하에게 말하였다.
"숲이 깊으면 새들이 살 수 있고 물이 넓으면 고기들이 헤엄칠 수 있다. 마찬가지로 인의가 쌓이면 만물이 저절로 찾아들 것이다. 사람이라면 누구나 재해를 두려워하여 피할 줄 알면서도 인의를 행하면 재해가 생기지 않는다는 것은 모르고 있다. 무릇 인의의 도란 생각을 마음에 가지고 있어 항상 끊임없이 이어지도록 하는 것이니 만약 잠시라도 해태懈怠해 진다면 인의로부터 이미 아주 멀어진 것이다. 마치 밥을 먹은 것은 몸을 지탱하는 자산으로 항상 배가 차도록 하여야 생명을 존속시킬 수 있는 것과 같은 것이다."
왕규王珪가 머리를 조아리며 말하였다.
"폐하께서 능히 이러한 말씀을 알고 계시니 천하는 너무 다행스럽습니다!"

貞觀十三年, 太宗謂侍臣曰:「林深則鳥棲, 水廣則魚游, 仁義積則物自歸之. 人皆知畏避災害, 不知行仁義則災害不生. 夫仁義之道, 當思之在心, 常令相繼, 若斯須懈怠, 去之已遠. 猶如飯食資身, 恆令腹飽, 乃可存其性命.」
王珪頓首曰:「陛下能知此言, 天下幸甚!」

【物自歸之】백성들이 자연스럽게 그에게 귀의해 옴. '物'은 民衆을 말함.
【不知行仁義】羅振玉 교정본에 日本 古寫本을 근거로 "不知行仁義; 行仁義, 則災害不生"이라 함.
【斯須】아주 짧은 시간을 뜻하는 雙聲連綿語.
【頓首】머리를 조아림.

정관정요

14. 충의忠義

신하로서 충성과 정의는 언제나 요구되는 덕목이다. 그러나 이는 지도자의 태도와도 연결된다. 그러한 사례들을 모아 기록한 것이다.

〈外賓圖〉 1971 陝西 乾縣 唐 章懷太子(李賢) 묘 출토 벽화

110(14-1)
현무문 정변 때의 풍립

풍립馮立은 무덕武德 연간에 동궁솔東宮率로서 은태자隱太子 이건성李建成에게 특별한 총애를 받았다. 그 태자가 현무문玄武門 정변으로 죽을 때 좌우의 신하들이 모두 도망가 흩어지자 풍립은 이렇게 한탄하였다.

"어찌 살아 있을 때 그토록 은덕을 입었으면서 죽었다고 그 난에서 이렇게 빨리 도망치는고!"

그리고는 군사를 이끌고 현무문에 달려가 이세민의 병사들과 괴로운 전투를 벌여 둔영장군屯營將軍 경군홍敬君弘을 죽이고는 그 무리에게 "아직 태자의 은혜를 갚지 못하였다"라고 말하였다.

드디어 군대를 풀어 들에 숨었으나 잠시 후 이세민에게 돌아와 죄를 빌었다. 그러자 태종 이세민이 이렇게 따졌다.

"너는 어제 군대를 내어 우리에게 대들어 나의 병사들을 많이 죽였다. 장차 어떻게 죽음에서 벗어나겠는가?"

풍립은 울음을 머금고 이렇게 대답하였다.

"나는 내 주인을 섬기던 자로서 목숨을 바칠 것을 기약하였소. 당일 전투에는 어떤 두려움도 돌아볼 겨를이 없었소."

울지경덕(尉遲敬德) 본명 尉遲恭, 자 敬德

그리고는 흑흑 거리며 그 슬픔을 이겨내지 못하는 것이었다.

태종은 그를 위로하고 면려하면서 그를 좌둔위중랑장左屯衛中郎將에 임명하였다.

풍립은 친한 이들에게 이렇게 말하였다.

"막대한 은혜를 입어 다행히 죽음에서 면하였으니 끝까지 죽음으로써 보답하리라."

그리고 얼마 지나지 않아 돌궐突厥이 편교便橋에 이르자 풍립은 수백 기騎를 이끌고 그들과 함양咸陽에서 싸워 많은 무리를 죽이는 성과를 얻었으며, 그가 향하는 곳의 적군들은 모두가 풀이 눕듯이 쓰러지고 마는 것이었다. 태종은 이를 듣고 아주 가상히 여기며 감탄하였다.

현무문 정변 당시 제왕齊王 이원길李元吉 왕부王府의 좌거기左車騎 사숙방謝叔方도 그 왕부의 병사들을 이끌고 풍립의 군대와 합세하여 저항전을 벌였다. 그리하여 경군홍과 중랑장中郎將 여형呂衡이 죽자 이세민의 병사들이 사기가 꺾이고 말았다. 이에 이세민의 진왕부秦王府의 호군위護軍尉 울지경덕尉遲敬德이 이에 이원길의 머리를 제시하며 이미 죽었음을 알리자 사숙방은 말에서 내려 울부짖다가 절을 하고 자리를 피해 달아나 숨어 버렸다.

그리고 이튿날 자수하자 태종이 말하였다.

"의사義士로다."

그리고는 그를 석방해 주도록 명하면서 우익위랑장右翊衛郎將에 임명하였다.

馮立, 武德中爲東宮率, 甚被隱太子親遇. 太子之死也, 左右多逃散, 立歎曰:「豈有生受其恩, 而死逃其難!」

於是率兵犯玄武門, 苦戰, 殺屯營將軍敬君弘. 謂其徒曰:「微以報太子矣.」

遂解兵遁於野. 俄而來請罪, 太宗數之曰:「汝昨者出兵來戰, 大殺傷吾兵, 將何以逃死?」

立飲泣而對曰:「立出身事主, 期之効命, 當戰之日, 無所顧憚.」
因歔欷悲不自勝. 太宗慰勉之, 授左屯衛中郞將.
立謂所親曰:「逢莫大之恩, 幸而獲免, 終當以死奉答.」
未幾, 突厥至便橋, 率數百騎, 與虜戰於咸陽, 殺獲甚衆, 所向皆披靡. 太宗聞而嘉歎之.
時有齊王元吉府左車騎謝叔方, 率府兵與立合軍拒戰. 及殺敬君弘·中郞將呂衡, 王師不振, 秦府護軍尉尉遲敬德乃持元吉首以示之, 叔方下馬號泣, 拜辭而遁.
明日出首, 太宗曰:「義士也.」
命釋之, 授右翊衛郞將.

【東宮率】동궁을 지키는 무관.
【隱太子】李建成을 말함. 당 고조 李淵의 장자로 玄武門 政變 때 피살되었으며 당 태종 즉위 후 그를 '息王'으로 봉하고 시호를 '隱'이라 함.
【玄武門】장안궁의 북문. 禁軍이 주둔하고 있었으며 玄武門의 政變이 일어났던 곳.
【敬君弘】絳州 사람으로 현무문을 지키고 있었으며 秦王 李世民에게 매수되어 현무문 정변을 도운 인물. 죽은 뒤 左屯衛大將軍에 추증됨.
【便橋】渭水에 있는 다리 이름. 長安 便門과 마주하여 便橋라 함. 漢 武帝 때 건설하였으며 長安城 북쪽에 있음.
【謝叔方】京兆 萬年 사람으로 齊王府의 무관이었음.
【呂衡】呂世衡. 현무문의 禁軍中郞將으로 죽은 뒤 右驍衛將軍에 추증됨.
【王師】李世民의 秦王 군대를 말함.
【尉遲敬德】이름은 恭. 朔州 善陽(지금의 山西 朔縣) 사람으로 당나라 초기의 명장. 秦王府의 護軍으로서 현무문 정변에 가담하였음.
【右翊衛郞將】궁중의 경비를 맡는 무관.

111(14-2)
요사렴의 충직함

정관 원년(627), 태종이 일찍이 조용히 수隋나라가 망한 일을 언급하면서 개연히 탄식하였다.

"요사렴姚思廉은 칼날을 겁내지 아니하고 큰 절개를 밝혔지. 옛 사람 중에 이런 사람을 찾아 보아도 역기 그보다 더했던 자는 있을 수 있을까!"

요사렴은 당시 낙양洛陽에 있었는데 이에 태종은 비단 3백 단段을 보내면서 아울러 편지까지 주어 "그대의 충절을 생각하여 이에 이를 보내노라"라 하였다.

당초, 수나라 대업大業 말에 요사렴은 수나라 대왕代王 양유楊侑의 시독侍讀이었는데 마침 이연의 의군義軍이 장안長安을 함락시켰을 때 대왕부代王府의 막료들은 모두 놀라 흩어졌지만 오직 요사렴만은 왕을 모시면서 그 곁을 떠나지 않고 있었다.

병사들이 장차 궁전으로 올라서려 하자 요사렴은 거친 목소리로 이렇게 말하였다.

"당공唐公 이연이 의병을 일으킨 것은 본래 왕실을 바로잡고자 함이었다. 그대들은 의당 왕에게 무례하게 굴어서는 안 된다!"

무리들이 모두 그의 말에 감복하여 조금 물러서 계단 아래에 줄을 섰다. 잠시 후 고조 이연이

요사렴(姚思廉) 본명 姚簡, 자 思廉

도착하여 이를 듣고 요사렴을 의로운 인물로 여겨 그로 하여금 대왕을 부축하여 순양順陽 궁 아래로 갈 수 있도록 허락하였다. 이에 요사렴은 울면서 절을 하고 떠나게 되었다.

이를 본 자들은 모두 감탄하며 이렇게 말하였다.

"충렬지사로다. 어진 자는 용기가 있다더니 이를 두고 한 말이로다!"

貞觀元年, 太宗嘗從容言及隋亡之事, 慨然歎曰:「姚思廉不懼兵刃, 以明大節. 求諸古人, 亦何以加也!」

思廉時在洛陽, 因寄物三百段, 並遺其書曰:「想卿忠節之風, 故有斯贈.」

初, 大業末, 思廉爲隋代王侑侍讀, 及義旗尅京城時, 代王府僚多駭散, 惟思廉侍王, 不離其側.

兵士將昇殿, 思廉厲聲謂曰:「唐公擧義兵, 本匡王室. 卿等不宜無禮於王!」

衆服其言, 於是稍却, 布列階下. 須臾, 高祖至, 聞而義之, 許其扶代王侑至順陽閤下. 思廉泣拜而去.

見者咸嘆曰:「忠烈之士, 仁者有勇, 此之謂乎!」

【姚思廉】원래 隋나라 때 代王 楊侑의 侍讀이었으며 唐 高祖 李淵이 칭제하며 그에게 秦王府(李世民)의 文學士로 임명함. 貞觀 초에 著作郞, 弘文館學士가 되었으며 학문과 역사에 뛰어났음.《梁書》와《陳書》를 편찬하기도 하였음.
【物】비단.
【代王侑】隋나라 元德太子의 아들 楊侑. 수 煬帝가 남방 江都(揚州)를 순수할 때 양유는 長安을 유수하고 있었으며 李淵이 長安을 함락하여 그를 황제로 세운 적이 있었음.
【侍讀】군왕의 독서를 돕는 학사.

【義旗】李淵이 수나라에 반기를 들고 의병을 일으킴을 말함.
【昇殿】기병군이 궁전으로 들어섬. 당시 대왕 양유는 동궁에 있었음.
【唐公】원래 李淵은 북주 때 唐國公의 작위를 받고 있었으며 이 때문에 국호를 '唐'으로 정한 것임.
【順陽閣】隋나라 大興宮의 正殿 뒤에 있던 궁궐 건물.
【仁者有勇】《論語》憲問篇에 "子曰:「有德者必有言, 有言者不必有德. 仁者必有勇, 勇者不必有仁..」"이라 함.

112(14-3)
죽은 태자의 장례식

정관 2년(628), 죽은 식은왕息隱王 이건성李建成과 해릉왕海陵王 이원길李元吉의 장례를 치르게 되었다.

상서우승尚書右丞 위징魏徵과 황문시랑黃門侍郎 왕규王珪가 그 배송陪送에 참가할 것을 청하며 이렇게 표를 올렸다.

"저희들은 일찍이 태상황의 명을 받아 동궁에 위탁되어 당시 태자 이건성의 동궁에 드나들기를 12년을 하였습니다. 전의 그 궁궐 태자는 종묘사직에 죄를 짓고 사람과 신에게도 죄를 지어 죽음을 맞게 되었습니다. 저희들은 능히 그를 따라 죽지 못하여 죽음의 처분을 달게 받아야 했으나 그 죄를 짊어진 채 이렇게 지금껏 살아 도리어 관리의 명부에 이름이 올라 있습니다. 이렇게 헛되이 살아 이 생애에 어떻게 황상에게 보답할 수 있겠습니까? 폐하의 덕은 사해에 비추고 있으며 도는 전대 왕들에 비하여 우두머리이시니 이미 죽은 형제를 그리워하시고 당체棠棣의 슬픔을 지니고 있사오니, 사직의 대의를 밝히시며 골육의 깊은 은혜를 펴시기를 바랍니다. 두 왕의 장례를 치르려 하니 그 기약한 날자가 이미 이르렀습니다. 저희들은 영원히 지난날을 생각하여 옛 신하로서 부끄럽게 생각합니다. 비록 돌아가신 임금이 있었고 또 새로운 임금이 있게 되었으니 비록 전의 임금을 섬기는 예를 펼지라도 묘지의 묵은 풀만으로는 멀리 보내드리는 슬픔을 다 펼 수는 없습니다. 우러러 구원九原을 바라보니 옛날 깊었던 사랑이 백 배 더하오니 장례일을 기다려 묘소까지 보내드렸으면 합니다."

태종은 그들을 의롭다 여겨 이를 허락하였으며 아울러 궁부宮府의 옛 관리들에게도 모두 나서서 그 장례를 보내 주도록 명하였다.

貞觀二年, 將葬故息隱王建成·海陵王元吉. 尙書右丞魏徵與黃門侍郎王珪, 請預陪送, 上表曰:「臣等昔受命太上, 委質東宮, 出入龍樓, 垂將一紀. 前宮結釁宗社, 得罪人神. 臣等不能死亡, 甘從夷戮, 負其罪戾, 寘錄周行. 徒竭生涯, 將何上報? 陛下德光四海, 道冠前王, 陟岡有感, 追懷棠棣; 明社稷之大義, 申骨肉之深恩. 卜葬二王, 遠期有日. 臣等永惟疇昔, 忝曰舊臣. 喪君有君, 雖展事君之禮; 宿草將列, 未申送往之哀. 瞻望九原, 義深凡百, 望於葬日, 送至墓所.」
太宗義而許之, 於是宮府舊僚吏, 盡令送葬.

【二年】다른 기록에 의하며 武德 9년(626)으로 唐 太宗(李世民)이 즉위한 직후임.
【息隱王】李建成. 고조 李淵의 맏이로 태자에 봉해졌으나 동생 李世民의 玄武門 政變으로 죽음을 당하였음. 당 태종 즉위 후 그를 '息王'으로 봉하고 시호를 '隱'이라 함.
【海陵王】李元吉을 말함. 고조의 넷째 아들로 현무문 정변 때 이건성과 함께 피살되어 뒤에 '海陵王'에 봉하고 시호를 '랄(剌)'이라 함.
【太上】太上皇 高祖 李淵을 가리킴. 武德 연간에 일찍이 魏徵을 太子洗馬로 王珪를 太子中允으로 삼았었음.
【龍樓】태자의 궁문을 말함. 《漢書》成帝紀에 "太子出龍樓門"이라 하여 龍樓門은 한 성제가 태자였을 때 세운 桂宮의 南門음.
【一紀】대개 12년, 즉 十二支가 한 바퀴 순환한 시간. 《尙書》畢命에 "旣歷三紀"라 하고 孔安國의 傳에 "十二年曰紀"라 함. 王珪는 李建成을 9년간 모셨고 魏徵은 겨우 5년을 섬겼음.
【前宮】전 태자 李建成을 말함.

【陟岡有感】 이미 죽은 형제를 그리워 함. 《詩經》 魏風 陟岵에 "陟彼岡兮, 瞻望兄兮"라 함.

【棠棣】 형제를 의미함. 《詩經》 小雅 棠棣에 "棠棣之華, 鄂不韡韡. 凡今之人, 莫如兄弟"라 함.

【宿草】 무덤의 풀. 묵은 풀. 《禮記》 檀弓(上)에 "朋友之墓, 有宿草而不哭焉"이라 하고, 孔穎達의 疏에 "宿草, 陳根也. 草經一年則根陳也. 朋友相爲哭一期, 草根陳乃不哭也"라 함.

【九原】 춘추시대 晉나라 대부들의 공동묘지.

【宮府】 李建成의 東宮과 李元吉의 齊王府. 이들의 옛 신하와 관료들을 말함.

113(14-4)
어느 시대인들 충신열사가 없겠는가

정관 5년(631), 태종이 시종하는 신하에게 말하였다.

"충신열사가 어느 시대라고 없겠는가? 그대들은 수隋나라 때 누가 충정忠貞을 지켰다고 생각하는가?"

왕규王珪가 말하였다.

"제가 듣기로 태상승太常丞 원선달元善達이 서울에 남아 지키고 있을 때 도적들이 횡행하는 것을 보고 드디어 말을 몰아 멀리 강도江都까지 달려가 양제煬帝에게 서울로 돌아올 것을 간언하였지요. 이윽고 자신의 간언을 들어주지 않자 뒤에 다시 극언으로 간언을 하자 양제가 노하여 그를 멀리 벽지로 추방, 봉기한 군대를 쫓도록 하여 결국 그곳에서 풍토병에 걸려 죽고 말았습니다.

그리고 또 호분랑중虎賁郎中 독고성獨孤盛은 강도의 숙위宿衛였는데 우문화급宇文化及이 역모를 일으키자 독고성은 오직 자신 한 몸으로 이에 저항하다가 죽고 말았습니다."

태종이 말하였다.

"굴돌통屈突通은 수나라 장수로서 일찍이 나의 의군과 동관潼關에서 맞붙은 적이 있었다. 그는 서울이 이미 함락되었다는 소식을 듣고 군사를 이끌고 동쪽으로 향하여 달아나고 있었다. 나의 의군이 추격하여 도림桃林에 이르러 내가 그의 가족을 보내어 항복할 것을 권유하였더니 갑자기 자신의 가족을 죽이고 말았다. 그리하여 다시 그 아들을 보냈더니 그는 '내 수나라의 은혜를 입어 부림을 당하여 이미 두 황제를 섬겼다. 지금이 내가 죽음으로써 절의를 지킬 때다. 저는 집에서는 나와 부자 사이이지만 지금은 우리 집의 원수이다'라고 하고는 활을 겨누어 쏘았다.

그 아들이 화살을 피하여 달아나고 그가 거느렸던 사졸들이 무너져 흩어지자 굴돌통은 자신 홀로 남아 양제가 있는 동남쪽을 향하여 통곡을 하고 슬픔을 끝까지 나타내었다. 그리고는 '저는 국은을 입어 장수에 임명된 자로서 지력智力을 있는 대로 다하였습니다. 이렇게 패망의 길에 들어선 것은 제가 나라에 충성을 다하지 않아서가 아닌듯하옵니다' 라고 하였다. 그 말이 끝나자 우리 추격병들이 그를 사로잡게 된 것이다. 태상황太上皇께서 그에게 관직을 주었지만 매번 병을 핑계로 고사하였다. 이러한 충절은 족히 가상히 여겨 숭상할 만하다."

그리고 해당 부서에 칙령을 내려 수나라 대업大業 연간에 직간直諫으로 죽음을 당한 자손을 찾아 보고하도록 하였다.

貞觀五年, 太宗謂侍臣曰:「忠臣烈士, 何代無之? 公等知隋朝誰爲忠貞?」

王珪曰:「臣聞太常丞元善達在京留守, 見群賊縱橫, 遂轉騎遠詣江都, 諫煬帝, 令還京師. 旣不受其言, 後更涕泣極諫, 煬帝怒, 乃遠使追兵, 身死瘴癘之地.

有虎賁郎中獨孤盛, 在江都宿衛, 宇文化及起逆, 盛惟一身, 抗拒而死.」

太宗曰:「屈突通爲隋將, 共國家戰於潼關, 聞京城陷, 乃引兵東走. 義兵追及於桃林, 朕遣其家人往招慰, 遽殺其奴. 又遣其子往, 乃云:『我蒙隋家驅使, 已事兩帝. 今者吾死節之秋. 汝舊於我家爲父子, 今則於我家爲仇讎.』因射之, 其子避走, 所領土卒多潰散. 通惟一身, 向東南慟哭盡哀, 曰:『臣荷國恩, 任當將帥, 智力俱盡. 致此敗亡, 非臣不竭誠於國.』言盡, 追兵擒之. 太上皇授其官, 每託疾固辭. 此之忠節, 足可嘉尙.」

因敕所司, 采訪大業中直諫被誅者子孫, 聞奏.

【太常丞】 태상시(太常寺)의 관리. 太常卿과 少卿을 도와 宗廟 禮樂 등의 일을 관장하였음.
【江都】 지금의 揚州. 隋 煬帝가 이곳에 行宮을 짓고 行都로 삼았다가 宇文化及에게 이곳에서 피살됨.
【獨孤盛】 인명. 虎賁郞將으로 황제를 따르며 호위를 담당하였음.
【起逆】 기병하여 역모를 일으킴. 宇文化及이 江都에서 煬帝를 죽인 사건을 말함.
【屈突通】 인명. 수나라 때의 명장.
【義兵】 義軍이라고도 하며 李淵이 일으킨 군대를 지칭함.
【桃林】 周 文王이 殷나라 紂를 이긴 다음 더 이상 군대를 사용하지 않겠다고 말을 풀어 방치한 수풀.《史記》周本紀 등 참조.《通鑑地理通釋》에는 "自潼關至函谷, 俱謂之桃林塞"라 함.
【兩帝】 隋나라 文帝와 煬帝.
【東南】 당시 隋 煬帝가 동남쪽 강도(揚州)에서 죽어 굴돌통이 그곳을 향해 통곡하였음을 말함.
【太上皇】 이세민의 아버지 당 高祖 李淵을 가리킴.
【嘉尙】 '嘉賞'과 같음. 아름답게 여겨 칭찬함.

114(14-5)
진숙달의 간언

정관 6년(632), 좌광록대부左光祿大夫 진숙달陳叔達을 예부상서禮部尚書로 임명하면서 이렇게 말하였다.

"무덕武德 연간에 공은 일찍이 태상황太上皇께 직언을 올려 짐의 천하 평정의 공을 밝혀 주면서 나를 퇴출시켜서는 안 된다고 말한 적이 있소. 나는 본성이 강렬하여 좌절을 당하면 울분을 참지 못하여 당시 그 때문에 병이 들어 죽음의 문턱에까지 갔다오. 지금 그대의 충성스러운 직언에 상을 내려 이에 이 직책을 수여하는 것이라오."

진숙달이 대답하였다.

"신은 수隋나라 부자가 서로 죽여 멸망으로 가는 모습을 보았습니다. 어찌 앞선 수레가 엎어지는 것을 보고 뒤따르는 우리 수레를 다른 길로 가도록 하지 않을 수 있었겠습니까? 신은 그 때문에 정성을 다해 나서서 간언했던 것입니다."

태종이 말하였다.

"짐은 그대가 단지 나 하나만의 사람이 아니라 사직을 지켜낼 계책을 가진 자라고 알고 있었던 것이오."

貞觀六年, 授左光祿大夫陳叔達禮部尚書, 因謂曰:「武德中, 公曾進直言於太上皇, 明朕有克定大功, 不可黜退云. 朕本性剛烈, 若有抑挫, 恐不勝憂憤, 以致疾斃之危. 今賞公忠讜, 有此遷授.」

叔達對曰:「臣以隋氏父子自相誅戮, 以致滅亡, 豈容目睹覆車, 不改前轍? 臣所以竭誠進諫.」

太宗曰:「朕知公非獨朕一人, 實爲社稷之計.」

【陳叔達】자는 子聰. 남조 陳나라 宣帝의 16째 아들. 武德 연간 黃門侍郎, 侍中 등을 역임하였으며, 貞觀초에는 光祿大夫의 직위를 받음.
【克定大功】천하통일의 위대한 업적을 말함.
【謇】정직함. 성실함.
【隋氏父子】隋나라 文帝(楊堅: 581~604년 재위) 때 장자 楊勇이 태자가 되자 둘째 아들 楊廣이 형을 죽이고 태자 자리를 빼앗음. 뒤에 다시 아버지 문제까지 죽이고 왕위에 올랐으며 이가 隋 煬帝(605~618년 재위)였음.
【覆車】앞의 수레가 넘어지는 것을 보고도 똑같이 뒤따라가서 엎어짐. 지난날 남의 과오를 거울로 삼지 않음을 말함.

115(14-6)
청렴한 관리 이홍절

정관 8년(634), 앞서 계주도독桂州都督이었던 이홍절李弘節은 청렴하고 신중하기로 소문이 났었는데 그가 죽고 나서 그 가족이 구슬을 팔게 되었다.

태종이 이를 듣고 조정에 이렇게 선포하였다.

"이 사람이 살아 있을 때 재상들이 모두 그는 청렴하다고 말하였다. 그런데 지금 이렇게 가족이 구슬을 판다니 그를 추천했던 자라고 어찌 죄가 없을 수 있겠는가. 반드시 깊이 심리하여 놓치지 않도록 하라."

그러자 시중侍中 위징魏徵이 틈을 보아 이렇게 말하였다.

"폐하께서 이 사람을 두고 살아 있을 때 탐탁貪濁하였던 사람일 것이라 하셨는데 그가 뇌물을 받은 것을 발견하지도 못한 채 지금 그 집에서 구슬을 팔겠다고 하는 말만 듣고 그를 천거한 사람을 처벌하려 하신다니 저는 그 말씀을 이해할 수 없습니다. 우리 당나라가 들어선 이래 나라를 위하여 충성을 다하고 청렴함과 정직, 신중함을 지켜 시종 어긋난 일을 하지 않은 자는 굴돌통屈突通과 장도원張道源 뿐입니다. 그런데 굴돌통의 아들 셋이 과거시험에 참가하러 왔을 때 폐하께서는 그저 삐쩍 마른 말 한 필뿐이었고, 장도원의 아들은 능히 살아갈 수도 없는 지경에 이르렀는데도 폐하께서 한 마디 언급하는 것을 본 적이 없습니다. 그런데 지금 이홍절은 나라를 위하여 공을 세워 차례로 크게 상과 상금을 받았을 뿐 관직에 있다가 죽은 다음에는 그가 탐욕스러웠다거나 잔학했다고 말하는 사람은 없습니다. 그 처자가 구슬을 팔겠다고 한 것은 죄가 될 수 없습니다. 그가 그처럼 청렴한 자임을 살펴 위문을 하지는 못할망정 그가 탐욕스러운 자라 의심하여 그를 추천한 사람까지 책임을 물으시겠다니 비록 악한 자를 싫어함에는 의심을 가질 필요도 없다는 명분이시지만 이 역시 선을 좋아하는데 독실한 것은 아닙니다. 저는 몰래 생각하건대 이는 옳은 일이 아닌듯하오며 식자들이 이를 들으면 틀림없이 마구 입방아를 찧을까 두렵습니다."

태종은 손바닥을 만지작거리며 이렇게 말하였다.

"너무 급하여 생각이 미치지 못하다가 드디어 이런 말로 바야흐로 말이란 쉬운 것이 아님을 알게 되었군요. 더 이상 그 일에 대하여 추궁하지 마시오. 그런데 굴돌통과 장도원의 아들들에게 각기 하나씩의 관직을 수여하시오."

貞觀八年, 先是桂州都督李弘節以淸愼聞, 及身歿後, 其家賣珠

太宗聞之, 乃宣於朝曰:「此人生平, 宰相皆言其淸, 今日旣然, 所擧者豈得無罪? 必當深理之, 不可捨也.」

侍中魏徵承間言曰:「陛下生平言此人濁, 未見受財之所, 今聞其賣珠, 將罪擧者, 臣不知所謂. 自聖朝以來, 爲國盡忠, 淸貞愼守, 終始不渝, 屈突通·張道源而已. 通子三人來選, 有一四羸馬; 道源兒子不能存立, 未見一言及之. 今弘節爲國立功, 前後大蒙賞賚, 居官歿後, 不言貪殘, 妻子賣珠, 未爲有罪. 審其淸者, 無所存問; 疑其濁者, 旁責擧人. 雖云疾惡不疑, 是亦好善不篤. 臣竊思度, 未見其可, 恐有識聞之, 必生橫議.」

太宗撫掌曰:「造次不思, 遂有此語, 方知談不容易. 並勿問之. 其屈突通·張道源兒子, 宜各與一官.」

【桂州】당나라 때 설치하였던 주. 지금의 廣西 동북 지역을 관할하였음.
【淸愼】청렴하고 신중함.
【承間】알맞은 기회를 살핌. 기회를 보아 진언함.
【屈突通】장안 사람으로 隋나라 대 右武候車騎將軍을 지냈으며 당나라에 이르러 兵部尙書, 工部尙書 등을 역임함. 정관 2년(628) 72세로 죽자 태종이 애통해하며 凌煙閣에 그 형상을 그려 걸도록 하였음.
【張道源】幷州 사람으로 병주(지금의 山西)를 지키다가 적을 평정하고 大理卿이 되었으며 죽은 뒤 집안에 재물이 전혀 없었고 오직 곡식 2斛뿐이었다 함.
【羸馬】파리하게 살이 빠진 말.
【存問】보살피고 위로함.
【造次】아주 총망함을 일컫는 雙聲連綿語.

116(14-7)
위징만큼 나의 과실을 잡아 줄 수 있겠소?

정관 8년(634), 태종이 장차 여러 도道에 출척사黜陟使를 파견하면서 기내도畿內道에는 아직 마땅한 사람을 선발하지 못하여 태종이 직접 결정하고자 방현령房玄齡 등에게 이렇게 물어보았다.

"이 도의 일은 가장 중요하오. 누구를 사신으로 충당하면 좋겠소?"

그러자 우복야右僕射 이정李靖이 말하였다.

"기내는 일이 중대하니 위징魏徵이 아니면 안 될 것입니다."

태종은 얼굴을 붉히며 이렇게 말하였다.

"내 지금 구성궁九成宮에 다녀오려 하는데 이 역시 작은 일은 아니오. 그런데 어찌 위징을 사신으로 보낸단 말이오? 나는 매번 움직일 때마다 위징과는 잠시도 떨어져 있을 수 없소. 그는 나의 시비와 득실을 그때마다 잘 밝혀내어 주기 때문이오. 그대들은 위징만큼 나의 과실을 바로잡아 줄 수 있소? 어찌 일마다 문득 그렇게 말하여 크게 도리에 어긋나는 일을 하고 있소?"

그리고는 즉시 이정을 기내도의 출척사로 명하였다.

貞觀八年, 太宗將發諸道黜陟使, 畿內道未有其人, 太宗親定, 問於房玄齡等曰:「此道事最重, 誰可充使?」

右僕射李靖曰:「畿內事大, 非魏徵莫可.」

太宗作色曰:「朕今欲向九成宮, 亦非小, 寧可遣魏徵出使?

朕每行不欲與其相離者, 適爲其見朕是非得失. 公等能正朕不?
何因輒有所言, 大非道理?」

　　乃卽令李靖充使.

【貞觀八年】 다른 기록에는 모두 '七年'으로 되어 있음.
【諸道】 貞觀 원년(627)에 천하를 '十道'로 나누었음.
【黜陟使】 황제의 명을 받들고 여러 도를 돌면서 행정의 잘잘못을 가려내는
　일을 하는 사신.
【畿內道】 서울을 중심으로 한 행정구역. 關內道라고도 함.
【九成宮】 원래 隋나라 때 仁壽宮을 정관 5년(631)에 중수하고 이름을 '구성궁'
　이라 고쳤음.

117(14-8)
진실로 사직의 신하로다

정관 9년(635), 소우蕭瑀가 상서좌복야尙書左僕射가 되었다. 일찍이 한 번은 연회를 열었을 때 태종이 방현령房玄齡에게 이렇게 말한 적이 있었다.

"무덕武德 6년 이후, 태상황太上皇께서는 태자를 폐위하고 나를 생각하고 있었소. 그날 나는 형제들에게 용납을 얻지 못하였고 실제 공은 높으나 상을 받지 못하여 두려움을 느끼고 있었소. 그런데 소우가 그때 나를 이익으로 유혹하지 않았고 형륙刑戮으로 겁을 주지도 않았으니 진실로 사직의 신하라 할 수 있소."

그리고는 이렇게 시를 지어 하사하였다.

"모진 바람이어야 질긴 풀을 알 수 있고, 혼란함이 들끓어야 진실한 신하를 식별할 수 있도다."

그러자 소우는 절을 하며 감사함을 표하였다.

"저는 특별히 가르침의 은혜를 입어 충성을 다 바칠 수 있도록 허락하시니 비록 죽은 그 날이라도 오히려 살아 있는 날로 여기겠습니다."

貞觀九年, 蕭瑀爲尙書左僕射. 嘗因宴集, 太宗謂房玄齡曰: 「武德六年已後, 太上皇有廢立之心, 我當此日, 不爲兄弟所容, 實有功高不賞之懼. 蕭瑀不可以厚利誘之, 不可以刑戮懼之, 眞社稷臣也.」

乃賜詩曰:「疾風知勁草, 板蕩識誠臣.」
瑀拜謝曰:「臣特蒙誡訓, 許臣以忠諒, 雖死之日, 猶生之年.」

【尙書左僕射】다른 기록에는 '特進'으로 되어 있음. 당시 左僕射는 房玄齡이었음.
【廢立】당시 唐 高祖 李淵은 李建成을 폐하고 秦王 李世民을 태자로 삼고 싶어 하였음. 그러나 이는 태종이 자신을 합리화하기 위하여 꾸며낸 것임.
【板蕩】정국이 혼란함을 뜻함. 이는 周나라 厲王의 무도함을 말한 《詩經》 大雅 '板'과 '蕩' 2편을 들어 비유한 것임.

118(14-9)
한나라 때의 양진楊震

정관 2년(628), 태종이 한漢나라 때 태위太尉였던 양진楊震의 묘를 참배하며 그가 충성을 다했으나 비명에 간 것을 안타까워하며 친히 문장을 지어 제사를 올렸다. 그러자 방현령房玄齡이 나서서 진언하였다.

"양진은 비록 당대에 일찍 억울하게 죽었으나 수백 년이 지난 후에도 성명聖明하다고 대우를 받아 임금께서 수레를 멈추고 친히 제문을 지어 강림토록 하시니 비록 죽었으나 살아 있는 것과 같고 침몰하였으나 썩지 않는 것과 같습니다. 백기(양진)가 임금의 도움으로 구천九泉의 지하에서 즐거워 펄쩍 뛰도록 하고 있을지 모르겠습니다. 엎드려 천자의 제문을 읽어 보고 감격과 위안을 받게 될 터이니 무릇 모든 군자라고 하는 자들이 감히 자신의 명예와 절개를 열심히 닦고 나면 뒷날 좋은 효험이 있게 될 것임을 어찌 알지 못하겠습니까!"

貞觀十一年, 太宗行至漢太尉楊震墓, 傷其以忠非命, 親爲文以祭之.
房玄齡進曰:「楊震雖當年夭柱, 數百年後方遇聖明, 停輿駐蹕, 親降神作, 可謂雖死猶生, 沒而不朽. 不覺助伯起幸賴欣躍於九泉之下矣. 伏讀天文, 且感且慰. 凡百君子, 焉敢不勖勵名節, 知爲善之有效!」

【楊震】자는 伯起. 東漢 安帝 때의 유명한 儒學者. 弘農 華陰 사람으로 明經에 밝아 당시 사람들이 '關西孔子'라 불렀으며 안제 때 太尉를 지냈으나 뒤에 誣告에 걸려 자결함.
【停輿駐蹕】황제가 출행하여 머물고 쉬고 하는 일들.
【神作】祭文을 말함.
【九泉】지하. 죽은 뒤를 뜻함.
【天文】당태종의 제문.

119(14-10)
신하를 어떻게 대우하는가에 달려 있습니다

정관 2년(628), 태종이 시종하는 신하에게 말하였다.

"적인狄人이 위衛나라 의공懿公을 죽여 그 살을 모두 먹어치우고 오직 그 간만 남겨 놓았다. 그러자 의공의 신하 홍연弘演이 하늘을 향해 울부짖고 곡을 하면서 자신의 간을 꺼내어 놓고 대신 의공의 간을 자신 뱃속에 집어넣었다 한다. 지금 그러한 충성된 자를 찾고자 해도 아마 얻을 수 없을 것이다."

특진特進 위징魏徵 대답하였다.

"옛날 예양豫讓이 지백智伯을 위하여 복수를 하고자 조양자趙襄子를 찔러 죽이려 하였습니다. 조양자가 이를 붙잡아 '그대는 옛날 범씨范氏와 중항씨中行氏를 섬기지 않았나? 지백이 그 둘을 멸했을 때 그대는 도리어 지백에게 몸을 맡겨 복수할 생각을 아니 하더니 지금 어찌 지백을 위한 복수로 나를 죽이려 하니 어찌된 일인가?'라고 따지자 예양은 '내가 범씨와 중항씨를 섬길 때 그들은 나를 보통 사람으로 대접해 주었소. 그 때문에 나도 그들에게 보통 사람으로서 갚아 준 것입니다. 그러나 지백은 나를 국사國士로 대접해 주었소. 그 때문에 나는 국사로서 그에게 보답해 주는 것이라오'라 하였습니다. 임금이 어떻게 대우하는가에 있을 따름인데 어찌 그런 사람이 없다고 할 수 있겠습니까?"

貞觀十一年, 太宗謂侍臣曰:「狄人衛懿公, 盡食其肉, 獨留其肝. 懿公之臣弘演呼天大哭, 自出其肝, 而內懿公之肝於其腹中. 今覓此人, 恐不可得.」

特進魏徵對曰:「昔豫讓爲智伯報讎, 欲刺趙襄子. 襄子執而獲之, 謂之曰:『子昔事范‧中行氏乎? 智伯盡滅之, 子乃委質智伯, 不爲報讎; 今卽爲智伯報讎, 何也?』讓答曰:『臣昔事范‧中行, 范‧中行以衆人遇我, 我以衆人報之. 智伯以國士遇我, 我以國士報之.』在君禮之而已, 亦何謂無人焉?」

【衛懿公】춘추시대 衛나라 임금. 이름은 赤.
【弘演】懿公의 신하. 이상의 고사는 《新序》義勇篇과 《左傳》(閔公 2年), 《呂氏春秋》(忠廉篇), 《韓詩外傳》(7), 《新書》(賈誼) 卷六 春秋, 《史記》(衛康叔世家), 《論衡》(儒增) 등에 모두 실려 있음. 《新序》義勇篇에 "衛懿公有臣曰弘演, 遠使未還. 狄人攻衛, 其民曰:「君之所與祿位者, 鶴也; 所富者, 宮人也. 君使宮人與鶴戰, 余焉能戰?」遂潰而去. 狄人追及懿公於滎澤, 殺之, 盡食其肉, 獨捨其肝. 弘演至, 報使於肝, 畢. 呼天而號, 盡哀而止. 曰:「臣請爲表.」因自刺其腹, 乃懿公之肝而死. 齊桓公聞之曰:「衛之亡也以無道, 今有臣若此, 不可不存.」於是救衛於楚丘"라 함.
【豫讓】전국 초기 智伯의 家臣으로 뒤에 지백을 위하여 '呑炭漆身'의 자학을 하면서 원수를 갚고자 한 유명한 刺客. 《戰國策》趙策(一) 및 《史記》刺客列傳 등 참조. 그 글에 "於是趙襄子面數豫讓曰:「子不嘗事范‧中行氏乎? 知伯滅范‧中行氏, 而子不爲報讎, 反委質事知伯. 知伯已死, 子獨何爲報讎之深也?」豫讓曰:「臣事范‧中行氏, 范‧中行氏以衆人遇臣, 臣故衆人報之; 知伯以國士遇臣, 臣故國士報之.」"라 함.
【智伯】춘추 말 전국 초기 晉나라 六卿의 하나이며 이름은 瑤. 호는 襄子.
【趙襄子】역시 진나라 육경의 하나로 趙無恤. 趙簡子의 후손으로 그 뒤 趙나라를 세워 戰國時代를 맞이하였음.

【范氏·中行氏】 晉나라 육경의 하나. 周 定王 11년(B.C.458)에 智氏, 魏氏, 趙氏, 韓氏가 연합하여 이들을 멸하였고 나중에 다시 三晉(한, 위, 조)이 연합하여 지씨를 멸망시킴.

1971 陝西 乾縣 唐 章懷太子(李賢) 묘 출토 벽화

120(14-11)
걸의 개가 요임금을 보고 짖는 것은 당연한 일

    정관 12년(638), 태종이 포주蒲州에 행차하여 그에 맞추어 이렇게 조서를 내렸다.
    "수隋나라 때 응격랑장鷹擊郞將을 지냈던 요군소堯君素는 지난날 대업大業 연간에 하동河東을 책임지고 있으면서 충의를 지켜내었고 신하로서의 절개를 끝까지 고수하였다. 비록 걸桀의 개가 성인 요堯를 몰라보고 짖는 격이었지만 도과倒戈의 뜻을 거부하고 모진 바람에 질긴 풀처럼 대항하였으니 실로 세한歲寒의 절개를 드러낸 것이었다. 지금 이 곳 땅을 다시 밟으면서 지난날을 기억하도다. 의당 그에게 영예로운 절개라 하사하여 그 절의를 권장하고자 그에게 포주자사蒲州刺史의 직책을 추증하니 그 자손을 찾아 널리 알리도록 하라."

    貞觀十二年, 太宗幸蒲州, 因詔曰:「隋故鷹擊郞將堯君素, 往在大業, 受任河東, 固守忠義, 克終臣節. 雖桀犬吠堯, 有乖倒戈之志, 而疾風勁草, 實表歲寒之心. 爰踐玆境, 追懷往事, 宜錫寵命, 以申勸獎, 可追贈蒲州刺史, 仍訪其子孫以聞.」

【蒲州】지금의 山西 永濟縣 蒲州鎭.
【鷹擊郞將】鷹揚副郞將이라고도 하며 무관의 직책 이름.
【堯君素】隋나라 煬帝 때의 鷹擊郞將을 지냈으며 일찍이 屈突通의 따라 河東을 지키며 당나라에 항복을 거부하다가 되에 좌우 신하에게 죽음을 당한 인물.

【河東】지금의 山西 永濟縣 蒲州鎭.
【桀犬吠堯】桀이 기르는 개는 聖人 堯를 알아보지 못하고 짖음.《漢書》에 "桀見吠堯, 堯非不仁, 特吠非其主也"라 함.
【倒戈】창을 거꾸로 잡음. 즉 반대로 적과 한편이 됨을 말함.
【歲寒】《論語》子罕篇에 "子曰:「歲寒, 然後知松柏之後彫也.」"라 함.
【錫】'賜'와 같음.

121(14-12)
진陳나라 때의 충신 아들

정관 12년(638), 태종이 중서시랑中書侍郎 잠문본岑文本에게 말하였다.
"양梁나라와 진陳나라 명신 중에 누구를 가히 칭할 수 있소? 그리고 그 자제들 중에 불러 만나 볼만한 자가 있소, 없소?"

잠문본이 상주하였다.

"수隋나라가 진陳나라로 밀고 들어갔을 때, 모든 관료가 모두 도망하여 흩어져 남아 있는 자가 없었습니다. 그런데 오직 상서복야尚書僕射 원헌袁憲만이 홀로 임금 곁을 지켰습니다. 왕세충王世充이 장차 수나라로부터 제위를 선양 받으려 할 때 많은 관료들이 표를 올려 아부하면서 제위에 오르도록 권하였으나 원헌의 아들 국자사업國子司業 원승가袁承家만은 병을 핑계로 홀로 이에 서명을 하지 않았습니다. 이 부자야말로 족히 충렬忠烈을 칭할 수 있습니다. 원승가의 아우 원승서袁承序는 지금 건창령建昌令이 되어 있는데 청정하고 아름다운 지조가 있어 선대의 풍모를 이어 가고 있습니다."

이로써 원승서를 불러 진왕우晉王友로서 시독侍讀을 겸하도록 하였으며 얼마 뒤 그에게 홍문관학사弘文館學士의 직위를 주었다.

貞觀十二年, 太宗謂中書侍郎岑文本曰:「梁·陳名臣, 有誰可稱? 復有子弟堪招引否?」

文本奏言:「隋師入陳, 百司奔散, 莫有留者, 惟尚書僕射袁憲獨在其主之傍. 王世充將受隋禪, 群僚表請勸進, 憲子國子司業承家, 託疾獨不署名. 此之父子, 足稱忠烈. 承家弟承序, 今爲建昌令, 淸貞雅操, 實繼先風.」

　　由是召拜晉王友, 兼令侍讀. 尋授弘文館學士.

【梁陳】南朝의 梁나라와 陳나라. 梁나라는 齊(蕭道成이 세운 왕조)나라를 이어 蕭衍이 建業(南京)에 도읍을 한 왕조(502~557)이며 陳霸先이 그 뒤를 이어 역시 같은 자리에 왕조(557~589)를 이루었으나 隋나라 楊堅에게 망하여 남조의 최후를 장식함.
【主】陳나라 마지막 군주인 後主 陳叔寶를 가리킴. 583~589년 재위.
【袁憲】수나라 때 상서복야로서 수나라를 마지막까지 지켜 내려던 인물.
【王世忠】수나라 恭帝(당시 越王) 楊侗을 폐위하고 자신에게 제위를 선양할 것을 요구하였음.
【國子司業】國子監의 副長官.
【晉王友】晉王의 王友. 王友는 당나라 때의 제도. 제왕들은 이 직책을 설치하여 보필과 아울러 친구로서 함께 지내며 풍간할 수 있도록 하였음.
【侍讀】유학을 강의하며 모시도록 한 직책.
【弘文館】원래는 修文館이었으나 武德 9년(626) 3월 이름을 개칭하였으며 太宗에 이르러 궁전 곁에 두고 學士를 뽑고 저술 활동을 돕기도 하고 생도를 가르치면서 政事에 대한 자문을 받았음.

122(14-13)
전 조대 현신의 후손을 찾아내어라

정관 15년(641), 조서를 내렸다.

"짐이 정사를 듣는 여가를 틈타 전대의 역사를 보면서 매번 어진 신하들이 임금을 보좌하였다는 것을 볼 때마다 충신이 나라를 위해 목숨을 바쳤음을 두고 어찌 그 사람을 보고 싶어 하지 않았겠는가? 그리하여 책을 덮고 감탄을 하곤 하였다. 근대에 이르러 그 옛사람과 그리 먼 시기도 아니었으니 그렇다면 그 자손이 혹 지금도 살아 있을 수 있을 것이다. 비록 능히 아직 그들을 위하여 정표旌表를 세워 주지는 못했다 해도 멀리 유배된 채로 버려둘 수는 없다. 주周, 수隋 두 조대의 명신과 충절을 다한 자손들로서 정관 이래로 죄를 범하여 유배된 자가 있다면 마땅히 맡은 부서에서 이를 조사하여 나에게 그 기록을 상주하도록 하라."

이에 많은 사람들이 관대한 처벌로 풀려나게 되었다.

貞觀十五年, 詔曰:
「朕聽朝之暇, 觀前史, 每覽前賢佐時, 忠臣徇國, 何嘗不想見其人, 廢書欽歎! 至於近代以來, 年歲非遠, 然其胤緖, 或當見存, 縱未能顯加旌表, 無容棄之遐裔. 其周‧隋二代名臣及忠節子孫, 有貞觀已來犯罪配流者, 宜令所司具錄奏聞.」
於是多從矜宥.

【徇國】 殉國과 같음. 나라를 위해 죽음.
【胤緒】 後嗣. 후대.
【旌表】 충신 효자 집안에 편액을 걸거나 旌門을 세워 그 충효를 표창함을 말함. 《北史》隋煬帝紀에 "義夫節婦, 旌表門閭"라 함.
【配流】 流配와 같음.
【矜宥】 불쌍히 여겨 용서해 줌.

123(14-14)
안시성 공격에 고구려 충신들에게 상을 내리다

정관 19년(645), 태종이 요동遼東의 안시성安市城을 공격할 때 고구려高麗 사람들이 모두 죽음을 무릅쓰고 맞서 저항하자 조서를 내려 고구려 누살耨薩 고연수高延壽와 고혜진高惠眞 등에게 항복을 명하였다. 그리하여 당나라 무리가 그 성 아래에 멈추어 그들을 불렀으나 성 안에서는 견고하게 지키며 조금도 동요가 없었다. 그리고 매번 태종의 깃발을 볼 때마다 반드시 성 위에 올라 북을 치고 함성을 지르는 것이었다. 태종은 더욱 노하여 강하왕江夏王 이도종李道宗에게 토산土山을 축조하여 그 성을 공격하도록 하였지만 끝내 이길 수가 없었다. 태종은 군대를 돌려 철수하면서 안시성의 성주城主가 자신의 나라 신하로서의 도리를 다하여 절의를 지킨 것을 가상히 여겨 비단 3백 필을 하사하며 임금을 섬기는 자를 권면하고 장려하였다.

貞觀十九年, 太宗攻遼東安市城, 高麗人衆皆死戰, 詔令耨薩延壽·惠眞等降. 衆止其城下以招之, 城中堅守不動. 每見帝幡旗, 必乘城鼓譟. 帝怒甚, 詔江夏王道宗築土山, 以攻其城, 竟不能剋. 太宗將旋師, 嘉安市城主堅守臣節, 賜絹三百匹, 以勸勵事君者.

【安市城】 고구려의 성. 지금의 遼寧 海城현 남쪽의 營城子. 645년 당 태종이 직접 원정에 나섰으며 고구려 寶藏王 4년의 일임.
【高麗】 高句麗의 간칭. 흔히 중국 사서에는 高句麗를 高麗로 표기함.
【耨薩】 '누살'로 읽으며 고구려 五部 최고 책임자의 직관 이름. 大城에는 누살 1명을 배치하며 중국의 都督에 해당하는 직위임.
【延壽】 高延壽. 당시 고구려 누살.
【惠眞】 高惠眞. 고연수와 고혜진이 고구려와 靺鞨 연합군 15만을 거느리고 안시성을 구원하였음.
【幡旗】 깃발.
【道宗】 李道宗. 자는 承範. 唐 高祖 李淵의 종형제로 나이 17세에 秦王 李世民을 따라 정벌 전쟁에 나서 큰공을 세웠으며 뒤에 江夏郡王에 봉해짐.
【土山】 고대의 전법으로 성을 공격할 때 곁에 그 성 높이만큼 임시로 토산을 쌓아 공격의 기틀을 마련하는 것.

정관정요

15. 효우 孝友

효성과 우애야말로 아무리 뛰어나고 이름난 사람이라도 우선 갖추어야 할 덕목이다. 당나라 때 이름난 현신들은 우선 자신의 집안에서 사람으로서의 기본 효우를 다하였으며 이를 바탕으로 정치에 나서서 나라를 다스렸던 것이다.

唐 章懷太子(李賢) 묘 벽화 〈宿衛府兵圖〉 1971 陝西 乾縣

124(15-1)
방현령의 효성

사공司空 방현령房玄齡이 계모를 모시면서 능히 즐거워하는 표정을 다하여 그 공경과 조심함이 남을 앞서고 있었다. 그 어머니가 병이 들자 의원을 청하여 문에 이르며 반드시 자신이 직접 나가서 절하고 맞이하며 눈물을 흘렸다. 결국 어머니가 죽어 상중에서도 애통함이 지나쳐 몸이 마른 장작처럼 되고 말았다. 태종은 산기상시散騎常侍 유계劉洎에게 명하여 너그럽게 설득하도록 하면서 침상寢床과 죽, 그리고 절인 채소를 보내 주었다.

司空房玄齡事繼母, 能以色養, 恭謹過人. 其母病, 請醫人至門, 必迎拜垂泣. 及居喪, 尤甚柴毀. 太宗命散騎常侍劉洎就加寬譬, 遺寢床·粥食·鹽菜.

【色養】 즐거워하는 얼굴빛으로 봉양하는 도리를 말함.
【柴毀】 과도한 슬픔으로 자신의 건강을 해침. 柴는 몸이 말라 장작과 같이 되는 상태를 비유한 것.
【散騎常侍】 벼슬 이름. 황제를 시종하며 보필하는 직책. 주로 將相大臣이 겸직하였음.
【寬譬】 너그럽게 권하고 설득함.

125(15-2)
우세남과 우세기 형제

우세남虞世南은 처음에는 수나라에 벼슬하여 기거사인起居舍人을 역임하였고, 우문화급宇文化及이 양제를 죽일 때 그 형 우세기虞世基는 당시 내사시랑內史侍郞이었으므로 함께 죽음을 당하게 되었다. 그러자 우세남은 이를 붙들고 울부짖으며 자신이 대신 죽겠다고 나섰다. 그러나 우문화급이 이를 받아들이지 않아 우세남은 이로부터 그 슬픔을 견디지 못하여 뼈만 남은 모습으로 몇 년을 살아 당시 사람들은 그의 형제애의 중함을 칭송하였다.

虞世南, 初仕隋, 歷起居舍人. 宇文化及殺逆之際, 其兄世基時爲內史侍郞, 將被誅. 世南抱持號泣, 請以身代死. 化及竟不納. 世南自此哀毁骨立者數載, 時人稱重焉.

【起居舍人】 관직 이름. 황제의 일상생활인 起居와 언행 등을 기록하여 국사 편찬의 기초를 제공하는 업무를 맡음.
【內史侍郞】 수나라 때의 中書를 內史로 바꾸었으며 따라서 中書侍郞과 같음.
【哀毁】 상중에 과도하게 슬픔을 표시하여 건강을 해칠 정도가 됨을 말함.

126(15-3)
왕자 이원가의 효성

한왕韓王 이원가李元嘉는 정관 초에 노주자사潞州刺史였었다. 당시 나이 열다섯이었는데 노주에서 태비太妃께서 병이 났다는 소식을 듣고 곧바로 울면서 밥도 먹지 않았다. 드디어 태비가 죽어 서울에서 발상發喪을 할 때는 슬픔이 예를 넘게 되었다. 태종은 그의 이러한 성품을 가상히 여겨 여러 차례 위로하곤 하였다. 원가는 집안에서 자신을 수양하여 마치 청한한 집안의 지조 있는 사대부와 같았으며 그 같은 배의 아우 노왕魯王 이령기李靈夔와는 특히 우애가 깊었다. 형제들이 모두 모여 서로 만날 때면 마치 벼슬 없는 포의布衣의 예로써 하였다. 그의 이러한 수양과 깨끗한 몸가짐은 안팎으로 한결같아 당대 여러 왕들 중 누구도 그에 미치지 못하였다.

韓王元嘉, 貞觀初, 爲潞州刺史. 時年十五, 在州聞太妃有疾, 便涕泣不食. 及至京師發喪, 哀毀過禮. 太宗嘉其至性, 屢慰勉之. 元嘉閨門修整, 有類寒素士大夫, 與其弟魯哀王靈夔甚相友愛, 兄弟集見, 如布衣之禮. 其修身潔己, 內外如一, 當代諸王莫能及者.

【元嘉】李元嘉. 唐 高祖 李淵의 11번째 아들. 어려서 학문을 좋아하여 당세 이름이 났었음. 韓王에 봉해졌었음.

【貞觀初】다른 기록에는 '貞觀六年'으로 되어 있음. 이원가는 그때 潞州刺史가 되었다가 10년(636)에 韓王에 봉해짐.

【潞州】치소는 지금의 山西 長治.

【太妃】元嘉의 생모. 수나라 때 大將軍 宇文述의 딸로 唐 高祖 李淵의 昭儀가 되었다가 총애를 받음.

【靈夔】李靈夔. 당 고조의 19번째 아들. 원가와 같은 어머니이며 정관 5년(631)에 魏王으로 봉을 받았다가 14년(640)에 魯王으로 바뀌었으며 兗州都督을 지냄. 본문 '魯哀王'의 '哀'자는 衍文으로 보임.

127(15-4)
왕자 이원궤의 효성

곽왕霍王 이원궤李元軌는 무덕武德 연간에 처음에는 오왕吳王에 봉해졌다가 정관 7년(633), 수주자사壽州刺史가 되었다. 그때 마침 아버지 고조高祖가 죽자 원궤는 직책을 버리고 너무 과도하게 애통해한 나머지 몸이 수척하여졌다. 이로부터 항상 베옷을 입고 종신토록 부모에 대한 애도를 표시하였다.

태종이 일찍이 신하들에게 이렇게 물은 적이 있다.

"내 아들이나 아우들 중에 누가 가장 어진가?"

그러자 시중侍中 위징魏徵이 대답하였다.

"저는 어리석고 어두워 그들의 재능을 속속들이 아는 것은 아니지만 오직 오왕이 자주 저와 이야기를 나눈 적이 있었는데 나는 한 번도 그에게 미치지 못함을 느껴 보지 않은 적이 없습니다."

태종이 말하였다.

"그대가 보기에 전대에 누가 그와 비교된다고 여기십니까?"

위징이 말하였다.

"경학과 문학에 있어서는 역시 한漢나라 때의 하간헌왕河間獻王과 동평헌왕東平獻王이 있을 것이며 효행에 있어서는 고대의 증자曾子나 민자건閔子騫이 그에 비교할 만할 것입니다."

이로써 이원궤는 더욱 총애를 후하게 받게 되었고 결국 위징의 딸을 주어 아내로 삼도록 하였다.

霍王元軌, 武德中, 初封爲吳王, 貞觀七年, 爲壽州刺史. 屬高祖崩, 去職, 毁瘠過禮. 自後常衣布服, 示有終身之戚.

太宗嘗問侍臣曰:「朕子弟孰賢?」

侍中魏徵對曰:「臣愚暗, 不盡知其能. 惟吳王數與臣言, 臣未嘗不自失.」

太宗曰:「卿以爲前代誰比?」

徵曰:「經學文雅, 亦漢之河間・平; 至如孝行, 乃古之曾・閔也.」

由是寵遇彌厚, 因令妻徵女焉.

【元軌】 李元軌. 당 고조 이연의 14번째 아들. 정관 10년(636)에 霍王으로 봉해짐.
【吳王】 武德 6년에 처음 蜀王으로 봉해졌다가 무덕 8년 吳王으로 봉해짐.
【壽州】 치소는 지금의 安徽 壽縣.
【高祖崩】 唐 高祖 李淵이 貞觀 9년(635)에 승하하여 廟號를 '高祖'로 함.
【毁瘠】 과도하게 슬퍼하여 몸이 수척해짐.
【間】 河間獻王 劉德을 가리킴. 西漢 景帝의 아들.
【平】 東平獻王 劉蒼을 가리킴. 東漢 光武帝의 아들.
【曾閔】 曾參(曾子)과 閔損(閔子騫). 孔子의 제자로 모두 효행에 이름이 높았음.

128(15-5)
돌궐인 사행창

정관 연간에 돌궐 출신 사행창史行昌이라는 자가 현무문玄武門에 숙직을 하면서 밥을 먹을 때 그 고기는 남겨 두는 것이었다. 어떤 이가 까닭을 묻자 그는 "집으로 가져가 어머니께 드리려고 그럽니다"라는 것이었다.
태종이 이를 듣고 감탄하여 이렇게 말하였다.
"어짊과 효성이 어찌 중국인이나 이민족이라고 다를 수 있겠는가?"
그리고는 상승국尙乘局의 말 한 필을 하사하면서 아울러 그 어머니에게 고기를 공급해 주도록 조서를 내렸다.

貞觀中, 有突厥史行昌直玄武門, 食而捨肉. 人問其故, 曰:
「歸以奉母.」
太宗聞而歎曰:「仁孝之性, 豈隔華夷?」
賜尙乘馬一疋, 詔令給其母肉料.

【史行昌】인명. 突厥의 阿史那씨로 이 때문에 史氏를 성으로 삼았음.
【直玄武門】현무문에 당직을 섬. 直은 當直의 뜻. 현무문은 장안성의 북문.
【尙乘】尙乘局. 殿中省에 속하며 내외 말들을 관리하는 직책의 부서.

神木大保當 묘 石柱 畵像石의 모습과 〈三足烏〉

〈職貢圖〉 페르시아 사신 모습

임동석(茁浦 林東錫)

慶北 榮州 上茁에서 출생. 忠北 丹陽 德尙골에서 성장. 丹陽初中 졸업. 京東高 서울 敎大 國際大 建國大 대학원 졸업. 雨田 辛鎬烈 선생에게 漢學 배움. 臺灣 國立臺灣師 範大學 國文硏究所(大學院) 博士班 졸업. 中華民國 國家文學博士(1983). 建國大學校 敎授. 文科大學長 역임. 成均館大 延世大 高麗大 外國語大 서울大 등 大學院 강의. 韓國中國言語學會 中國語文學硏究會 韓國中語中文學會 會長 역임. 저서에 《朝鮮譯 學考》(中文) 《中國學術槪論》《中韓對比語文論》. 편역서에 《수레를 밀기 위해 내린 사람들》《栗谷先生詩文選》. 역서에 《漢語音韻學講義》《廣開土王碑硏究》《東北民族 源流》《龍鳳文化源流》《論語心得》〈漢語雙聲疊韻硏究〉등 학술 논문 50여 편.

임동석중국사상100
정관정요 貞觀政要

吳兢 撰 / 林東錫 譯註
1판 1쇄 발행/2009년 12월 12일
2쇄 발행/2012년 10월 10일
발행인 고정일
발행처 동서문화사
창업 1956. 12. 12. 등록 16-3799
서울강남구신사동563-10 ☎546-0331~6 (FAX)545-0331
www.dongsuhbook.com
잘못 만들어진 책은 바꾸어 드립니다.

*

이 책의 출판권은 동서문화사가 소유합니다.
의장권 제호권 편집권은 저작권 법에 의해 보호를 받는 출판물이므로 무단전재와 무단복제를 금합니다.
이 책의 일부 또는 전부 이용하려면 저자와 출판사의 서면허락을 받아야 합니다.

*

사업자등록번호 211-87-75330
ISBN 978-89-497-0572-9   04080
ISBN 978-89-497-0542-2   (세트)